MARRIAGES IN THE NEW RIVER VALLEY VIRGINIA

Montgomery, Floyd, Pulaski, and Giles Counties

Compiled and Edited by
Therese A. Fisher

HERITAGE BOOKS
2008

HERITAGE BOOKS
AN IMPRINT OF HERITAGE BOOKS, INC.

Books, CDs, and more—Worldwide

For our listing of thousands of titles see our website
at
www.HeritageBooks.com

Published 2008 by
HERITAGE BOOKS, INC.
Publishing Division
100 Railroad Ave. #104
Westminster, Maryland 21157

Copyright © 1991 Therese A. Fisher

All rights reserved. No part of this book may be reproduced or transmitted in any form or by any means, electronic or mechanical, including photocopying, recording or by any information storage and retrieval system without written permission from the author, except for the inclusion of brief quotations in a review.

International Standard Book Numbers
Paperbound: 978-1-55613-437-1
Clothbound: 978-0-7884-7337-1

TABLE OF CONTENTS

Introduction	ii
Figure 1	vii
History	viii
Abbreviations	xii
Grooms' List	1
Brides' Index	269

INTRODUCTION

    The New River Valley presents some of the challenges that beset genealogical researchers in most areas of Virginia and some that are unique to this area.
    As with most Virginia counties, Montgomery, Floyd, Giles and Pulaski went through several boundry changes (see Figure 1) before they aquired the present day bounds. These changes of political geography frustrate the family researcher who tries to follow a line of descent. One family, migrating to present day Montgomery County in 1775, conceivably could have descendants' records in three different political jurisdictions without ever having left their original land grant.
    Another common genealogical headache that occurs in Virginia as well as other states is that family members did not always marry people who lived in their own county. It was equally common for brothers and sisters to find spouses in adjoining counties, or in some cases, in other states. The New River Valley seemed to have fairly close ties to North Carolina, for there are a number of marriages that took place between young ladies from the New River Valley and gentlemen from North Carolina. Of course there are also ties to West Virginia, since a portion of southeastern West Virginia was carved from land that originally was Montgomery County.
    One challange that seems more common in the western counties of Virginia is that the earliest inhabitants migrated from other areas of Virginia or other states rather than from other countries. Few people immigrated from other countries directly to the New River Valley. The few marriages that record a spouse born in Ireland in Montgomery County are the exception rather than the rule.
    A challenge that is not common in Virginia but unfortunately existing in this area is the sparcity of church records available for research. The earliest churches in the area had difficulty establishing a sizable congregation, partially because of the difficult terrain and sparse population and partially because of the constant threat of Indian attacks. Many of the community's religious needs were met by itinerate ministers. While these brave men tried to meet the needs of their far flung flock, maintaining records came second to survival. Dissenters were also among the earlier ministers. Up until 1795, the

marriages they performed were considered invalid and not recorded as having taken place. So we are left with the relatively few ministers' returns located in the court house records in each county.

For those not familiar with early Virginia record terminology I will briefly define those terms that are used most frequuently in this book.

Marriage Bonds were first enacted in 1660 in the colonies. Their purpose was roughly a premarital agreement. The groom and a representative for the bride provided bond with sufficient security assuring that there was no lawful cause to prevent the marriage. This bond was issued in the county of the bride's residence, a critical aid when trying to locate a birthplace or location of parents. Unless stated otherwise, one can assume that the county of birth for the bride is the county in which the bond was issued. Frequently the groom was from the same county. If there is not a birth county specified after the groom's name (after 1850) you can assume that it was either not specified or that it was the same as that of the bond. The scarcity of ministers in the New River Valley accounts for the relatively large lapses of time that occasionally occured between the issuance of the bond and the actual marriage.

A marriage bond was a promise that the marriage would take place, not a record of the actual marriage date. There were not many defaults on these bonds, however. One can imagine an irate pappa, shotgun in hand beside a tearful bride, having a powerful inducement to fulfill the terms of the bond.

Ministers Returns, generally listed in books marked Marriage Register, were required by law after 1780. Ministers were required to report all marriages that they performed to the county clerk. He, in turn, recorded these in the Marriage Register. Methods of recording included folding the return into a packet with the marriage bond or dropping the return into a group of bonds and returns, as well as the approved method of copying the return verbatum into the marriage register. While the clerk's attitude was occasionally rather casual regarding record keeping techniques, it was generally better than the ministers' records. Montgomery County has one set of minister's returns on file that encompassed what he could remember over a ten year period. While his letter apologizing for his laxness in reporting the marriages he performed is entertaining, the researcher has to wonder about the accuracy and completness of records like these. Handwriting from these ministers was occasionally quite awful. One particular minister had penmanship that closely resembles that of a second grader. Unfortunately, he performed quite a few marriages and it was a challange to decipher precisely what he was writing.

Marriage Licenses were the official county documents granting permission for the marriage to take place. The license was given to the prospective groom who in turn gave it to the minister performing the ceremony. In the years after 1850, these documents hold a wealth of genealogical information. Those before 1850 seldom contained more than the names of the parties getting married.

In the records that I have extracted, I have retained the spelling used in the document. Whether this spelling is accurate or even logical, I cannot answer. It was not uncommon to find two different spellings of the same name in a single document. Where there was a wide difference, I included both, one listed as an "aka". I also found that nicknames were used on some documents, while a full legal name was included on others. I assumed that the researcher would recognize that "Polly" was a nickname for "Mary", or "Patsy" was a nickname for "Martha". Abbreviated forms of the given name were also used. "Eliza" for "Elizabeth" in some cases or "Hy" for "Henry". Some names seem to be spelled phonetically, even including the local accents, such as "Sary" for "Sarah" or "Marthy" for "Martha".

I also included the ages of either the bride or the groom when they were specifically noted. Generally a document would make a statement that one or both of the spouses was "of age". Occasionally a document would state that the parties were "over twenty one". Most frequently, any statement of age was omitted, particularly in documents before 1850. On occasion, however, the age of one of the marriage partners was so unusual that mention was made specifically in the document of the age. For example, a groom was listed as previously married, his first marriage taking place almost forty years previously! In one case there was a groom recorded as being thirteen years old! That was one that I like to think was an error when the clerk was transciribing the information. However, I recorded it as given in the record.

There also seems to be some duplication of marriage records on different dates. One that stays in my mind is that of a 67 year old groom who was reportedly married in 1859 and again to the same person in 1860 at age 68. Two seperate documents exist verifying the data. Rather than decide which was correct, I included both. The descendants of that family have the right to decide which is accurate.

I made no assumptions regarding parentage. If a bondsman or person giving permission for the marriage was not listed specifically as a parent, I did not list them as such. In Giles County, there were several instances where evidence was overwhelming (ex. bondsman and permission to marry and signature similarities) but I listed those as "possibly" or "probably". Further research would be needed to verify that relationship.

While I would like to think that I have discovered every marriage record that exists for this area, I am aware that is not the case. I have relied on the completness and accuracy of the available records in the County Courthouses. Where possible, I have verified my research with other published sources. When there was a difference in names, dates or spellings I checked the original document to determine the most accurate.

Researchers who are looking for records other than marriage can find birth and death records after 1853 with the marriage records at the courthouses in each county. There are also wills and deeds available, although the early settlers did not seem to leave a large percentage of wills. Each county library also has numerous books that give some geneological data as well as interesting histories of the counties and adjoining areas.

Researchers should recognize that spelling, including names, was not standardized until this century. There is a wide range of possibilities when trying to find a particular name. To illustrate the wide variations possible, I would point out the variations in the last name "Meadows". It has been spelled, Meadors, Medors, Medows and the current usage, Meadows. There are some names, mainly given names, that I could not figure out their modern day equivalent. Hopefully, the researcher who comes across these unusual names will have some supplimentary source that will clarify the name.

Anyone who has extracted information from early documents is aware of the sometimes difficult task of interpreting early handwriting. Letter formation was different from today's. Penmanship was considered an art form and some writers occasionally got carried away with their florishing pen strokes. Pens and inks had much more of an effect on the quality of the document than today. I offer this, not as an excuse for my errors, but as an explanation for variations in interpretations. One person may see an upper case "L" while another may see an upper case "S". If the researcher finds variations in names that he/she is familiar with I suggest that they review the original document or the clerk's book or consult an alternate source such as a family Bible, census records or military records.

Records extracted for this book came from courthouse records with the exception of the Free Persons of Color records. Those were found in the Montgomery-Floyd library in Christiansburg. Where available, I used the original document or a photocopy of the original document. In the case of Pulaski and Giles County, the original documents were not available and I had to rely on the books created by the court clerks from the information on the originals.

There are few moments more exciting than finding major pieces in the family puzzle. By incorporating these four jurisdictions, I hope I will create much excitement for the descendants of these people from the New River Valley.

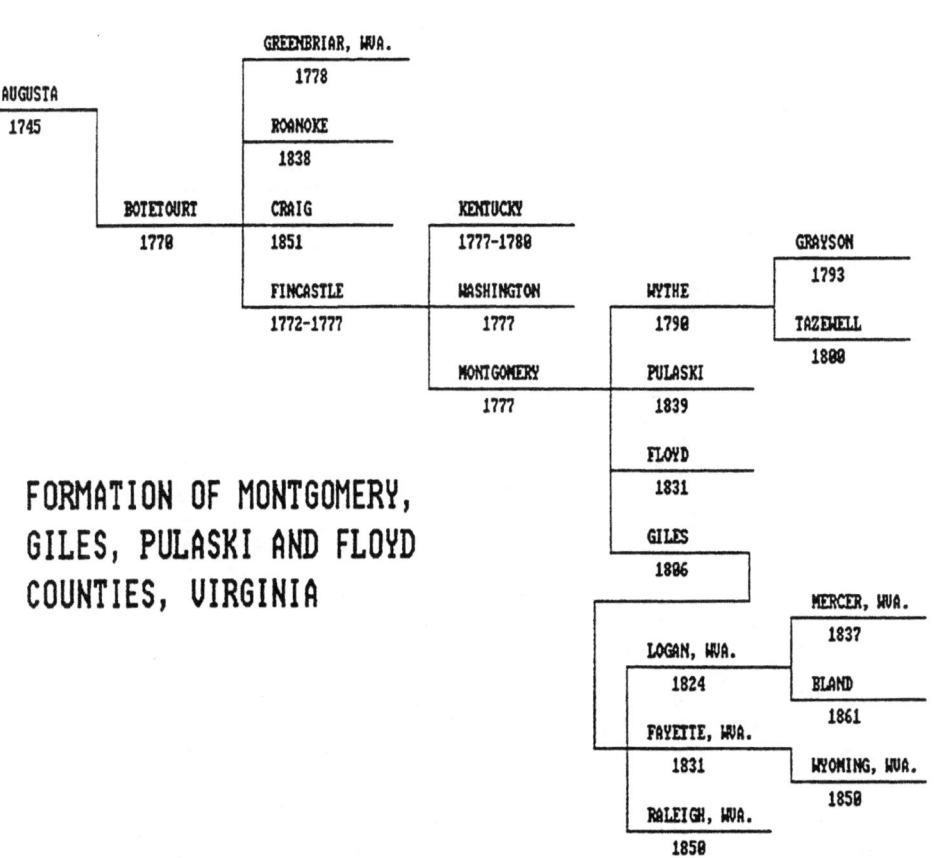

FIGURE 1

HISTORY

Montgomery County, the oldest of the four counties covered in this book, is one of the oldest counties in western Virginia. Originally a part of Augusta County, it became a part of Fincastle County in 1772. In 1775, the Freemen of Fincastle drafted the Fincastle Resolutions, a declaration of freedom that was the first ever written in the colonies of America. Fincastle County, named after a hated Tory, was abolished and its land divided by the General Assemby of Virginia in October, 1776 into the counties of Kentucky, Washington and Montgomery.

Montgomery County originally contained 12,000 square miles that included lands to the Ohio River. From this vast territory, twenty six western Virginia counties were partially formed, as well as twenty five in the state of West Virginia and nine counties of Kentucky.

Through a portion of these lands flows one of the oldest rivers in the world, New River. Originally called Wood's River, popular usage changed its name. Entering the valley at Pulaski County's southeastern border, it flows northward.

The early population in the New River Valley came from five major areas; the Virginia Valley, Piedmont, the James and Roanoke rivers and their tributaries, from North Carolina and from Pennsylvania following the general path now utilized by Interstate 81.

The Peters, Walkers, Stowers and Smith families came from the Valley region. The Chapmans, Johnstons, McKenseys, Lyttles, Garrisons, Kirks, Emmons, Duncans and Shuemates came from the Piedmont area. The Clays, Baileys, Belchers, Shannons and Whites came up the James and Roanoke Rivers. The Harmans, Wilburns, Hughes and Hagers were among those families that came up from North Carolina. Lybrooks (Leibroch), Kinsers, Bargers, Shufflebargers, Hornbargers, Phlegars, Sibolds, Surfaces, Straleys, Boltons, Clyburns, Noslers, Decks, Millers, Honakers, Keisters, Croys, Woolwines, Snidows, Fishers and Fillingers were among those who traveled from Pennsylvania.

Some of the early settlers were men who fought in the Revolutionary war. Among those who settled in 1782-1784 were George Pearis, John and Christian Peters, Charles Walker, Isaac Smith and Larkin Stowers. Those who came in the next few years that fought in the Revolution were Josiah and Jacob Meadows, James Emmons, Charles Duncan,

John Kirk, Peter Dingess and Tollison Shuemate. The Conner, Link and Lugar families were former Hessian soldiers who became disenchanted with the British military and settled in the wilds of western Virginia.

The threat of Indian attack was a very real part of the early frontier life. Boys as young as twelve became adept in the use of rifles. Farmers plowed their fields with rifles at their sides. Horrible massacres and gruesome attacks on women and children shook the resolve of many. Those who persevered found that there was land and opportunities for all.

At the end of the Indian wars in 1794, the population increased rapidly. The first political division as a result of that rapid growth came in 1806 with the formation of Giles county from the lands of Montgomery, Monroe and Tazewell counties. There have been several changes in the boundries of Giles since its formation, the most significant land adjustment coming in 1861 with the formation of Bland County.

The lands of Giles county are among the most mountainous in the area. Caves are numerous in the limestone under the mountains. There is even a geological fault in the continental rock, St. Clair Fault. An earthquake was recorded on May 31 1897 along this fault.

The first known settlement in Giles was recorded only by a tombstone inscription at Glen Lyn. "Mary Porter killed by the Indians, 11/28/1742". Eggleston has a settlement marker for Adam Harmon who settled near the marker spot in 1750. Philip Lybrook built a mill in Giles at about the same time. Mrs. John Jacob Snidow and her eight children, John and Richard Chapman, Moredock McKensey (brother in law to John Chapman), Matthew French, Andrew Hatfield, John McComas, Thomas H. Napier, Samuel Shannon and James Brumfield were among the early pioneers in Giles, some of whose records show them as citizens of Montgomery County before the formation of Giles.

Floyd County was formed from Montgomery County in 1831. It was named for Governer John Floyd.

Several families helped in the early formation of the character of Floyd County. Among them, the Phlegar family was prominent enough to have a monument to one of the family members standing outside the county's courthouse.

The Akers family was another early family that still has descendants in both Floyd and Montgomery Counties. William Akers was the earliest of the Akers to settle in Floyd. One of his children, Blackburn Akers settled on Little River.

William Aldridge was another early settler. He came from North Carolina ans built a home at Copper Hill.

George Godbey owned a grist and sawmill in the county at its formation. He was appointed a member of the first court of justices upon the organization of the county in 1831. His descendants espoused citizens in Floyd and Montgomery counties, mainly.

The Duncan family emigrated from Scotland to the Indian Valley section of what was then Fincastle County in 1775. Three brothers began the dynasty that still has descendants in Floyd today, Blanch, Thomas and John all settled, married and raised large families in the area around Indian Creek.

Another early family was the Eberle (or Epperly) family. They also had three brothers who first came to Floyd from Germany; Christian, George and Jacob.

Pulaski County was formed from Wythe and Montgomery Counties in 1839. The county was named for Count Casimir Pulaski of Revolutionary fame. The earliest explorers of the region probably followed tributaries to the New River in 1671, marking trees in honor of Charles II, King of England near present day Narrows. The first group settlement on western Virginia waters, Mahanaim, lies under Claytor Lake in Pulaski. Lead Mines, in Pulaski County was the site of the formation of the Fincastle Resolutions in 1775.

Pulaski's early families are listed originally in the records of Montgomery County. Among the early Pulaski families are the descendants of Thompson Farmer and Jeremiah Paytes, as well as the McCorkles, Howards, Triggs and Siffords. McCorkles had a store near the old stagecoach route that left records of the settlers who regularly shopped there. These records are maintained in the Montgomery County Courthouse in Christiansburg. Stephen Trigg helped form a military unit that represented the New River Valley area in the Revolutionary War. Members of that unit are on file in the Montgomery County Courthouse as well.

Pulaski has had two major fires in its courthouse, the first in the 1860's and the last, which destroyed the Courthouse, in December, 1989.

The rugged terrain, material privations, threats of violent death from hostile Indians and the isolation resulting from conquoring a new frontier demanded a hardy and adventurous people. Descendants of these pioneers have reason to be proud of their ancestors, whose tenacity and spirit of independant living helped tame a land that has made contributions to the way we live today.

ABBREVIATIONS

FB	Floyd County Marriage Bond
FL	Floyd County Marriage License this also included applications for marriage licenses
FM	Floyd County Marriage recorded in the form of ministers' returns or recorded in the marriage register book
GB	Giles County Marriage Bond
GL	Giles County marriage license or the application for a marriage license
GM	Giles County Marriage recorded in the form of a minister's return or in the Marriage Register
GR	Giles Records - Indicate that a marriage was implied from a permission slip or a letter affirming the age of the bride or groom. No other record of the marriage exists.
MB	Montgomery County Marriage Bond
ML	Montgomery County Marriage License or application for a marriage license
MM	Montgomery County Marriage taken from ministers' returns or from the marriage register book
PB	Pulaski County Marriage Bond
PL	Pulaski County Marriage License

PM	Pulaski County Marriage this was indicated by the presence of a minister's name under that of the groom in the county marriage register.
aka	also known as This indicates that the person used two different names in one or more documents. One may be a nick name or a name from a previous marriage. A middle name may be used alternately with a first name. Occasionally a parent would use their child's pet name in a permission slip while the child used their legal name in the bond or license.
fpc	free person of color
d/o	daughter of
s/o	son of
w/o	widow or widower of
w/o?	the person has stated that he/she is a widower/widow but has not given the name of the previous spouse (s).
b.p.	birth place as stated by the bride, groom or their parent.
b.d.	birth date given specifically in either the day, month, year format or stated as days, months and years old.
co.	county
Sr.	Senior The father or mother of a child with the same name
Jr.	Junior The son of a father with the same name

_____, Joseph &Stump, Elizabeth; 1 Nov 1782 (MM)
_____ing, William & Moss, Phyllis; 1 Jan 1783 (MM)
ABBOTT, Joseph & Allen, Winna (d/o John Allen); 15 Oct 1795 (MB)
ABBOTT, Roger H. & Peppers, Sarah H.; 1 Jan 1839 (MB)
ABBOTT, Roger H. & Peppers, Sarah H.; 3 Jan 1839 (MM)
ABBOTT, Wilson & Keetley, Polly (d/o Francies Keetley); 9 Jul 1821 (GB)
ABEL, Beaufort & Howell, Regina; 5 Jun 1851 (FL)
ABEL, Joseph & Roop, Letitia (d/o William Roop); 22 Jan 1848 (MB)
ABLE, Joseph & Reed, Margaret; 15 Jun 1848 (FM)
ABNEY, John K. & Robinson, Tames (sister of David Robinson); 4 Apr 1803 (MB)
ABNEY, William & Rose, Mary; 6 Aug 1805 (MB)
ACARD, Zur & Lester, Martha (aka Matty Lester)(d/o Henry Lester); May (possibly 24) 1816 (GB)
ACKERS, Blackburn & Scaggs, Susanna; 20 Nov 1786 (MB)
ACORD, Robert & Gore, Nancy; 13 Feb 1824 (GB)
ADAMS, Adam & Helvey, Rachel (d/o Peter Helvey); 26 May 1847 (MB)

ADAMS, George & Webb, Melinda; 14 May 1823 (GB)
ADAMS, James & Pauly, Mary (d/o Jonathan Pauly); 16 Jan 1816 (GB)
ADAMS, James M. & Jordan, Margaret M. (d/o Hugh Jordan); 1 Mar 1848 (GB)
ADAMS, Jefferson & Fry, Susan; 15 Nov 1845 (MB)
ADAMS, Jesse & Lucas, Mary (d/o Edward Lucas); 16 Nov 1825 (GB)
ADAMS, John W. & Owens, Nancy Jane; 4 Jun 1842 (MM)
ADAMS, John W. & Owens, Nancy Jane; 2 Aug 1841 (MB)
ADAMS, Roland & Graham, Polley; 29 Oct 1832 (FB)
ADAMS, Roland & Graham, Polly; 8 Nov 1832 (FM)
ADAMS, Samuel (s/o Selah Adams) & Nida, Frances; 27 Nov 1833 (GB)
ADAMS, Thomas H. & Graham, Nancy (d/o Mary Graham); 4 Dec 1848 (MB)(MM)
ADAMS, William & McCorkle, Margaret; 9 Aug 1793 (MM)
ADDAIR, James Sr. & Page, Letitia; 2 Sep 1810 (MB)
ADKINS, Hiriam & Tawney, Mary Ann (d/o John Tawney); 26 Apr 1831 (GB)
ADKINS, Jacob (s/o Samuel Adkins) & Lucas, Peggy; 6 Jun 1825 (GB)
ADKINS, Joshua & Lucas, Barberry

(d/o Randolph Lucas); 1853 (GL)
ADKINS, Joshua & McCoy, Rachel; 27 Apr 1797 (MB)
ADKINS, Joshua & Lucas, Barberry; 4 Jan 1816 (GB)
ADKINS, Josiah & McCoy, Rachel; 28 Aug 1797 (MM)
ADKINS, Parker & Leford, Mary; 3 Jan 1792 (MM)
ADKINS, Parker & Marrs, Resia; 12 Sep 1815 (GB)
ADKINS, Randol & Adkins, Charity; 1785 (MB)
ADKINS, Redman & McDonald, Ann; 25 Mar 1823 (MM)
ADKINS, Reubens & Price, Agnes; 2 Dec 1805 (MM)
ADKINS, Sehod & Lucas, Sarah (d/o Charles Lucas); 18 Oct 1793 (MB)
ADKINS, Shadreck & Adkins, Christina; 11 Feb 1797 (MM)
AGE, Samuel & Cockran, Mary; Apr 1834 (FM)
AGEE, Jabel E. & Crawford, Caroline; 19 Mar 1845 (MB)
AGEE, Jabel E. & Crawford, Caroline; 20 Apr 1845 (MM)
AGEE, Samuel & Cochran, Polly (d/o Nathan Cochran); 13 Feb 1834 (FB)
AGNEW, Samuel W. & Smith, Eliza (d/o Henry A. Smith); 4 Jan 1843 (FB)
AGNUE, William B. & Carter, Elizabeth (d/o John Carter); 7 Jun 1826 (MB)

AIKEN, Mathew (b.p. Tennessee)(w/o ?; age 50 years)(now living in Washington Co.) & Vermillion, Margaret J. (d/o W.B. & M. Charlton)(b.p. Montgomery Co., Va.)(w/o ?); 18 Aug 1860 (PL)(PM)
AIKEN, Matthew & Chapman, Amanda M. (d/o William Chapman); 4 Feb 1840 (GB)
AKENS, Creed & Simpkins, Harriet; 9 Sep 1847 (PM)
AKENS, Wellington & Akens, Peredine; 4 Apr 1855 (PL)
AKER, Daniel W. & Douthat, Frances A.S.; 20 Jun 1839 (MB)
AKERS, Adam & Edwards, Nancy; 21 Jan 1851 (FL)
AKERS, Amos & Kelly, Missouri; 6 Jul 1853 (PM)
AKERS, Amos & Kelly, Missouri; 25 Jun 1853 (PB)
AKERS, Amos G. (s/o Emery & Elizabeth Akers)(b.p. Floyd Co.,Va.) & Thompson, Eliza (d/o Claborn & Naomi Thompson)(b.p. Floyd Co., Va.); 22 Aug 1855 (MM)
AKERS, Anderson B. & Booth, Virginia Ann; 4 Oct 1853 (FL)
AKERS, Andrew & Duncan, Susannah; 8 Dec 1836 (FB)

AKERS, Andrew & Duncan, Susa; 15 Dec 1836 (FM)
AKERS, Andrew J. & Payne, Mildred E.; 20 Feb 1854 (FL)
AKERS, Aston & Tomson, Rhoda; 9 Feb 1785 (MM)
AKERS, Bird & Saunders, Elizabeth (d/o Robert Saunders); 3 Nov 1816 (MB)
AKERS, Blackburn & Howard, Elinor; 17 Apr 1797 (MB)
AKERS, Blackburn & Scaggs, Susannah; 20 Nov 1786 (MB)
AKERS, Blackburn & Wilson, Sarah (d/o Benjamin Wilson); 27 May 1837 (FB)
AKERS, Burnwell & Akers, Ellen; 1 Oct 1842 (MM)
AKERS, Charles (s/o Joseph Akers) & Scaggs, Rhoda (d/o Martha Scaggs); 10 Aug 1830 (MB)
AKERS, Charles C. & Franklin, Elizabeth; 5 Aug 1835 (MB)
AKERS, Clayburn & Thompson, Elizabeth; 17 Apr 1789 (MB)
AKERS, Dandridge (s/o Moses & Catherine Akers) & Farmer, Parthena (d/o George & Polly Farmer); 13 Jan 1859 (PM)
AKERS, David C. (s/o Hiram or David & Mary Akers)(b.p. Floyd Co., Va.) & Akers, Elmira Jane (d/o Blackburn & Sarah Akers)(b.p. Floyd Co., Va.); 10 Sep 1855 (GM)
AKERS, Davis (s/o Blackburn Akers) & Saunders, Claracy; 18 Apr 1821 (MB)
AKERS, Davison & Graham, Rachel; 23 Oct 1851 (PM)
AKERS, Davison & Graham, Rachel; 21 Oct 1851 (PB)
AKERS, Drewry A.(s/o Thomas Akers) & Gordon, Mary (d/o Sarah Gordon); 2 Oct 1833 (MB)(MM)
AKERS, Edward F.& Gearheart, Levina; 8 Nov 1823 (MB)
AKERS, Elswick & Rader, Sally; 23 Aug 1832 (FM)
AKERS, Fleming & Reed, Nancy; 9 Sep 1841 (FB)
AKERS, Floyd & Reed, Elizabeth; 6 Dec 1848 (FM)
AKERS, Francis M. & Lane, Cynthia M.; 4 Feb 1856 (MB)
AKERS, Franklin & Pickering, Mary Ann (d/o Thomas B. Pickering); 3 Feb 1850 (MB)
AKERS, Franklyn & Pickering, Mary Ann; 6 Oct 1851 (MM)
AKERS, George & Jewel, Elizabeth; 9 Jun 1851 (FL)
AKERS, George & Reed, Lucy; 1 May 1845 (FM)
AKERS, George & Shank, Nancy; 20 Dec 1855 (FL)
AKERS, George W. & Jewell, Winney; 13 Oct 1846 (MM)

AKERS, Gideon & Emmons, Polly; 1823 (MB)
AKERS, Green B. & Elliott, Virginia (d/o William Elliott); 27 Mar 1856 (MB)
AKERS, Green B. (s/o Davidson & Claracy Akers) & Elliott, Virginia (d/o William & Catharine Elliott); 3 Apr 1856 (MM)
AKERS, Greenbury & Cooper, Polly (d/o Thomas Cooper); 12 Oct 1814 (MB)
AKERS, Greenbury & Reed, Polly; 21 Mar 1836 (FB)
AKERS, Greenbury & Reed, Polly; 24 Mar 1836 (FM)
AKERS, Howard & Garman, Susannah; 12 Apr 1831 (MM)
AKERS, Jackson & Reed, Eveline (d/o Griffith Reed); 12 Jun 1840 (MB)
AKERS, Jacob & Duncan, Lucinda; 12 May 1834 (FB)
AKERS, Jacob & Howard, Ruth; 21 Dec 1796 (MB)
AKERS, Jacob & Rupe, Catey (d/o Henry Rupe); 27 Jun 1815 (MB)
AKERS, Jacob & Duncan, Lucinda; 15 May 1834 (FM)
AKERS, James & Altizer, Peggy (d/o John Altizer); 8 Sep 1819 (MM)
AKERS, James & Reed, Sarah; 17 Sep 1835 (FM)
AKERS, James & Thompson, Eliza; 26 Nov 1821 (MB)
AKERS, James (s/o Jonathan Akers) & Reed, Sarah; 14 Sep 1835 (FB)
AKERS, James Jr. & Smith, Eliza (d/o Thomas Smith); 16 May 1840 (MB)
AKERS, James M. & Goodson, Matilda A.; 22 Jun 1854 (FL)
AKERS, Jesse & Noell, Julia Frances; 25 May 1853 (PM)
AKERS, Jesse & Noell, Julia Frances; 24 May 1853 (PB)
AKERS, John & Beckleheimer, Martha; 28 Feb 1850 (PM)
AKERS, John & Reed, Celia; 8 Apr 1848 (FM)
AKERS, John J. & Carrell, Elizabeth; 27 Jan 1846 (MM)
AKERS, John W. (s/o Esuiah & Sarah Akers) & Williamson, Isabell (d/o George & Malinda Williamson); 23 Nov 1856 (MM)
AKERS, Jonathan & Howard, Hannah (d/o Rev. William Howard); 25 Mar 1795 (MB)
AKERS, Jordan & Akers, Julina (d/o Perelia West); 2 Sep 1839 (MB)
AKERS, Joseph & Chaffin, Sevira; 8 Jun 1815 (MM)
AKERS, Joshua & Reed, Mary; 1 Jan 1855 (FL)

AKERS, Josuah & Akers, Mary (d/o William Akers); 11 Aug 1834 (MB)
AKERS, Lewis & Chaffin, Mary Ann; 19 Nov 1857 (FL)
AKERS, Lynch & Wilson, Amanda; 22 Sep 1842 (MM)
AKERS, Michael & Belden, Louisa; 14 Aug 1849 (FM)
AKERS, Moses & Altizer, Catherine (d/o John Altizer); 24 Dec 1828 (MB)
AKERS, Osker & Hesaton, Eliza J.L.; 3 May 1855 (FL)
AKERS, Preston & Widdle, Elizabeth; 11 Nov 1847 (FM)
AKERS, Randolph & Altizer, Nancy (d/o John Altizer); 10 Feb 1831 (MB)
AKERS, Rayburn & Elliott, Harriet (d/o William Elliott); 7 Oct 1850 (MB)
AKERS, Rayburn & Elliott, Harriet; 10 Oct 1850 (MM)
AKERS, Riley & Reed, Mildred; 4 Apr 1849 (FM)
AKERS, Robert & Smith, Mary M.; 18 Oct 1849 (FM)
AKERS, Samuel & Altizer, Delila (d/o Emery Altizer); 21 Nov 1840 (MB)
AKERS, Solomon & Lester, Arminda; 21 Feb 1856 (FL)
AKERS, Thomas & Aldridge, Sophia; 11 Feb 1823 (MB)
AKERS, Welington (s/o Howard & Susan Akers)(b.p. Montgomery Co., Va.) & Akers, Peredine (d/o Charles & Rhoda Akers)(b.p. Montgomery Co., Va.); 4 Apr 1855 (PL)
AKERS, Whitely & Freelove, Frances; 29 Sep 1846 (MM)
AKERS, Whitley & Greenwood, Frances; 29 Sep 1846 (MM)
AKERS, William R. & Reed, Lucinda; 19 Jun 1860 (FL)
AKERS, William & Sowers, Nancy; 2 Jul 1811 (MB)
AKERS, William R. & Akers, Minarca; 14 Oct 1855 (MM)
AKERS, Wyett (s/o Henry & Tripinn Akers)(b.p. Montgomery Co., Va.)& Haley, Mary E. (d/o John T. & Eliza Haley); 10 Apr 1854 (PL)
AKIN, Martel L. & Rutroff, Elizabeth; 24 May 1853 (FL)
AKIN, Redman & McDonald, Ann; 25 Mar 1823 (MM)
AKINS, Sherad & Standley, Salley; 23 Jul 1816 (GB)
ALBERT, Charles (s/o Jacob & Anne Albert) & Holly, Jane (d/o Thomas & Ann Holly); 18 Dec 1860 (ML)
ALBERT, Frederick & Patton, Elizabeth; 17 Jun 1841 (PM)

ALBERT, Frederick & Williams, Eliza; 30 Jan 1827 (GB)
ALBERT, George & Givens, Patsy; 13 Mar 1819 (GB)
ALBERT, George & Harless, Nancy; 18 Dec 1856 (MB)
ALBERT, George (s/o Jacob & Anna Albert) & Harless, Nancy (d/o Henry & Nancy Harless) (b.p. Wythe Co., Va.); 20 Dec 1856 (MM)
ALBERT, Henry & Burton, Priscilla Jane (d/o Isaac Burton); 19 Sep 1846 (GB)
ALBERT, Jacob & Troutt, Elizabeth (d/o Rosey E. Troutt); 11 Nov 1850 (GB)
ALBERT, Jacob & Williams, Elizabeth (d/o George Williams); 1 Oct 1789 (MB)
ALBERT, Jacob Jr. (s/o Jacob Albert Sr.) & William, Ann (d/o Eliza William); 25 Feb 1823 (GB)
ALBERT, James & Glen, Agnes; 18 May 1810 (MB)
ALBERT, James & Williams, Betsy; 12 Dec 1829 (GB)
ALBERT, John M. & Strader, Mary; 6 Mar 1852 (GB)
ALBERT, Lewis & Caldwell, Mariah (d/o John Caldwell); 2 Sep 1844 (GB)
ALBERT, Riley & Burton, Sarah (d/o Jacob Burton); 24 Apr 1847 (GB)
ALBERT, William & Caldwell, Rosy (d/o John Caldwell); 3 Jun 1844 (GB)
ALBERT, William A. & Frazier, Jane P. (d/o Alexander Frazier); 3 Jul 1849 (GB)
ALBRIGHT, William T. (s/o Gasper & Frances Albright) & Chrisman, Mary C. (d/o Abraham & Margret Chrisman); 7 Jun 1855 (MM)
ALDERMAN, Jacob & Barringer, Catherine; 15 Jan 1849 (FM)
ALDERMAN, Jacob (of Grayson Co., Va.) & Bolt, Lucy (d/o Charles Bolt); 25 Apr 1822 (MB)(MM)
ALDERMAN, Thomas & Helms, Mary Ann; 23 Oct 1856 (FL)
ALDERMAN, William & Barringer, Sabra Ann; 19 Oct 1854 (FL)
ALDRIDGE, James & Treadway, Rachel; 4 Jun 1787 (MB)
ALDRIDGE, Sanford P. & Wimmer, Levinia; 4 Dec 1838 (FB)
ALDRIGE, William & Brown, Elizabeth; 22 Jul 1814 (GB)
ALEXANDER, Jabin B. (of Monroe Co.) & Hance, Virginia (d/o Hy. Hance); 30 Oct 1837 (MB)
ALEXANDER, Lester M. & Otey, Elizabeth M.; 7 Jul 1857 (FL)
ALEXANDER, William & Washington, Susan; 22 May 1854 (FL)

ALFORD, Isaac & Nixon, Virginia S.; 10 Oct 1860 (FL)
ALFORD, John & Crawford, Peggy; 3 Nov 1815 (GB)
ALFORD, John & Hogg, Elinor (d/o James Hogg); 22 Oct 1789 (MB)
ALL, James J. & Stover, Mary M. (d/o William B. Stover); 4 Apr 1853 (MB)
ALLBRIGHT, Gaspar & Alley, Fanny (d/o Thomas Alley); 9 Dec 1826 (MB)
ALLBRIGHT, William T. (s/o Gasper & Frances Allbright) & Chrisman, Mary C. (d/o Abram & Margaret Chrisman); 7 Jun 1855 (MM)
ALLEN, Madison (s/o John Allen) & Bane, Maria; 6 Mar 1828 (GB)
ALLEN, Thomas & Brown, Polly; 3 Sep 1797 (MB)
ALLEN, William B. & King, Hannah; 29 Feb 1839 (GB)
ALLEY, Carey & Short, Mary; 9 Feb 1785 (MM)
ALLEY, David & Altizer, Abbeline; 14 Mar 1847 (FM)
ALLEY, David & Altizer, Sophia (d/o Jonas Altizer); 12 Dec 1840 (MB)
ALLEY, James & Kelsey, Susannah; 9 Jul 1812 (MM)
ALLEY, James G. & Cox, Nancy; 11 Sep 1857 (FL)

ALLEY, John A. & Poff, Margaret E.; 26 Apr 1860 (FL)
ALLEY, Nicholas & Dennis, Mary; 4 Jun 1794 (MB)
ALLEY, Robert & McPherson, Anne; 14 Feb 1793 (MB)
ALLEY, Thomas & Smallwood, Rachel; 13 Dec 1816 (MB)
ALLISON, Jon C. (s/o W.M. & M.B. Allison)(b.p. Wythe Co., Va.) & Guthrie, Menirva (d/o William & J.M. Guthrie); 11 Feb 1858 (PM)
ALLISON, Josiah (aka Josiah Ellison)& Cobun, Polley (d/o Jeremiah Cobun); 26 Jan 1829 (GB)
ALLISON, William T. & Faris, Mary Ann; 16 Mar 1857 (PL)
ALLISON, William T. (s/o James & Jane Allison)(b.p. Wythe Co., Va.)& Faris, Mary Ann (d/o James & Martha Faris)(b.p. Wythe Co., Va.); 19 Mar 1857 (PM)
ALLS, Jacob H.(s/o James & Catherine Alls) & Bowles, Julina (d/o Peter & Nancy Bowles); 1 Dec 1860 (MM)(ML)
ALLS, William & Grissem, Prudy; 1843 (MM)
ALLTIZER, Emery G. (s/o Emery & Marget Alltizer) (b.p. Floyd Co., Va) & Delong, Elizabeth (d/o Armand & Sarah Delong)(b.p. Floyd

Co., Va.); 4 Oct 1855 (MM)

ALLTIZER, John R. (s/o James & Sarah Alltizer) & Fharis, Mary (d/o John & Rachel Fheris) (b.p. Floyd Co., Va.); 16 Apr 1857 (FM)(MB)

ALLY, Anderson & Altizer, Martha; 19 Aug 1841 (MM)

ALLY, Anderson & Altizer, Rachael; 14 Feb 1844 (MM)

ALSBERRY, Charles & McElany, Jane; 4 May 1791 (MB)

ALTERMAN, James & Prater, Nancy; 12 Feb 1839 (FB)

ALTIZER, Aaron & Scaggs, Sarah; 9 Aug 1847 (MM)

ALTIZER, Cornelius & Alley, Abigail; 21 Jan 1846 (MM)

ALTIZER, Elias & Dulany, Rebecca; 26 Jan 1839 (FB)

ALTIZER, Elias & Dulany, Rebecca; 31 Jan 1839 (FM)

ALTIZER, Elisha & Holliday, Louisa; 8 Apr 1847 (FM)

ALTIZER, Japtha & Reed, Olive; 11 May 1848 (FM)

ALTIZER, Jesse & Akers, Eliza (d/o William Akers); 5 Aug 1850 (MB)(MM)

ALTIZER, Jesse & Sumpter, Octavia; 18 Jun 1857 (FL)

ALTIZER, Jonas & Ratcliff, Sally; 28 Aug 1819 (MB)

ALTIZER, Jonas (s/o Emery & Mary Altizer)(w/o?)(68 years old) & Simpkins, Sarah (d/o Robert & Elizabeth Simpkins); 1 Mar 1860 (MM)

ALTIZER, Jonas (s/o Emory & Mary Altizer)(w/o?)(67 years old) & Simpkins, Sarah (d/o Robert & Elizabeth Simpkins); 12 Sep 1859 (MM)

ALTIZER, William R. & Epperly, Nancy; 12 Feb 1852 (FL)

ALVIS, David (s/o David Alvis & Robertson, Nancy)(b.p. Goochland Co., Va.) & Hale, Martha (d/o Thomas Hale & Agnes Lucas); 25 Mar 1856 (GM)

ALVIS, William G. (s/o David Alvis) & Neely, Polly (d/o Elizabeth Neely); 1 Feb 1831 (GB)

ANDERSON, David & Hackney, Jane; 18 Mar 1812 (GB)

ANDERSON, George & Burton, Polly; 3 Mar 1802 (MB)

ANDERSON, George W. & Kent, Sarah J. (d/o Jacob Kent); 2 May 1840 (MB)

ANDERSON, Jacob & Trink, Malinda; 25 Apr 1853 (PM)

ANDERSON, Jacob & Trink, Malinda; 2 Apr 1853 (PB)

ANDERSON, James & Anderson, Nancy ("no kin"); 14 Dec 1826 (MM)

ANDERSON, James & Douglas, Caroline;

10 Jan 1822 (MB)(MM)

ANDERSON, John & Kiplinger, Catherine; 15 Feb 1813 (MB)

ANDERSON, John & Miller, Elizabeth (d/o James Miller); 22 Sep 1825 (MB)(MM)

ANDERSON, Joseph L. (s/o Charles B. & Sarah Anderson)(b.p. Prince Edwards) & Keffer, Susan (d/o Samuel & Mary Keffer); 13 Mar 1853 (PL)(PM)

ANDERSON, Talbot & Fizer, E.; 2 Jun 1843 (PB)

ANDERSON, William & Atkins, Clary; 7 Jan 1822 (GB)

ANDERSON, William & Carper, Hetty (d/o John Carper); 26 Jan 1829 (MB)

ANDERSON, William & Cosby, Malissa; 1 Jan 1828 (MM)

ANDERSON, William & Harriss, Rebecca; 13 Dec 1817 (GB)

ANDERSON, William & _____; 28 Apr 1827 (GB)

ANGEL, Benjamin & Board, Elizabeth (d/o Nathan Board); 28 Nov 1853 (MB)

ANGEL, Benjamin (s/o Thomas & Rebecca Angel)(b.p. Georgetown, Washington D.C.) & Croy, Eliza (d/o Adam & Betsy Croy); 20 May 1855 (MM)

ANGLE, Samuel & Walters, Elizabeth; 21 Dec 1848 (FM)

APPELGATE, Hezekiah & Britton, Sary; undated minister's return...about 1785-1794 (MM)

ARGABRIGHT, Jonathan (s/o George Argabright) & Wimmer, Jane (d/o Margret Wimmer); 23 Jan 1841 (FB)

ARGABRIGHT, Stuart & Kipps, Gabriella; 26 Oct 1847 (MM)

ARGABRIGHT, Stuart & Kipps, Gabriella (d/o Jacob Kipps); 24 Oct 1847 (MB)

ARGABRIGHT, Wesley & Smith, Sarah; 1 Jun 1840 (MB)

ARGABRIGHT, William Jr. & Helms, Catharine; 25 Jul 1837 (MB)

ARGUBRIGHT, Elisha L. & Shilling, Mary Ann; 8 Apr 1852 (FL)

ARGUBRIGHT, Joseph & Overpeck, Peggy; 8 Sep 1806 (MB)

ARGUBRIGHT, William & Snyder, Susannah; 6 Oct 1812 (MB)

ARNOLD, John (s/o Abraham & Sarah Arnold)(b.p. Botetourt Co., Va.) & Dawson, Sarah E. (d/o A. & T. Dawson); 30 Sep 1858 (PM)

ASHLEY, Thomas & Brown, Priscilla; 20 Mar 1797 (MB)

ASHLEY, Thomas & Kern, Ruth; 21 Aug 1797 (MB)

ASHWORTH, Armistead A. & Dobbins, Parthena; 5 Oct 1852 (MM)

ASHWORTH, Armistead A. & Dobbins, Parthena (d/o Martin Dobbins); 21 Sep 1852 (MB)

ASHWORTH, John & Bonham, Eliza (d/o Hezekiah Bonham); 23 Jan 1851 (GB)

ASHWORTH, John W. & Cockran, Leah; 13 Mar 1853 (FL)

ASHWORTH, Lewis R. & Fergus, Mary; 31 Jan 1833 (MB)

ASHWORTH, William C. & Wood, Hannah; 9 Mar 1853 (FL)

ASHWORTH, William W. & Dobbins, Julina; 5 Feb 1846 (MM)

ASHWORTH, William W. & Vanderpierce, Julina; 2 Feb 1846 (MB)

ASQUE, Michael & Weddle, Parmelia; 24 Apr 1824 (MB)

ATKINS, Elijah & Hunter, Nancy (d/o Robert Hunter); 28 Feb 1790 (MB)

ATKINS, Enoch & Webb, Sarah (d/o George Webb); 31 Dec 1841 (GB)

ATKINS, Henry (s/o Katherine Bennett) & Farley, Rachel; 13 Mar 1830 (GB)

ATKINS, Hezekiah & Levin, Mary; 30 Oct 1784 (MB)

ATKINS, Joseph & Lybrook, Elizabeth (d/o John Lybrook); 2 Mar 1838 (GB)

ATKINS, Moses & Hunter, Mary (d/o Robert Hunter); 23 Dec 1794 (MB)

ATKINS, Moses & Lucas, Sarah (d/o Ralph Lucas); 16 May 1840 (GB)

ATKINS, William & Bowen, Magdalin (d/o John Bowen); 25 Jul 1806 (MB)

ATKINSON, James (s/o Reuben & Effiah Atkinson)(b.p. Bedford Co., Va.) & Walters, Rebecca (d/o Henry C. & Jane Walters); 5 Mar 1860 (ML)

AUL, John & Auch, Ann (d/o Elias Auch); 1799 (MB)

AUL, John & Duncan, Lucy (aka Jensy Duncan); 6 Mar 1792 (MB)

AUL, Robert & Hale, Margaret (d/o Aggy Hale); 10 Apr 1812 (MB)

AUL, William & Owen, Joanna (d/o Elias Owen); 6 Oct 1794 (MB)

AUL, William & Owen, Rosann; 23 Oct 1794 (MM)

AUSTIN, Isaiah E. & Bird, Malinda L.; 19 Jul 1849 (FM)

AUSTIN, John (s/o Andrew & Mary Austin) (b.p. Botetout Co., Va.) & Dooley, Mary M. (d/o Stephen & Nancy Dooley) (b.p. Botetout Co., Va.); 27 Dec 1859 (MM)

AUSTIN, Robert & Mills, Nancy Elizabeth; 1 Dec 1855 (FL)

AUSTIN, William & Nester, Betsy Ann; 22 Jul 1858 (FL)

AVINGTON, Samuel & Ratliff, Debby; 29 Nov 1855 (FL)

AYERS, John (s/o
   Sebird & Henrietta
   Ayers) (b.p.
   Bedford Co., Va.) &
   Headen, Ann M. (d/o
   Sarah Headen) (b.p.
   Bedford Co., Va.);
   6 Jan 1859 (MM)
AYERS, John W. (s/o
   Seybert & Henrietta
   Ayers) (b.p.
   Bedford Co., Va.) &
   Headon, Ann M. (d/o
   James & Sarah
   Headon) (b.p.
   Bedford Co., Va.);
   6 Jan 1858 (MM)
BABER, Parskal &
   Goodykoontz, Nancy
   (d/o Mary
   Goodykoontz); 30
   Nov 1835 (FB)
BADEFF, William &
   Weddle, Margaret;
   28 Mar 1859 (FL)
BAGBY, Charles (s/o
   Henry Bagby) & Cox,
   Nancy (d/o John
   Cox); 29 Jul 1786
   (MB)
BAILEY, Alfred &
   Bailey, Sarah; 3
   Sep 1846 (MM)
BAILEY, Alfred &
   Bailey, Sarah (d/o
   Braxton Bailey); 31
   Aug 1846 (MB)
BAILEY, Andrew J. &
   Gunter, Sarah Jane;
   14 Dec 1846 (MB)
BAILEY, Curtis (s/o
   Samuel & Amy
   Bailey) (b.p.
   Fayette Co.) &
   Lucas, Clara (d/o
   John & Hannah
   Lucas); 18 Aug 1854
   (GM)
BAILEY, Henry &
   Peters, Elizabeth
   (d/o John Peters);
   4 Aug 1801 (MB)
BAILEY, Isaac & Cook,
   Judah (d/o Thomas
   Cooke); 13 Mar 1821
   (GB)
BAILEY, James &
   Stinson, Margaret
   (d/o Robert
   Stinson); 1 Sep
   1789 (MB)
BAILEY, James R. &
   Hill, Sarah J. (d/o
   Samuel Hill); 6 Jan
   1851 (MB)
BAILEY, Jamieson &
   Walker, Elizabeth
   (d/o John Walker);
   5 Aug 1823 (GB)
BAILEY, Jesse T. &
   Gunter, Julia A.
   (d/o John Gunter);
   9 Oct 1854 (MB)
BAILEY, John Patterson
   (s/o Nelson & Susan
   Bailey)(b.p.
   Montgomery Co.,
   Va.) & Peters,
   Clara Jane (d/o
   Thompson & Nancy
   Peters); 3 Jul 1856
   (GM)
BAILEY, Martin (of
   Tazewell Co., Va.)
   & Peters, Juliet;
   18 Feb 1823 (GB)
BAILEY, Reuben &
   Davis, Jane (d/o
   Lindsay Davis of
   Mercer); 25 Jul
   1850 (GB)
BAILEY, Reuben &
   Davis, Polly; 8 Jul
   1830 (GM)
BAILEY, Reubin (s/o
   Reubin Bailey) &
   Davis, Polly (d/o
   Lindsey Davis); 12
   Jun 1830 (GB)
BAILEY, Samuel (s/o
   Thomas & Rebecka
   Bailey) & Perdue,
   Frances A. (d/o
   John & Elizabeth
   Perdue); 26 Jan
   1854 (GM)
BAILEY, Thomas &
   Lucas, Rebecca (d/o

Randolph Lucas); 28 Mar 1831 (GB)
BAIN, James L. (s/o William & Juliet Bain) & Hall, Francina L. (d/o Jonathan & Pauline Hall); 13 Sep 1857 (MM)
BAIN, Russell S. (s/o William & Juliet Bain) & Grills, Malinda P. (d/o John & Harriet Grills); 23 May 1860 (MM)(ML)
BAIN, William & Lawrence, Julian; 10 Feb 1834 (MB)
BAINESS, John A. (s/o William & Elizabeth Bainess) & Douthat, Mary Jane (d/o Henry S. & Eliza Douthat); 9 Jul 1857 (MM)
BAIR, Abraham (s/o David & Mary Bair) (divorced) (b.p. Floyd Co., Va.) & Furrow, Elen (d/o Mathias & Naomi Furrow); 6 Aug 1857 (FM)(MB)
BAISDEN, John S. & Branham, Rhoda (d/o David Branham); 4 Oct 1791 (MB)
BAKER, Charles & Alford, Mary (d/o Thomas Alford); 10 Feb 1786 (MB)
BAKER, Douglas & Hoge, Mary; 14 May 1812 (MB)
BAKER, Edward & Lucass, Catharine (d/o Charles D. Lucass); 11 Sep 1848 (MB)
BAKER, Josiah & Ingram, Matilda C. (d/o Aaron Ingram); 7 Feb 1831 (MB)
BAKER, Josiah & Walker, Mary (d/o James Walker); 2 Sep 1794 (MM)
BAKER, Thomas & King, Sarah; 4 Mar 1833 (MB)
BAKER, Thompson Jr. (s/o Thompson & Elizabeth Baker)(b.p. Halifax Co., Va.) & Walters, Nancy E. (d/o Jacob & Rachel Walters); 20 Dec 1860 (MM)(ML)
BAKER, William & Faudree, Jane M. (d/o Major Faudree); 2 Mar 1838 (GB)
BAKER, Joseph & Hays, Suckey (d/o Charles Hays); 10 Aug 1786 (MB)
BALEY, Samuel (aka Samuel Bailey) & Walker, Polly (d/o John & Nancy Walker); 19 Aug 1816 (GB)
BALL, Augustus & Shumate, Eliza Jane (d/o Parkison Shumate); 9 Sep 1844 (GB)
BALLARD, Lewis & Mennich, Polly; 10 Sep 1821 (MB)
BALLARD, Thomas & Davis, Betsy; 1 Apr 1811 (MB)
BALLENGER, Isaac & Meador, Polley (aka Polley Medows)(d/o William Medows); 21 Jul 1814 (GB)
BALLENGER, John & McHaffee, Jane; 6 Sep 1803 (MM)
BALLINGER, Henry F. & Fisher, Susan E.; 27 Dec 1859 (FL)

BALLINGER, Richard & Lovell, Martha; 9 Mar 1857 (FL)
BALLINGER, Richard M. & Burgess, Rebecca E.; 5 Sep 1859 (FL)
BANE, James Jr. & Henderson, Polly (d/o John Henderson); 25 Dec 1801 (MB)
BANE, Chapman & Thorn, Polly A. (d/o Lorain Thorn); 28 Feb 1848 (GB)
BANE, Edmund & Brown, Susannah (d/o George Brown); 6 Sep 1796 (MB)
BANE, Henry (s/o John Bane) & Slusher, Susannah; 12 Sep 1804 (MB))
BANE, James & Webb, Susan; 21 Mar 1827 (GB)
BANE, James E. (s/o Jesse & Anna Bane) & Miller, Mary O. (d/o Tobias & Elizabeth Miller); 6 Nov 1855 (GM)
BANE, Jesse & Carr, Anna; 16 Oct 1819 (GB)
BANE, John (the 2nd) & Chapman, Polly; 18 May 1811 (GB)
BANE, John H. & Shannon, Nancy C.; 10 Sep 1839 (GB)
BANE, Thomas & Criner, Barbery; 16 Feb 1813 (GB)
BANE, William H. & Snidow, Sally; 9 Apr 1827 (GB)
BANE, William H. (s/o John & Polly Bane) (b.p. Giles Co., Va.) & Johnston, Betie C. (d/o John D. & Bethany V. Johnston) (b.p. Missouri); 15 Jul 1858 (MM)
BANGOR, Joseph & Rollins, Elizabeth; 8 Oct 1786 (MM)
BANKS, Cassell (s/o Thomas Banks) (b.d. 1790) & Watkins, Mary; 26 Aug 1811 (MB)
BANKS, Thomas & Howard, Elizabeth (d/o Peter Howard); 19 Jan 1825 (MB)
BARGER, Adam S. & Hawley, Mary A.; 28 Jun 1844 (MM)
BARGER, Charles & Carper, Polly (d/o Frederick Carper); 24 Mar 1828 (MB)
BARGER, Daniel (s/o John & Mary Barger) & Kimmet, Beza (d/o Lawrence & Hannah Kimmet) (b.p. Carrick Co., Ireland); 10 Jul 1856 (MM)
BARGER, Daniel T. & Kimmett, Beza B.; 7 Jul 1856 (MB)
BARGER, David S. & Carper, Polly; 26 Jan 1826 (MM)
BARGER, David S. & Dudly, Elizabeth Jane; 14 Jan 1848 (PM)
BARGER, Elias & Carper, Nancy; 9 Dec 1824 (MM)
BARGER, Frederick & Keister, Sally (d/o Peter Keister); 2 Dec 1815 (MB)
BARGER, Isaac (orphan) & Surface, Elizabeth (d/o John Surface); 12 Jun 1828 (MB)
BARGER, Isaac L. & Deck, Mary; 23 Oct 1839 (PM)

BARGER, Jacob S. & Trollinger, Phebe; 27 Mar 1825 (MM)
BARGER, John & Newly, Viney (d/o Jeremiah Newly); 18 Feb 1824 (MB)
BARGER, John & Preston, Mary (d/o John Preston); 4 Feb 1822 (MB)
BARGER, John (s/o Tom & Mary Barger) & Vaught, Nancy (d/o William & Margaret Vaught) (b.p. Giles Co., Va.); 25 Dec 1855 (MM)
BARGER, John L. or S. & Noel, Martha Ann; 3 Mar 1851 (PB)(PM)
BARGER, Newton S. & Wygal, Ann; 28 Jul 1853 (PM)
BARGER, Philip & Keister, Polly (d/o Peter Keister); 22 Dec 1819 (MB)
BARGER, Philip & Shrader, Polly (d/o Adam Shrader); 17 Apr 1805 (MB)
BARLAW, Joseph & Peck, Peggy (d/o James Peck); 25 Feb 1799 (MM)
BARLIT, Joseph & Stump, Elizabeth; 11 Nov 1782 (MB)
BARNARD, Charles & Thompson, Delilah; 17 Dec 1839 (FM)
BARNARD, Charles (s/o Isham Barnard) & Thompson, Delilah; 3 Dec 1839 (FB)
BARNARD, James & Thompson, Elizabeth; 10 Feb 1836 (FB)
BARNARD, Thomas A. & Thompson, Caroline; 9 Aug 1854 (FL)

BARNARD, William & Maddox, Nancy (d/o William Maddox); 22 Dec 1817 (MB)
BARNES, John & Allen, Eliza; 30 Jan 1839 (GB)
BARNES, John & Hall, Mary S.; 3 Sep 1851 (MM)
BARNES, John B. & Hall, Mary S. (d/o Jesse C. Hall); 1 Sep 1851 (MB)
BARNES, William & Trigg, Lucy B.; 9 Nov 1847 (MB)
BARNES, William & Trigg, Lucy B.; Nov 1847 (MM)
BARNET, Gasper R. & Repass, Barbara (d/o Reuben or Samuel Repass); 5 Jan 1852 (GB)
BARNETT, Benjamin & Dowdy, Julia Eveline; 11 Jun 1856 (MB)
BARNETT, Benjamin (s/o Jesse & Nancy Barnett) (b.p. Brunswick Co., Va.) & Dowdy, Eveline (d/o Tobin & Hannah Dowdy) (b.p. Giles Co., Va.); 12 Jun 1856 (MM)
BARNETT, Charles & Mitchell, Mary Ann; 8 Jul 1825 (MB)
BARNETT, David & Craig, Susan M. (d/o James Craig); 20 Jun 1832 (MB)
BARNETT, George W. & Lancaster, Margaret D.; 5 Oct 1846 (MM)
BARNETT, Giles & Brown, Eliza; 8 Nov 1841 (MB)
BARNETT, Giles & Brown, Eliza; 7 Nov 1841 (MM)

BARNETT, James & Stapleton, Polly; 2 Apr 1799 (MB)
BARNETT, James & Thomas, Elinor; 10 Nov 1815 (MB)
BARNETT, James (s/o Robert & Elizabeth Barnett) & Kesler, Mary (d/o Elizabeth Kesler) (b.p. Botetout Co., Va.); 14 Oct 1858 (MM)
BARNETT, James Jr. & Wade, Mary A.M.; 15 Oct 1839 (MB)
BARNETT, Joseph & Barnett, Rachel; 15 Jul 1812 (MB)
BARNETT, Joseph (s/o John Barnett) & Harrison, Elizabeth (d/o Thomas Harrison); 22 Nov 1808 (MB)
BARNETT, Josiah & Dickerson, Jemima; 25 Feb 1824 (MM)
BARNETT, Nathan & Bennett, Margaret (d/o James Bennett); 13 Jan 1796 (MB)
BARNETT, Reuben & Jackson, Elizabeth; 5 Apr 1808 (MB)
BARNETT, Robert & Jewell, Elizabeth; 19 May 1834 (MB)
BARNETT, Robert & Willis, Nancy (d/o David Willis); 22 Apr 1822 (MB)
BARNETT, Thomas & Crockett, Rebecca; 28 Jan 1847 (MM)
BARNETT, Thomas & Willis, Sally (d/o David Willis); 22 Apr 1822 (MB)
BARNETT, Thomas M. & Strotton, Lucy T.; 18 May 1839 (MB)
BARNETT, Thomas R. (s/o Robert & Nancy Barnett) & Linkinhoker, Elizabeth (d/o George M. & Anna Eliza Linkinhoker)(b.p. Botetout Co., Va.); 17 Jan 1856 (MM)
BARNETT, William & Cofer, Minerva; 18 Nov 1837 (MB)
BARNITZ, John A. (s/o William & Elizabeth Barnitz)& Douthat, Mary I. (d/o Hy. V. & Eliza Douthat); 9 Jul 1857 (MM)
BARNITZ, William & Trivillo, Elizabeth; 30 Sep 1823 (MB)
BARNITZ, William M. & Craddock, Elizabeth F. (d/o Edward A. Craddock); 14 Sep 1853 (MB)
BARRINGER, Adam & Hogan, Susannah; 26 Mar 1800 (MM)
BARRINGER, Adam & Loman, Hannah; 27 Jun 1815 (MB)
BARRINGER, Gasper & Brown, Elizabeth; 12 Jan 1789 (MB)
BARRINGER, Jacob & Goodwin, Armindminter; 24 May 1826 (MM)
BARRINGER, John & Lowery, Jane; 28 Jul 1792 (MM)
BARRINGER, John & Sowers, Triphan (d/o William Sowers); 29 Jan 1849 (FM)
BARRINGER, John & Towney, Jane; 20 Jul 1792 (MB)
BARRINGER,(aka Barger) George W. & Helm,

Sarah; 15 Aug 1834 (MB)
BARROW, Wesley A. & Foote, Aurelia; 27 Nov 1854 (PL)
BARROW, Wesley A.(s/o J.B. & Elizabeth Barrow)(b.p. Henry Co., Va.) & Foote, Aurelia F. (d/o Sylvanus & Paulina Foote); 29 Nov 1854 (PM)
BARTLETT, Leroy G.D. & King, Olive (d/o John King Jr.); 5 Oct 1840 (MB)
BARTLETT, Reuben & Jackson, Elizabeth (d/o Isaac Jackson); 5 Apr 1808 (MB)
BARTLETT, Samuel (s/o Reuben Bartlett) & Thrash, Mahala (d/o John Thrash; 24 Jan 1831 (MB)
BARTLEY, Charles & Akers, Mary (d/o Blackburn Akers); 4 Dec 1843 (FB)
BARTON, Samuel B. & Lemmon, Mary M. (d/o Ann Lemmon); 16 Jul 1853 (MB)
BARTON, Thomas & Terry, Anna; 21 Sep 1847 (FM)
BARTON, William & Moore, Frances; 22 Jul 1839 (FB)
BASHAM, Benjamin & Graham, Emily; 23 Dec 1847 (FM)
BASHAM, Ellis L. & Graham, Caroline D.; 4 Nov 1851 (FL)
BASHAM, Hilary H. & Redinger, Sarah; 11 Sep 1851 (FL)
BASHAM, Robert & Clowder, Elizabeth; 17 Apr 1845 (FM)

BASKERVILLE, George W. & Wysor, Nancy B. (d/o Hy Wysor Jr); 19 Feb 1839 (MB)
BASSHAM, Lawed & Thompson, Charlotte (d/o James & Elizabeth Thompson); 30 Jul 1825 (GB)
BATEMAN, James & Paten, Jane; 2 Jan 1844 (PM)
BATEMAN, William C. & Alford, Eleanor (d/o Charles Alford); 10 May 1843 (GB)
BATES, Elisha & Paterick, Priscilla (d/o Hugh Paterick); 1 Sep 1789 (MB)
BATES, Gilbert & Covey, Rachel; 17 Jan 1796 (MM)
BATES, Joseph & Chase, Zubey; Feb 9 1801 (MB)
BATTERIL, John & Maun, Elizabeth; 2 Feb 1791 (MM)
BATTON, William & Thomas, Rebecca (d/o Jamimah Thomas); 29 Oct 1845 (GB)
BAUGH, Henry & Phillips, Margaret; 20 Mar 1786 (MB)
BAUSMAN, Philip & Stratton, Amrat (d/o Arch Stratton); 17 Feb 1821 (MB)
BAYER, Christian & Price, Patsy; 18 Jan 1802 (MB)
BAYLOR, Eldred R. & Clark, Mary A.; 19 May 1847 (MB)
BAYLOR, Eldred R. & Clark, Mary A.; 20 May 1847 (MM)

BAYLOR, Thomas B. & Craddock, Martha A.L. (d/o Edward A. Craddock); 17 Oct 1850 (MB)(MM)

BAYNE, John (s/o Jesse & Ann Bayne)(b.p. Giles Co., Va.) & Lloyd, Elizabeth (d/o M.B. & M. Lloyd); 13 Apr 1858 (PM)

BAYNES, Jeremiah (b.d. 25 Jan 1825) & Davis, Sally (d/o William Davis); 21 Sep 1846 (GB)

BAZE, John & Hall, Margaret (d/o William Hall); 29 Oct 1816 (GB)

BEALE, John & Trigg, Rhoda (d/o Abram Trigg); 4 Apr 1805 (MB)

BEAMER, Andrew C. & Evans, Elizabeth Ann; 11 Dec 1834 (MB)

BEAMER, John N. & Mitchell, Obedience (d/o John Mitchell); 19 Jan 1835 (MB)

BEAN, Howard (s/o James Bean) & Huckman, Lettice; 7 May 1805 (MM)

BEAN, James F. (s/o William & Rachel Bean)(b.p. Monroe, Va.) & Dudley, Ann D. (d/o John E. & Elizabeth Dudley); 17 Oct 1860 (MM)(ML)

BEAN, Walter & Roberts, Nancy; 29 Jun 1802 (MB)

BEAN, William & Smith, Ann (d/o Jacob Smith); 24 Aug 1801 (MB)

BEAR, Abram (s/o James & Mary Bear)(b.p. Botetourt Co., Va.)(w/o?) & Furrow, Ellen (d/o Mathias & Naomi Furrow); 6 Aug 1857 (MB)

BEARD, James M. (of Roanoke Co., Va.) & Warren, Sarah Ann (d/o Uriah Warren); ; 29 Dec 1841 (GB)

BEARD, James T. (s/o William & B. Beard) & Burton, Cynthia M. (d/o J. & J. Burton); 27 Dec 1858 (PM)

BEARD, William & Burton, Balinda (d/o Charles Burton); 15 Feb 1830 (MB)

BEATH, William W. & McMullin, Mary; 25 Dec 1793 (MB)

BEATTY, Samuel J. & Furrow, Ann Frances; Sep 1849 (MM)

BEATTY, Samuel J. & Furrow, Ann Francis; 15 Sep 1849 (MB)

BEAVERS, Alexander (s/o Alexander Beavers Sr.) & Rice, Sarah; 17 Dec 1792 (MM)

BEAVERS, James & Charlton, Susannah; 20 Aug 1820 (MB)

BEAVERS, John W. & Leftwich, Paletiah J.W.; 18 Nov 1834 (MB)

BEAVERS, Moses & Coffee, Margaret (d/o James Coffee); 1 Jan 1794 (MB)

BEAVERS, Thomas (s/o Moses Beavers) & Hall, Susannah (d/o

Asa Hall); 14 Mar 1814 (MB)
BEAVERS, William & Fisher, Nancy (d/o Adam Fisher); 6 Jun 1842 (MB)
BECK, Paul & Ogle, Nancy (d/o Hercules Ogle); 3 Sep 1793 (MB)
BECKELHIMER, Isaac & Vest, Rachel (d/o Littleberry Vest); 17 Jun 1843 (FB)
BECKELHIMMER, Levi & Newman, Nancy Ann; 13 Feb 1841 (FB)
BECKETS, James & Peden, Margaret (d/o John Peden); 8 Sep 1794 (MB)
BECKETT, Daniel & Wade, Lydia (d/o Thomas Wade); 24 Jul 1816 (MB)
BECKETT, James M. & Hollaway, Wilsmoth F.; 18 Dec 1852 (FL)
BECKETT, John & Phares, Rachel; 3 Aug 1824 (MB)
BECKETT, Thomas & McFadden, Nancy; 1 Mar 1808 (MM)
BECKETT, William (s/o John Beckett) & Lesseur, Lucy; 20 Apr 1827 (MB)
BECKLEHEIMER, Abraham & Graham, Nancy; 10 Sep 1853 (PL)
BECKLEHEIMER, Abraham & Muirhead, Julina; 10 Feb 1846 (PM)
BECKLEHEIMER, Anderson (s/o Artemisa Delone) & Payne, Sarah; 30 Aug 1860 (ML)
BECKLEHEIMER, James & Wright, Juliann; 15 Nov 1846 (PM)
BECKLEHEIMER, John & Akers, Elizabeth J.; 31 Mar 1851 (PL)
BECKLEHIMER, John & Redpath, Catherine D. (d/o James Redpath); 23 Mar 1822 (MB)
BECKNEL, James & King, Nancy (d/o William King); 30 Jan 1828 (MB)
BECKNELL, William & Trusler, Mary (w/o?); 23 Nov 1833 (MB)
BECKNER, Michael & Rutroff, Hannah; 19 Sep 1849 (FM)
BEEKNER, George W. & Husk, Rachel; 16 Sep 1840 (PM)
BEEMER, Samuel A. & Goodwin, Matilda (d/o Enos Goodwin); 1 Jan 1845 (MB)
BEEN, Henry & Cruger, Margaret (d/o Jacob Cruger); 28 Nov 1786 (MB)
BEEN, William & Smith, Ann (d/o Jacob Smith); 24 Aug 1801 (MB)
BEESON, Isaac & Morrow, Esther; 29 Mar 1797 (MM)
BEGLY, Thomas & Cox, Nancy (d/o John Cox); 29 Jul 1786 (MB)
BELCHER, Tobias (s/o Obediah Belcher) & Prince, Patsey (d/o John Prince); 8 Feb 1815 (GB)
BELL, Berry E. & Bell, Elizabeth; 12 Mar 1860 (FL)
BELL, Crockett & Warnacot, Elizabeth; 27 Feb 1844 (PM)

BELL, David & Snow, Harriet; 21 May 1840 (PM)
BELL, George & Shaw, Sarah (d/o Samuel Shaw); 3 Nov 1786 (MB)(MM)
BELL, George (s/o John Bell) & Farmer, Martha; 28 Dec 1837 (MB)
BELL, Haden H. & Grills, Eliza R.; 14 Aug 1837 (MB)
BELL, Jeremiah (s/o Robert Bell) & Hall, Elizabeth (d/o Asa Hall); 7 Aug 1807 (MB)
BELL, John & Pate, Lucy (d/o Thomas & Catharine Pate); 16 Oct 1786 (MB)
BELL, John (s/o Robert Bell) & Vineyard, Polly (d/o George Vineyard); 7 Oct 1818 (MB)
BELL, John A.(s/o John & Sarah Bell)(b.p. Staunton, Va,) & Keister, Sarah E. (d/o Jacob & Margaret Keister); 24 Aug 1854 (MB)(MM)
BELL, Robert & VanOver, Elizabeth (d/o Henry VanOver); 13 Apr 1803 (MB)
BELL, Robert & Vineyard, Sarah (d/o George Vineyard); Oct 1820 (MB)
BELL, Robert P. & Martin, Margaret S.; 3 Sep 1855 (PL)
BELL, Robert P. (s/o John & Mary Bell) & Martin, Margaret S.(d/o B. & Polly Martin)(b.p.Halifax Co., Va.); 6 Sep 1855 (PM)
BELL, Uriah & Taylor, Nancy; 31 Mar 1818 (GB)
BELL, Victor & Sarver, Sarah; 24 Apr 1847 (GB)
BELL, William & Vineyard, Nancy; 18 Oct 1820 (MB)
BELL, William (s/o John & Mary Bell)(b.p. Montgomery Co., Va.) & Meredith, Melvina (d/o H. & C. Meredith)(b.p. Montgomery Co., Va.); 11 Jul 1859 (PM)
BELLER, Peter & Lucas, Margaret Emameline; 26 Sep 1831 (GB)
BELLER, William H. (s/o Peter & B. Beller) & Atkins, Mary Jane (d/o Hyram & Mary Atkins); 4 Dec 1856 (GM)
BELLSHER, Henry & Prince, Milly (d/o John & Rea Prince); 2 Mar 1811 (GB)
BENJAH, Joseph & Rollins, Elizabeth; 2 Oct 1786 (MB)
BENJAMIN, Adam & Guthrie, Polly (d/o William Guthrie); 22 Aug 1797 (MB)
BENJAMIN, Henry & Wylie, Mary (d/o John Wylie); 1 May 1786 (MB)
BENJAMIN, Jacob & Winter, Mary (d/o Moses Winter); 2 Sep 1794 (MB)
BENNET, George W. & Barrow, Mary E.; 26 Apr 1855 (PB)

BENNET, Howard & Byrum, Elizabeth D.; 23 Mar 1848 (FM)
BENNETT, David M. & Gardener, Prudence (d/o John Gardener); 9 Mar 1823 (MB)
BENNETT, Jeremiah & Johnston, Mary (d/o Amos Johnston); 14 Sep 1791 (MB)
BENNETT, John F. & Gordon, Elizabeth I.; 6 Nov 1854 (MB)
BENNETT, Robert & Adkins, Fanny; 8 May 1797 (MM)
BENNETT, Robert C. & Vickers, Mary Ann; 26 Sep 1849 (MB)
BENNETT, Robert C. & Vickers, Mary Ann; 27 Sep 1849 (MM)
BENTLEY, Henry M. & Kent, Cynthia; 14 Mar 1837 (MB)
BERK, Tobias & Altizer, Susanah; 19 Dec 1837 (FB)
BERRY, Isaac Jr. & Kelly, Nancy; 16 Nov 1808 (MB)
BERRY, Joseph H. & Deyerle, Rebecca; 7 Nov 1831 (MB)
BESS, Christopher & Moses, Mariah (d/o William Moses); 9 Oct 1837 (MB)
BESS, James C. (s/o Hamilton & Mary Bess)(b.p. Aleghany Co., Va.) & Smith, Harriet (d/o James & Matild Smith); 7 Jul 1857 (MM)
BESS, Nash L. (b.d.2 Apr 1819)& Layne, Mary A.R.(d/o James Layne); 21 Oct 1840 (MB)

BEST, William & Moses, Mary; 11 Feb 1835 (MB)
BETRD, William & Burton, Belinda (d/o Charles Burton); 15 Feb 1830 (MB)
BETTSHIRE, John & Holsey, Sarah (w/o?); 3 Sep 1789 (MM)
BEVERLY, Mattison (b.p. Appomattox, Va.)(fpc) & Beverly, Elizabeth A. (b.p. Buckingham Co., Va.)(fpc); 6 Aug 1848 (MM)
BEVERS, Alexander Jr. & Rice, Sarah; 17 Dec 1792 (MB)
BEVERS, William & Fisher, Nancy; 9 Jun 1842 (MM)
BEVILL, John A.(s/o Elswick & Mary Bevil)(Wythe Co., Va.) & Godby, Jane (d/o Bery & Nancy Godbey)(b.p. Montgomery Co., Va.); 8 Dec 1855 (PL)(PM)
BIGBIE, Augustine (s/o William & Frances Bigbie)(b.p. Amherst) & Trovillo, Mary E. (d/o James & Nancy Travillo)(b.p. Montgomery Co., Va.); 23 Nov 1854 (PL)(PM)
BIGGS, Andrew & Godby, Susannah (d/o Francis Godbey); 15 Mar 1830 (MM)
BIGGS, James & Price, Elizabeth; 21 Apr 1812 (MB)
BIGGS, Moses & Surface, Elizabeth (d/o George

Surface); 5 Jan 1818 (MB)
BIGGS, Thomas & Fillinger, Elizabeth; 27 Apr 1824 (GB)
BILL, Buchanan & Carr, Nancy; 30 Oct 1827 (GB)
BINGAMAN, Adam & Guthrie, Polly; 29 Jun 1802 (MM)
BIRCH, Thomas E. & Miller, Mary; 1 Jun 1803 (MB)
BIRCHFIELD, Abraham & Fisher, Emeline (d/o Adam Fisher); 11 Jun 1846 (MM)(MB)
BIRCHFIELD, John A. (s/o William & Elizabeth Birchfield) (b.p. Bedford Co., Va.) & Vanstavern, Levenia H. (d/o William & Malinda Vanstavern); 9 Aug 1855 (MM)
BIRK, John S. & Thompson, Nancy; 28 Mar 1833 (FM)
BISH, Abram & Hancock, Nancy; 6 Aug 1836 (MB)
BISH, David & Cain, Nancy (d/o James Cain); 15 Jan 1828 (MB)(MM)
BISH, Samuel & Gordon, Maria (d/o Giles Gordon); 25 Jan 1830 (MB)
BISHAM, Jacob & Hawley, Ann; 4 Nov 1838 (MB)
BISHOP, Asa & Dodd, Elizabeth (d/o Benjamin Dodd); 20 Feb 1842 (FB)
BISHOP, Asa & Dodd, Elizabeth; 2 Mar 1843 (FM)
BISHOP, B.W.S. & Goodykoontz, J.A.; 24 Mar 1860 (FL)
BISHOP, George & Boothe, Nancy (d/o Stephen Boothe); 28 Jun 1790 (MB)
BISHOP, Henry & Crusenberry, Nancy (d/o Frederick Crusenberry); 7 Mar 1820 (MB)
BISHOP, Henry & Phlegar, Mahala; 2 May 1857 (FL)
BISHOP, Henry & Simpkins, Fanny (d/o Daniel Simpkins); 23 May 1785 (MB)
BISHOP, Jacob & Elkins, Katherine; 2 Oct 1792 (MB)
BISHOP, Jacob & Kinser, Melvina; 26 Oct 1843 (MM)
BISHOP, Jacob & Williams, Catherine; 8 May 1793 (MM)
BISHOP, John & Goard, Sarah Jane; 3 Feb 1848 (FM)
BISHOP, John & Wilson, Maria (d/o Samuel Wilson); 7 Jan 1817 (MM)
BISHOP, Joseph & Boothe, Hannah (d/o Isaac Boothe); 8 Nov 1826 (MB)
BISHOP, Joshua & Shelor, Mary; 19 Apr 1849 (FM)
BISHOP, Joshua (s/o Joseph & Hannah Bishop) & Jewel, Elizabeth (d/o James & Priscilla Jewel); 25 Nov 1859 (MM)
BISHOP, Noah & Ratliff, Mary; 4 Oct 1860 (FL)

BISHOP, Obediah & Lucy, Catharine; Apr 1848 (MM)
BISHOP, Samuel & Stone, Lucinda; 15 Jan 1853 (PB)(PM)
BISHOP, Stephen & Altizer, Melvina; 24 Dec 1850 (FL)
BISHOP, Stephen & Dulaney, Lucinda; 20 Nov 1856 (FL)
BLACK, Alexander & McDonald, Elizabeth (aka Betsy McDonald)(d/o Edward McDonald); 25 Nov 1823 (GB)
BLACK, Andrew (s/o John Black) & Ross, Susannah (d/o John Ross); 19 Dec 1804 (MB)
BLACK, Harvey & Kent, Mary J. (d/o Germanicus Kent); 15 Sep 1852 (MM)(MB)
BLACK, Hughs & Warden, Sarah Ann; 13 Sep 1853 (PL)
BLACK, James (s/o James & Thersa Black)(b.p. Wythe Co., Va.) & Dawson, Eliza A. (d/o A. & C. Dawson); 24 Feb 1858 (PM)
BLACK, John & Breeden, Mary; 4 Jan 1807 (MB)
BLACK, John & Martin, Matilda (d/o Catherine Martin); 3 Apr 1827 (MB)
BLACK, William & McBath, Jane; 27 Mar 1793 (MB)
BLACK, William & Ross, Grizzay; 1 Feb 1822 (MB)
BLACKEDELL, Robert & Shank, Lucy Ann; 16 Dec 1844 (FM)

BLACKENSTOE, Fliegar, & Edes, Jane; 2 May 1820 (MB)
BLACKSTER, John & Linder, Minny; 8 Nov 1783 (MM)
BLAIR, James & Barnett, Sally (d/o John Barnett); 1 Nov 1796 (MB)
BLAIR, Thomas R. & Edmundson, Margaret (d/o Hy. Edmundson); 10 Oct 1836 (MB)
BLAIR, Walter D. & Edmundson, Ellin E. (d/o Henry Edmundson); 11 Oct 1823 (MB)
BLAKE, James & Adkins, Nancy; 20 Dec 1797 (MM)
BLAKE, Peter & Davis, Sally (d/o Samuel Davis); 19 Aug 1818 (GB)
BLAKE, Robert & Blake, Jane; 22 Oct 1822 (GB)
BLANKENSHIP, Arther & Sartin, Salley; 25 Feb 1811 (GB)
BLANKENSHIP, Arthur & Munsey, Mary; 6 Sep 1794 (MM)
BLANKENSHIP, Barry & Burton, Frances; 31 Jan 1815 (GB)
BLANKENSHIP, Davidson M.(s/o Lawsen & Lusy Blankenship) & Perdue, Susan F. (d/o Jesse & Susan Perdue)(b.p. Bedford Co., Va.); 14 Apr 1859 (ML)
BLANKENSHIP, Eleas & Pruitt, Solitia; 29 Jul 1833 (GB)
BLANKENSHIP, Giles & Gearhart, Mary; 9 Jan 1855 (FL)

BLANKENSHIP, Giles & Hall, Susannah (d/o Charles Hall); 20 Aug 1850 (MB)
BLANKENSHIP, Henry & Craig, Mary (d/o Andrew Craig); 4 Feb 1854 (MB)
BLANKENSHIP, Henry & Fortner, Sally; 13 Jun 1817 (GB)
BLANKENSHIP, Isaac & Martin, Harriet L. (d/o Mitchell Martin); 21 May 1844 (GB)
BLANKENSHIP, Lewis & Jones, Polly; 25 Feb 1833 (GB)
BLANKENSHIP, Oly & Davis, Lucinda; 28 Jul 1852 (GB)
BLANKENSHIP, Oly & Stowers, Sally; 5 Aug 1815 (GB)
BLANKENSHIP, Samuel & Dillon, Ann; 19 May 1811 (GB)
BLANKENSHIP, William & Cumpter, Margaret; 12 Sep 1843 (MB)
BLANKENSHIP, William & Martin, Polly; 28 Aug 1827 (GB)
BLANKENSHIP, William B. & Murray, Elizabeth; 24 Dec 1849 (MB)
BLANKENSHIP, William B. & Murry, Elizabeth; 26 or 27 Dec 1849 (MM)
BLANKINGSHIP, William & Cumpton, Margaret; 1843 (MM)
BOARD, Eli & Walters, Abigail; 20 Mar 1845 (FM)
BOARD, Green B. & Duckwyler, Mary; 10 Oct 1848 (MM)
BODELL, David N. & Harriss, Sophrona (d/o James Harriss); 19 Jan 1843 (MB)
BOGAL, Robert & Wray, Mary; 2 Oct 1811 (GB)
BOGLE, James & Kenison, Susanna; 26 Mar 1833 (GB)
BOIZE, William & Jinkins, Margaret; 13 Aug 1823 (GB)
BOLDING, German & Young, Luriah; 19 Oct 1833 (FB)
BOLEN, Ballard P. & Burnett, Elizabeth J.; 21 Aug 1860 (FL)
BOLING, William & Wade, Susanna; 20 May 1815 (GB)
BOLING, William Barnabas & Martin, Alley; 16 Feb 1853 (FL)
BOLLING, Alexander Graham (aka Allen Bolling)(s/o James & Sallie Bolling)(b.p. Pittsylvania Co., Va.) & Lovern, Fanny (d/o Joseph & Mary Lovern)(b.p. Halifax Co., Va.); 10 Jun 1856 (MB)(MM)
BOLLING, German & Young, Janah; 24 Oct 1833 (FM)
BOLLING, Joshua & Holiday, Nancy; 5 Mar 1844 (FM)
BOLLING, Peter, & Bradshaw, Decia; 16 Dec 1856 (FL)
BOLT, Charles & Slaughter, Martha; 1 Apr 1832 (FM)
BOLT, Charles & Slaughter, Martha; 21 Mar 1832 (FB)

BOLT, William M. &
O'Neal, Martha; 22
Dec 1857 (FL)
BOLTON, Absolem &
Henderson, Eliza
Ann (d/o William
Henderson); 23 Jan
1843 (GB)
BOLTON, David &
Henderson, Rebecca;
26 Jul 1847 (GB)
BOLTON, George &
Duncan, Margaret;
29 Jan 1828 (GB)
BOLTON, James M. &
Thorn, Elcy (d/o
Loraine Thorn); 12
Aug 1851 (GB)
BOLTON, John &
Tankersly, Sally
F.; 29 Jun 1835
(GB)
BOLTON, Joseph &
Tankersley, Mary F.
(d/o Pleasant
Tankersley); 26 Mar
1838 (GB)
BOLTON, William &
Southrene, Sally;
10 Sep 1828 (GB)
BOND, Asa & Grimes,
Martha; 5 Jul 1860
(FL)
BOND, George & Sowder,
Betsy; 6 Oct 1807
(MB)
BONE, John (s/o Walter
& Nancy Bone)
(w/o?) & Huff,
Margaret (d/o
Francis & Elizabeth
Huff); 8 Feb 1858
(MM)
BONES, Edward T. (s/o
Joseph & Nancy
Bones) & Willis,
Emily I. (d/o
Charles & Juliet
Willis); 7 Dec 1859
(MM)
BONES, James & Hines,
Delphia; Jun 1799
(MM)

BONES, John & Willis,
Catharine (d/o
William W. Willis);
28 Dec 1839 (MB)
BONES, Joseph & Ross,
Nancy; 1 Jan 1811
(MM)
BONHAM, James Harvey
(s/o Hezekiah &
Sarah Bonham)(b.p
Tazewell Co., Va.)
& Peters, Martha
Louise (d/o
Thompson H. & Nancy
Peters); 2 Jan 1856
(GM)
BOON, Jacob &
Spangler,
Elizabeth; 29 Jul
1851 (FL)
BOOTH, Abner & Becket,
Nancy; 27 Jun 1844
(FM)
BOOTH, Alijah &
Simmons, Rhoda; 14
Mar 1849 (FM)
BOOTH, Asa A. &
Spangler, Eliza
Jane; 27 Oct 1853
(FL)
BOOTH, Cornelius &
Giles, Syntha; 20
Aug 1856 (FL)
BOOTH, Daniel &
Graham, Rachel; 27
Jun 1827 (MB)
BOOTH, Elisha (s/o
George & Milly
Booth) & Lorton,
Rebecca (d/o Isreal
Lorton); 14 Mar
1791 (MB)
BOOTH, George & Reed,
Lucy (d/o Peter
Reed); 13 Mar 1816
(MB)
BOOTH, George (s/o
George & Mahala
Booth) & Howard,
Sarah (d/o William
Howard); 23 Dec
1789 (MB)
BOOTH, George Jr. &
Dickerson,

Susannah; 22 Mar 1854 (FL)
BOOTH, Isaac & Conner, Polly (d/o Jonathan Conner); 1 Mar 1825 (MB)
BOOTH, James & Lester,Catherine Jane (d/o John Lester Jr.); 19 Sep 1842 (FB)
BOOTH, Jamison & Hunter, Elizabeth; 4 Mar 1830 (MM)
BOOTH, John & Graham, Charlotte (d/o John Graham); 25 Jun 1838 (MB)
BOOTH, Lewis & Reed, Nancy Jane; 23 Dec 1847 (FM)
BOOTH, Noah R. & Hurt, Susannah; 27 Dec 1859 (FL)
BOOTH, Peter & Dulany, Polly; Feb 1860 (FL)
BOOTH, Riley & Bolling, Anna; 1 Jun 1854 (FL)
BOOTH, Ripley & Akers, Clarissa (d/o Jonathan Akers); 2 Dec 1823 (MB)
BOOTH, Robert & Booth, Ada (d/o Isaac Booth); Nov 1816 (MB)
BOOTH, Stephen & Booth, Polly; 1 Jan 1799 (MM)
BOOTH, William & Trail, Lucinda (d/o Charles Trail); 27 Oct 1827 (MB)
BOOTH, William Lee & Sowers, Susanna; 12 Mar 1835 (FM)
BOOTH, William Lee (s/o Daniel Booth) & Sowers, Susanna; 7 Mar 1835 (FB)
BOOTHE, George & Webster, Cintha; 21 Jul 1834 (FB)
BOOTHE, George & Webster, Cintha; 29 Jul 1834 (FM)
BOOTHE, James (s/o John & Mary Boothe) & Thornton, Linda Jane (d/o Peter & Susannah Thornton); 11 Dec 1854 (PL)(PM)
BOOTHE, Milton & Ross, Jane; 21 Jan 1831 (GB)
BOOTHE, Riley & Lester, Malinda; 26 May 1831 (FB)(FM)
BOOTHE, William H. & Smith, Catherine; 8 Feb 1844 (PM)
BORDERS, Thomas & Sallers, Catherine (d/o Samuel Sallers); 8 Sep 1788 (MB)
BORDON, John & Taylor, Jane; 16 Jun 1809 (MB)
BORGASS, David & Fielder, Elizabeth; 30 Nov 1838 (GB)
BOSANG, William H. & Trintle, Margaret; 4 Sep 1837 (MB)
BOSTER, Daniel & Lake,Mary; 7 Jan 1817 (MM)
BOSTER, Daniel & Scott, Anny (d/o Henry & Elizabeth Scott); 16 Dec 1842 (GB)
BOSWELL, Bird R. & Walters, Christina; 10 Apr 1855 (FL)
BOSWELL, Jabiz S. & Custer, Julia H.; 20 Jul 1854 (FL)
BOTT, John & Mitchell, Mary; 2 Dec 1834 (MB)

BOUCHER, Ezekiel & Terry, Jemima (d/o William Terry); 30 Jun 1796 (MB)
BOUCHER, Ezekiel & Wilson, Mary; 27 May 1797 (MM)
BOUCHER, James & Lewis, Abby; 10 May 1797 (MB)
BOULDING, German & Young, Juriah; 24 Oct 1833 (FM)
BOULTON, Henry Jr. & Hughs, Margaret J.; 28 Dec 1846 (GB)
BOW, Joseph D. & Early, Nancy; 6 Sep 1849 (MM)
BOWDEN, Jack & Mullin, Jane; 17 Sep 1840 (PM)
BOWDEN, John W. (s/o John & Betsy Bowden)(b.p. North Carolina)(w/o?) & Privett, Sarah (d/o George & Jane Hollandsworth)(b.p. Wythe, Va.)(w/o?); 17 Jan 1855 (PL)
BOWDEN, William E. (s/o John & Elizabeth Bowden) (b.p. North Carolina) & Simpkins, Elizabeth (d/o John & Margaret Simpkins)(b.p. Giles Co., Va.); 3 May 1855 (PL)
BOWEN, Christopher H. & Howry, Alley; 7 Sep 1848 (FM)
BOWEN, Henry S. & Black, Jane; 29 Jan 1846 (MM)
BOWEN, Hugh & Owen, Elizabeth; 18 Jun 1805 (MB)
BOWEN, James & Bosters, Catherine (d/o Jonathan Bosters); 7 Jan 1815 (MB)
BOWEN, John & Mills, Rachel; 3 Aug 1803 (MM)
BOWEN, Johnson & Harless, Nancy (d/o Anthony Harless); 14 Oct 1840 (GB)
BOWER, Jacob & Smith, Susannah; 28 Mar 1850 (FM)
BOWER, Martin & Huff, Maria; 30 Dec 1841 (FB)
BOWER, William & Bright, Frances Ann; 4 Jan 1849 (FM)
BOWERS, Jacob & Wickham, Jane (d/o Nathaniel Wickham Sr.); 17 Aug 1824 (MB)
BOWERS, Lewis & Bowman, Nancy; 5 Aug 1838 (FM)
BOWERS, Lewis (s/o Mathias Bowers) & Bowman, Nancy (d/o Christian Bowman) (b.d. 3 May 1817); 30 Jul 1838 (FB)
BOWES, Daniel & Smith, Elizabeth; 27 Nov 1851 (FL)
BOWLES, Matthew C. & Howell, Mary (d/o Mary Howell, widow); 1 Apr 1806 (MB)
BOWLES, Peter & Hale, Nancy (d/o Agnes Hale); 29 Sep 1826 (MB)
BOWLES, Reuben & Worley, Elizabeth (d/o Daniel Worley); 28 Oct 1817 (MB)
BOWLING, William & Purdue, Betsy; 30 May 1818 (GB)

BOWMAN, Elisha & Lorton, Rebecca; 14 Mar 1791 (MB)
BOWMAN, Jacob & Price, Susannah; 28 Jun 1821 (MM)
BOWMAN, John & Cromer, Polly; 2 May 1820 (MB)
BOWMAN, Peter & Spangler, Sarah Ann; 29 Aug 1844 (FM)
BOWMAN, Charles & Shelor, Mary; 6 Apr 1796 (MB)
BOWYER, Robert C. & Gunter, Nancy; 26 Sep 1842 (MM)
BOWYER, Thomas & Craig, Nancy; 26 May 1814 (MB)
BOYD, Alexander & Exani, Elvira; 26 Apr 1849 (FM)
BOYD, Andrew & Ingram, Jemima (d/o William Ingram); 12 Jan 1818 (MM)
BOYD, Fleming D. & Goad, Isabella; 21 Feb 1853 (FL)
BOYD, Hiram & Berton, Elizabeth; 23 Dec 1847 (FM)
BOYD, Isaac & Gear, Elizabeth; 20 Dec 1845 (FM)
BOYD, Isaac & Via, Nancy; 7 Dec 1857 (FL)
BOYD, Isreal & Lovel, Elizabeth; 11 Sep 1855 (FL)
BOYD, Jacob & Carter, Mary M.; 12 Feb 1852 (FL)
BOYD, James & Wood, Mary (d/o Henry Wood); 16 Nov 1835 (FB)
BOYD, John & Moore, Lethia; 27 Dec 1836 (FB)(FM)
BOYD, John & Wood, Nancy; 3 Sep 1835 (FM)
BOYD, John (s/o William Boyd) & Wood, Nancy (d/o Henry Wood); 29 Aug 1835 (FB)
BOYD, Levi & Dickerson, Levinia; 8 May 1831 (FM)
BOYD, Levi & Dickinson, Levinia; 30 Apr 1831 (FB)
BOYD, Thomas & Watson, Martha (d/o William Watson); 10 Dec 1833 (FB)
BOYD, Thomas & Watson, Martha; Jan 1834 (FM)
BOYD, Thomas J. & French, Minerva A.; 27 Nov 1833 (GB)
BOYD, Washington H. & Turner, Martha J.; 28 Feb 1851 (FL)
BOYD, William & Prater, Celia; 11 Jan 1837 (FB)(FM)
BOYLE, Jacob & Baren, Polly; 17 Aug 1815 (GB)
BRABSON, Robert & Raeburn, Peggy (d/o Joseph Raeburn); 9 Apr 1804 (MB)
BRABSTON, William & Runnion, Mary; 5 Aug 1788 (MM)
BRADBERRY, George & Roop, Catherine; 25 Apr 1834 (MB)
BRADBERRY, Henderson & Bane, Mary Ann (d/o John Bane); 1 Sep 1856 (MB)
BRADBERRY, Henry (s/o Mark & Minerva Bradberry)(b.p. Pulaski Co., Va.) & McDaniel, Malvina (d/o Anthony & Catherine

McDaniel); 5 Dec 1860 (ML)
BRADFORD, Adam & Martin, Catharine; 6 Apr 1854 (MM)
BRADFORD, Adam (s/o Enoch & Emily Bradford)(b.p. Botetourt Co., Va.) & Martin, Catharine (d/o John & Catharine Martin)(b.p. Bedford Co., Va.); 3 Apr 1854 (MB)
BRADFORD, Enoch & Crowy, Eve 27 Oct 1818 (MM)
BRADLEY, Ephram & Moser, Mary; 29 Aug 1829 (GB)
BRADLEY, John & Stafford, Mary; 13 Aug 1822 (GB)
BRADLEY, Jonathan (b.d. 1 Dec 1815) & Lucas, Agness (d/o Thomas Lucas Sr.); 5 May 1842 (GB)
BRADLEY, William (s/o Davis & Elizabeth Bradley)(b.p. Bottetourt Co., Va.) & Prefater, Nancy (d/o John & Sarah Prefater) (b.p. Roanoke Co., Va.); 16 Oct 1855 (MM)
BRADSHAW, Benjamin & Deck, Susannah (d/o John Deck); 27 Jun 1833 (MB)
BRADSHAW, Claibourn & Honaker, Mary (d/o Abraham Honaker); 26 Mar 1833 (MB)
BRADSHAW, William & Honaker, Edie; 6 Jan 1842 (PM)
BRAGG, William A. & Barnett, Mary A.M. (d/o William Wave); 7 Jul 1856 (MB)
BRAGG, William A. (s/o Peter & Ellen Bragg)(b.p.Union, Monroe Co., Va.) & Barnett, Mary A.M. (d/o William & Emily Wade)(w/o?); 8 Jul 1856 (MM)
BRAMFIELD, Macajah & Hartwell, Eleanor 4 Nov 1793 (MB)
BRAMMER, Jonathan L. & Heff, Elizabeth; 19 Jun 1856 (FL)
BRAMMER, Samuel (s/o Mary Brammer) & Scaggs, Polly; 21 Oct 1813 (MB)
BRAMMER, William & Lancaster, Balinda (d/o Lewis Lancaster); 4 May 1829 (MB)
BRANCH, Nelson F. & Kelly, Unis; 25 Apr 1844 (PM)
BRANCH, Nelson T. & Meredith, Nancy; 11 Mar 1849 (PM)
BRANDON, George (s/o Wyatt & Sarah Brandon)(b.p. Mecklenburg Co., Va.) & Evans, May (d/o John & Rebecca Evans); 29 Dec 1858 (MM)
BRANHAM, John & Finch, Martha (d/o Nathaniel Finch) 20 Jan 1794 (MM)
BRATTON, Michael & Stafford, Scynthia (d/o John Stafford); 31 Aug 1840 (GB)
BRATTON, Thomas & Cecil, Polly; 1 Dec 1842 (PM)
BRATTON, Thomas & Chrisman, Nancy; 23 Aug 1797 (MB)(MM)

BRAWLEY, John & Hoge, Martha; 8 Feb 1793 (MM)
BRAWLEY, John & Lester, Patty; 8 Feb 1793 (MM)
BRAWLEY, Jonathan & Bogle, Margaret (d/o Rebecca Bogle); 8 Oct 1833 (GB)
BRAWLEY, Samuel G. & Hammons, Pauline; 16 Jun 1832 (GB)
BRAZEL, Benjamin & Dickins, Rachel (d/o John Dickins); 28 Mar 1786 (MB)
BREEDING, Anderson & Dobbins, Malvina; 8 Aug 1857 (PL)
BREEDING, Andrew J. & Honaker, Sarah E.; 8 Dec 1847 (PM)
BREEDING, Edward (s/o John & Margaret Breeding) & Bond, Martha (d/o J. & N. Bond)(b.p. Carroll, Va.); 7 Jan 1858 (PM)
BREEDING, George (s/o John & Margaret Breeding)(b.p. Wythe Co., Va.) & Dobbins, Melvina (d/o John & Polly Dobbins)(b.p. Montgomery Co., Va.); 8 Aug 1857 (PM)
BREEDING, George A. & Rauson, Martha F.; 18 Dec 1860 (PL)
BREEDING, Spencer (s/o J. & M. Breeding) & McDaniel, Angelia (d/o Nancy McDaniel)(b.p. Montgomery Co.,Va.); 6 Apr 1854 (PL)
BREEDING, Sylvester & Ransom, Mary M.; 17 Dec 1856 (PL)
BREEDING, Sylvester (s/o John & Margaret Breeding)(b.p. Wythe Co., Va.) & Ransom, Mary N. (d/o George & Elizabeth Ransom)(b.p. North Carolina); 25 Dec 1856 (PM)
BREEDLOVE, Henry & Clybourn, Sophina Jane; Aug 1847 (GB)
BRIANT, Josuah & Howell, Polly; 16 Jan 1840 (FB)
BRIANT, Peter (s/o Josiah Briant) & Rite, Lucrety; 14 Dec 1839 (FB)
BRICKEY, Peter (s/o John & Betsy Brickey) & Butt, Emaline (d/o Abraham & Margate Butt)(b.p. Botetourt C.,Va.); 17 Apr 1855 (MM)
BRIDEN, Andrew & McNeely, Dorothy (d/o William McNeely); 5 Feb 1793 (MB)
BRIDGE, Marian & Hawley, Sarah; 15 May 1846 (PM)
BRILLHART, Adam & Loop, Sarah; 12 Sep 1849 (MM)
BRITT, William & Davis, Dolly (d/o John Davis); 15 Mar 1795 (MB)
BRITTON, Isaac & Hance, Sabina (d/o Peter Hance); 22 Dec 1827 (MB)
BROCE, Frederick & Roberson, Margaret; 23 Dec 1841 (MM)

BROCE, Frederick & Robinson, Margaret (d/o John Robinson Sr.); 20 Dec 1841 (MB)
BROCE, George & Lundy, Maria; Jun 1843 (MM)
BROCE, George W. & Lambert, Amanda Jane; 31 Jul 1853 (FL)
BROCE, Lewis & Lambert, Adaline; 1 Jan 1855 (FL)
BROCE, Peter & Harless, Hannah (d/o Samuel Harless); 16 Feb 1833 (MB)
BROCE, William C. & Fink, Mary; 29 Dec 1854 (MB)
BROGAN, Allen & Wright, Hester (d/o Jacob Wright); 7 Jan 1835 (FB)
BROGAN, Allen & Wright, Hester; 8 Jan 1834 (FM)
BROIE, Jacob & Echols, Sally (d/o Henry Echols); 26 Jul 1823 (MB)
BROOKMAN, David & Slusher, Polly; 31 Oct 1809 (MB)
BROOKMAN, John (s/o Valentine Brookman) & Peck, Rebecca (d/o Jacob Peck); 3 Oct 1822 (MB)
BROOKMAN, Samuel & Blankenship, Mary; 1 Jan 1840 (PM)
BROOKMAN, Samuel & Phillips, Mahala; 24 Sep 1830 (MM)
BROOKMAN, Samuel & Blankenship, Mary; 5 Dec 1839 (PL)
BROOKS, Henry & Shrewsbury, Polly (d/o John Shrewsbury); 20 Aug 1833 (Giles Records)
BROOKS, John L. & Duncan, Nancy; 31 Dec 1825 (GB)
BROOKS, William (s/o Richard Brooks) & Cooke, Eleanor (d/o John Cooke); 28 Jul 1823 (GB)
BROOKS, William K. & Clybourn, Elizabeth (d/o Samuel Clybourn); 27 Feb 1838 (GB)
BROWN, Abraham & Fergus, Polly; 4 Feb 1820 (MB)
BROWN, Abraham (w/o ?) & Mullin, Rhoda (d/o James Mullin); 9 Apr 1838 (MB)
BROWN, Abram & Goins, Margaret (d/o David Goins); 22 Dec 1829 (MM)
BROWN, Alexander & Farley, Joanna (d/o Gideon Farley);13 Nov 1821 (GB)
BROWN, Andrew D. & McDowell, Jane (aka Jean McDowell); 19 Mar 1825 (GB)
BROWN, Andrew J. & Duncan, Judith (d/o Charles Duncan); 28 May 1835 (GB)
BROWN, Crockett & Ross, Catherine; 16 Mar 1846 (GB)
BROWN, Daney & Grant, Kezia (d/o John Grant); 2 Nov 1799 (MB)
BROWN, David & Craig, Anna (d/o Benjamin Craig); 6 Aug 1795 (MM)
BROWN, Elijah & Argabright, Margaret Ann; 4 Sep 1837 (MB)

BROWN, Fleming T. (s/o Nimrod Brown) & Southern, Jane (d/o John Southern); 14 Sep 1838 (GB)

BROWN, George Jr. & Raeburn, Mary (d/o James Raeburn); 28 Jul 1804 (MB)

BROWN, Granville H. & Dunbar, Cynthia P. (d/o D. Dunbar); 22 Jun 1846 (GB)

BROWN, Jacob & Smallwood, Rebeckah (d/o Hugh & Rachel Smallwood); 12 Dec 1814 (MM)

BROWN, James & Foster, Catherine (d/o Thomas Foster); 11 Jan 1790 (MB)

BROWN, James & Thomas, Ann E.; 2 Oct 1851 (MM)

BROWN, Jasper (s/o L.D. & J. Brown)(b.p. Carroll Co., Va.) & Bond, Emily (d/o Joseph & N. Bond)(b.p. Carroll Co., Va.); 7 Jun 1860 (PM)

BROWN, John & Murdock, Sally; Jun 1842 (MM)

BROWN, John & Pearis, Rebecca; 17 Feb 1811 (GB)

BROWN, John (s/o George & Mary Brown) (b.p. Huntington Co., Penna.) (w/o ?) & Bossick, Nancy I. (d/o Simon P. & Elizabeth Bossick) (b.p.Botetoute Co., Va.); Jun 1857 (MM)

BROWN, Joseph & Lowry, Nancy; 19 Mar 1824 (MB)

BROWN, L. & Davidson, Jane; 1 Mar 1782 (MM)

BROWN, Michael & Black, Catherine; 13 Jun 1803 (MB)

BROWN, Nimrod & Lucas, Sally; 21 Jun 1800 (MB)

BROWN, Samuel (s/o Michael & Catherine Brown)(b.p. Pulaski Co., Va.) & Vass, Delilah A.C. (d/o Leland & Mary Vass); 24 Dec 1854 (GM)

BROWN, Silvenus & Johnston, Ruth (d/o Moses Johnston); 8 Oct 1794 (MB)

BROWN, Stephen & Dehart, Polly; 22 Aug 1832 (FB)

BROWN, Stephen & Dehart, Polly; 23 Aug 1832 (FM)

BROWN, William & Wright, Elizabeth (d/o Humphrey Wright); 30 Oct 1822 (MB)

BROWN, William H. & Wright, Margaret (d/o Frances Wright); 3 Oct 1848 (GB)

BROWN, William H.H. & Straley, Tabitha (d/o James Straley); 13 Mar 1840 (GB)

BROWNE, George W.G. & Chapman, Julia Ann (d/o William Chapman); 20 Jun 1844 (GB)

BROYLES, James A. & Caperton, Mary Elizabeth; 11 Nov 1847 (GB)

BRUCE, Garland & Helvey, Polly; 3 Apr 1798 (MM)

BRUCE, John & Robison, Lucinda (d/o Lewis Robison)(b.d. 12 Oct 1827); 27 Jun 1849 (GB)
BRUGH, John S. & Peters, Clary; 22 Jul 1829 (GB)
BRUISTER, Thomas & Davis, Martha Sarah; 3 Jun 1788 (MB)
BRUMFIELD, Byrd & Napier, Clenar; 28 Jan 1812 (GB)
BRUMMETT, William & Willson, Catherine; 2 Jan 1793 (MM)
BRUNK, Chrisley (s/o Jacob Brunk) & McDonald, Hannah (d/o Frederick McDonald); 12 Apr 1834 (MB)
BRUNK, Edward & Fry, Anna; 14 Feb 1842 (GB)
BRUNK, Jacob & Keffer, Elizabeth (d/o George Keffer); 7 Jun 1841 (MB)
BRUNK, Jacob & Keffer, Elizabeth; 8 Jun 1841 (MM)
BRUNK, John & Sarver, Polly; 12 May 1834 (GB)
BRUNTY, John H. & Simpkins, Margaret Jane; 15 Aug 1854 (PL)
BRYAN, James & Roberts, Vicey; 7 Jan 1805 (MB)
BRYAN, James & Taylor, Mary (d/o Isaac Taylor); 10 Apr 1794 (MB)
BRYAN, John & Bowcher, Nancy; 29 Dec 1818 (MM)
BRYAN, William & Roberts, Mary; 16 Feb 1799 (MB)

BRYANT, Albert D. (s/o Austin & Susan Bryant)(b.p. Amherst) & Haney, Eliza (d/o Hiram & Angeline Haney); 4 Feb 1858 (PM)
BRYANT, Ambrose & Dickerson, Frances (d/o Moses Dickerson); 23 May 1796 (MB)
BRYANT, Elijah & Pedigo, Lucinda (w/o Churchill Pedigo)(d/o Nathan Crockram); 28 May 1828 (MB)
BRYANT, Jesse & Landon, Lyda (Joseph Landon) 7 Oct 1795 (MB)
BRYANT, John & Wood, Rachel (d/o Henry Wood); 12 Dec 1840 (FB)
BRYANT, Samuel (s/o Shelton M. & Mary I. Bryant)(b.p.Nelson Co., Va.) & Vaughn, Matilda (d/o Tobias Smith & Mary Vaughn); 21 Feb 1860 (ML)
BUCK, Daniel (s/o Michael Buck) & Hale, Sally (d/o Jacob Hale); 12 Apr 1828 (MB)
BUCK, Henry (s/o Daniel & Sarah Buck) & Boling, Mary E. (d/o Blair D. & Margaret Boling)(b.p. Bedford Co., Va.); 10 Mar 1859 (ML)
BUCK, Henry & Harless, Fanny (d/o Henry Harless); 10 May 1831 (MB)
BUCK, John & Scanland, Mary (d/o Samuel

Scanland); 31 Oct 1854 (MB)

BUCK, John (s/o Daniel & Sarah Buck) & Scanland, Mary (d/o Samuel & Catherine Scanland); 26 Nov 1854 (MM)

BUCK, Michael & Firl, Catherine; 4 Aug 1825 (MM)

BUCKINGHAM, Joseph B. & Peterman, Sarah (d/o Susan Peterman); 4 Oct 1852 (MB)

BUCKINGHAM, Lewis A. (s/o Richard & Rachel Buckingham) & Crandall, Martha J. (d/o Thomas & Rebecca Crandall); 16 Jul 1858 (MM)

BUCKLAND, Jacob (s/o John & Mary Buckland)(b.p. Monroe Co.)(b.d. 17 Feb 1830) & Wiley, Virginia (d/o Squire & Eleanor Wiley)(b.d. 6 Apr 1839); 15 Aug 1855 (GM)

BUCKNEL, George M. & Husk, Rachel; 6 Sep 1840 (PM)

BUCKNER, Martin R. & Earls, Arien; 3 Oct 1848 (FM)

BUCKNER, Thomas J. & Rutroff, Margaret; 16 Dec 1847 (FM)

BUFORD, Henry & Quirk, Jane; 17 Oct 1805 (MM)

BULL, John & Dunnington, Julia (d/o Lawson Dunnington); 8 Jan 1817 (MB)

BULLARD, Dexter (s/o D. & J. Bullard)(b.p. Connecticut) & Bullard, Mary L. (d/o C. & E. Bullard)(b.p. Montgomery Co., Va.); 18 Jun 1854 (PL)(PM)

BULLARD, Leseter (s/o Leseter & Juliana Bullard) (b.p. Worcester Co., Massachusetts) (w/o?) & Stone, Mary McFarland (d/o William A. & Clarissa Stone)(b.p. Lunenburg Co., Va.); 5 May 1858 (MM)

BULLARD, William & Smith, Hannah; 2 May 1827 (MB)

BUMGARDNER, Philip & Chester, Betsy; 6 Sep 1804 (MM)

BUPE, Samuel (s/o Miss Barbary Bupe) (b.d. Jan 1832) & Fulcher, Nancy (d/o Hardin & Missouri Fulcher)(b.p. Patrick, Co., Va.)(b.d. 27 May 1841); 11 Jun 1857 (MM)

BURDIT, Joseph C. & Sarver, Adicey (d/o Henry Sarver); 24 Jan 1844 (GB)

BURDIT, Thomas I. & Hill, Nancy C.; 7 Feb 1845 (GB)

BURDITT, Jackson & Shumate, Elizabeth (d/o Tolison S. Shumate); 6 Sep 1841 (GB)

BURFORD, Hugh N. (s/o George W. & Lucinda Burford)(b.p. Campbell, Va.) & Franklin, Penelope (d/o Lewis L. & Sarah

BURGESS (cont.)
Franklin)(b.p. Bedford Co.,Va.); 21 Oct 1860 (MM)(ML)

BURGESS, David & Davis, Polly; 8 Oct 1821 (GB)

BURGESS, David & Fielder, Elizabeth; 30 Nov 1839 (GB)

BURGESS, Garland & Brumfield, Lavina (d/o James & Mary Brumfield) 21 Mar 1787 (MB)

BURGESS, Harrison P. & Reed, Sarah; 26 Mar 1853 (FL)

BURGESS, John G. & Watterson, Elizabeth (d/o Joseph Watterson); 25 Jun 1834 (MB)

BURK, Henry & Philips, Lucinda; 21 Nov 1842 (FB)

BURK, Henry (s/o Daniel & Sarah Burk) & Boling, Mary E. (d/o Blair D. & Margaret Boling) (b.p. Bedford Co., Va.); 10 Mar 1859 (MM)

BURK, Henry F. & Harriss, Fanny; 24 Nov 1830 (MB)

BURK, James & Cooper, Betty; 17 Dec 1814 (MB)

BURK, John & Boaine, Effie; 3 Sep 1797 (MM)

BURK, John & Cloud, Mary; 11 Aug 1786 (MB)(MM)

BURK, John & Davidson, Margaret; 27 Apr 1787 (MB)(MM)

BURK, Jonathan & Cooper, Sally; 6 Nov 1805 (MB)

BURK, Joseph & Raeburn, Jane (d/o James Raeburn); 17 Dec 1794 (MB)

BURK, Joseph & Williams, Linea (d/o James F. Williams); 24 Oct 1842 (GB)

BURK, Josiah & Bean, Rebecca (d/o James Bane); 13 May 1806 (GB)

BURK, Josiah & Orr, Polley (d/o Alexander Orr); 5 Apr 1813 (GB)

BURK, Marshall & Caldwell, Elizabeth; 31 Aug 1797 (MB)

BURK, Samuel & Sovain, Ann (d/o Abraham Sovain); 30 Dec 1812 (MB)

BURK, Thomas & Givens, Sally; 27 Aug 1822 (GB)

BURK, Thomas & Lybrook, Catharine (d/o John Lybrook); 8 Jan 1827 (GB)

BURK, Tobias & Altizer, Susannah; 5 Jan 1838 (FM)

BURK, William & Williams, Margaret; 2 Oct 1792 (MB)

BURK, Wilson & Akers, Amy; 9 Feb 1847 (MM)

BURKE, John S. & Thompson, Nancy; 27 Mar 1833 (FB)

BURKE, William & Durman, Sarah Ann; Dec 1842 (MM)

BURNETT, Asa D. & Moricle, Orleaner; 30 Jan 1858 (FL)

BURNETT, Elisha & Sumpter, Fanny; 25 Mar 1831 (FB)

BURNETT, Fleming & Swinney, Matilda; 6 Jan 1848 (FM)

BURNETT, George W. (s/o A.J. & Sarah Burnett)(b.p. Brunswick) & Barrow, Mary E. (d/o Jesse & Sarah Barrow)(b.p. Henry Co., Va.); 26 Apr 1855 (PL)

BURNETT, John C. & Hylton, Elizabeth; 1858 (FL)

BURNETT, Josiah & Dickerson, Jemima (d/o Moses Dickerson); 23 Feb 1824 (MB)

BURNETT, Samuel J, & Hylton, Almira; 10 Mar 1858 (FL)

BURNETT, Stephen & King, Nancy (d/o John King); 1 Oct 1827 (MB)

BURNSIDE, Henderson & Holstein, Lucinda; 4 Jan 1836 (GB)

BURRUS, Micajah (s/o William Burrus) & McCoy, Rachel; 13 Oct 1795 (MM)

BURTON, Benjamin & Peck, Nancy; 12 Dec 1835 (MB)

BURTON, Benjamin & Snavill, Peggy; 11 Apr 1807 (MB)

BURTON, Colby & Blankenship, Lucinda; 21 Apr 1834 (GB)

BURTON, Elias & Purdue, Edith; 25 Sep 1830 (GB)

BURTON, Elias & Purdue, Edith; 28 Sep 1830 (GM)

BURTON, Elisha & Stoneman, Lydia; 20 May 1800 (MB)(MM)

BURTON, Isaac & Sartin, Ruth; 1810 (GB)

BURTON, Isaac & Snodgrass, Peggy; 28 Apr 1821 (GB)

BURTON, Isaac (s/o Marshall & Elizabeth Burton)(b.p. Montgomery Co., Va.)(w/o ?)(56 years old) & Diamond, Barbara (d/o Zach & Susannah Croy)(b.p. Montgomery Co., Va.)(w/o ?)(56 years old); 28 Nov 1855 (GM)

BURTON, James & Marshall, Nancy; 9 Feb 1795 (MM)

BURTON, James & Pruit, Elizabeth; 1 Aug 1825 (GB)

BURTON, James M. & Showalter, Miram M.; 27 Dec 1858 (FL)

BURTON, John & Purdue, Mahale; 7 Feb 1830 (GB)

BURTON, John & Webb, Sarah (d/o William Webb); 12 Dec 1795 (MB)

BURTON, John & Purdue, Mahale; 25 Feb 1830 (GM)

BURTON, John A. Wilbern, Sophia; 18 Aug 1842 (GB)

BURTON, Joseph & Peck, Peggy; 15 Jan 1799 (MM)

BURTON, Lear S. & Bateman, Margaret; 10 Feb 1840 (PM)

BURTON, Lewis & French, Mary Ann (d/o George P. French); 22 Mar 1851 (GB)

BURTON, Robert W. (s/o John & Harriet A. Burton)(b.p.

Rockingham Co., Va.) & Shell, Martha (d/o Jacob & Catherine Shell); 11 Oct 1860 (ML)

BURTON, Samuel & Smith, Sarah (d/o John Smith); 11 Sep 1838 (MB)

BURTON, Travis & Pruet, Judith; 6 Oct 1835 (GB)

BURTON, William & Lykins, Hannah; 15 Dec 1797 (MM)

BURTON, William (s/o Charles & Anna Burton) & Beard, Mary J. (d/o William & Malvina Beard); 19 Dec 1860 (PM)

BURTON, William F. & Beam, Mary J.; 15 Dec 1860 (PL)

BUSHONG, George & Hall, Martha; 19 Apr 1788 (MM)

BUSON, Isaac & Merrin, Esther; 20 Mar 1797 (MM)

BUSSEY, Thompson A. & Bralley, Elizabeth (d/o Anselm Bralley, also sister of George L. Bralley); 14 May 1852 (GB)

BUSTARD, Charles & Jones, Sarah (d/o Joseph Jones); 4 Mar 1788 (MB)

BUTLER, Gustavus A. & Sherman, Sarah Ann; 12 Sep 1849 (GB)

BUTT, Jacob & Moses, Charlotte; Aug 1848 (MM)

BUTT, Samuel O. (s/o Michael & Elizabeth Butt) (b.p. Botetout Co., Va.) & Garlick, Melvina (d/o Marvel & Susannah Winfrey) (w/o William P. Garlick)(b.p Halifax Co., Va.); 12 Oct 1858 (MM)

BYERS, Isaac & Kennady, Mary; 9 Feb 1799 (MB)

BYRNE, David & Draper, Elizabeth; 3 Sep 1811 (MB)

BYRNE, Solomon & Ross, E.; 22 Sep 1797 (MM)

BYRNES, John W. & Mustard, Sarah (d/o William Mustard); 2 Jan 1845 (GB)

CADDALL, Samuel & Cecil, Nancy; Jun 1792 (MM)

CADLE, Martin (s/o William & Polly Cadle) & Cook, Elizabeth; 21 May 1836 (GB)

CADLE, Nathan & Meadows, Sally; 28 Mar 1821 (GB)

CAHILL, Perry James (s/o Perry & Ann Cahill)(b.p. Henry Co., Va.) & Frazier, Elizabeth Ann (d/o Alexander & Mary Frazier)(b.p. Henry Co., Va.); 18 Oct 1854 (GM)

CAIN, John & Bush, Catherine; 24 Jan 1826 (MM)

CALDWELL, Andrew & Troutt, Barbary; 17 Aug 1832 (GB)

CALDWELL, Archabald & Hall, Emley; 15 Jan 1827 (GB)

CALDWELL, Archibald & Trout, Nancy; 26 Nov 1831 (GB)

CALDWELL, Edward (s/o Stephen Caldwell)(of

Montgomery Co., Va.) & Davis, Margaret (d/o Elizabeth Davis); 17 Mar 1836 (GB)

CALDWELL, Eli & Davis, Amanda (d/o Elijah Davis); 20 Jul 1846 (GB)

CALDWELL, George William & Williams, Elizabeth Ann (d/o Mary Williams); 1 Sep 1851 (GB)

CALDWELL, Harper & Taylor, Mary; 6 Mar 1833 (GB)

CALDWELL, Hugh & Davis, Sally; 22 Feb 1832 (MB)

CALDWELL, Hugh & Lee, Frances Ann; Dec 1837 (MB)

CALDWELL, Isaac & Bowen, Maria (d/o James Bowen); 21 Nov 1840 (MB)

CALDWELL, James & Charlton. Susannah; 31 May 1798 (MB)

CALDWELL, John & Akers, Betsy; 8 Jan 1802 (MB)

CALDWELL, John & Kissinger, Frances; 23 Sep 1839 (GB)

CALDWELL, John & White, Nancy; 27 Mar 1797 (MB)

CALDWELL, John (s/o Polly Caldwell) & Fry, Eliza (d/o George Fry); 11 Dec 1828 (GB)

CALDWELL, John E. & Criner, Anne (d/o John Criner); 5 Mar 1847 (GB)

CALDWELL, Joseph & Jones, Eliza (d/o Jacob Jones); 31 Aug 1840 (GB)

CALDWELL, Joshua & Vaught, Polly (d/o Christian & Nancy Vaught); 1 Dec 1813 (GB)

CALDWELL, Robert & Albert, Martha (w/o George Albert); 22 Nov 1841 (GB)

CALDWELL, Robert & Helvey, Margaret (d/o George P. Helvey); 8 Feb 1840 (MB)

CALDWELL, Robert & Troutt, Mary; 26 May 1823 (GB)

CALDWELL, Robeson & Carr, Vineyvesta (d/o Nancy Carr); 3 Mar 1849 (GB)

CALDWELL, Roland & Argabright, Eliza; 25 Feb 1836 (MB)

CALDWELL, Roland & Argabright, Elizabeth; 25 Feb 1836 (MM)

CALDWELL, Seth & Rise, Nancy; 4 Sep 1826 (GB)

CALDWELL, William & Claeburne, Mary; 7 Jan 1799 (MM)

CALDWELL, William (s/o Andrew Caldwell)& Bowen, Mahala (d/o James Bowen); 26 Mar 1836 (MB)

CALDWELL, William (s/o Henry Caldwell) & Hamblin, Charlotte (d/o Stephen Hamblin); 30 Mar 1842 (GB)

CALDWELL,, John M. & Huffman, Maria (d/o Jacob Huffman); 3 Mar 1843 (GB)

CALE, William & Stratton, Nancy; 15 Jul 1815 (MM)

CALFEE, Benjamin & Dier, Margaret

CALFEE, James & _____, Sophia; 8 Oct 1850 (PM)
CALFEE, John & Howard, Sophia; 16 Apr 1818 (MB)
CALFEE, John & Morgan, Elinor; 17 Oct 1785 (MM)
CALFEE, John Jr. & Howard, Peggy; 15 Aug 1818 (MB)
CALFEE, Samuel & Holbert, Abigal; 29 Jun 1819 (MB)
CALFER, Joseph A. & Howard, Elizabeth M.; Jan 1849 (MM)
CALLAWAY, Andrew & Webb, Sarah; 9 Mar 1819 (GB)
CALLAWAY, Christopher & Shumate, Clara (d/o Tollison Shumate); 6 Feb 1838 (GB)
CALLAWAY, Edmond & Moor, Rebecca (d/o Enos Moore); 10 Jun 1820 (GB)
CALVEL, John & White, Mary; 27 Apr 1797 (MM)
CALVERT, Alexander & Holly, Catey; 30 Oct 1822 (MB)
CALWELL, Henry & Harless, Catherine; 3 Apr 1820 (GB)
CALYBERN, Jonah & McKenzie, Elizabeth; 18 Nov 1801 (MB)
CAMM, William & Moir, Rachel; 7 Feb 1787 (MB)
CAMP, Lewis D. & Duncan, Delia; 9 Feb 1846 (GB)
CAMPBELL, Anderson & Foster, Mary (d/o (sister/o Charles Dier); 8 Sep 1785 (MB)

Jesse Foster); 7 Dec 1840 (GB)
CAMPBELL, Archibald & Gibson, Sally; 12 Apr 1815 (MM)
CAMPBELL, Arthur & Campbell, Margaret; 10 May 1773 (MB)
CAMPBELL, Edward & Trigg, Rhoda (d/o Daniel Trigg); 25 Feb 1812 (MB)
CAMPBELL, Jesse S. & Duncan, Eliza; 4 Apr 1842 (GB)
CAMPBELL, John F. & Boon, Lavinia; 25 Jan 1854 (FL)
CAMPBELL, Samuel G. & Goanings, Elizabeth (d/o David Goanings); 30 Nov 1829 (MM)
CAMPBELL, William & Dean, Jene (d/o Adam Dean); 5 Mar 1782 (MB)
CAMPBELL, William & Howard, Emberzzita; 14 Dec 1857 (FL)
CAMPER, Andrew & Grissem, Catharine; 1843 (MM)
CAMPER, Isaiah (s/o Peter & Elenor Camper) (b.p Giles Co., Va.) & Harvey, Martha (d/o Martin & May Harvey) (b.p Bottetourt Co.,Va.); 17 Apr 1855 (MM)
CAMPER, John S. & Thomas, Elizabeth; 10 Sep 1853 (PB)
CAMPER, John S. & Thomas, Elizabeth; 11 Sep 1853 (PM)
CANADA, Fleming S. (s/o David & Jane Canada)(b.p. Franklin Co., Va.)(b.d. 30 Jun 1834) & Toney,

Clary (d/o Jonathan & Elizabeth Toney)(b.p. "mouth of East River"); 11 Nov 1856 (GM)
CANADA, Isaac & Shelor, Maryann; 2 Feb 1841 (FM)
CANADA, William & Canada, Sarah; 4 Apr 1849 (PM)
CANADAY, Andrew B. & Huff, Polly (d/o John Huff); 4 Jan 1843 (FB)
CANADAY, James & Agnew, Charlotte; 7 Jan 1832 (FB)
CANADAY, James & Huff, Martha; 24 Feb 1842 (FB)
CANADAY, James & Agnue, Charlotte; 12 Jan 1832 (FM)
CANADAY, William & Hylton, Elizabeth (d/o Archelaus & Catherine Hylton); 2 Sep 1839 (FB)
CANADAY, William & Hylton, Eliza; 10 Sep 1839 (FM)
CANADY, Ferdinand & Beckleheimer, Elizabeth (d/o Levi Beckleheimer); 5 Dec 1853 (MB)
CANEAN, Benjamin & Runnan, Rebecca; 7 Apr 1798 (MB)
CANELL, Robert H. & Ratliff, Adeline M.; 9 Jul 1848 (FM)
CANNADAY, Asa H. & Graham, Damarius K.; 13 Apr 1858 (FL)
CANNADAY, Isaac & Shelor, Mary Ann; 18 Jan 1841 (FB)
CANNADAY, John & Ship, Delila; 22 Jul 1800 (MM)
CANNADAY, John T. & Banks, Sally A; 12 Jun 1858 (FL)
CANNADAY, Pleasant (of Franklin County, Va.)(s/o James Cannaday) & Young, Elizabeth (d/o James Young); 23 Dec 1822 (MB)
CANNADAY, Randolph & Via, Mary Jane; 30 Dec 1850 (FL)
CANNADAY, William & Hill, Nancy; 11 Sep 1857 (FL)
CANNADY, Stephen & Lemons, Elizabeth; 30 Dec 1847 (FM)
CANNARD, James & Patrick, Mary; 8 May 1793 (MM)
CANNELL, Joseph R. & Kropph, Sarah; 6 Aug 1846 (FM)
CANTERBERRY, Ezkiel & Stover, Rachael; 26 May 1822 (GB)
CANTERBERRY, John & Stewart, Amey (aka Emey Stewart)(possibly d/o Ralph & Meary Stewart); 27 Jun 1820 (GB)
CANTERBERRY, Joseph (s/o Joel Canterberry) & Bowen, Nancy; 4 Nov 1823 (MB)
CANTERBERRY, William & Lawson, Betsy Ann (d/o William Lawson); 3 Aug 1789 (MB)(MM)
CANTERBURY, James & Fillinger, Anna; 13 Jan 1824 (GB)
CAPERTON, Adam H. & Dare, Cynthia (d/o Charles Dare); 14 Feb 1837 (GB)

CAPERTON, Augustus & Wiley, Rachel; 28 Oct 1833 (GB)
CAPERTON, Green C. & McClaugherty, Nancy; 6 Nov 1830 (GB)
CAPERTON, Green C. & McClaugherty, Nancy; 9 Nov 1830 (GM)
CAPERTON, Lewis E. & Wiley, Susan; 23 Nov 1845 (GB)
CAPP, Ballard (s/o James & Martha Capp) & Moses, Sarah R. (d/o Jacob & Elizabath Ann Moses) (b.p. Rockbridge Co., Va.); 13 Aug 1857 (MM)
CARBAUGH, Daniel (s/o Christian & Catherine Carbough) & Croy, Lucinda (d/o Nancy Croy); 18 Apr 1855 (GM)
CARBAUGH, William & Kirk, Elizabeth E. (d/o Hiram Kirk); 7 Jan 1850 (GB)
CARBOUGH, George & Bratton, Elizabeth (d/o Thomas Bratton); 29 Dec 1832 (MB)
CARDEN, John & Pugh, Nancy; 21 Oct 1838 (MB)
CARDEN, Robert A. & Jennet, Melvina; 17 Mar 1856 (PL)
CARDER, Randolph & Cofer, Nancy; 4 Feb 1833 (MB)
CARDER, William & Brumfield, Rosannna (d/o Humphrey Brumfield); 13 Aug 1794 (MB)
CARDER, William & Runyan, Rebecca (d/o Richard Runyan); 27 Sep 1825 (MB)
CARDIN, Robert & Howry, Jenny; 7 Apr 1808 (MB)
CARL, John & Wilson, Theodocia; 21 Nov 1832 (FM)
CARL, Uriah & Breadwater, Hannah; 1 Dec 1790 (MB)
CARLS, Joel & Lester, Julia A.; 11 Jul 1859 (FL)
CARLTON, Henry & Leffler, Susannah; 18 Aug 1803 (MB)
CARMIKLE, John & Elkins, Margaret; 28 May 1800 (MB)
CARNELL, Peter & Wineteer, Henryetta (d/o John Wineteer); 13 May 1831 (MB)
CARNELL, Peter & Wineteer, Henrietta; 10 May 1830 (MM)
CARNER, William & Albright, Sarah Jane; Oct 1847 (MM)
CARPENTER, Thomas H. (of Monroe Co.) & Wilson, Jane (d/o James Wilson); 28 Jan 1833 (GB)
CARPER, Fleming H. (s/o Nicholas Carper) & Martin, Nancy A. (d/o David Martin); 30 Apr 1847 (Giles Records)
CARPER, Isaac & Godby, Hannah; 6 May 1840 (PM)
CARPER, James M. & Eagleston, Mary Ann (d/o Thomas Eagleston); 9 Oct 1850 (GB)

CARPER, James M. & Johnston, Polly Anne; 31 Dec 1839 (GB)
CARPER, John & King, Sally; 1807 (MM)
CARPER, Nicholas & Nida, Sarah (d/o Jacob Nida); 25 Oct 1837 (GB)
CARPER, William & Kiplinger, Anna (d/o John Kiplinger); 5 Jul 1817 (MB)
CARPER, William (s/o John Carper) & Thompson, Judith (d/o John Thompson); 4 Mar 1807 (MB)
CARR, John & Conner, Julina; 17 Jun 1854 (FL)
CARR, John & Crow, Margaret; 1788 (MM)
CARR, John & Hoe, Sarah (d/o Daniel Hoge); 17 Dec 1834 (MB)
CARR, John C. (s/o W.& E. Carr)(b.p. Giles Co., Va.) & Bridges, Catherine (d/o J.R. & C. Bridges)(b.p. Botetout Co., Va.); 28 Jun 1860 (PM)
CARR, Robert & Robertson, Naoma; 17 Aug 1820 (GB)
CARR, Thomas S. & Farmer, Lucinda E.; 30 Nov 1846 (GB)
CARR, William O. & Conner, Martha; 22 Jul 1858 (FL)
CARRELL, George & Hornbarger, Nancy; 2 Jan 1836 (FB)
CARRELL, Joseph & Booth, Polly (d/o Abijah Booth); 11 Nov 1811 (MB)
CARRELL, Lewis & Poff, Adeline; 25 Jan 1845 (FM)
CARROL, Daniel & Lester, Catherine; 17 Oct 1853 (FL)
CARSON, Andrew T. & Duncan, Rosannah (d/o William Duncan Sr.); 29 Jul 1844 (GB)
CARSON, Thomas & Allison, Patsy (an orphan); 16 Feb 1816 (MB)
CARSON, William & Allison, Rosannna; 18 Oct 1826 (MB)
CARSON, William & Rutledge, Jane; 2 Oct 1821 (MB)
CARTER, Baley & Barlett, Nancy; 30 Apr 1831 (FB)
CARTER, Enos & Snodgrass, Ann; 26 Sep 1818 (MB)
CARTER, Henry & Agnew, Malinda (d/o Agnes Agnew); 22 Aug 1826 (MB)
CARTER, Isaac P. & Howel, Elizabeth S.; 23 Jun 1857 (FL)
CARTER, John A. & Farris, Joannah; 2 Oct 1854 (PL)
CARTER, Madison & Adams, Ruth; 14 Jan 1857 (FL)
CARTER, Robert & Crockett, Jean; 8 May 1792 (MM)
CARTER, William & Cup, Nancy; 19 May 1842 (MM)
CARTER, William (s/o Simeon Carter of Tazewell Co., Va.) & French, Ann (possibly daughter of John French); 8 May 1809 (GB)

CASPER, William (s/o William & Ann Casper) & Taylor, Mary Ann (d/o John & Nancy Taylor) (b.p. Botetout Co., Va.); 30 Nov 1858 (MM)
CASSADAY, Hiram & McVey, Martha; 14 Nov 1826 (GB)
CASSADAY, John & Hogan, Mary; 13 May 1796 (MB)
CASSADAY, Thomas & Carder, Mary; 19 Jan 1797 (MM)
CASSELL, Nicholas & Carder, Elizabeth (w/o ?); 21 Apr 1787 (MB)
CASTLE, Edward & Martin, Malinda (d/o Catherine Martin); 26 Apr 1824 (MB)
CASTLE, Michael & Dobber, Catherine; 28 Nov 1786 (MB)
CAWTHAN, Lawson & Mitchell, Sarah; 10 Dec 1806 (MB)
CECIL, James & Wiser, Peggy; 24 Dec 1787 (MB)
CECIL, John H. & Trinkle, Mary; 11 Jun 1842 (PM)
CECIL, John Jr. & Cecil, Rebecca; 11 Mar 1810 (MB)
CECIL, Philip & Wygal, Polly; 19 May 1806 (MB)
CECIL, Samuel & Brown, Salley; 20 Mar 1808 (GB)
CECIL, Samuel & Ingram, Mary; 24 Oct 1792 (MB)
CECIL, Samuel F. & Cecil, Nancy B. (d/o Samuel Cecil Jr.); 1 Jan 1834 (MB)
CECIL, Thomas K. & Buckingham, Priscilla A. K.; 22 Nov 1843 (MM)
CECIL, William & Wygal, Anna; 17 Sep 1808 (MB)
CECIL, William (s/o Zacheriah Cecil) & Guthrie, Elizabeth (d/o Richard Guthrie); 9 Aug 1809 (MB)
CECIL, William P. & Chapman, Isabella A. (d/o Henry Chapman); 19 Apr 1842 (GB)
CECIL, Zacheriah W. & Henderson, Mary Ann (d/o Jonas Henderson); 10 Jun 1839 (MB)
CECIL, Zacheriah W. & Howe, Julia (d/o Daniel Howe); 2 Oct 1814 (MB)
CERELL, Jacob & Sumner, Susan; 5 Jan 1852 (FL)
CERTAIN, Joel & Mair, Amy (stepdaughter of Murdock McKenzie); 3 May 1788 (MB)
CERTAIN, Joel Jr. & Barton, Nancy (d/o John Barton) 2 Jul 1787 (MB)
CHAFFIN, Gordon & Berry, Elizabeth; 17 Jul 1798 (MB)
CHAFFIN, John & Cornutt, Rebecca; 23 Jul 1798 (MB)
CHAFFIN, John & Reed, Sally; 7 Mar 1826 (MB)
CHAFFIN, Samuel & Reed, Dicy; 3 Oct 1857 (FL)

CHALTON, William C. &
    Simpson, Katherine
    (d/o William
    Simpson); 4 Nov
    1824 (GB)
CHAMBERS, Anthony &
    Jones, Jane; 23 Sep
    1816 (GB)
CHAMBERS, Jarret J. &
    Lybrook, Margaret
    Ann (d/o George
    Lybrook); 21 Oct
    1847 (GB)
CHAMBERS, Moses &
    Mavis, Jane (d/o
    Hugh Mavis); 1 Apr
    1794 (MB)
CHAMP, Charles Luis &
    Bell, Cinthia (d/o
    Buchanan Bell); 7
    Oct 1844 (GB)
CHAMP, Christopher &
    Williams, Mary; 20
    Jun 1802 (MB)
CHAMP, George &
    Elkins, Jane (d/o
    Thomas Elkins); 21
    Aug 1798 (MB)
CHAMP, James & Jones,
    Sariah (d/o Jacob
    Jones); 4 Jun 1831
    (GL)
CHANCEAURLINE, Edward
    W. & Chapman,
    Elizabeth L. (d/o
    William Chapman);
    28 Sep 1848 (GB)
CHANDLER, Thompson &
    Smith, Margaret; 25
    Jul 1831 (GB)
CHAPMAN, Andrew T. &
    Ayers, Elizabeth; 3
    Sep 1857 (FL)
CHAPMAN, Archibald &
    Mills, Elizabeth;
    26 Mar 1811 (GB)
CHAPMAN, David J. &
    Pepper, Sarah; 30
    Sep 1835 (MB)
CHAPMAN, George &
    Clay, Patience; 3
    May 1789 (MB)
CHAPMAN, George &
    Napier, Joecy; 14
    Apr 1813 (GB)
CHAPMAN, Isaac &
    Stuart, Rebecca
    (d/o Ralph Stuart);
    15 Aug 1811 (GB)
CHAPMAN, James &
    Lucas, Rachel; 8
    Jun 1816 (GB)
CHAPMAN, John &
    Deyerle, Nancy; 12
    Nov 1827 (MB)
CHAPMAN, John &
    Napier, Dicey; 1791
    (MB)
CHAPMAN, John &
    Pennington,
    Elizabeth; 23 Jul
    1833 (GB)
CHAPMAN, John H. &
    Lambert, Rhoda; 28
    Oct 1839 (GB)
CHAPMAN, Richard &
    Connely, Susannah
    (w/o ?); 5 May 1790
    (MB)
CHAPMAN, William &
    Harrison, Mary; 18
    Jun 1787 (MM)
CHAPMAN, William &
    McDonald, Nancy; 6
    Mar 1817 (GB)
CHAPMAN, William &
    Painter, Anne; 1782
    (MM)
CHAPMAN, William (s/o
    Richart Chapman) &
    Burgess, Elizabeth
    (d/o Edward & Nancy
    Burgess); 27 Jul
    1787 (MB)
CHARLETON, James P. &
    Cecil, Mary (d/o
    Samuel Cecil Sr.);
    24 Dec 1832 (MB)
CHARLTON, Benjamin &
    Yearout, Julia Ann;
    Nov 1845 (MM)
CHARLTON, Davison W.L.
    & Howry, Catharine
    (d/o Philip Howry);
    23 Apr 1823 (MB)

CHARLTON, Francis & Acers, Susannah; 3 Feb 1792 (MB)
CHARLTON, James Sr. & Seigler, Hannah; 16 Feb 1821 (MB)
CHARLTON, John & Carter, Nancy; 11 Jan 1787 (MB)
CHARLTON, John R. & Simpkins, Betsy R. (d/o James Simpkins); 4 Jan 1830 (MB)
CHARLTON, John S. & Currin, Catherine F.; 15 Feb 1813 (MB)
CHARLTON, John S. & Pollard, Catherine B.G.; 21 Jul 1821 (MB)
CHARLTON, John W. & Akers, Araminta; 30 Jun 1831 (MB)
CHARLTON, John W. & Akers, Armaminter; 30 Jun 1830 (MM)
CHARLTON, Oscar W. (s/o William C. & Catherine Charlton) & Eaton, Henrietta V. (d/o Edward & Kesiah Eaton); 19 Dec 1854 (GM)
CHARLTON, William & Taylor, Mary Ann; 1815 (MB)
CHARLTON, William B. & Ingles, alinda; 19 Dec 1826 (MB)
CHASE, Obediah & Pate, _____; 3 Jan 1801 (MB)
CHILDERS, Stephen & Howard, Sophia; 28 May 1845 (MM)
CHILDRESS, Andrew (s/o Stephen Childress) & Hix, Catherine (d/o John Hix); 18 Nov 1806 (MB)
CHILDRESS, Boling & Lykins, Nancy; 5 Mar 1805 (MB)
CHILDRESS, William & Dobbins, Elizabeth (d/o Thomas Dobbins); 11 Mar 1822 (MB)
CHRISMAN, Abram & Yearout, Margaret; 19 Nov 1821 (MB)
CHRISMAN, Crockett & Charlton, Cynthia M.; 11 Jan 1854 (MM)
CHRISMAN, Crockett, & Charlton, Cynthia Mary (d/o John R. Charlton); 10 Jan 1854 (MB)
CHRISMAN, James (s/o A. & M. Chrisman) (b.p. Montgomery Co., Va.) & Morgan, Jemima E. (d/o F.A. & E. Morgan); 19 Apr 1860 (PM)
CHRISMAN, Jonathan & Watterson, Jane; 17 Jul 1796 (MB)
CHRISMAN, Jordan & Harman, Elizabeth; 22 Oct 1846 (MM)
CHRISTIAN, Andrew & Smith, Sarah; 1782 (MM)
CHRISTIAN, John & Dawson, Eliza (d/o Thomas Dawson); 29 Sep 1830 (MB)
CHUMBLEY, Asa & Hudson, Eliza; 5 Feb 1838 (MB)
CIRCLE, Peter & DeIuasie, Mary Ann; 2 Oct 1835 (MB)
CLAFEE, John & Millem, Virginia A.; 3 Sep 1846 (PM)
CLAP, David & Graves, Betsy (d/o Boston Graves); 22 Apr 1793 (MB)

CLARE, Francis & Silvers, Melvina; Feb 1849 (MM)
CLARK, Andrew J. & Raines, Margaret; 1 Jun 1840 (PM)
CLARK, Braxton & Rogers, Margaret; 25 Jun 1846 (FM)
CLARK, Daniel L. & Bolling, Nancy; 26 Nov 1848 (FM)
CLARK, Edward J. & Martin, Catherine; 5 Nov 1856 (FL)
CLARK, George W. & Atkins, Nancy E.; 16 Dec 1858 (FL)
CLARK, George W. & Clark, Elizabeth W.; 18 Feb 1856 (PL)
CLARK, George W. (s/o John & Rebecca Clark)(b.p. Wythe Co., Va.)& Clark, Elizabeth W. (d/o Randolph Clark)(b.p. Wythe Co., Va.); 20 Feb 1856 (PM)
CLARK, Henry & Banks, Deborah (d/o John Banks); 1 Apr 1817 (MB)
CLARK, James & Nidy, Susanna Mary; 17 Sep 1823 (GB)
CLARK, Moses S. & Preston, Rachel S.; 28 Mar 1847 (FM)
CLARK, Samuel & Roberts, Polley; 13 May 1826 (GB)
CLARK, Thomas & Clay, Amy; 25 Feb 1817 (GB)
CLARK, Thomas & Nida, Betty; 14 May 1816 (GB)
CLARK, William & Ferguson, Jane (d/o Samuel Ferguson); 26 Jan 1788 (MB)
CLARK, William & Nida, Betsey; 24 Feb 1818 (GB)
CLARK, , John & Scott, Phoeby (d/o Catharine Cofman and niece of Peter Nidy); 3 Nov 1823 (GB)
CLAY, Bartley (b.d. 27 Jul 1799) & Prince, Nancy; 29 Mar 1822 (GB)
CLAY, Ezekiel & Williams, Rebecca; 1785 (MM)
CLAY, Henry & Solesberry, Rhody; 12 Nov 1814 (GB)
CLAY, James & Clay, Nancy; 5 Apr 1825 (MB)
CLAY, John & French, Phoebe; 25 Feb 1817 (GB)
CLAY, Meridith & Evins, Agnes; 3 Jan 1804 (MB)
CLAY, Samuel (s/o Samuel Clay Sr.) & Sperry, Mary; 19 Nov 1804 (MB)
CLAY, William & Cecil, Rebecca; 1 Apr 1800 (MB)
CLEAR, Isreal & Robertson, Betsy; 1795 (MM)
CLEMENS, William & Price, Harriet; Jan 1843 (MM)
CLEMENTS, Edward & Johnston, Catherine (d/o David Johnston); 26 Sep 1786 (MB)
CLEMINGS, Earhart & Moses, Margaret; 7 Nov 1820 (GB)
CLEMONS, Edward & Johnston, Catherine (d/o David Johnston); Sept 1786 (MM)

CLEMONS, William & Ratliff, Charity; 16 Nov 1845 (FM)
CLENDENIN, Archibald S.(s/o Robert Clendenin) & Pennington, hada; 1 Apr 1822 (GB)
CLENDENIN, John & McKinney, Polley; 1 Mar 1819 (GB)
CLEVENGER, George & Low, Betsy; 28 Jun 1794 (MB)
CLEVENSON, Levi & Elswick, Nancy (d/o John Elswick); 21 Oct 1794 (MB)
CLIFTON, John & Lewis, Polly; 3 Apr 1799 (MM)
CLIFTON, Robert & Pratt, Nancy; 29 May 1823 (MM)
CLINE, John & Lucas, Mary; 5 Jun 1798 (MB)
CLINGERFIEL, Manon & Light, Julia A.; 24 Feb 1859 (FL)
CLORE, Greye & Simpkins, Rebecca; 5 Nov 1805 (MB)
CLORE, Jacob & Simpkins, Polly; 28 Dec 1815 (MB)
CLOWEN, Lewis B. & Epperly, Margaret; 25 Nov 1847 (FM)
CLOWER, Jacob & Boswell, Nancy; 13 Jul 1853 (FL)
CLOWERS, Daniel & Greff, Peggy; 22 Feb 1830 (MM)
CLOWERS, Jacob Jr. & Kinzey, Mary Ann; 18 May 1841 (FB)
CLOWERS, John & Pugh, Patsy; 3 Feb 1834 (FB)
CLOWERS, John & Pugh, Patsy; 6 Feb 1834 (FM)

CLOYD, Ezekiel (s/o John Cloyd) & Williamson, Rebecca; 21 Sep 1785 (MB)
CLOYD, Joseph (of Rockbridge Co.) & Cloyd, Polly (d/o Joseph Cloyd) (of Montgomery Co.,Va.); 21 Aug 1810 (MB)
CLOYD, Levi & Hite, Abby; 3 Jan 1785 (MM)
CLYBORN, James & Croy, Barbary; 9 Apr 1821 (GB)
CLYBORN, John & Manning, Hanah; 21 May 1814 (GB)
CLYBOURN, Archabold & _____; 8 Jun 1808 (GB)
CLYBOURN, William B. & Davis, Moriah (d/o Lindsey Davis); 26 Mar 1849 (GB)
CLYBOURNE, Sebastian B. & Thompson, Judah; 22 Dec 1840 (GB)
COATS, Charles & Harrison, Mary (d/o John Harrison); 2 Jul 1787 (MB)
COATS, John & Bough, Lizzie; 4 Dec 1787 (MM)
COBURN, Gordan C. & Brumfield, Clary; 18 Jul 1825 (GB)
COCHRAN, Nathaniel & Via, Rachel; 23 Aug 1851 (FL)
COCHRAN, Robert P. & Branscomb, Frances (d/o Edmond Branscomb); 4 Nov 1842 (FB)
COCK, James & Thompson, Hannah; 24 Oct 1839 (FM)

COCK, James Jr.(s/o John Cock) & Thompson, Hannah; 11 Oct 1839 (FB)

COCK, Peter & Cox, Lucinda; 18 Nov 1847 (FM)

COCK, Salathial & Philips, Sarah; 15 Mar 1841 (FB)

COCK, Salathial & Philips, Sarah; 8 Apr 1841 (FM)

COFER (aka Copher), John & Elkins, Nancy; 5 Feb 1799 (MB)

COFER (aka Copher), Joseph & Plank, Mary (d/o John Plank); 10 Jul 1793 (MB)(MM)

COFER, Chester P. & Allison, Cynthia A.; 1 Oct 1855 (PL)

COFER, Chester P. (s/o Joseph & Margaret Cofer)(b.p. Montgomery Co., Va.) & Allison, Cynthia A. (d/o Francis & Martha Cofer); 3 Oct 1855 (PM)

COFER, John Jr.(s/o John Cofer) & Fisher, Catharine (d/o Adam Fisher); 13 Nov 1833 (MB)

COFER, Joseph & Dobbins, Margaret (d/o Abner Dobbins); 2 Mar 1827 (MB)

COFER, William & Jacobs, Milly Ann; 3 Aug 1837 (MB)

COFFEE, James & Collins, Sally; 9 Mar 1808 (MB)

COFFEE, James L. & Whitt, Nancy (d/o Abijah Whitt); 12 Jul 1852 (MB)

COFFEE, John & Howard, Peggy; 15 Aug 1818 (MB)

COFFER, Henderson (s/o Joseph & Margaret Coffer)(b.p. Montgomery Co., Va.) & Kirk, Elmira (d/o V. & O. Kirk)(b.p. Giles Co., Va.); 6 Mar 1859 (PM)

COFFMAN, John & Bradley, Nancy; 4 Jan 1800 (MB)

COFMAN, John & Nida, Catherine; 28 Sep 1814 (GB)

COLE, Augustus W. & Alvis, Harriet R. (d/o David Alvis); 9 Feb 1833 (GB)

COLE, Bird & Underwood, Sarah (d/o Jesse Underwood); 21 Oct 1818 (MB)

COLE, Fleming & Vest, Abigail; 26 Aug 1852 (FL)

COLE, Harvey & Winfrey, Synthia; 30 Oct 1850 (FL)

COLE, James & Hoops, Mary; 16 Oct 1845 (FM)

COLE, John (s/o Joseph Cole) & Wood, Isabella; 30 Jan 1810 (MB)

COLE, Richard & Howell, Sarah; 6 Apr 1790 (MB)

COLE, Samuel & Thrush, Sarah; 4 Sep 1792 (MB)

COLE, Thompson & Walker, Jane; 4 Apr 1822 (GB)

COLE, William & Stratton, Nancy (d/o John Stratton); 11 Jul 1815 (MB)

COLHIP, Henry & Phillippi, Katharine (d/o John Phillippi); 18 Feb 1787 (MB)
COLLENS, Dennis & Martin, Frances (aka Fanny Marten) (d/o Elizabeth Martin); 23 Jan 1834 (FB)
COLLEY, Jerome F. (s/o James & Henrietta Colley) & Lyon, Eliza J.(d/o James & Lucinda Lyon)(b.p.North Carolina); 25 Sep 1856 (PL)(PM)
COLLINS, Abram & Scott, Jane (d/o George Scott); 1 Sep 1840 (GB)
COLLINS, Absolem & Able, Mary; 2 Sep 1856 (FL)
COLLINS, Absolem & Scott, Dorina (d/o George Scott); 18 Apr 1842 (GB)
COLLINS, Benjamin & Stephens, Kitty; 28 Oct 1828 (MM)
COLLINS, Burgess & Bradley, Polley; 4 Sep 1819 (GB)
COLLINS, Charles & James, Elizabeth; 18 Apr 1818 (GB)
COLLINS, David & Coleman, Elvira (w/o Henry Coleman); 24 Jun 1851 (MM)
COLLINS, David & Watts, Martha S. (d/o Mary Watts); 31 May 1833 (GB)
COLLINS, David A. & Kent, Mary; 20 Mar 1845 (MM)
COLLINS, Dennis & Morten, Frances; Feb 1834 (FM)

COLLINS, Edward & Fortner, Elizabeth; 23 Dec 1845 (PM)
COLLINS, Flood & Kropff, Mary; 27 Mar 1841 (FB)
COLLINS, George (s/o David & Anna Collins)(w/o?) & Willard, Elizabeth (d/o Samuel & Delilah Willard) (b.p. Franklin Co., Va.); 27 Dec 1855 (MM)
COLLINS, George Jr. & Roop, Susan; 1843 (MM)
COLLINS, Henry & Lee, Malinda; Feb 1849 (MM)
COLLINS, Jacob & Fillinger, Sally; 6 Feb 1834 (GB)
COLLINS, Jacob & Shepherd, Letty (d/o Abram Shepherd); 20 Jun 1825 (MB)
COLLINS, John & Johnston, Betsy (d/o William Johnston); 12 Aug 1793 (MB)
COLLINS, John & Philips, Eliza; Nov 1849 (MM)
COLLINS, Joseph & Watts, Mary A.T. (d/o Mary Watts); 30 Apr 1833 (GB)
COLLINS, Lewis & Kelly, Rebecca (d/o Lucinda Kelly); 17 Nov 1838 (GB)
COLLINS, Michael & Caldwell, Lenna; 22 Jun 1829 (GB)
COLLINS, Randall & Burton, Catey (d/o Joseph Burton); 8 Dec 1828 (MB)

COLLINS, Richard & Lee, Eveline; 6 Feb 1821 (MB)
COLLINS, Samuel & Price, Rachel; 25 Jul 1801 (MB)
COLLINS, Samuel (s/o David) & Gaines, Permelia (d/o John Gaines); 8 Mar 1813 (MB)
COLLINS, Samuel H. & Furrow, Matilda; 22 Jul 1839 (MB)
COLLINS, Thomas & ooth, Elizabeth (d/o Abner Booth); 23 May 1829 (MB)
COLLINS, Thomas & Doss, Mary (d/o Micager & Anna Doss); 28 Nov 1821 (GB)
COLLINS, Thomas & Wells, Rebecca; 3 Mar 1812 (GB)
COLLINS, William & Ferrow, Polly; 7 Oct 1820 (MB)
COLLINS, William & Geates, Maria; 25 Mar 1839 (MB)
COLLINS, Zecheriah & McDaniel, Mary Ann; 27 Oct 1830 (MB)
COMBS, Henry & Clements, Rachel (d/o Benjamin Clements); 21 Sep 1788 (MB)
COMBS, Thomas & Stratton, Catherine (d/o John Stratton); 21 Oct 1826 (MB)
COMER, Jacob (s/o William & Catherine Comer)(w/o?) & Fulcher, Lucinda (d/o Philip & Zurah Fulcher)(b.p. Franklin Co., Va.); 12 Jun 1860 (ML)

COMMERFORD, Benjamin & Homes, Martha; 27 May 1836 (GB)
COMPARET, John Baptist & Jenelle, Harriet; 6 Dec 1820 (MB)
COMPTON, Henry (s/o James Compton) & Fugate, Sarah; 18 Nov 1832 (MB)
COMPTON, James & Johnson, Frances; 18 Feb 1858 (FL)
COMPTON, John & Neel, Rhoda C. (d/o Hiram Neel); 27 Nov 1848 (GB)
COMPTON, Joseph & Alley, Elizabeth (d/o Thomas Alley); 27 Feb 1785 (MB)
COMPTON, Randolph & Fortune, Milly (d/o John Fortune); 30 Sep 1833 (MB)
COMPTON, William & Garlick, Elizabeth; 1788 (MM)
COMPTON, William & Hall, Mary; 7 Jan 1822 (MB)
CONELY, Rupell F. & Lambert, Charlotte; 28 Nov 1842 (GB)
CONLEY, Guy P. & Millinons, Almedia; 19 Dec 1857 (PL)
CONLEY, Guy P. (s/o John & Cloa Conley)(b.p. Giles Co., Va.) & Millirons, Almedia (d/o John & Mary Mullirons); 24 Dec 1857 (PM)
CONLEY, James F. (s/o John & Clara Conley)(b.p. Giles Co., Va.) & Millirons, Eliza (d/o John & Mary Millirons)(b.p. Giles Co., Va.); 14 Jan 1858 (PM)

CONLEY, John & ____, Chloe; 31 Dec 1832 (GB)
CONLEY, Russell (or Rupell) & Oney, Mary (d/o David Oney); 25 Feb 1843 (GB)
CONLEY, Skidmore M. & Munsey, Alice (d/o Samuel Munsey); 30 Nov 1840 (GB)
CONNARD, James & Patrick, Mary; 1791 (MM)
CONNELLY, John & Munsey, Mary; 18 Oct 1803 (MB)
CONNELY, John & Ship, Delilah; 18 Jul 1808 (MB)
CONNELY, Solomon & Brown, Mary; 6 Sep 1826 (MB)
CONNELY, Wesley & Anderson, Elizabeth; 6 Sep 1825 (MB)
CONNER, Aaron & Cole, Keziah; 19 Oct 1833 (FB)(FM)
CONNER, Albert & Iddings, Eleanor; 31 Dec 1853
CONNER, Andrew & Walters, Matilda; 22 Apr 1845 (FM)
CONNER, Andrew J. & Furrow, Mary Ann; 1 Feb 1856 (FL)
CONNER, Cornelius & Poff, Anna; 19 Dec 1836 (FB)
CONNER, Costly & Hall, Lydia (d/o John Hall); 3 Jun 1833 (MB)
CONNER, Daniel & Craghead, Martha E.; 13 Feb 1851 (MM)
CONNER, Daniel R. & Poff, Ludia; 6 Nov 1854 (FL)
CONNER, David & Graghead, Martha E.; 13 Feb 1851 (MM)
CONNER, Isaac & Gray, Caroline; 6 Nov 1841 (FB)
CONNER, Jacob & Ferrow, Barberry; 6 Dec 1803 (MB)
CONNER, Jacob & Furrow, Marthise (d/o Adam Furrow); 9 Oct 1833 (FB)
CONNER, James & Jones, Priscilla; 23 Aug 1830 (GB)
CONNER, James M. & Sayers, Mary M.; 12 Sep 1860 (PL)
CONNER, John B. & Poff, Lucinda; 17 Jan 1841 (FB)
CONNER, Jonathan & Poff, Betsy (d/o Peter Poff); 7 Jun 1822 (MB)
CONNER, Jonathan & Thrash, Mahala; 15 Jul 1852 (FL)
CONNER, Nathan & Cole, Eliza; 19 Oct 1837 (FB)
CONNER, Nathan & Kelly, Elizabeth; 8 Dec 1857 (FL)
CONNER, Peter & Martin, Mary Jane; 8 Mar 1849 (FM)
CONNER, Samuel F. & Poff, Ann; 26 Nov 1857 (FL)
CONNER, William & Cole, Lucinda; 14 May 1831 (MM)
CONNER, William & Poff, Catherine; 7 May 1811 (MB)
CONNER, William & Poff, Polly; 9 Jun 1822 (MM)
CONNER, William N. & Light, Elizabeth; 20 Dec 1859 (FL)

CONNER, William N. (s/o Jacob & Mary Conner) (b.p. Floyd Co., Va.) & Otey, Cynthia (d/o Samuel & Jane Otey); 18 Oct 1855 (MM)

CONNER, William P. & Gray, Clarissa; 24 Jan 1852 (FL)

CONNER, Zardock & Smith, Jane; 6 Aug 1808 (MB)

CONNOWAY, Edmund (s/o John & Nancy Connoway) (b.p. Charlote Co., Va.) & Thompson, Malvina (d/o Claiborne & Naomi Thompson) (b.p. Floyd Co., Va.); 11 Jan 1856 (MM)

CONOWAY, Edmun & Thompson, Elvina (d/o Naomi Thompson); 10 Jan 1856 (MB)

CONOWAY, Edmund & Perkins, Louisa; 21 May 1854 (MB)

CONOWAY, Edmund (s/o John & Nancy Conoway)(b.p. Charlotte Co., Va.) & Perkins, Louisa Jane (d/o Susan Perkins who never married)(b.p. Surry Co., N.C.); 26 May 1854 (MM)

COOK, Alexander & Crowell, Elizabeth; 19 Jun 1852 (PB)

COOK, Alexander & Crowell, Elizabeth; 20 Jun 1852 (PM)

COOK, Blair D. (s/o John & Sarah Cook) (b.p. Pittsylvania Co., Va.) (b.d. 26 Mar 1835) & Tinsley, Frances T. (d/o John & Mahala Tinsley) (b.p. Franklin Co., Va.) (b.d.7 Jun 1831); 17 Jan 1858 (MM)

COOK, Cornelius (s/o "the widow Roseannah Cook) & Pettry, Ann (aka Anna Petry)(d/o James Petry); 10 Oct 1826 (GB)

COOK, Ephraim & Martian, Jintsy; 13 Jul 1835 (GB)

COOK, Henry & Raines, Martha G.; 22 Dec 1857 (PL)

COOK, Henry (s/o Henry & Mary Cook) & Raines, Martha G. (d/o James & Matilda Raines)(b.p.Tennessee); 23 Dec 1857 (PM)

COOK, Jacob (s/o Joseph & Elizabeth Cook) (b.p. Wythe Co., Va.) & Bastine, Ann Eliza (d/o Joseph & Sarah Bastine)(b.p. Botetoute Co., Va.); 20 Jun 1855 (MM)

COOK, James & Meador, Dosha (possibly daughter of Jesiah & Judah Meador or Meadow); 8 Aug 1809 (GB)

COOK, James M. (s/o C. & C. Cook)(b.p. Wythe Co., Va.) & Dudley, Luema C. (d/o R. & J. Dudley)(b.p. Wythe Co., Va.); 14 Sep 1854 (PL)

COOK, John & Lilly, Rhoda (d/o John Lilly); 13 Jun 1836 (GB)

COOK, John A. & Kirk, Elizabeth (d/o David Kirk); 21 Dec 1844 (GB)
COOK, Noah & Martin, Julia Ann (d/o Charles Martin); 25 Aug 1845 (GB)
COOK, Samuel & Kipps, Peggy; 8 Mar 1813 (MB)
COOK, William & Simpson, Mary; 12 Feb 1800 (MB)
COOK, William & Stuart, Caty (aka Cetren Stewart)(d/o Ralph Stewart); 15 Aug 1806 (GB)
COOK, William (s/o Thomas Cook) & King, Rhoda (d/o William King); 13 Jun 1807 (MB)
COOKE, David & Farley, Nancy (d/o Dewry & Polly Farley); 25 Jul 1828 (GB)
COOKEY, Vincent & Simkins, Sarah; 10 Oct 1831 (GB)
COOPER, Alexander & Farmer, Ann; 25 Feb 1840 (PM)
COOPER, Caleb & Langley, Mary (d/o William Langley); 22 Mar 1786 (MB)
COOPER, George & Scaggs, Ruth; 22 Dec 1817 (MB)
COOPER, Jacob & Barnett, Rebecca; 18 Dec 1809 (MB)
COOPER, Jacob & Thompson, Mary E.; 10 Oct 1855 (MM)
COOPER, Jacob & Thompson, Mary E.; 9 Oct 1855 (FL)
COOPER, John & Meador, Elizabeth; 26 Oct 1813 (GB)
COOPER, John & Thompson, Polly; 2 Oct 1821 (MB)
COOPER, John & Thrash, Catherine; 30 Dec 1797 (MB)
COOPER, Joshua & Cooper, Catey; 9 Jun 1788 (MB)
COOPER, Oljlisten & Odell, Amanda; 12 Mar 1840 (PM)
COOPER, Paris G. & Turner, Malinda A. (d/o William Turner); 1 Mar 1852 (MB)
COOPER, Washington & (s/o Catey Wilson) & Huff, Mary; 18 Sep 1806 (MB)
COOPER, William & White, Sally (possibly d/o Benjamin & Nancy White); 6 Nov 1818 (GB)
COPELEY, John & Miller, Martha; 6 Jul 1793 (MB)
COPELEY, Joshua & Lawrence, Elizabeth; 11 Apr 1804 (MB)
COPELEY, Joshua (s/o Thomas Copeley) & Johnston, Margaret (d/o John Johnston); 23 Oct 1804 (MB)
COPELEY, Thomas & Norris, Sarah (d/o Ann Lester,who is wife of Henry Lester); 7 Aug 1786 (MB)
COPELEY, Thomas & Prater, Rhoda; 23 Jul 1792 (MB)(MM)
COPELEY, Thomas & Norriss, Sarah (d/o Henry & Ann Lester); 4 Sep 1786 (MB)

COPELY, Johnson & Epling, Catherine; 7 Sep 1835 (MB)
CORDER, Benjamin & Hammonds, Julian (d/o James Hammons); 20 Jan 1849 (GB)
CORELL, John B. & Samples, Ann C.E.F.; Dec 1847 (MM)
CORN, Samuel & Carter, Polly (d/o John Carter); 7 Oct 1831 (FB)
CORN, Samuel & Carter, Polly; 11 Oct 1831 (FM)
CORNER, Jonathan & Reed, Sarah; 7 Aug 1798 (MB)
CORNETT (aka Cornutt), James & Dowell, Elizabeth; 22 Oct 1792 (MB)
CORNETT, Bird & Romines, Polly; 2 May 1814 (MM)
CORNETT, James & Farmer, Keriah; 16 Mar 1830 (MM)
CORNETT, John & Farmer, Nancy; 21 Jul 1790 (MB)
CORNETT, William (s/o William Cornett) & Farmer, Molly; 28 Jul 1810 (MB)
CORNUTE, James & Douett, Elizabeth; 1792 (MM)
CORP (aka Carp), Richard & Loeman, Dolly; 31 Mar 1788 (MB)
CORTY, Henry & Davis, Deborah (d/o John Davis); 7 Jul 1794 (MB)
COSTELLO, Matthew & Ross, Margaret; 7 Aug 1794 (MM)

COSTELLO, Robert & Compton, Elizabeth; 1797 (MM)
COUCH, Solomon & Reedy, Nancy; 18 Jun 1787 (MM)
COUTS, John & Baugh, Lizzy; 4 Dec 1787 (MB)
COVEY, Daniel & Pate, Rebecca; 31 Jan 1826 (MM)
COVEY, Elijah & Hall, Malinda; 16 Aug 1832 (MB)
COVEY, James & Kelsey, Sally (d/o Thomas Kelsey); 4 Oct 1810 (MB)
COVEY, John (s/o Samuel Covey) & Cook, Sarah (d/o John Cook); 4 Feb 1806 (MB)
COVEY, Joseph & Elliott, Mary Jane; 17 Sep 1840 (PM)
COVEY, Samuel & Barrenger, Rosanne; 13 Jan 1803 (MB)
COVEY, William & Godbey, Susannah (d/o William Godbey); 11 Dec 1810 (MB)
COWAN, Andrew (of Rockbridge Co., Va.) & Montgomery, Elizabeth (d/o Joseph Montgomery); 29 Oct 1784 (MB)
COWAN, George & Fugate, Diannah; 18 May 1852 (PB)(PM)
COX, Ambrose & Philips, Dicey; 21 May 1842 (FB)
COX, Ambrose & Reed, Sarah (d/o George & Anna Reed); 5 Sep 1790 (MB)
COX, Amos & Slusher, Susan; 3 Oct 1844 (FM)

COX, Benjamin & Woolwine, Margaret; 21 Dec 1847 (MM)
COX, Braxton & Jennings, Ursula; 1 Nov 1859 (FL)
COX, Carter Jr. & Gilham, Neomi; 13 Sep 1830 (MB)
COX, Daniel & Coleman, Mary A.; 19 Mar 1856 (MB)
COX, Daniel (s/o Thomas & Matilda Cox) & Coleman, Mary Anne Pamela (d/o Thomas J. & Delilah Coleman) (b.p. Cumberland Co., Va.); 19 Mar 1856 (MM)
COX, Jacob & Geoby, Franky; 4 Apr 1797 (MB)
COX, Jacob & Jones, Polly; 28 Mar 1820 (GB)
COX, John & Carr, Margaret; 3 Jan 1786 (MM)
COX, John & Sowers, Sarah; 30 Dec 1852 (FL)
COX, John & Carr, Margaret (d/o James Carr); 30 Dec 1785 (MB)
COX, John W. & Lester, Cynthia (d/o Owen Sumner); 1 Jun 1843 (FB)
COX, Joseph F. & Jones, Susannah E.; 9 May 1842 (GB)
COX, Luke & Philips, Sarah; 21 Sep 1841 (FB)
COX, Luke & Slusher, Nancy; 9 Mar 1853 (FL)
COX, Mark & Reynolds, Sarah; 15 Feb 1836 (FB)
COX, Martin & Wilson, Belinda; 9 Nov 1831 (FB)
COX, Mathew & Gilham, Drusilla; 2 Oct 1837 (FB)
COX, Mathew & Gilham, Drusilla; 5 Oct 1837 (FM)
COX, Pleasant & Philips, Nancy (d/o Sally Cox); 21 Aug 1843 (FB)
COX, Pleasant & Philips, Nelly; 7 Sep 1843 (FM)
COX, Ross (s/o Carter Cox) & Wade, Ann (d/o John Wade); 8 Dec 1810 (MB)
COX, Samuel & Bell, Eliza; 14 Dec 1852 (FL)
COX, William & Gallimore, Martha; 29 Sep 1857 (FL)
COX, William & Hughett, Elizabeth; 30 May 1857 (FL)
CRAFFORD, Oliver (aka Oliver Crawford) & McDaniel, Betsy (d/o Thomas MacDannel); 5 Mar 1817 (GB)
CRAGHEAD, James R. & Conner, Sarah (d/o Cosley Conner); 1 Apr 1854 (MB)(MM)
CRAGHEAD, William T. & Rudock, Jane; 5 Mar 1853 (FL)
CRAIG, Daniel & McNeeley, Mary; 27 Mar 1804 (MM)
CRAIG, David & McNeeley, Polly; 27 Mar 1804 (MM)
CRAIG, George (s/o Benjamin Craig) & Cole, Sally (d/o Joseph Cole); 3 Jan 1804 (MB)

CRAIG, Henry & Boswell, Elizabeth M.; 24 Jan 1856 (FL)
CRAIG, James & Rutledge, Margaret (d/o Margaret S. Rutledge); 2 Jan 1854 (MB)
CRAIG, John & Miller, Emeline A.; 31 Aug 1835 (MB)
CRAIG, John D. & Boswell, Letitia; 23 May 1856 (FL)
CRAIG, Robert M. & Law, Elizabeth; 6 Dec 1831 (MB)
CRAIG, William & Kroftt, Catherine (d/o Henry Krofft); 8 Mar 1830 (MB)
CRAIG, William & Smith, Nancy; 11 Jul 1836 (MB)
CRAIGHEAD, Lewis C. (s/o William & Susan Craighead)(b.p. Franklin Co., Va.) & Funk, Mary E. (d/o Levi & Gilsha Funk)(b.p. Grayson Co., Va.) 10 Jan 1861 (MM)(ML)
CRAMER, Crockett (s/o Jacob & Verinda Cramer) & Oliver, Mary E. (d/o Freeman & Catherine Oliver); 6 Nov 1854 (MB)(MM)
CRANDALL, Allen & Thompson, Cynthia (d/o Archibald Thompson); 11 Oct 1824 (MM)
CRANDALL, Asa & Godby, Maria; 15 Oct 1838 (FB)
CRANDALL, Asa & Godby, Maria; 25 Oct 1838 (FM)
CRANDALL, Ezeriah & Smallwood, Sarah (d/o William & Rachel Smallwood); 29 Dec 1809 (MB)
CRANDALL, Nathaniel & Simpkins, Rebecca (d/o Robert Simpkins); 20 Jun 1793 (MM)
CRANDALL, Reed & Cole, Polly (d/o Eleazer Cole); 13 Dec 1816 (MB)
CRANDALL, Reed, & Stephens, Polly; 11 Oct 1811 (MM)
CRANDALL, Thomas & Hall, Rebecca (d/o David Hall); 27 Jul 1835 (MB)
CRANDALL, Thomas & Peterman, Mary L. (d/o Daniel Peterman); 30 May 1827 (MB)
CRAWFORD, Daniel (s/o William Crawford) & Lester, Elmory; 24 Oct 1836 (MB)
CRAWFORD, Edwin Rev. & McDonald, Jane; 24 Jun 1795 (MB)
CRAWFORD, James & Deyerle, Eliza; 11 Nov 1828 (MB)
CRAWFORD, James M. & Steber, Catharine (d/o Isaac Steber); 13 Nov 1841 (MB)
CRAWFORD, John & Booth, Susan J.; 25 Oct 1852 (PB)(PM)
CRAWFORD, John & Hutcheson, Elizabeth Mary; 8 Sep 1801 (MB)
CRAWFORD, Nimrod & Brunk, Catharine (d/o Jacob Brunk); 8 Mar 1831 (MB)
CRAWFORD, Thomas S. (s/o William Crawford)(of Wythe

Co., Va.) & Lester, Sarah; 9 Nov 1832 (MB)
CRAWFORD, Thompson N. & Lugan, Marion (d/o John Lugan); 28 May 1850 (GB)
CRAWFORD, Wesley C. (s/o Thomas & Sarah Crawford) (b.p Wythe Co., Va.) & Roop, Martha (d/o Henry & Mary Roop); 22 Aug 1855 (MM)
CRAWFORD, William & Webb, Katherine (d/o George Webb); 26 Apr 1844 (GB)
CRAWLEY, Levi H. & Brown, Margaret C.; 6 Mar 1856 (PL)
CRAYFUDE, John & Wray, Elizabeth; 16 Sep 1801 (MM)
CREACY, Leonard & Garlich, Sarah (d/o Betecy Garlich); 7 Apr 1856 (MB)
CREASY, Alfred B. & Rumburg, Margaret L.; Oct 1849 (MM)
CREASY, Conrad & Graham, Martha (d/o Elizabeth Whitlock); 10 Feb 1842 (FB)
CREASY, John (s/o William H. & Mary Creasy) (b.p. Bedford Co., Va.) & Smith, Cynthia (d/o James & Elizabeth Smith); 2 May 1855
CREASY, John G. & Huff, Adelia Ann; 3 Nov 1853 (FL)
CREASY, Lunane (?) S.(s/o W.H. & Mary Ann Creasy) (w/o?) (b.p. Bedford, Va.) & Garlich, Banet (d/o Samuel & Elizabeth Garlich) (w/o?); 10 Apr 1856 (MM)
CREASY, William & Slusher, Sarah; 24 Sep 1846 (FM)
CREWS, John & James, Sally; 20 Dec 1797 (MB)
CRINER, Christian & Rice, Almeda (d/o Thomas Rice); 16 Sep 1843 (GB)
CRINER, Jacob & Nidah, Catherine Ann; 30 Nov 1830 (GB)
CRINER, John & Harless, Susannah; 23 Sep 1816 (GB)
CRINER, Lewis & Coffer, Margaret Jane; 1843 (MM)
CRINER, Noah H. (s/o John & Susan Criner) & Eakles, Martha Susan (d/o Susan Eakles); 24 Aug 1854 (GM)
CRINER, Samuel & Harless, Frances; 20 Aug 1827 (GB)
CRINER, William G. (s/o John & Susan Criner) & Burton, Elizabeth (d/o Washington & Mary Burton); 12 Feb 1857 (MM)
CRISSMAN, Gordan & Harman, Elizabeth J.; 22 Oct 1846 (MM)
CRISTAL, William & Brown, Nelly; 11 Mar 1788 (MB)
CROCKETT, Asher & Blankenship, Sarah; 8 Sep 1800 (MB)
CROCKETT, John C. & Brills, Mary; 22 Mar 1834 (MB)
CROCKETT, Joseph P. & Pearce, Mary (d/o Samuel Pearce); 22 Jan 1839 (MB)

CROCKETT, Robert & Craig, Elmira (d/o James Craig); 19 May 1829 (MB)
CROCKETT, Robert & Harrison, Sarah; 25 Jul 1813 (MB)
CROCKETT, Samuel & Reyburn, Margaret; 6 Nov 1798 (MB)
CROCKETT, Samuel & Taylor, Elizabeth; 13 Aug 1799 (MB)
CROCKETT, Waller & Rose, Mary (w/o ?)(d/o John Black); 15 Feb 1819 (MB)
CROCKETT. Filmore & Dennis, Elizabeth; 1 Nov 1796 (MM)
CROFFORD, Zachariah & Bowling, Jane (d/o Jesse Bowling); 24 Dec 1811 (GB)
CROMER, Abraham & Harless, Hannah; 1807 (MB)
CROMER, Jacob & Swanson, Verena; 15 May 1828 (MM)
CROMER, Jonas & Bowman, Polly; 1 May 1823 (MM)
CROMER, Samuel & Bowman, Juliet; 19 Apr 1827 (MM)
CROMER, William & Lucas, Deborah (d/o Samuel Lucas); 3 Jun 1833 (MB)
CRON, John & Simpson, Rebecca; 23 Jul 1827 (GB)
CRONK, Eli H. & Griggs, Mary E.; 22 Sep 1853 (FL)
CRONK, Isaac & Shewy, Mary; 4 Apr 1844 (FM)
CRONK, Joseph & Bingham, Elizabeth (d/o John Bingham); 7 Apr 1823 (MB)
CRONK, Solomon & King, Elizabeth; 28 Dec 1847 (FM)
CRONK, William & Epperley, Betsy (d/o Christian Epperley); 3 Jan 1820 (MB)
CROSS, Andrew R. & Stickler, Ruth; 26 Jun 1856 (FL)
CROSS, Lewis & Lankersley, Rebecca; 22 Aug 1844 (FM)
CROSS, William R. & Mayhood, Martha; 12 Apr 1827 (GB)
CROTSHIN, Wolf & Hobbs, Amanda J.; 24 Jan 1854 (GB)
CROUCH, David & Bullis, Polly; 15 Oct 1798 (MB)
CROUCH, Dennis & Deaton, Sarah; 1842 (MM)
CROUCH, James & Evans, Martha; 11 Feb 1802 (MB)
CROUCH, James & Smith, Betty; 28 Jan 1792 (MB)
CROUCH, John & Cecil, Rhoda; 24 Sep 1796 (MB)
CROUCH, Moses & Hack, Elizabeth; 3 Apr 1807 (MB)
CROUCH, Samuel (aka Croutch, Samuel) (s/o David Croutch) & Reedy, Nancy (d/o Shadrack Reedy); 11 Aug 1787 (MB)
CROW, James B.& Charlton, Pamela Ann (d/o John L. Charlton); 1 Jul 1841 (MB)(MM)
CROW, Lindsey & Barnett, Sally; Jul 1809 (MB)

CROWEL, Isaac H. & Tremble, Elmira; 14 Aug 1851 (PM)
CROWEL, Isaac H. & Tremble, Elmira; 8 Aug 1851 (PB)
CROWELL, James W. & Hurst, Nancy; 23 Feb 1852 (PB)
CROWELL, James W. & Hurst, Nancy; 25 Mar 1852 (PM)
CROWL, James & Melton, Mary (d/o Jesse Melton); 11 Aug 1836 (MB)
CROWY, Adam & Smith, Elizabeth G.; 20 Sep 1817 (MB)
CROWY, Andrew & Smith, Sarah (d/o David Smith); 6 Sep 1817 (MB)
CROXTON, William & Peden, Polly (d/o James Peden); 27 Oct 1812 (MB)
CROY, Andrew Jackson (s/o Andrew & Sarah Croy) & Stover, Eliza F. (d/o William & Christinia Stover) (b.p Roanoke Co., Va.); 15 Sep 1859 (MM)
CROY, David & Frye, Sally; 20 Jun 1823 (GB)
CROY, Erastus W. (s/o Michael & Nancy Croy)(b.p. Giles Co., Va.) & Albert, Martha A. (d/o Mary Albert); 22 Sep 1859 (ML)
CROY, Jacob & Bailey, Eliza (d/o Wilson Bailey); 7 Aug 1832 (MB)
CROY, Jacob & Sour, Catherine; 31 Oct 1811 (MB)

CROY, Michael & Vaught, Nancy (d/o Nancy Vaught); 27 Mar 1821 (GB)
CROY, Peter & Bayenger, Susannah; 26 Mar 1807 (MB)
CROY, Zachariah J. & Kemper, Martha J.; 1 Jul 1852 (MB)
CROZIER, Philip B. & Kingley, Sarah (d/o Jacob Kingley); 7 Feb 1848 (GB)
CROZIER, Thomas & Kinzley, Malinda Jane; 1 Jun 1846 (GB)
CRUISE, Peter & Hylton, Elizabeth; 22 Oct 1846 (FM)
CRUM, Jacob & Oldham, Catherine; 16 Jun 1788 (MM)
CRUM, Jacob & Seapall, Betsy; 24 Aug 1798 (MB)
CRUM, Matthew & Williams, Mary (d/o Thomas Williams); 14 Dec 1797 (MB)
CRUMB, John & Oldhance, Catharine; 27 Oct 1787 (MB)
CRUMM, Hardin L.(s/o Henry & Mary Crum)(b.p. Patrick Co., Va.) & Clark, Eliza L. (d/o Randolph & E. Clark); 10 Dec 1855 (PL)(PM)
CRUMP, Walker & Akers, Susan; 19 Oct 1813 (MB)
CRUMPACKER, Abraham (s/o Peter & Rebecca Crumpacker) & Slusser, Mary A. (d/o John B. & Elizabeth Slusser); 16 Sep 1858 (MM)

CUBBAGE, George & Cooper, Sally (d/o James Cooper); 1 Oct 1795 (MB)
CUMMINGS, Joseph & Camp, Nancy (d/o James Camp); 27 Sep 1808 (MB)
CUMMINGS, William C. & Patton, Maria (d/o Henry Patton); 24 Aug 1829 (MB)
CUNDIFF, Booker & Martin, Ardeny; 13 Oct 1838 (MB)
CUNNINGHAM, James A. & Fillinger, Nancy (d/o Jacob Fillinger); 24 Nov 1840 (GB)
CUNNINGHAM, John M. & Gerald, Martha Louiza; 30 Mar 1846 (GB)
CUNNINGHAM, Thomas & Newman, Elizabeth; 6 Jul 1828 (MM)
CUNNINGHAM, William & Walters, Mrs. Sarah; Feb 1842 (MM)
CURRELL, George & Harbarger, Nancy; Jan 1836 (FM)
CURRELL, Robert R. & Ratliff, Adaline M.; 9 Jul 1848 (FM)
CURRIN, Waddy G & Lawrence, Francina (d/o Nathaniel Lawrence); 24 Jan 1852 (MB)
CURRIN, William & Charlton, Rhoda; 26 Jun 1804 (MB)
CURRY, Robert & Runner, Susannah; 1792 (MM)
CURTIS, Benjamin W. & Baylor, Mary (d/o Abram Baylor); 16 May 1833 (MB)

DABNEY, John & Jones, Lydia; 23 Mar 1801 (MM)
DAIR, Joseph & Fry, Catherine; 13 Mar 1810 (GB)
DALE, Thomas & Burgis, Nancy (d/o David Burgis); 17 Aug 1841 (GB)
DALTON, Adam & Stephey, Catherine (d/o John Stephey); 6 Mar 1787 (MB)
DALTON, Alexander & Nestor, Mary; 3 Jul 1858 (FL)
DALTON, Robert & Jones, Rachel J.; 5 Aug 1846 (FM)
DAME, Andrew & Carroll, Nancy; 27 Jan 1845 (MM)
DAMEWOOD, John & Huffman, Catherine; 7 Jun 1798 (MB)
DANGERFIELD, Henry & Epperly, Elsybell; 14 Jun 1858 (FL)
DANIEL, Harvey M. & Harris, Charlotte M.; 17 Apr 1858 (FL)
DANIELEY, Nehemiah & Mustard, Jerusha (d/o John Mustard); 20 Jan 1848 (GB)
DARE, Charles A. & Shumate, Mary Elizabeth (d/o P. Shumate); 7 Dec 1846 (GB)
DARNELLE, James (s/o Lewis & Melvina Darnelle) & Hanes, Sarah I. (d/o Joseph & Sarah Hanes); 11 Nov 1858 (MM)
DARR, Tim Patterson (s/o Joseph Darr) & Anderson, Lucinda (d/o Francis

Anderson); 13 Mar 1838 (GB)
DARST, James H. (s/o John C. & E.H. Darst)(marriage record says he is 13 years old. This may be a transcribing error) & Trollinger, Margaret W. (d/o John & Mary Trollinger); 17 Oct 1859 (PL)(PM)
DARST, John C. & Wysor, Elvira Ann (d/o Hy Wysor Jr.); 6 Apr 1835 (MB)
DARST, Thomas W. & Glendy, Margaret R. B.; 17 Oct 1856 (PL)
DARST, Thomas W. (s/o Benjamin & Elizabeth)(b.p. Rockbridge Co., Va.)(w/o?) & Glendy, Margaret R. B. (d/o John & Polly Glendy)(b.p. Augusta Co., Va.); 17 Oct 1856 (PM)
DARTER, Peter & Moore, Elizabeth (d/o Fred Moore); 6 Jun 1787 (MB)
DAUGHERDY, George M. (s/o William Ruckman & Lucy Kelm) (b.d.10 Apr 1834) & Snider, Virginia (d/o George Knode & Margaret Snider) (b.d.Mar 1836); 4 Jul 1855 (MM)
DAULTON, John & Thompson, Catherine; 1 Apr 1845 (PM)
DAVIDSON, Ananias & Feely, Mrs. Anne; 10 Nov 1825 (MB)

DAVIDSON, Andrew & Bush, Rebecca; 25 Aug 1788 (MB)
DAVIDSON, Daniel & French, Aury; 11 Nov 1831 (GB)
DAVIDSON, George & Pepper, Jenny; 17 Jul 1804 (MM)
DAVIDSON, Henry (s/o Joseph Davidson of Tazewell Co., Va.) & Brown, Nancy; 26 May 1811 (GB)
DAVIDSON, James C. & Brown, Julet H.; 31 Jul 1822 (GB)
DAVIDSON, Joseph & King, Jane (d/o Charles King); 11 Nov 1844 (GB)
DAVIDSON, Joseph & Patton, Matilda (d/o Henry Patton); 16 Jun 1789 (MB)
DAVIDSON, Robert & Atkins, Nancy (d/o Moses Atkins Jr.); 6 Feb 1838 (GB)
DAVIDSON, William & Charlton, Elizabeth, (d/o John & Elizabeth Charlton); 17 Apr 1785 (MB)
DAVIDSON, William & Stevenson, Mary; 1 Mar 1782 (MM)
DAVIES, Joseph & Hays, Margaret (d/o Jno. Hays); 4 Dec 1783 (MB)
DAVIS, Abraham & Moore, Sally; 17 Mar 1817 (GB)
DAVIS, Archibald & Caddale, Elizabeth; 16 Jul 1823 (GB)
DAVIS, David & French, Rachel A. (d/o St. Clair French); 5 Dec 1856 (GL)

DAVIS, Eli & Earhart, Margaret; 2 Jun 1833 (MB)
DAVIS, Elijah & Clybourn, Polly; 10 Aug 1839 (GB)
DAVIS, Hiram & Burk, Betsey; 21 Jul 1808 (GB)
DAVIS, Hiram (s/o James Davis) & Bateman, Nancy (d/o Jesse Bateman); 23 Oct 1817 (MB)
DAVIS, Isaac & Guthry, Sally; 15 Jul 1796 (MB)
DAVIS, Isaac J. & Farley, Mahala V.; 23 Nov 1846 (GB)
DAVIS, Jno. B.(s/o William & Jane Davis) & Harmon, Sarah A. (d/o Jno. & Catharine Harmon); 4 Nov 1856 (MM)
DAVIS, John & Thompson, Sally; 20 Mar 1822 (MB)
DAVIS, John Lee & Johnson, Christiena (d/o George Johnston of Logan County); 17 Jan 1850 (GB)
DAVIS, Joseph & Hays, Margaret (d/o John Hays); 4 Dec 1783 (MB)
DAVIS, Joseph & Helvey, Lovess; 13 Feb 1796 (MB)
DAVIS, Joshua & Moody, Sally; 14 Jul 1801 (MB)
DAVIS, Joshua & _____; 17 Dec 1822 (GB)
DAVIS, Joshua Jr. & Blankenship, Elizabeth (d/o Berry Blankenship); 13 Mar 1844 (GB)

DAVIS, Lindsey & Thomas, Jane (d/o Jamima Thomas); 5 Jun 1838 (GB)
DAVIS, Peter & Surface, Ann; 20 Dec 1819 (MB)
DAVIS, Robert & Taylor, Melvina; 9 Jan 1836 (MB)
DAVIS, Samuel & Mitchell, Polly; 12 May 1825 (MB)
DAVIS, Silas Jr. & Wilson, Elizabeth; 31 Jan 1835 (MB)
DAVIS, Solomon & Taylor, Betsy; 7 Jan 1797 (MB)
DAVIS, Thomas & Jewel, Patsy; 29 Dec 1821 (MB)
DAVIS, Thomas A. & Chandler, Dolly A.; 10 May 1858 (FL)
DAVIS, William & Barnett, Jane; 25 Apr 1825 (MB)
DAVIS, William & Baylor, Euphemia; 31 Oct 1837 (MB)
DAVIS, William & Burnes, Rebecca; 23 Nov 1811 (GB)
DAVIS, William & Robertson, Hetty (d/o John Robertson); 17 Aug 1818 (MB)
DAVIS, William & Rose, Elizabeth; 18 Apr 1813 (GB)
DAVIS, William (s/o William & Mary Davis)(b.p Rockbridge Co., Va.)(w/o?)(55 years old) & Pepper, Mary I. (d/o John Pepper); 18 Jan 1859 (ML)
DAVIS, William A. (s/o James & Susan Davis) & Boyd, Mary

E. (d/o A. & Jemima Boyd); 26 Oct 1859 (PM)
DAVIS, William H. & Shortt, Emily M.; 21 Jun 1855 (FL)
DAVIS, William Sr. & Baines, Nancy; 16 Oct 1849 (GB)
DAVIS, Zachariah & Burgess, Mary; 2 Jan 1790 (MB)
DAVIS, Zacheriah (s/o James Davis) & King, Elizabeth; 20 Jun 1810 (MB)
DAWE, William Foot (s/o Walter & Elizabeth Dawe) (b.p. England) & Knode, Margaret (d/o George Knode & Mary Snider); 10 Mar 1857 (MM)
DAWES, Thomas & Wilson, Mildred; 5 Jun 1792 (MB)
DAWLER, Francis A. & Snow, Frances; 2 Jun 1852 (PL)
DAWSON, Alexander & Minix, Christena; 13 Jun 1839 (PM)
DAWSON, Hiram & Fortune, Susan; 13 Oct 1840 (PM)
DAWSON, John B. (s/o Hiram & Jane Dawson)(b.p. Culpeper, Va.) & Butt, Margaret Jane (d/o A. & M. Butt)(b.p. Botetout Co., Va.); 14 Dec 1858 (PM)
DAWSON, William H. & Croy, Rosanna (d/o Adam Croy); 30 Dec 1839 (MB)
DAY, George W. & Burton, Lydia (d/o James Burton); 26 Nov 1849 (GB)
DAY, Henry & Alsope, Fanny; 16 Aug 1790 (MB)
DAY, Isaac & Hale, Miriam Elizabeth (d/o Isaac Hale); 24 Jul 1849 (GB)
DAY, James & Waggoner, Rebecca; 4 Apr 1786 (MB)
DAY, John (b.p. Roanoke Co., Va.)(fpc) & Taylor, Caroline (b.p. Roanoke Co., Va.)(fpc); 2 Aug 1856 (MM)
DAY, Joshua & Suter, Naomi; 1 Jun 1835 (GB)
DAY, Josiah (b.p. Pittsylvania Co., Va.)(fpc) & Gilbert, Charlotta (b.p. Pittsylvania Co., Va.)(fpc); 10 Aug 1847 (MM)
DAY, Thomas & Ervin, Priscilla; 17 Nov 1792 (MM)
DAY, Travis (s/o Joshua Day) & Cooper, Patience (an orphan, William Wade is her guardian); 1 Sep 1827 (MB)
DAY, William & Waggoner, Elizabeth; 1781 (MM)
DEADMORE, Jacob A. (s/o Christopher & Lucinda Deadmore)(b.p. Pulaski Co., Va.) & Harris, Martha J. (d/o Nathaniel N. & Malinda Harris)(b.p.Patrick Co., Va.); 18 Sep 1856 (GM)
DEAN, George & Askins, Anna (d/o

Thomas Askins); 16 Feb 1828 (MB)
DEAN, George & Fisher, Polly; 4 May 1813 (MB)
DEAN, James & Lee, Amanda; Aug 1846 (MM)
DEATON, Elijah Jr. & Deyerle, July; 26 Oct 1833 (MB)
DEATON, John & Rayburn, Elizabeth (Mrs.?); Aug 1849 (MM)
DEAVOR, James & Cook, Elizabeth; 4 Nov 1847 (PM)
DECAMP. David & Ford, Sally; 7 Aug 1815 (GB)
DECK, John & Lasley, Mary (d/o Margery Lasley); 11 Jun 1834 (MB)
DECK, Michael & Bradshaw, Martha (d/o Martha Bradshaw); 23 Sep 1833 (MB)
DEED, Peter & Myers, Naomi (d/o Samuel Myers); 13 Nov 1830 (MB)
DEEDS, Joshua & McDonald, Mary (d/o Frederick McDonald); 21 Mar 1833 (MB)
DEHART, J.C. & Wood, Nancy; Jan 1860 (FL)
DEINST, Thomas & Miller, Margaret; 19 Oct 1839 (PM)
DELANCY, Samuel & Booth, Docia; 11 Dec 1856 (MB)
DEMPSEY, William R. & Barnett, Mahala; 31 Dec 1836 (MB)
DENNING, John & Heatherington, Mary; 17 Oct 1820 (GB)
DENNIS, Henry G. & Borden, Mary Jane; 3 Jun 1846 (MM)
DEVERS, John & Ingram, Catherine (d/o Aaron Ingram); 4 Mar 1830 (MB)
DEVOR, William & Ingram, Juliet; 18 Sep 1833 (MB)
DEWEASE, John & Rose, Charlotte (d/o Gabriel Rose); 25 Nov 1826 (MB)
DEWEESE, Andrew & Hall, Rozena; 7 Sep 1839 (MB)
DEWEESE, Patterson & Gray, Sarah C.; 8 Jan 1852 (FL)
DEWEESE, William & Gray, Emily Mary; 17 Nov 1852 (FL)
DEWEEZE, Larkin & Willis, Polly; 28 Sep 1839 (FB)
DEWESE, Jesse & Lowder (possibly Sowder), Mary (d/o Jacob Lowder possibly Sowder); 1 Nov 1796 (MB)
DEWESE, Peter & Poff, Esther; 15 Mar 1815 (MB)
DEWESE, Thomas & Willson, Mildred; 7 Jun 1792 (MM)
DEYERLE, Ab. & Smith, Sally; 18 Nov 1804 (MM)
DEYERLE, Andrew J. & Lewis, Jane; 20 Mar 1845 (MM)
DEYERLE, Charles & Leffler, Elizabeth; 12 Dec 1803 (MB)
DEYERLE, Crockett & Taylor, Polly; 27 Dec 1824 (MB)

DEYERLE, John & Crockett, Jenny; 12 Dec 1797 (MB)
DIAMOND, Calvin & Diamond, Loucinda; 7 Sep 1842 (GB)
DIAMOND, James & Clybourne, Barbary(w/o James Clybourne); 19 Nov 1844 (GB)
DIAMOND, Jesse & Hall, Judith; 3 Jul 1802 (MB)
DIAMOND, John & Muncey, Elcy (aka Ailcey Muncey)(d/o Elizabeth Muncey); 31 Dec 1838 (GB)
DIAMOND, Obediah & Cunningham, Isabella (d/o Jonathan Cunningham); 6 Feb 1838 (GB)
DICKENSON, Henry & Harman, Nancy N.; 19 Oct 1847 (GB)
DICKENSON, Moses & Wickham, Elizabeth; 18 Oct 1831 (FM)
DICKENSON, Ransom & Hughlett, Sarah; 26 Feb 1846 (FM)
DICKERSON, Amos & Slusher, Mary; 11 Nov 1850 (FL)
DICKERSON, Andrew & Dodd, Mahala (d/o John Dodd); 28 Oct 1829 (MB)
DICKERSON, Archelus H. & Martin, Elizabeth M.; 14 Nov 1850 (FL)
DICKERSON, Caffee & Graham, Catherine; 4 Jan 1856 (FL)
DICKERSON, Early & Williams, Susan; 21 Nov 1844 (FM)
DICKERSON, Eli & Smith, Sarah P.; 18 Aug 1851 (FL)
DICKERSON, Elijah & Williams, Damaris; 7 Dec 1848 (FM)
DICKERSON, Griffith & Hylton, Susan; 27 Jan 1853 (FL)
DICKERSON, Griffith & Reed, Charlotte; 4 May 1852 (FL)
DICKERSON, Griffith (s/o Obediah Dickerson) & Huff, Mary (d/o Mary Huff); 17 Apr 1793 (MB)(MM)
DICKERSON, James & Reed, Permelia (d/o Andrew Reed); 7 Sep 1825 (MB)
DICKERSON, James T.& Booth, Rhoda; 22 Apr 1841 (FB)
DICKERSON, John & Dick, Frances; 6 Nov 1854 (FL)
DICKERSON, John & Waitman, Elizabeth; 9 Mar 1830 (MB)
DICKERSON, Leonard & Hylton, Susannah (d/o Archelius Hylton); 15 Mar 1826 (MB)
DICKERSON, Leonard & Rentfro, M.; 20 Jun 1787 (MB)
DICKERSON, Morel & Jones, Charlotte; 21 Dec 1848 (FM)
DICKERSON, Morrell R. & Morreal, Nancy; 16 Apr 1836 (FB)
DICKERSON, Moses & Pugh, Sarah; 8 Apr 1858 (FL)
DICKERSON, Moses & Wickham, Elizabeth; 17 Oct 1831 (FB)
DICKERSON, Riley & Rutroff, Sarah; 11 Oct 1849 (FM)
DICKERSON, Wigington & Dickerson, Uriah; 25 Sep 1845 (FM)

DICKERSON, Wiginton & Dickerson, Mary; 16 Nov 1831 (FB)
DICKINSON, Hery H. & Slusher, Elizabeth; 30 Dec 1843 (FB)
DICKSON, Michael & Craig, Catherine; 10 Feb 1835 (FB)
DICKSON, Michael & Craig, Catherine; 12 Feb 1835 (FM)
DILLEN, James A. (s/o Jefferson & Sarah Dillen) & Farrow, Amanda Paradem (d/o Matthias & Naomi Farrow); 22 Nov 1855 (MM)
DILLIAN, George W. & Justice, Amy; 19 Jan 1856 (FL)
DILLION, John & Blankenship, Nancy; 24 Apr 1818 (GB)
DILLION, Roland & Lybrook, Sally; 17 Jan 1816 (GB)
DILLON, Henry & Helms, Harriet A. (d/o J. Helms); 18 Dec 1834 (FB)(FM)
DILLON, John W. & Evans, Totia Best; Mar 1848 (MM)
DILLON, Joseph H. (s/o Jefferson & Sarah Dillon) & Colman, Delilah Caroline (d/o Thomas & Delilah Colman) (b.p. Buckingham Co. or Campbell Co., Va.); 21 Oct 1858 (MM)
DILLS, Peter & Wysor, Polly (d/o Henry Wysor); 21 May 1799 (MB)
DIMEN, Alfred & Rutlige, Sarah; 10 Feb 1842 (MM)
DIMOND, Charles (s/o Melinda Dimond) & Loucks, Susanna (d/o Catherine Croy); 25 Mar 1823 (GB)
DIMOND, Henry & Rowe, Elizabeth (d/o Stephen Rowe); 13 Dec 1827 (GB)
DINKLE, John & Fisher, Sarah (d/o William Fisher); 23 Mar 1825 (MB)
DISKINS, Harvey & Howe, Nancy P. (d/o Daniel Howe); 6 May 1828 (MB)
DITTY, Abraham (s/o John Ditty) & Fergus, Jensy; 4 Dec 1811 (MB)
DOACK, Alexander & Hannah, Margaret; 9 Aug 1786 (MB)
DOAN, David & Gibb, Rachel; 5 Apr 1787 (MM)
DOAN, Joseph & Carper, Eliza; 12 Jun 1826 (MB)(MM)
DOBBINS, Abner & Kirk, Mary; 21 Mar 1795 (MM)
DOBBINS, Abner Jr. & Wisehart, Sarah; 29 Jan 1833 (MB)
DOBBINS, Anderson L. & eterman, Letitia; 23 Sep 1833 (MB)
DOBBINS, Dangerfield & Barger, Eve; 3 Nov 1795 (MM)
DOBBINS, Floyd & Surface, Rebecca; 16 Oct 1851 (MM)
DOBBINS, Floyd (fpc) & Phillips, Lurana (fpc); 10 Sep 1854 (MM)
DOBBINS, Henry C. (s/o Abner & Mary Dobbins) & Dobbins, Lucinda (d/o John & Mary Dobbins); 9 Sep 1858 (MM)

DOBBINS, Isom & Wineteer, Katurah (d/o John Wineteer); 7 Jun 1826 (MB)
DOBBINS, Jackson (s/o Martin & Mary Dobbins) & Clare, Harriet (d/o Jacob & Mary Clare); 17 Aug 1853 (MB)(MM)
DOBBINS, John & West, Betsy; 4 Dec 1811 (MB)
DOBBINS, John & Wilson, Polly (d/o Benjamin Wilson); 4 Jul 1823 (MB)
DOBBINS, John & Winters, Druscilla; 28 Aug 1821 (MB)
DOBBINS, Martin & Elliot, Nancy (d/o Curtis Elliot); 24 Aug 1818 (MB)
DOBBINS, Thomas & Akers, Sarah; 13 Mar 1844 (MM)
DOBBINS, Thomas & Hoff, Mary (w/o ?); 20 Sep 1787 (MB)
DOBBS, Richard & Nester, Matilda; 30 Apr 1852 (PL)
DOBYNS, Abner & Perkins, Nancy; 22 Aug 1859 (FL)
DOBYNS, Anderson P. & Lester, Emaline J.; 21 Aug 1855 (FL)
DOBYNS, Henry & Bryants, Elizabeth (d/o James Bryants); 12 May 1841 (MB)
DOBYNS, James M. & Wright, Ann; 24 Jul 1852 (FL)
DOBYNS, Samuel & Otey, Antonetti (d/o Polly Otey); 15 Sep 1836 (FB)
DOBYNS, William & Lester, Cloa Ann; 1 Oct 1853 (FL)
DODD, Burwell & Lavender, Lucinda (d/o Amelia Lavender); 24 Nov 1835 (FB)
DODD, Burwell, & Lavender, Lucinda; 28 Nov 1835 (FM)
DODD, C. H. & Tice, Susan; 3 May 1855 (FL)
DODD, Elijah & Zedeker, Rachel; 19 Mar 1832 (FB)
DODD, Manasseh C. & Regney, Phebe; 1 Mar 1851 (FL)
DODD, William & Tice, Elizabeth; 1 Nov 1822 (MB)
DODD, Wilson H. & Rigney, Mary M.; 23 Oct 1858 (FL)
DOGAN, Robert & Fuman, Ellen; 1 May 1854 (MB)
DOLMAN, David & Lafon, Magdalean (d/o John Lafon); 5 Feb 1834 (GB)
DONNALY, John & Haines, Elizabeth (w/o ?); 2 May 1788 (MB)
DORAN, George & Duckwiler, Nancy Ann H. (d/o Isaac Duckwiler); Nov 1838 (MB)
DOSS, Richard (s/o Anna H. Doss) & Pool, Jane (d/o Jane Pool); 9 Aug 1830 (GB)
DOSSET, James & Williams, Tamzy; 1853 (GL)
DOSSET, James & Williams, Tomzy; 16 Jun 1823 (GB)

DOTTSON, Stephen & Williams, Elizabeth (d/o Mary Williams); 9 Aug 1853 (MB)
DOUGHERTY, John & Donneho, Elizabeth; 7 Aug 1804 (MB)
DOUGHERTY, John & Moody, Nancy; 3 Nov 1800 (MB)
DOUGHERTY, Joseph (s/o William Dougherty) & Sanger, Susan; 8 Mar 1808 (MB)
DOUGHERTY, William & Collins, Lucinda; 4 Nov 1819 (MB)
DOUGHERTY, William & Woodrick, Patsy (w/o ?); 20 Nov 1811 (MB)
DOUGLAS, George & Harris, Catharine; 10 Dec 1784 (MB)
DOUGLASS, Jacob & Burk, Nancy; 4 Oct 1798 (MB)
DOUGLASS, Jacob & Simpson, Catherine; 19 Jul 1828 (MB)
DOUTHAT, David G. & Adams, Mary (d/o William Adams); 15 Nov 1836 (MB)
DOUTHAT, Henry & Baylor, Eliza; 21 Apr 1836 (MB)
DOUTHAT, Jacob & Woolwine, Maria; 2 Aug 1827 (MB)
DOUTHAT, James H.(s/o John & Margaret Douthat) & Windle, Rebecca Jane (d/o Buck William Widle & Margaret Harmon)(b.p. Winchester, Va.); 30 Mar 1857 (PL)(PM)
DOUTHAT, John H. & Butt, Margaret; 24 Jul 1837 (MB)
DOUTHAT, John R. & Emmons, Sarah A.; 29 Jan 1852 (GB)
DOUTHAT, Robert L. & Adams, Frances; 30 Mar 1835 (MB)
DOVE, James (s/o James & Sarah Dove)(b.p. Pittsylvania Co., Va.) & Dove, Abigail (d/o Henry & Rachel Dove); 20 Nov 1859 (ML)
DOVE, John R. & Cunningham, Mary; Feb 1848 (MM)
DOVE, Ransom & Reese, Catharine J.; 11 Jun 1850 (MM)
DOWDY, Ezekial (s/o Lavious & Hannah Dowdy) (b.p. Giles Co.,Va.) & Coldwell, Lucinda (d/o Henry & Catharine Coldwell); 16 Aug 1855 (MM)
DOWDY, Henry Green (s/o Jabez & Hannah Dowdy) & Frazer, Elizabeth (d/o Benjamin & Elizabeth or Clara Frazer); 10 Sep 1859 (MM)
DOWDY, James (s/o Jacob & Hannah Dowdy) & Adams, Harriet (d/o Spencer Adams & Elizabeth Dowdy); 4 Dec 1856 (MM)
DOWDY, Jeremiah & Harless, Nancy(d/o Daniel Harless); 28 Dec 1833 (GB)
DOWDY, Shelton H. & Lugar, Mary (d/o John Lugar); 4 Apr 1842 (GB)
DOYLE, Henry & Silver, Betsy; 16 Apr 1821 (MB)

DOYLE, James A. & Jewell, Martha A. 21 Sep 1852 (MM)
DOYLE, John B. & Jewel, Mary; Dec 1849 (MM)
DOYLE, Leonard & Dennis, Catharine (d/o Elizabeth Dennis); 23 Mar 1839 (MB)
DRAKE, George & Rollins, Nancy; 7 Jun 1798 (MM)
DRAKE, James & Adkins, Christina; 24 Oct 1793 (MB)
DRAKE, James & Adkins, Nancy; 6 Dec 1797 (MB)
DRAKE, John & Lester, Martha (d/o Abner Lester); 12 Feb 1793 (MB)(MM)
DRAPER, Abraham & McMullin, Rosanna; 6 Oct 1807 (MB)
DRAPER, John (s/o John and Jane Draper) & Crockett, Jane; 2 Feb 1785 (MB)
DRAPER, Joseph & Hufford, Charlotte; 2 Oct 1850 (PB)
DRAPER, Joseph & Hufford, Charlotte; 3 Oct 1850 (PM)
DRAPER, Joseph (s/o George & M. Draper)(w/o ?) & McGuire, Latia Ann (d/o M. & P. McGuire)(b.p. Franklin Co., Va.); 23 Aug 1859 (PM)
DRAPER, Thomas Jr. & Hawkins, Rachel (d/o Noah Hawkins); 18 Sep 1810 (MB)
DRURY, Spurlock & Clur, Olive; 4 Oct 1791 (MB)
DUCKWILER, Isaac & Deyerle, Salmah (d/o A.Deyerle); 5 Sep 1820 (MB)
DUDLEY, Coleman L. & Barnett, Mary Jane; 17 Jun 1845 (MM)
DUDLEY, George R. & Barnett, Mary W.; Mar 1849 (MM)
DUDLEY, Griffin R. & Truslow, Susan; 25 Apr 1855 (PL)
DUDLEY, Hugh & Shufflebarger, Mary; Feb 1850 (MM)
DUDLEY, John B. & Birchfield, Elizabeth; 13 Dec 1839 (MB)
DUDLEY, Jonathan & Steel, Rachel; 25 May 1843 (PM)
DUDLEY, Robert & Barger, Cynthia S.; 4 Feb 1851 (PB)
DUDLEY, Robert & Barger, Cynthia S.; 6 Feb 1851 (PM)
DUDLEY, William A. & Franklin, Sarah E.; 17 Dec 1850 (MM)
DUDLEY, William R. (s/o Ranson & Jane Dudley)(b.p. Newburn, Va.) & Truslow, Susan (d/o William & Mary Truslow)(b.p. Hawkins, Tenn.); 25 Apr 1855 (PL)
DUDLEY, Winston P. (s/o Jesse P. Dudley) (w/o?)(b.p. Roanoke Co., Va.) & Burnett, Sarah Jane (d/o Thomas & Sarah Burnett); 11 Feb 1854 (MB)(MM)
DUDLY, Worsham P. & Barger, Virginia S.; 1 Mar 1848 (PM)
DUFFY, Nicolas & Shufflebarger, Minerva; 29 Jun 1854 (MM)

DUFFY, Nicolas (s/o
Nicolas & Ellen
Duffy)(b.p.
Ireland) &
Shufflebarger,
Minerva (d/o David
& Mary
Shufflebarger)(b.p.
Pulaski , Va.); 28
Jun 1854 (MB)
DUGAN, Hugh & Disch,
Sarah (w/o ?); 20
Mar 1788 (MB)
DUGLESS, Jacob & Fry,
Sarey (d/o Peter
Fry)(b.d.21 Mar
1806); 31 Jul 1827
(GB)
DUGLESS, Jacob &
Harless, Frances;
24 Feb 1817 (GB)
DUGLESS, John (s/o
Jacob Duglas) &
Harless, Milly (d/o
Philip Harless); 21
Feb 1820 (GB)
DULANEY, Hiram (s/o
Richard & Miriam
Dulaney) (b.p.
Floyd Co., Va.) &
Cooper, Mary E.
(d/o John & Mary
Cooper); 9 Dec 1858
(MM) (MB)
DULANEY, James &
Cannaham, Nelly; 4
Nov 1795 (MB)
DULANEY, Richard (s/o
William Dulaney) &
Reed, Maram; 29 Oct
1829 (MB)
DULANEY, Samuel (s/o
William & Mary
Dulaney)(w/o?)
(b.p. Floyd Co.,
Va.) & Booth,
Doceer (d/o James &
Mary Radford)
(w/o?)(b.p.
Franklin Co., Va.);
14 Dec 1856 (MM)
DULANEY, Wiett, (s/o
Richard & Miraim
Dulaney) (b.p.
Floyd Co., Va.) &
Bishop, Martha (d/o
Jacob & Ann
Bishop); 16 Jun
1858 (MM)
DULANEY, William (s/o
Samuel & Martha
Dulaney) (b.p.
Floyd Co., Va.) &
Cooper, Sarah E.
(d/o John & Mary
Cooper); 18 Feb
1857 (MM)
DULANY, Allen &
Palmer, Cordelia;
19 Nov 1857 (FL)
DULANY, Daniel &
Altizer, Milly; 24
Oct 1839 (FM)
DULANY, Daniel &
Altizer, Milly; 21
Oct 1839 (FB)
DULANY, Hiram & Booth,
Polly (d/o George
Booth); 25 Jan 1843
(FB)
DULANY, Samuel & Reed,
Martha (sister of
William Reed); 22
Sep 1833 (FM)
DULTON, Adam & Stephy,
Catharine; 6 Mar
1787 (MB)
DUNBAR, Lorenzo D. &
Byrnes, Jane (d/o
David Byrnes); 29
Apr 1839 (GB)
DUNCAN, Abel & Bird,
Polly B.; Apr 1834
(FM)
DUNCAN, Abel W. (s/o
Henry & Nancy
Duncan) & Bird,
Polly B.; 31 Mar
1834 (FB)
DUNCAN, Amos & Reed,
Nancy; 16 Jan 1855
(FL)
DUNCAN, Beaufort &
Simmons, Sarah E.;
19 Nov 1857 (FL)
DUNCAN, Benjamin &
Burnett, Nancy (d/o

Josiah Burnett); 20 May 1843 (FB)
DUNCAN, Benjamin & Burnett, Nancy; 1 Jun 1843 (FM)
DUNCAN, Blanch & Morricle, Mary (d/o William Morricle); 26 Mar 1828 (MB)
DUNCAN, Blanch & Philips, Catherine; 27 Oct 1831 (FM)
DUNCAN, Blanch & Reed, Nancy; 4 Apr 1797 (MB)
DUNCAN, Blanch & Phillips, Catherine; 29 Oct 1831 (FB)
DUNCAN, Blanch Jr. & Nester, Frances; 16 Feb 1853 (FL)
DUNCAN, Braxton & Kirk, Arramenta (d/o Thomas Kirk); 15 Oct 1835 (GB)
DUNCAN, Burwell & Reed, Susannah; 19 Nov 1857 (FL)
DUNCAN, C. & Lester, Malinda; 29 Dec 1859 (FL)
DUNCAN, Elijah & Thompson, Sarah; 27 Jul 1844 (FM)
DUNCAN, Elisha G. & Hare, Phoebe L.; 5 Apr 1846 (GB)
DUNCAN, Erastus A. & Workman, Martha (d/o Benjamin Workman); 28 Aug 1851 (GB)
DUNCAN, Ezekiel & Eahart, Sally; 24 Dec 1822 (GB)
DUNCAN, Fleming M. & Cox, Evalina; 6 Nov 1852 (FL)
DUNCAN, George & Morricle, Elizabeth; 18 Jan 1826 (MB)
DUNCAN, George R. & Boothe, Nancy; 1 Jan 1846 (FM)
DUNCAN, Henry & Akers, Levina; 14 Jan 1799 (MB)
DUNCAN, Henry & Weddle, Elizabeth (d/o David & Pegga Weddle); 24 Oct 1820 (MB)
DUNCAN, Hiram & Reed, Viola; 10 Jan 1850 (FM)
DUNCAN, Humphry & Booth, Lucy; 9 Dec 1846 (FM)
DUNCAN, James & Anderson, Rachel Rebecky; 18 Jan 1816 (GB)
DUNCAN, James & Smith, Diana Jane (d/o James Smith); 23 Dec 1846 (GB)
DUNCAN, James A. & Keffer, Mary (d/o John Keffer); 7 Aug 1849 (GB)
DUNCAN, John & Compton, Sarah F.; 14 Aug 1854 (FL)
DUNCAN, John & Reed, Ann (d/o Peter Reed); 3 Sep 1822 (MB)
DUNCAN, John L. & Tillet, Hannah; 12 Dec 1817 (GB)
DUNCAN, Joseph & Lafon, Agness (d/o Zaccheus Lafon); 17 Oct 1842 (GB)
DUNCAN, Landon & Kirk, Sarah (d/o Thomas Kirk); 12 Aug 1812 (GB)
DUNCAN, Lewis & Akers, Susanna (d/o William Akers); 3 Feb 1840 (MB)
DUNCAN, Linch & Akers, Elizabeth; 31 Dec 1856 (FL)

DUNCAN, Noah & Phillips, Mary; 20 Nov 1856 (FL)
DUNCAN, Peter & Cox, Violet (d/o Ross Cox); 2 Mar 1830 (MB)
DUNCAN, Reed & Akers, Polly; 1 Jun 1836 (FB)
DUNCAN, Reed & Dickinson, Sarah; 17 Oct 1831 (FB)
DUNCAN, Reed & Akers, Polly; 5 Jun 1836 (FM)
DUNCAN, Righly & Akers, Mahala; 1843 (MM)
DUNCAN, Riley & Akers, Mahala; 28 Oct 1843 (MB)
DUNCAN, Robert & Lions, Elizabeth; 21 Nov 1809 (MB)
DUNCAN, Seth & Kirby, Polly; 21 Feb 1798 (MB)
DUNCAN, Squire & Bird, Sarah; 5 Nov 1832 (FB)
DUNCAN, Squire & Baird, Sarah; 25 Nov 1832 (FM)
DUNCAN, Thomas & Reed, Eunice; 31 Oct 1850 (FL)
DUNCAN, Thomas & Thompson, Patsy (d/o Naomy Thompson); 29 May 1840 (FB)
DUNCAN, Thomas & Thompson, Patsy; 1 Jun 1840 (FM)
DUNCAN, Thornton & Emmons, Peggy; 19 Jun 1819 (GB)
DUNCAN, William & Bane, Elizabeth; 17 Apr 1824 (GB)
DUNCAN, William & Kirk, Mary; 3 Oct 1786 (MB)
DUNCAN, William & Sanders, Sarah (d/o William Sanders); 9 Nov 1843 (GB)
DUNCAN, William S. & Miller, Susan (d/o Sarah Miller); 1 Apr 1844 (GB)
DUNFORD, Albert & Perkins, Eliza Ann (d/o Isaiah Perkins); 6 Sep 1841 (MB)
DUNFORD, Albert & Perkins, Ann Aliza; 8 Sep 1841 (MM)
DUNFORD, William H. & Conley, Aramenta; 10 Oct 1845 (GB)
DUNKAN, Spencer & Akers, Anna; 20 Feb 1838 (FM)
DUNLOP, James & Howell, Mary; 21 Feb 1801 (MB)
DUNN, James M. & Thompson, Susanah; 5 Oct 1837 (FM)
DUNN, James M. & Thompson, Susanah; 25 Sep 1837 (FB)
DUNN, Joseph & Waggoner, Christina; 17 Jul 1797 (MB)
DUNN, Madison & Shumate, Cynthia; 10 Sep 1832 (GB)
DUNN, Martin & Pine, Polly; 15 Feb 1817 (GB)
DUNN, William & Gore, Polly; 28 Jan 1823 (GB)
DURHAM, John Robert & Trollinger, Eliza; 25 May 1835 (MB)
DURMAN, William & Carty, Lucinda (d/o Henry Carty); 18 Jun 1840 (MB)
DURMAN, William & Elliott, Mrs. Mary; 17 Dec 1846 (MM)

DURMAN, William & Reed, Unas; 14 May 1810 (MB)
DURST, Thomas & Miller, Margaret; 19 Dec 1839 (PM)
EAGLESON, Thomas & Tawney, Agnes (d/o John Tawney); 1 May 1824 (GB)
EAGLESTON, Thomas & Stafford, Rebecca (d/o Edward Stafford); 24 Oct 1836 (GB)
EAHART, William & Clark, Sally E.; 2 Apr 1816 (GB)
EAKIN, Archibald & Hall, Rebecca Ann; 3 Jun 1839 (MB)
EAKIN, Joseph & Pearce, Nancy (d/o Jotham Pearce); 11 May 1831 (MB)
EAKIN, Joseph & Price, Agnes (d/o David Price); 17 Oct 1838 (GB)
EAKIN, William P. & Price, Sarah; 17 Nov 1846 (GB)
EAKINS, George C. & Muirhead, Eliza; 3 Nov 1834 (MB)
EALY, Isaac (aka Nealey, Jack) & Lucas, Catharine (w/o Charles Lucas); 17 Aug 1787 (MB)
EARHART, Adam & Wright, Sarah L.; 15 Jul 1833 (MB)
EARHEART, Abraham & Shufflebarger, Sarah (d/o John Shufflebarger); 27 Sep 1824 (MB)
EARHEART, George & Taylor, Nancy (d/o William Taylor); 28 May 1825 (MM)
EARL, Hugh & Broadwater, Hannah; 8 May 1791 (MM)
EARLS, David & Spence, Milly; 5 May 1835 (FM)
EARLS, Gordon C. & Turman, Julian; 29 Sep 1849 (FM)
EARLS, Samuel & Delong, Amanda Malvina; 21 Apr 1843 (FM)
EARLY, Abner & Crockett, Rebecca; 29 Dec 1817 (MB)
EARLY, Jeremiah & Cecil, Nancy; 1818 (MB)(MM)
EARLY, Joseph & Kirby, Mary; 19 Dec 1850 (MM)
EARLY, Jubal & Ross, Mary; Jan 1848 (MM)
EARLY, Samuel & Ingram, Rebecca (d/o Aaron Ingram); 26 Feb 1823 (GB)
EAST, Anderson R. & Goaings, Mary A. (d/o David Goanings); 31 Oct 1829 (MB)
EASTES, John & Mitchell, Mary (d/o Henry & Jean Mitchell); 7 Jul 1785 (MB)
EATON, Charles & Stafford, Margaret; 12 Nov 1821 (GB)
EATON, Crozier (s/o David Eaton) & Cecil, Keziah (d/o John Cecil); 18 Mar 1822 (MB)
EATON, Crozier (s/o Joseph Eaton) & Henderson, Ellen Jane; 4 Jan 1847 (GB)
EATON, David Jr. & Stafford, Julia; 28 Jan 1839 (GB)

EATON, Edward & Stafford, Keziah (d/o James Stafford); 26 Dec 1836 (GB)

EATON, George & Wright, Ann Jane; 28 Jun 1828 (MB)

EATON, John & Hogge, Elizabeth H. (d/o Daniel Hoge); 26 Jan 1829 (GB)

EATON, John & Linsey, Susannah; 2 Oct 1816 (GB)

EATON, Joseph & Wilbern, Rhoda; 30 Nov 1819 (GB)

EATON, Richard & Crawford, Ellen M.; 20 Mar 1856 (PL)

EATON, Richard (s/o James & Rhoda Eaton)(b.p. Giles Co., Va.)& Crawford, Ellen M.(d/o John & Eliza Crawford)(b.p. Giles); 27 Mar 1856 (PM)

EATON, Wiley Winton (s/o Richard & Julet Eaton) & Johnston, Mariah N. (d/o Edward & Sarah Johnston); 8 Mar 1855 (GM)

ECHOLS, Harrison P. (s/o Peter & Nanch Echols) & Atkins, Clary (d/o Hyram & Mary Atkins); 9 Feb 1854 (GM)

ECHOLS, James H.B. & Farmer, Harriet F.; 12 Aug 1852 (PM)

ECHOLS, James H.B. & Farmer, Harriet F.: 31 Jul 1852 (PB)

ECKHOLES, Joseph & Wingo, Willmirth (d/o John Wingo); 24 Sep 1838 (GB)

ECKISS, (see Ecus)Henry & Long, Harriet (d/o James Long); 22 Mar 1856 (MM)

ECKOLS, John W. & Porterfield, Ellen N. (d/o Alexander Porterfield); 21 Feb 1849 (GB)

ECLUS, Michael & Robinson, Elizabeth (d/o John Robinson); 28 Sep 1824 (MB)

ECUS,(see Eckiss) Henry (s/o John & Catharine Ecus) & Long, Harriet (d/o James & Mary Long); 24 Mar 1856 (MM)

EDENS, Henry H. & Hylton, Charity; 18 Aug 1840 (FB)

EDGAR, Archibald & Pearis, Nancy H.; 21 Jan 1830 (GB)

EDIE, Joseph & White, Elizabeth R.; 14 Jun 1826 (MB)

EDIE, Joseph S. & Miller, Amanda (d/o Joseph Miller); 11 Feb 1833 (MB)

EDINGS, Thomas & Sterling, ____ ; 19 Oct 1830 (MM)

EDMONDSON, Lewis (fpc) &Shavers, Rebecca (b.p. Cumberland Co., Va.)(fpc); 20 Oct 1860 (MM)

EDMUNDSON, Henry & King, Peggy (d/o Robert King); 3 Dec 1799 (MB)

EDWARDS, Elbert & Hanks, Minerva; Nov 1850 (MM)

EDWARDS, George & Robinson, Elizabeth; 8 Jan 1852 (MM)

EDWARDS, Janus M. & King, Rhoda; 30 May 1834 (FB)(FM)
EDWARDS, Joseph & Howell, Elizabeth (d/o Benjamin Howell); 23 Jul 1827 (MB)
EDWARDS, Lewis & Howell, Nancy; 7 Jun 1832 (FM)
EDWARDS, Lewis (s/o Brice Edwards) & Howell, Nancy; 2 Jun 1832 (FB)
EDWARDS, William & Loyd, Celia; 8 Apr 1831 (FB)(FM)
EFFINGHAM, George W. & Fielder, Catherine (d/o Abraham Fielder); 13 Feb 1851 (GB)
EGELSON, John T. & Williams, Barbary E.; 20 Jan 1853 (GM)
EINSTEIN, Moses & Barger, Sally; Aug 1842 (MM)
ELAM, Ammon & Wathall, Mary L.; 22 Dec 1836 (MB)
ELAM, Walter (s/o William Elam) & Rughs, Nancy (d/o Susannah Rughs, widow); 15 Dec 1795 (MM)
ELEM, William & Rugins, Susannah; 20 Jul 1792 (MB)
ELKENS, Robert & McDonald, Sally; 27 May 1823 (GB)
ELKINS, Elijah & Booth, Jerusha (d/o Stephen & Nancy Booth); 28 Nov 1789 (MM)
ELKINS, George W. (s/o John & E. Elkins) & King, Susan J. (d/o Jos. & E. King); 12 Aug 1859 (PM)
ELKINS, John & Farmer, Elizabeth; 5 Apr 1824 (MB)
ELKINS, John (s/o John & Elizabeth Elkins) & Thornton, Elizabeth (d/o Peter & Susannah Thornton); 24 Feb 1858 (PM)
ELKINS, Richard & McGuire, Nancy; 4 Dec 1787 (MB)
ELKINS, William & Bowden, Emily; 22 Jan 1846 (PM)
ELLER, Henry & Kettering, Catharine; 22 Jun 1787 (MB)
ELLER, Henry & Kittering, Katherine; 22 Jun 1787 (MM)
ELLEY, Robert & McPherson, Amy; 1792 (MM)
ELLIOT, Curtis & Pate, Polly (w/o Jeremiah Pate who was the son of Jacob Pate); 11 Nov 1819 (MM)
ELLIOT, James & Greyson, Frances; 1796 (MM)
ELLIOT, Martin & Heaviner, Polly; 1 Sep 1818 (MB)
ELLIOT, Robert & Childress, Elizabeth (d/o Stephen Childress); 17 Jun 1793 (MB)
ELLIOTT, Stephen & Yearout, Mary (d/o Jacob Yearout); 15 Sep 1832 (MB)
ELLIS, Garland & Mustard, Julia; 19 Feb 1832 (GB)

ELLIS, John & Calwell, Betty; 6 Apr 1796 (MB)
ELLISON, James Judson (s/o Mathew & Elizabeth Ellison)(b.p. Fayette Co.)(b.d. Oct 2) & Toney, Alice G. (d/o Jonathan & Elizabeth Toney); 13 Nov 1855 (GM)
ELMORE, Madison & Thomas, Emalia; 7 Feb 1842 (GB)
ELMORE, William (s/o James & Milla Elmore)(b.p. Botetout Co., Va.)(w/o?) & Criner, Julania (d/o John & Susan Criner); 6 Oct 1856 (GM)
ELSWICH, Thomas W. & Roop, Eliza Jane; 17 Mar 1846 (PM)
ELSWICH, Thomas W. & Roop, Eliza Jane; 17 Mar 1846 (PM)
ELSWICK, Abraham & Farmer, Molly; 14 Mar 1815 (MB)
ELSWICK, Stephen & Nester, Jerriday; 2 Jun 1795 (MB)
EMMONS, James & Southern, Judith; 24 Oct 1825 (GB)
EMMONS, John & Henderson, Sally; 26 Jun 1827 (GB)
EMMONS, John & Peterson, Hannah (d/o Matthias Peterson); 4 Oct 1791 (MB)
EMMONS, John & Southern, Alice (aka Eley); 21 Oct 1830 (GB)(GM)

EMMONS, Morton P. & Miller, Barbara; 27 Jun 1821 (GB)
EMMONS, William & Kirk, Alice; 5 Mar 1816 (GB)
ENGLAND, Jacob & Sumner, Rebecca Ann; 1 Mar 1791 (MB)(MM)
ENGLISH, Stephen & Chrisman, Rebecca; 1781 (MM)
EPERLEY, Joseph & Harter, Elsha; 11 Jun 1832 (FB)
EPERLY, Joseph & Brugh, Sarah; 4 Jan 1838 (FM)
EPLING, Allen & Nida, Elizabeth (d/o Jacob & Sarah Nida); 25 Oct 1837 (GB)
EPLING, Christopher & Harless, Malinda (d/o Jacob Nidy); 29 Jul 1824 (GB)
EPLING, Daniel & Rebel, Hannah; 25 Feb 1800 (MB)
EPLING, David & Kessinger, Almeda (d/o Andrew Kessinger); 26 Jun 1843 (GB)
EPLING, Elias & Lafon, Minerva Ann (d/o Enoch Lafon); 23 Oct 1849 (GB)
EPLING, Henry & Webb, Sarah (d/o William Webb); 29 Jan 1831 (GB)
EPLING, Henry (s/o Elizabeth Bazture) & Harless, Elizabeth (d/o Anthony Harless); 17 Feb 1834 (GB)
EPLING, Isaac & Kessinger, Delilah (d/o Andrew

Kessinger); 26 Jun 1843 (GB)
EPLING, Isaac Jr. & Eakles, Anna (d/o Joseph Eakles of Salem); 28 Oct 1833 (GB)
EPLING, Jacob & Lafon, Polly (d/o John Lafon Jr.); 28 Jul 1826 (GB)
EPLING, John & Parson, Lattice; 3 Nov 1801 (MM)
EPLING, Lewis & Caldwell, Sarah Jane (d/o Mary Caldwell); 23 Jul 1849 (GB)
EPLING, P. & Harless, Elizabeth (d/o Ferdinand Harless); 7 Jul 1801 (MB)
EPLING, Paul & Kerr, Lucy; 6 Oct 1801 (MM)
EPLING, Paul & Wysong, Margaret (d/o Joseph Wysong); 20 Jul 1830 (MB)
EPLING, Philip & Harless, Agnes; 28 Jul 1812 (GB)
EPLING, Philip & Hodges, Wilmuth Ann S. (d/o Henry H. Hodges); 8 Sep 1840 (GB)
EPLING, Philip & Kirk, Catherine (d/o Isaac & Martha Kirk); 9 Oct 1817 (GB)
EPPERLEY, Daniel (s/o Jacob Epperley) & Lawrence, Elizabeth (d/o John Lawrence Sr.); 6 Oct 1828 (MB)
EPPERLEY, David & Manges, Ursula; 18 Apr 1850 (FM)
EPPERLEY, Eden & Gilham, Leah; 18 Sep 1845 (FM)
EPPERLEY, George & Sowers, Sally; 4 Dec 1814 (MB)
EPPERLEY, Henry & Sowers, Barbary; 22 Aug 1850 (FL)
EPPERLEY, Jacob & Howry, Polly; 2 Dec 1817 (MB)
EPPERLEY, Jacob & Pfleger, Eliza (d/o Abram Pfleger); 24 Sep 1824 (MB)
EPPERLEY, Jacob & Wade, Elizabeth; 7 Jan 1820 (MB)
EPPERLEY, John & Bishop, Nancy (d/o Jacob Bishop); 1 Jan 1822 (MB)
EPPERLEY, John & Phares, Nancy (d/o Aramiah Phares); 3 Mar 1814 (MB)(MM)
EPPERLEY, Philip & Sampsey, Rhoda; 3 Dec 1845 (FM)
EPPERLEY, William & Wade, Ally; 7 Jan 1820 (MB)
EPPERLY, Eli & Richards, Ona (d/o William Richards); 8 Apr 1835 (FB)
EPPERLY, Ira & Richards, July Ann; 15 Feb 1841 (FB)
EPPERLY, Ira & Blackwell, Elizabeth S.;4 Oct 1848 (FM)
EPPERLY, Joseph & Brugh, Sarah; 3 Jan 1838 (FB)
EPPERLY, Joseph & Harter, Elsepa; 21 Jun 1832 (FM)
EPPERLY, Solomon E. & Ratliff, Rachel; 26 Aug 1847 (FM)

EPPERLY, William & Wimmer, Mary Ann; 6 Oct 1853 (MM)
ERLES, David & Spence, Milly (d/o John Spence); 27 Apr 1835 (FB)
ERRICKSON, Matthew & Prince, Elizabeth; 15 Oct 1814 (GB)
ERRICKSON, Matthew & Solesberry, Salley; 1 May 1810 (GB)
ERVIN, William & Booth, Freelove; 4 Feb 1806 (MB)
ERVIN, William & Robertson, Peggy; 1 Feb 1797 (MB)
ESKRIDGE, James E. (s/o James W. & L.J.J. Eskridge) (b.p. Albemarle Co., Va.) & Taylor, Mary J.S. (d/o John Mc C. & Jane Taylor) (b.p. Pulaski Co., Va.); 20 Oct 1857 (MM)
ESTES, John (aka John Eastes) & Mitchell, Mary (d/o Henry & Jean Mitchell); 17 Jul 1785 (MB)
ESTUS, John & Hollons, Mary Ann (d/o John Hollons); 25 Dec 1838 (FB)
ETHEL, Landford (s/o Henry & Mary Ethel) (b.p. Monroe Co., Va.) (b.d. 9 Sep 1802) & Evans, Elizabeth H. (d/o Mark & Temperance Evans) (b.p. Roanoke Co., Va.) (b.d. 2 Mar 1815); 17 Dec 1857 (MM)
ETTER, Samuel & Robinson, Ellener (d/o James Robinson); 2 Dec 1840 (MB)

ETZLER, John & Sesler, Sarah; 1 May 1837 (MB)
EVANS, Drewry (s/o Thomas Evans) & Jacobs, Theodocia (d/o Riley Jacobs); 24 Jul 1809 (MB)
EVANS, Edward H. & Taylor, Mary; 9 Mar 1847 (MM)
EVANS, John & Haines, Sarah; 22 Aug 1795 (MB)
EVANS, John & Rutledge, Mary; 11 Oct 1812 (MB)(MM)
EVANS, Thomas Jr. & Crow, Ann; 15 Sep 1789 (MB)
EVANS, William & Saunders, Betsy; 4 Jan 1788 (MB)
EVANS, William A. & McNeal, Naoma; 28 Nov 1844 (FM)
EWART, John S. & Honaker, Sarah Jane; 25 May 1852 (PB)(PM)
EWING, Alexander & Purnel, Euphemy (d/o Mary Ewing); 11 Sep 1786 (MM)
EWING, Alexander & Purnel, Euphemy; 6 Sep 1786 (MB)
EWINGS, William & Saunders, Betsy; 4 Mar 1788 (MB)
FAGG, George W. (s/o William & Harriett Fagg) (b.p. Botetourt Co., Va.,) & Kirby, Harriett (d/o James W. & Mary Kirby); 8 Mar 1859 (ML)
FAILEY, John & Harmon, Jane (d/o John Harmon); 7 Jan 1797 (MB)
FALLS, Joseph C. (s/o Isaiah & Susannah

Falls) (b.p.
Botetout Co., Va.)
& Ayers, Elizabeth
F. (d/o Sebird &
Henrietta Ayers)
(b.p. Bedford Co.or
Franklin Co., Va.);
26 Aug 1858 (MM)
FANNIN, Joseph &
Davis, Barbara; 8
Apr 1790 (MB)
FANNING, John &
McNeel, Malvinia;
25 Nov 1839 (GB)
FANNING, Joseph (of
Wythe Co., Va.) &
Bogle, Jane (aka
Giney Bogle)(d/o
John Bogle); 15 Oct
1826 (GB)
FANNON, Aclis &
Martain, Polley; 27
Jan 1818 (GB)
FANNON, Benjamin &
Martin, Nancy (d/o
John Martin); 20
Apr 1833 (GB)
FANNON, Briant &
Fannon, Rachel; 3
May 1814 (GB)
FANNON, Bryant &
Munsey, Abegale; 10
Feb 1812 (GB)
FANNON, Garland &
Garrison, Milly
(d/o Abram
Garrison); 22 Jul
1832 (GB)
FANNON, Hezekiah &
Harman, Malinda
(d/o Pamela
Harman); 13 Apr
1839 (GB)
FANNON, Holton &
Harman, Nancy
Louisa (d/o Pamelia
Harman); 8 Feb 1844
(GB)
FANNON, Reuben &
Lindbury, Patsy; 5
May 1828 (GB)
PARIS, William C. (s/o
James & Martha
Faris)(b.p. Wythe
Co., Va.) &
Allison, Nancy (d/o
F. & M.
Allison)(b.p. Wythe
Co., Va.)l; 9 Aug
1859 (PM)
FARIS, William G. (s/o
Bern. & Amelia
Faris)(b.p.
Roanoke, Va.) &
Howe, Margaret (d/o
James & Margaret
Howe); 28 Sep 1854
(PM)
FARLER, Forest &
Munsey, Mary; 7 Mar
1786 (MB)
FARLEY, Archabold &
Cook, Jemima (d/o
"the widow Rosannah
Cook"); 8 Feb 1827
(GB)
FARLEY, Edward &
Crawford, Margaret
(d/o Jeremiah
Craford); 15 Jul
1828 (GB)
FARLEY, Ezekial &
Marcum, Judy; 4 Feb
1804 (MB)
FARLEY, Forrest &
Strader, Elizabeth
(d/o John Strader);
14 Oct 1848 (GB)
FARLEY, Henry &
Williams, Nancy; 18
Nov 1826 (GB)
FARLEY, Jackson &
Lucas, Polly; 7 Feb
1845 (GB)
FARLEY, John & Lucas.
Agness (d/o
Randolph Lucas); 29
Mar 1825 (GB)
FARLEY, Keyser &
Harress, Elizabeth
(d/o Thomas
Harris); 28 May
1832 (GB)
FARLEY, Kizer & Muncy,
Jemima; 22 Feb 1847
(GB)
FARLEY, Nathanial M. &
Munsey, Mary Ann

(d/o Jacob Munsey);
7 Feb 1850 (GB)
FARLEY, Nathaniel M. &
Thompson, Louiza
M.; 18 Jan 1844
(GB)
FARLEY, Thomas &
Lester, Patsy (d/o
Henry Lester); 20
Mar 1789 (MB)
FARLEY, Thomas &
Lucas, Elizabeth; 2
Sep 1833 (GB)
FARLEY, Thomas (s/o
Thomas Farley) &
Nicewonder, Allis;
30 Jan 1830 (GB)
FARLEY, Thomas C. &
Wilbern, Eliza (d/o
Stephen Wilbern);
22 Jan 1849 (GB)
FARLEY, William &
Sawyers, Jane; 24
Apr 1821 (GB)
FARMER, Abram &
Marris, Fanny; 3
Sep 1805 (MB)
FARMER, Allanson &
Graham, Charlotte;
21 Nov 1839 (PM)
FARMER, Barnett &
Cornutt, Naomi; 15
May 1830 (MM)
FARMER, Barnett &
Elkins, Elizabeth;
6 May 1785 (MB)(MM)
FARMER, Christian &
Golden, Polly; 2
May 1826 (MM)
FARMER, Edward &
Farmer, Nancy Jane;
24 Jun 1856 (PL)
FARMER, Edward (s/o
Sidney & Mahala
Farmer)(b.p.
Lynchburg, Va.)&
Farmer, Nancy Jane
(d/o Page & Jane
Farmer); 16 Jun
1856 (PM)
FARMER, Elijah &
Dawson, Mildred; 25
Jan 1845 (GB)

FARMER, Elijah (s/o
Barnett Farmer) &
Runnion, Mary (d/o
Richard Runion); 30
Nov 1818 (MB)
FARMER, George &
McDonald, Mary (d/o
Benjamin McDonald);
14 Jun 1831 (MB)
FARMER, James &
Runnion, Ann; 30
Nov 1818 (MB)
FARMER, James B. &
Godby, Rachel (d/o
Francis Godby); 26
May 1838 (MB)
FARMER, James H. (s/o
James & Ann Farmer)
& Smith, Diadama
(d/o James &
Cynthia Smith); 3
Mar 1858 (PM)
FARMER, John (s/o
Joseph Farmer) &
Bishop, Christina
(d/o Jacob Bishop);
23 Mar 1833 (MB)
FARMER, Russel (s/o
Thompson & Martha
Farmer) (w/o
Susannah Gunter) &
Neese, Caroline
(d/o Valentine &
Margaret Neese); 8
Oct 1856 (MM)
FARMER, Russell (s/o
Thompson & Martha
Farmer) & Gunter,
Susannah (d/o John
& Sarah Gunter)
(b.p. Pulaski Co.,
Va.); 24 Dec 1836
(MM)
FARMER, Samuel
Jeremiah & Redpath,
Betsy; 17 Mar 1812
(MM)
FARMER, Stephen (s/o
James C. Farmer)(of
Pulaski Co., Va.) &
Howry, Eleanor (d/o
Jacob Howry); 31
Dec 1839 (MB)

FARMER, Thompson & Godby, Patsy; 8 May 1793 (MM)
FARMER, Thompson & Hedge, Pauline (d/o William Hedge); 12 May 1828 (MB)
FARMER, William & Bell, Patsy (d/o Robert Bell); 13 Nov 1812 (MB)(MM)
FARMER, William & Melton, Patsy (d/o Jesse & Judith Melton); 18 Apr 1820 (MM)
FARMER, William (s/o James & Elizabeth Farmer)(b.p. Montgomery Co., Va.) & Elkins, Nancy (d/o John & Elizabeth Elkins)(b.p. Montgomery Co., Va.); 12 Oct 1854 (PL)(PM)
FARRA, John M. & Rain, Mary E.; 15 Jun 1852 (PM)
FARRIER, Robert & Depew, Nancy; 15 Feb 1822 (GB)
FEAGLES, John L. & Maltz, Mary Jane; 7 Oct 1851 (PL)
FEELEY, James R. & Ingram, Ann; 7 Apr 1823 (MB)
FEGGAT, William F. (b.p. Fincastle, Botetourt Co., Va.)(s/o James M. & Susan W. Faggot) & Edie, Matilda Mary (d/o Joseph S. & Amanda M. Edie)(b.p. Christiansburg, Montgomery Co., Va,); 12 Dec 1859 (MM)(ML)

FELLOWS, Otey T. & Cassady, Mary; 28 Nov 1831 (MB)
FERGRESSON, Josiah & Shrewsbury, Milly (possibly d/o Jeremiah & Mary Shrewsbury); 26 Jul 1807 (GB)
FERGUS, James & Ingram, Jemima (d.o Aaron Ingram); 20 Oct 1835 (MB)
FERGUS, James (s/o Francis Fergus) & Mears, Rachel; 10 Jan 1807 (MB)
FERGUS, John & Guthrie, Nancy; 10 Aug 1815 (MB)
FERGUS, John & Patterson, Emeline R.; 13 Aug 1838 (MB)
FERGUSON, George W. & West, Naomi; 12 Sep 1815 (MB)
FERGUSON, John & McKennce, Margaret; 1 Sep 1789 (MB)
FERGUSON, Kinder & Robins, Mary; 1 Jun 1792 (MM)
FERGUSON, Thomas & Munsey, Rachel; 2 Jul 1790 (MB)
FERREL, William B.P. (s/o Hugh & Elizabeth Ferrel)(b.p. Montgomery Co., Va.) & Croy, Rebecca (d/o Nancy & ____ Croy); 18 Jan 1855 (GM)
FERRELL, William S. & Caldwell, Nancy (d/o Robert Caldwell); 28 Feb 1848 (GB)
FERRILL, John & Simmons, Sarah; 30 Sep 1807 (MB)

FERRILL, John & Tabor, Catey; 13 Mar 1815 (MB)
FERROW, John & Simpkins, Mary; 7 May 1797 (MB)
FIELDER, George & Davies, Sarah; 1 Jun 1780 (MB)
FILLINGER, Andrew & Hale, Huldah D. (d/o Charles Hale); 4 Feb 1842 (GB)
FILLINGER, Henry & Davis, Nancy (d/o John Davis); 5 Nov 1832 (MB)
FILLINGER, John & Sipol, Sarah (d/o John Sipol); 9 Sep 1836 (MB)
FILLINGER, John H. & Harless, Mary (d/o Katherine Harless); 26 Apr 1848 (GB)
FILLINGER, Lewis & Snodgrass, Juliet; 26 Mar 1827 (GB)
FINCH, David (s/o William B. & Martha Finch) (b.p. Bedford Co., Va.) (w/o?) & Pannell, Rhoda S. (d/o George & Mary Pannell); 5 Dec 1858 (MM)
FINCH, John & Bishop, Nancy (d/o Henry Bishop); 17 Mar 1823 (MM)
FINCH, William J. & Bradford, America; 19 Sep 1850 (MM)
FINK, Samuel & Fleeman, Sarah Anne; 1 Aug 1854 (PL)
FINK, Samuel (s/o P. & F. Fink) & Fleeman, Sarah Anne (d/o T. & S. Fleeman); 3 Aug 1854 (PM)
FINK, Stephen & Broce, Elizabeth M.I. (d/o Jacob Broce); 17 May 1854 (MB)
FINK, Valentine & White, Nancy; 5 Apr 1855 (PL)
FINK, Valentine (s/o Peter & Phebe Fink)(b.p. Rock Castle Kentucky) & White, Nancy (d/o John & Mary White)(b.p. Giles Co., Va.); 5 Apr 1855 (PM)
FINK, William & Fleaman, Lucinda; 18 Dec 1845 (PM)
FINLEY, Thomas & Oney, Tabitha; 16 Apr 1834 (GB)
FINN, John & McPeak, Polly Ann; 4 Oct 1849 (FM)
FISER, Charles & Williams, Susan K. (d/o E.R. & Sally Williams) (b.p.Charlotte Co.,Va.); 14 Feb 1856 (MM)
FISHER, Daniel & McCoy, Lucinda; 8 Jun 1829 (GB)
FISHER, Eli & Bond, Lavinia; 28 Nov 1848 (FM)
FISHER, Jackson (s/o John & Mary Fisher) (b.p. Giles Co., Va.) (w/o ?) & Chandler, Julina C. (d/o Moses & Elizabeth Chandler); 4 Feb 1857 (MM)
FISHER, Jacob & Helms, Sarah; 26 Jan 1848 (FM)
FISHER, Jacob C. (s/o John & Mary Fisher)(b.p. Giles Co., Va.)(w/o?) &

Sifford, Nancy (d/o George & Mary Sifford)(w/o ?); 27 Apr 1855 (PL)(PM)
FISHER, James & Helvie, Elizabeth (d/o Peter Helvie); 26 Feb 1794 (MB)
FISHER, John & Fillinger, Mary; 10 Jan 1824 (GB)
FISHER, John & Peterson, Elizabeth S. (d/o Eli Peterson Jr.); 16 Jan 1833 (MB)
FISHER, John (s/o Joseph Fisher) & Fisher, Arabeal P. (d/o Susan Fisher); 19 May 1854 (MB)
FISHER, John A. & Price, Eliza Ann; 15 May 1852 (MB)
FISHER, John H. (s/o William & Mary Fisher) & Walters, Nancy (d/o John & Nancy Walters); 12 Oct 1859 (MM)(MB)
FISHER, Reuben & Fergus, Susan (d/o Samuel Fergus); 19 Jan 1835 (MB)
FISHER, Samuel & Taylor, Betsy; 22 Aug 1826 (GB)
FISHER, William & Hammons, Nancy (d/o James Hammons); 8 Feb 1851 (GB)
FISHER, William & Lucass, Mary; 13 Jun 1835 (MB)
FISHER, William & Thompson, Sarah E.; 8 Aug 1844 (MM)
FISHER, William (s/o Adam & Susan Fisher) (b.p. Augusta Co., Va.) (w/o?) & Caison, Mary; 25 Nov 1858 (MM)

FIZER, George & Harless, Eve; 8 Apr 1803 (MB)
FIZER, Michael & Fizer, Mary; 8 Sep 1842 (MM)
FIZER, Peter & Owens, Nancy (d/o John Owens); 14 Mar 1825 (MB)
FIZER, Samuel (s/o George & Mary Fizer) & Britt, Eliza Ann (d/o George & Elizabeth Britt); 30 Jul 1857 (MM)
FLAGG, William C. & Murray, Mary Jane (d/o James & Sarah Murray); 19 Dec 1854 (MB)(MM)
FLANAGAN, Adem H. (s/o William & N. Flanagan)(b.p. Montgomery Co., Va.) & Morgan, Amanda M. (d/o F.A. & E. Morgan); 19 Apr 1860 (PM)
FLANAGAN, William & Wall, Peggy; 18 Jul 1822 (MB)(MM)
FLEAMAN, John & Burton, Elizabeth J.; 4 Jul 1853 (PB)
FLEAMAN, John & Burton, Elizabeth J.; 7 Jul 1853 (PM)
FLEAMAN, Joseph & Fleaman, Martha; 22 Jun 1851 (PM)
FLEAMAN, Joseph & Fleaman, Martha; 3 Apr 1851 (PB)
FLEAMAN, Thomas & Melton, Elizabeth; 20 Jun 1844 (PM)
FLEGER, David & Slusher, Nancy; 5 Jun 1828 (MM)
FLETCHER, Aaron & Davis, Elizabeth; 8 Nov 1797 (MM)

FLETCHER, Calvin & Wilburn, Rhoda; 28 Dec 1846 (GB)
FLETCHER, John & Burton, Chloe (d/o Elias Burton); 1 Oct 1824 (GB)
FLETCHER, Joseph & French, Elizabeth; 11 Nov 1818 (GB)
FLETCHER, Rowland & French, Salley; 23 Aug 1820 (GB)
FLETCHER, Rowland & Moor, Jane; 1 Dec 1821 (GB)
FLETCHER, William & Milhorn, Mary; 29 Jan 1791 (MB)
FLICK, Madison & Blan, Jane (d/o James Blan); 28 Feb 1842 (GB)
FLICK, Michael & Barnett, Nancy; 19 Feb 1822 (MB)
FLIN, Jeremiah & Britt, Mildred E. (d/o George Britt); 6 Feb 1852 (MB)
FOGLE, Philip & Fillinger, Elizabeth; 16 May 1811 (MB)
FOGLEMAN, George & Hooger, Sally; 10 Dec 1798 (MM)
FOLDEN, James W.M. (s/o J.Y. Folden & Mary Folden) (b.p. Bedford Co., Va.) & Dobbs, Mary M. (d/o R.I & Rodam Dobbs) (b.p. Rockbridge Co., Va.); 31 Oct 1859 (MM)
FOOT, Sylvanus & Caddall, Paulina; 28 Sep 1833 (MB)
FORD, Edmond & Stot, Selea; 27 Oct 1828 (GB)

FORGANTINE, Bat & Bateman, Virginia; 3 Oct 1853 (PB)
FORGANTINE, Bat & Bateman, Virginia; 3 Oct 1854 (PM)
FORLER, Forest & Munsey, Mary; 7 Mar 1786 (MB)
FORLER, William & Thomson, Elizabeth; 1 Sep 1789 (MB)
FORMAN, Samuel & Mullins, Mary; 14 Apr 1824 (MM)
FORREST, Armistead W. & Birchfield, Susanna (d/o John Birchfield); 22 Jun 1840 (MB)
FORTNER, William & William, Jane; 4 Sep 1842 (PM)
FORTUNE, Benjamin & Davis, Nancy; 31 Jan 1842 (PM)
FORTUNE, Edward (s/o B. & M. Fortune)(b.p. Albemarle Co., Va.) & Warshum, Mariah D. (d/o William & Elizabeth Warsham)(b.p. sic." Pytsylvania", Va.); 31 Mar 1858 (PM)
FORTUNE, John & Fleeman, Elizabeth; 22 Mar 1849 (PM)
FORTUNE, William H. & Caffee, Dorcas; 19 Nov 1851 (MM)
FORTUNE, Williamson & Lester, Mary (d/o Stephen Lester); 21 Dec 1833 (MB)
FOSTER, James & Hoge, Elizabeth (d/o John Hoge); 5 Oct 1801 (MB)
FOSTER, James (s/o James Foster Sr.) & Fry, Mary (d/o

George Fry); 3 May 1827 (GB)
FOSTER, Jesse & Mopin, Siny; 2 Nov 1813 (GB)
FOSTER, John W. & Woolwine, Henrietta; 26 Mar 1852 (PM)
FOSTER, Joseph (s/o Robert Foster) & Moss, Nancy (w/o ?); 7 Jan 1797 (MM)
FOSTER, Madison & Fillinger, Catherine; 24 Jun 1828 (GB)
FOSTER, Richard & Miller, elpah (d/o William & Polley Miller); 16 Jan 1837 (GB)
FOSTER, William & Thompson, Elizabeth (d/o William Thompson); 11 Sep 1789 (MB)
FOWLER, Clay & Carter, Letty; 10 May 1798 (MB)
FOWLER, John & Vaughn, Elizabeth; 7 Dec 1843 (MM)
FOWLER, Thomas & Chapman, Priscille; 30 Jan 1827 (GB)
FOX, Charles L. (s/o Jacob & Elizabeth Fox) & Graham, Mary (d/o J. & Lucy Graham); 10 Nov 1858 (PM)
FRANCIS, John (s/o Miles & Jane Francis) & Thompson, Sarah (d/o Andrew & Harriet Thompson); 8 Oct 1853 (MB)
FRANCIS, Miles & Hall, Jane (d/o David Hall); 3 Apr 1827 (MB)

FRANCIS, Miles & Simpkins, Melvina (d/o James Simpkins); 13 Jan 1841 (MB)
FRANCIS, Miles & Simpkins, Melvina; 19 Jan 1841 (MM)
FRANCIS, Peter & Toler, Sally; 7 Nov 1817 (MB)
FRANCIS, Washington & Bailey, Louisa; 7 Oct 1839 (MB)
FRANCISCO, Christopher & Bowen, Helena; 29 May 1841 (MB)
FRANCISCO, Jacob & Wallace, Mary; 7 Mar 1837 (MB)
FRANCISCO, Robert L. & Block, Keziah (d/o Charles Block)(b.d. 3 Mar 1830); 17 Apr 1851 (MM)
FRANCISCO, Robert L. & Block, Keziah; 17 Apr 1851 (MM)
FRANKLIN, John & Oliver, Nancy (d/o Thomas Oliver); 2 Feb 1829 (MB)(MM)
FRANKLIN, William & Cumming, Ann; 9 Jan 1809 (MB)
FRAYZIER, Samuel & Lawhorn, Sarah; 24 Apr 1835 (MB)
FRAZER, Robert & Fielding, Elizabeth; 16 Feb 1787 (MB)
FRAZIER, Creed D. (s/o George W. & Sarah Frazier)(b.p. Henry Co., Va.) & Manning, Julia Ann (d/o John & Margarett Manning); 14 Feb 1856 (GM)
FRAZIER, David C. (b.p. North Carolina)(w/o?) & Tugle, Elizabeth F.

(d/o Sally Blacett)(b.p. Wythe Co., Va.); 22 May 1860 (GM)

FRAZUNE, (possibly Frazure) George T. (s/o Creed & Chyrlotte Frazune or Frazure) & Roe, Elmira V. (d/o Solomon & Juline Roe); 1 Jan 1856 (GM)

FRAZURE, William Henry (s/o Benjamin & Clary Frasure) (b.p.Bedford Co., Va.) & Ratliff, Manerva (d/o Sumner & Nancy Ratliff) (b.p. Taswell Co., Va.); 27 May 1855 (MM)

FRENCH, A. M. (s/o Austin & Lucinda French)(b.p. Tazewell, Va.) & Kirk, R.M. (d/o A.L. & O. Kirk)(b.p.Giles Co., Va.); 3 Jan 1858 (PM)

FRENCH, David & Dingess, Polly (d/o William Dingess); 8 Jun 1787 (MB)

FRENCH, George P. & Bolton, Patsy (d/o Henry Bolton); 26 Nov 1828 (GB)

FRENCH, George P. & Hufford, Mary W.; 29 Jun 1857 (PL)

FRENCH, George P. (s/o John & Joice French)(b.p. Giles Co., Va.) & Hufford, Mary W.(d/o David & Patsy Hufford); 30 Jun 1857 (PM)

FRENCH, Guy D. & Chapman, Armenta D.; 2 Sep 1826 (GB)

FRENCH, Hugh & Lambert, Love; 24 May 1820 (GB)

FRENCH, Isaac & Stowers, Elizabeth (d/o William Stowers); 5 Jun 1791 (MB)(MM)

FRENCH, Isaac & Straley, Sally; 1 Mar 1820 (GB)

FRENCH, Isaac Sr. & Fillinger, Sarah; 26 Jan 1841 (GB)

FRENCH, James & Chapman, Anne (d/o John Chapman); 1 Jan 1787 (MB)

FRENCH, James & Hughes, Susannah; 18 Oct 1789 (MB)

FRENCH, James M. (s/o George P. & Martha French)(b.d.14 Sep 1834) & Henderson, Rhoda S. (d/o Nehemiah & Nancy M. Henderson)(b.d. 11 Apr 1835); 20 Feb 1856 (GM)

FRENCH, John & Clay, Betty; (d/o Michael Clay); 16 Jan 1787 (MB)

FRENCH, John & Lucas, Joicy; 19 Mar 1832 (GB)

FRENCH, Joshua G. & Burton, Mary (d/o James Burton); 1 Mar 1851 (GB)

FRENCH, Reuben & Meador, Naomy; 29 Feb 1812 (GB)

FRENCH, Russel G. & Hale, Martha Ann; 28 Oct 1845 (GB)

FRENCH, St. Clair & Burditt, Mariah; 31 Aug 1830 (GM)

FRENCH, St. Clair (s/o John French) & Burdit, Mariah (d/o

Giles Burdit); 27 Aug 1830 (GB)

FRENCH, William (s/o John French) & French, Elizabeth; 10 Mar 1809 (GB)

FRENCH, William H. & Burton, M. Martha; 22 Feb 1847 (GB)

FRIEL, Manassas & Montgomery, Elizabeth (d/o John Montgomery); 20 Aug 1788 (MB)

FRY, Absalom & Lloyd, Sarah H.; 1 Oct 1834 (MB)

FRY, Andrew J. (s/o George Fry) & Brown, Mary (d/o Nimrod Brown); 15 Mar 1826 (GB)

FRY, Daniel & Lucas, Nancy; 26 Aug 1817 (GB)

FRY, George & Clear, Polly; 8 Apr 1817 (GB)

FRY, George & Johnston, Anne (w/o ?); 9 Nov 1787 (MB)

FRY, George Jr. (s/o Nancy Fry, widow) & Johnson, Mary Ann; 21 Jan 1799 (MB)

FRY, Isaac & Vass, Margaret; 18 Sep 1839 (GB)

FRY, John & & Johnston, Anne (w/o ?); 3 Nov 1787 (MB)

FRY, Peter & Stanley, Agnes; 4 Feb 1805 (MB)

FUGATE, John & Morgan, Elinor (d/o Ezekial Morgan);8 Nov 1785 (MB)

FUGUA, Charles E. (s/o Hezekiah & Sally Fugua)(b.p.Bedford, Va.) & Gordon, Livey (d/o John & Ellen Gordon)(b.p. Roanoke, Va.); 22 Jun 1858 (MM)

FULLER, James & Akers, Diamie (d/o Auston Akers); Jun 1813 (MB)

FULLER, John & Wright, Mary; 16 Feb 1801 (MB)

FULLER, Joseph J. & Mayher, Elizabeth; 5 Jun 1851 (PL)

FULLER, Robert & Thompson, Margaret; 11 Jan 1813 (MB)

FULLWILER, Joseph & Pepper, Martha W. (d/o John Pepper); 20 Jul 1840 (MB)

FULWILER, Joseph B. & Barnett, Jane (d/o Robert Barnett); 30 Jun 1853 (MM)

FUNGATE, William & Beckett, Mary (d/o Richard Beckett); 27 Jun 1799 (MB)

FUNK, Levi (s/o Peter & Mary Funk) (b.p. Grayson Co., Va.) & Craghead, Sarah (d/o William & Susan Craghead) (b.p.Franklin Co., Va.); 4 Apr 1855 (MM)

FURROW, Abram (s/o Charles Ferrow) & Jewell, Mary; 17 Aug 1826 (MB)

FURROW, Charles Jr. & Howard, Nancy; 26 Apr 1826 (MB)

FURROW, James & Peterman, Polly (d/o Michael Peterman); 22 Sep 1813 (MB)

FURROW, John & Gibson, Susan; Sep 1844 (MM)

FURROW, Mathias & Weaver, Barbara; 7 Apr 1812 (MB)

FURROW, Matthew & Sowers, Nioma; 14 Jul 1836 (FB)

FURROW, Samuel M. (s/o Mathias & Naomi Furrow) & Brumfield, Mehala J. (d/o James W. & Mary A. Brumfield) (b.p. Bottetout Co., Va.); 21 Oct 1858 (MM)

FURROW, William T. (s/o Reuben & Sarah B. Furrow) (b.p. Sinking Creek, Botetout Co., Va.) & Fisher, Catharine (d/o Samuel & Elizabeth Fisher) (b.p. Sinking Creek, Giles Co., Va.); 30 Mar 1857 (MM)

GADD, Seawood, & Altack, Catherine; 6 Jun 1834 (FM)

GADD, Sewood (aka Seabird) & Altack, Catherine (d/o Solomon Altack); 5 Jun 1834 (FB)

GAINES, James & Watterson, Rebecca; 1 Jan 1844 (MM)

GALASBY, Owen & Welsh, Elizabeth; 27 Nov 1833 (FM)

GALBREATH, Thomas (s/o B. & C. Galbreath)(b.p. Wythe Co., Va.) & Allison, Elmira (d/o F. & Patsy Allison)(b.p. Wythe Co., Va.);

GALLASPIE, William & Alcorn, Elizabeth (d/o James Alcorn); 27 Jul 1785 (MB)

GALLASPY, Owen & Welsh, Elizabeth; 25 Nov 1833 (FB);

GALLASPY, William & Allicor, Elizabeth; 2 Apr 1785 (MM)

GANEO, Daniel & Stuart, Sally (d/o Ralph Stewart); 1 Nov 1815 (GB)

GANNAWAY, John & Barringer, Kezia (d/o Adam Barringer); 3 Nov 1809 (MB)

GANOE,, Robert & Christian, Nancy; 31 Jan 1825 (GR)

GANT, Caleb & Bueley, Mary; 24 Jul 1810 (GB)

GARDNER, Alexander & Shanklin, Nancy (d/o Samuel Shanklin); 10 Nov 1821 (MB)

GARDNER, Alexander & Sowers, Elizabeth; 18 Jul 1847 (FM)

GARDNER, Buford & Huff, Olivia (d/o Frances Huff); 12 Jun 1854 (MB)

GARDNER, Buford (s/o James Gardner & Elizabeth Harris)(b.d.14 Jan 1832)(b.p. Jacksonville, Va.) & Huff, Olive (d/o Francis & Elizabeth Huff)(b.p. near Blacksburg, Va.)(b.d.30 Nov 1832); 15 Jun 1854 (MM)

GARDNER, Charles B. & Miller, Mary J.L.; 31 Aug 1835 (MB)

GARDNER, Francis & Hall, Gerusy (d/o Edward Hall); 21 Apr 1834 (FB)

GARDNER, Hamilton & Thompson, Juliet (d/o Larkin

Thompson); 24 Sep 1834 (MB)
GARDNER, James & Gardner, Ann; 5 Mar 1817 (MB)(MM)
GARDNER, James & Stigleman, Matilda Jane; 23 Oct 1839 (FB)
GARDNER, James & Zeigler, Elizabeth; 12 Sep 1807 (MB)
GARDNER, James R. & Charlton, Maria B. (d/o William B. Charlton); 13 Feb 1854 (MB)
GARDNER, John & Page, Betsy (d/o John Page); 20 Jan 1813 (MB)(MM)
GARDNER, John Jr. & Wade, Lucy B.; Apr 1849 (MM)
GARDNER, John Jr. & Wade, Margaret; 11 Aug 1852 (MM)
GARDNER, Robert & Glen, Sarah; 13 Apr 1819 (MB)
GARDNER, Robert & Peterson, July; 3 May 1814 (MM)
GARDNER, Robert & Smith, Juliet; 2 Apr 1814 (MB)
GARDNER, Robert & Wright, Ellen T. (d/o Humphrey Wright); 11 Dec 1822 (MB)
GARDNER, Robert D (s/o Alexander & Mary Gardner)(b.p. Floyd Co., Va.) & Haney, Elizabeth J. (d/o John W. & Matilda Haney)(b.p. Kentucky); 26 Nov 1856 (PM)
GARDNER, Robert D. & Heaney, Elizabeth J.; 24 Nov 1856 (PL)

GARDNER, William H. (s/o John & Sarah Gardner) (b.p. Campbell Co., Va.() & Hennings, Nancy A.(d/o Thomas & Nancy Hennings); 17 Mar 1859 (MM)
GARLIC, William P. & Winfrey, Melvina (d/o Marcel Winfrey); 26 Mar 1838 (MB)
GARLICK, John & Parse, Sally (d/o Richard Parse); 11 Jun 1797 (MB)
GARLICK, Samuel & Hall, Elizabeth (d/o Freeborn Hall); 23 Aug 1831 (MB)(MM)
GARMAN, Adam (s/o Christina Garman) & Hambrick, Abigail (d/o Joseph & Susannah Hambrick); 4 Aug 1835 (MB)
GARMAN, Joel & Cooper, Nancy; 9 Mar 1846 (MM)
GARMAN, Peter & Brunk, Magdalin (d/o Jacob Brunk); 1 Nov 1830 (MB)
GARMAN, Peter & Peterman, Elizabeth; 7 Feb 1826 (MB)
GARMAN, Peter & Sesler, Mary; 26 Sep 1836 (MB)
GARMAND, John & Garmand, Catherine (d/o Adam Garmand); 12 May 1825 (MB)
GARMAND, Stephen N. (b.d.7 Feb 1838)(s/o George & Elizabeth Garmand) & Wainwright, Mary Katherine (d/o John H. & Jane M.

Wainwright); 17 Feb 1859 (MM)
GARNARD, Stephen N. (s/o George & Elizabeth Garnard) & Wainright, Mary K. (d/o John H. & Jane Wainright); 17 Feb 1859 (MM)
GARNES, Joseph & Mennick, Peggy; 4 Jan 1810 (MB)
GARRISON, Abraham & Blankenship, Fannah; 29 Dec 1834 (GB)
GARRISON, Abraham & Carter, Nancy (d/o Catry Carter); 5 May 1809 (GB)
GARRISON, James (s/o John & Jain Garretson) & Allen, Barbary (d/o Thomas & Unicy Little);6 Jun 1818 (GB)
GARRISON, John & Penington, Ida; 23 Feb 1825 (GB)
GARRISON, William & Fannon, Ann; 29 Mar 1830 (GB)
GARST, Noah M.(s/o George & Catherine Garst)(b.p. Roanoke Co., Va.) & Grisso, Frances (d/o Hawkins & Hannah Grisso)(b.p. Roanoke Co., Va.); 1 Nov 1860 (MM)(ML)
GARVIN, Isaac & Morton, Sally; 7 Mar 1825 (MM)
GAUF, Joel (s/o John Gauf) & Owens, Elizabeth (d/o Barnett Owens); 23 Feb 1827 (MB)
GEARHART, Harvey (s/o Henry & Mary Gearhart) (b.p. Franklin Co., Va.) & StClair, Elizabeth P. (d/o William & Elizabeth StClair); 19 Aug 1858 (MM)
GEARHART, Washington & Wilson, Mary; 14 Dec 1840 (FB)(FM)
GENTRY, Samuel & Stoddard, Eliza Ann (d/o Solomon Stoddard); 30 Oct 1817 (MB)(MM)
GEORGE, Francis & Boyd, Martha; 23 Mar 1848 (FM)
GEORGE, George P. (s/o John B. & Rhoda J. George)(b.p. Tazewell Co., Va.) & Davidson, Sarah Ann (d/o H.P. & Nancy Davidson)(b.p. Tazewell Co., Va.); 19 Feb 1856 (PL)(PM)
GEORGE, John & Bryans, Catherine; 10 Jan 1797 (MB)
GEORGE, John B. & Pearis, Rhoda I.; 24 Jun 1820 (GB)
GEORGE, Thomas I. & Pearis, Eleanor H.; 6 Nov 1822 (GB)
GEORGE, William & Patton, Jennett (d/o Henry Patton); 9 Feb 1793 (MB)(MM)
GERALD, George W. & George, Rebecca Jane; 26 Dec 1838 or 1839 (GB)
GERALD, William Robert (s/o Garland Sims & Juliet Trigg Gerald)(b.p. Madison Co., Va.) & Price, Eliza Ann (d/o William & Catherine Price)(b.p. Tom's Creek, Montgomery Co., Va.); 27 Mar 1856 (GM)

GIBSON, Harasin H. (s/o James & Lucy Gibson) (b.p. Pittsylvania Co., Va.) & Willis, Paulina S. (d/oMcCagy & Priscilla Willis) (b.p. Pittsylvania Co., Va.); 16 May 1859 (MM)

GIBSON, Jabiz (s/o James & Lucy Gibson)(b.p. Pittsylvania Co., Va.)(b.d. 27 May 1836) & Willis, Lavenia (d/o Micajah & Pricilla Willis)(b.d.Pittsylvania Co., Va.); 21 Jun 1854 (MB)(MM)

GIBSON, John & Kinser, Elizabeth; 11 Feb 1828 (MB)

GIBSON, Johnston & Pence, Sally; 8 May 1815 (MB)

GIBSON, Joshua & Brandon, Quetina; 30 Sep 1856 (MB)

GIBSON, Joshua (s/o Jackson & Susan Gibson) (b.p. Rockbridge Co., Va.) & Branden, Quitina (d/o Mason & Milly Brandon) (b.p. Mecklenburg, Va.); 1 Oct 1856 (MM)

GIBSON, Silas W. & Lucas, Sarah B.; 1843 (MM)

GIBSON, William & Hatton, Lucinda;14 Jan 1823 (MB)

GILHAM, Ezekial & Wade, Bianch; 29 Mar 1841 (FB)

GILHAM, Isaac & Slusher, Mary (d/o Christopher Slusher); 6 Jun 1826 (MB)

GILL, James & Williams, Jane Elizabeth; 28 Mar 1844 (FM)

GILL, John & Wear, Sarah; 10 Feb 1836 (FB)

GILLASPIE, John & Newlee, Sarah (d/o William Newlee); 5 Nov 1833 (MB)

GILLASPY, William & Allison, Nancy (d/o James Allison);18 Aug 1803 (MB)

GILLESPIE, William M. & Johnston, Oliva (d/o D. Johnston); 26 Feb 1833 (GB)

GILLIAM, Richard P. & Morgan, Virginia; 25 Oct 1853 (PM)

GILLIAM, Richard P. & Morgan, Virginia; 19 Oct 1853 (PB)

GILLINWATER, Joshua & Godby, Sarah; 22 Oct 1845 (PM)

GILMER, James W. & Woolwine, Mary; 27 Aug 1846 (MM)

GILMER, Samuel A. B. (s/o Henry & Barbara Gilmer) (b.p. Rockingham Co., Va.) & Collison, Sallie E. (d/o Elisha & Margaret Collison) (b.p. Greenbrier Co., Va.); 12 Dec 1855 (MM)

GILMIRE, (aka Gilmore) Charles (s/o Samuel & Kitty Gilmire) & Bachelor, Mary E. (d/o Reuben & Ann Bachelor); 4 Mar 1856 (MB)(MM)

GILMORE, Alexander (s/o Samuel & Catharine Gilmore)

& Lee, Frances Jane (d/o Robert & Mary Lee); 1 Feb 1855 (MM)
GILMORE, Samuel & Hornbarger, Catherine (d/o Peter Hornbarger); 4 Oct 1822 (MB)
GILMORE, Thomas & Taylor, Mary; 15 Mar 1849 (PM)
GILMORE, William Henry (s/o Samuel & Catharine Gilmore) & Harless, Mary (d/o Jacob & Elizabeth Harless); 6 Dec 1856 (MM)
GIVENS, Daniel & Rock, Jane; 12 Dec 1831 (GB)
GIVENS, Floyd & Ross, Sarah (d/o James Ross); 30 Sep 1844 (GB)
GIVENS, Isaiah & Williams, Margaret; 28 Dec 1811 (GB)
GIVENS, James & Ross, Elizabeth (d/o James Ross); 16 Sep 1839 (GB)
GIVENS, James H. & Farrier, Sarah Maria (d/o Robert Farrier); 10 Jun 1844 (GB)
GIVENS, John & Lucas, Clementine; 8 Oct 1832 (GB)
GIVENS, William & Reynolds, Nancy; 9 Apr 1832 (GB)
GLENDY, William J. & Miller, Nancy Mary; 25 Mar 1845 (PB)
GLENDY, William J.(b.p. Augusta Co., Va.)(s/o John & Polly Glendy) & Miller, Nancy Mary (d/o William & Mary Miller); 28 Mar 1854 (PM)
GLIMP, John A. & Mills, Franky (w/o ?); 9 Nov 1788 (MB)
GOAD, Aaron P. & Marshall, Elizabeth (d/o Joseph D. Marshall); 3 Feb 1841 (FB)
GOAD, Spencer (s/o Aaron Goad Sr.) & Cochran, Lucy; 26 Mar 1840 (FB)
GODBEY, Archibald W. & Taylor, Susanna M.; 4 Nov 1833 (MB)
GODBEY, Benjamin & Elkins, Nancy; 29 Jan 1821 (MB)
GODBEY, Francis & Whitt, Rhoda; 3 Apr 1806 (MB)
GODBEY, George & Elswick, Nancy (d/o Jonathan Elswick); 16 Dec 1811 (MB)
GODBEY, John & Harless, Elizabeth (w/o ?); 24 Oct 1799 (MM)
GODBEY, John & Walker, Elizabeth; 8 May 1793 (MM)
GODBEY, William & Dickenson, Nancy (d/o Obediah Dickenson);7 Jun 1798 (MB)
GODBEY, William (s/o Francis Godbey) & Miller, Rhoda (d/o Daniel Miller); 4 Oct 1825 (MB)
GODBY, Anderson L. & Newbey, Ann; 13 Feb 1851 (PM)
GODBY, Anderson L. & Newbey, Ann; 12 Feb 1851 (PB)
GODBY, Jackson & Deskine, Ellen H; 6 Jun 1844 (FM)

GODBY, John & Bane, Neomi; 10 Dec 1785 (MB)
GODBY, William & Bridges, Harriet; 20 Oct 1852 (PL)
GODFARY, Bird & Solesberry, Polley; 5 Feb 1810 (GB)
GODSON, John & Shelor, Mary (d/o William Shelor); 20 Oct 1828 (MB)
GOFF, George W. (s/o Joel & Betsy Goff) (b.p. Roanoke, Va.) & King, Sarah E. (d/o Henry & Mary King) (b.p. Pulaski Co., Va.); 1 Sep 1856 (MM)
GOFF, Joel & Deaton, Elizabeth; 26 Jan 1833 (MB)
GOLDEN, William (s/o Thomas & Juriah Golden)(b.p. Bedford Co., Va.) & Lane, Elizabeth (d/o Isaac & Peggy Ashford)(w/o?); 7 Jul 1858 (PM)
GONOE, Henry & Penturf, Adeline (d/o Katherine Penturf); 28 Feb 1837 (GB)
GONOE, William & Cadle, Dicey (d/o Thomas & Nancy Cadle); 11 Jan 1836 (GB)
GOOD, Abraham & Sullins, Nancy; 27 Mar 1822 (MB)
GOODBY, James B. & Smith, Rebecca (d/o Henry Smith); 1 Apr 1817 (MB)
GOODING, Cornelious & Scott, Margaret (niece of Gabriel Scott); 22 Aug 1786 (MB)
GOODRICH, Edmund B. & Robinson, Mary; 17 Feb 1836 (MB)
GOODRICK, Edmund B. & Bell, Eleanor; 20 Jun 1829 (MB)
GOODSON, James & Graham, Julian; 1 Jan 1846 (FM)
GOODSON, Robert & Moore, Cynthia; 30 Sep 1839 (FB)
GOODSON, Robert & Scott, Dianna; 1 Feb 1819 (MB)
GOODSON, Samuel & Graham, Sarah; 14 Feb 1847 (FM)
GOODSON, William & Banks, Abigail; 18 Dec 1823 (MB)(MM)
GOODWIN, Edwin & Barnett, Sarah (d/o Joseph Barnett); 24 Jan 1854 (MB)
GOODWIN, Enos & Early, Elizabeth; 16 May 1813 (MB)
GOODWIN, Enos & Mitchell, Martha; 8 May 1830 (MB)
GOODWIN, Joseph & Windle, Leannah; 10 Feb 1847 (MM)
GOODYKOONTZ, Archibald & Robinson, Letitia P.; 23 Mar 1835 (MB)
GOODYKOONTZ, David & Harter, Ruth; 17 Nov 1830 (MM)
GOODYKOONTZ, George & Williamson, Sarah (d/o James Williamson); 28 Sep 1839 (FB)
GOODYKOONTZ, George & Williamson, Sarah; 3 Oct 1839 (FM)
GORDAN, Thomas & Johnston, Elizabeth; 14 Feb 1846 (GB)

GORDAN, Washington & Johnston, Jane; 11 Oct 1845 (GB)
GORDIN, George & Bish, Susan; 23 May 1831 (MB)
GORDIN, Oliver & Johnston, Sarah (d/o Hugh Johnston); 24 May 1851 (GB)
GORDON, John & Davis, Mary (d/o George Davis); 17 Nov 1787 (MB)
GORDON, John & Taylor, Mary; 27 Nov 1812 (MB)
GORDON, Samuel & Bowe, Jane (d/o James C. Bowe); 1 Jun 1836 (MB)
GORDON, Samuel & Hance, Ann; 23 Jan 1826 (MB)
GORDON, William Thomas (s/o Samuel & Ginsey Gordon) (b.p. Roanoke Co., Va.) & Whitworth, Elizabeth (d/o John & Frances Whitworth) (b.p. Bedford Co., Va.); 20 Jan 1859 (MM)
GORE, David & Ashworth, Elizabeth; 16 Nov 1848 (FM)
GORE, James (s/o Henry Gore) & Keaton, Frances (d/o William Keaton); 18 Aug 1828 (GB)
GORE, Thomas & Smith, Priscilla; 31 Jul 1827 (MM)
GORE, William C. & Gore, Jane; 28 Nov 1831 (GB)
GOTTIER, Joseph & Meadows, Jane; 12 Feb 1855 (GL)

GRADY, Francis & Bolton, Eliza; 1 Jun 1854 (MB)
GRADY, Francis (s/o Francis & Catherine Grady)(b.p. Atlantic Ocean)(b.d. 19 Dec 1835) & Bolton, Eliza (d/o George & Elizabeth Bolton)(b.p. East Tenisee)(b.d.13 Mar 1835); 7 Jun 1854 (MM)
GRADY, John M. & Pratt, Oliv; 14 Dec 1841 (FM)
GRADY, John M. & Pratt, Oliv; 13 Dec 1841 (FB)
GRAHAM, Absalom & Hinchee, Mary F.; 23 Jan 1851 (MM)
GRAHAM, Alvin & Simmons, Sarah; 16 Jul 1832 (FB)
GRAHAM, Alvin & Simmons, Sarah; 5 Aug 1832 (FM)
GRAHAM, Amos & Richard, Amelia; 11 Oct 1848 (FM)
GRAHAM, Asa & Bones, Elizabeth (d/o Joseph Bones); 4 Sep 1841 (MB)
GRAHAM, Asa H. (s/o Archibald & Lucinda Graham)(w/o?) & Steward, Sarah Jane (d/o William & Frances Steward)(b.p. Roanoke Co., Va.); 20 Sep 1860 (ML)
GRAHAM, Briant & Elkins, Nancy; 4 Nov 1853 (PL)
GRAHAM, Charles W. (s/o Archibald & Lucinda Graham) & Dooly, Jane (d/o Stephen & Nancy

GRAHAM, (cont.) Guthrie, Cassandra (d/o Richard Dooly) (b.p. Botetoute Co., Va.); 18 Sep 1855 (MM)
GRAHAM, Giles & Moore, Mary; 20 Mar 1849 (FM)
GRAHAM, Hamilton W. & Epperley, Luamma; 28 Nov 1848 (FM)
GRAHAM, Harrison & Creasy, Judith Ann; 3 Jun 1841 (FB)
GRAHAM, James & Hall, Martha (d/o Asa Hall); 17 Nov 1823 (MB)
GRAHAM, James & Smith, Isabella (d/o Samuel Smith); 2 Dec 1783 (MB)
GRAHAM, James U. & Agnew, Leah; 8 Nov 1849 (FM)
GRAHAM, Jesse & Pratt, Elizabeth; 8 Jun 1826 (MM)
GRAHAM, John & Bonds, Bridget (w/o Henry Bonds); 24 Jul 1786 (MB)
GRAHAM, John & Boothe, Nancy; 18 Dec 1832 (FM)
GRAHAM, John & Boothe, Nancy; 10 Dec 1832 (FB)
GRAHAM, John (s/o Robert & Rachel Graham)(b.p. Floyd Co., Va.)(w/o? age 52 years) & Owen, Martha (d/o W. & Eliza Owen)(b.p. Halifax Co., Va.); 21 Feb 1860 (PM)
GRAHAM, John C. & Bane, Jane (d/o James Bane); 27 Nov 1837 (GB)
GRAHAM, John J. & Guthrie, Cassandra (d/o Richard Guthrie);3 Oct 1828 (MB)
GRAHAM, Jonathan & Shealor, Mary; Nov 1796 (MM)
GRAHAM, Lawrence & Simmons, Mary; 6 Feb 1831 (MM)
GRAHAM, Lawson & Terry, Keziah; 21 Jun 1797 (MB)
GRAHAM, Leonard P. & Ridinger, Mildred (d/o George Ridinger); 9 May 1843 (FB)
GRAHAM, Lewis & Creasy, Susy Ellen (d/o David Creasy); 7 Sep 1843 (FB)
GRAHAM, Robert & Booth, Edy; 6 Feb 1848 (FM)
GRAHAM, Robert & Richards, Catherine (d/o William Richards); 27 Aug 1831 (FB)
GRAHAM, Thompson S. (s/o Joseph & L. Graham) (b.p. Wythe Co., now Pulaski Co.) & Grill, Ellen (d/o John & Harriet Grill); 7 Jan 1857 (MM)
GRALEY, John & Rinehart, Evy; 8 Sep 1814 (MB)
GRALEY, Thomas (s/o James Graley) & Allen, Ruth (d/o William Allen); 24 Jan 1833 (FB)(FM)
GRALY, Henry & Jones, Hannah; 24 Dec 1845 (FM)
GRANT, Edwin & Gerald, Rebecca J. (d/o Garland S. Gerald); 27 Oct 1836 (GB)
GRAY, Daniel & Wilson, Peggy; 2 Mar 1819 (MB)

GRAY, Edward & Akers, Nancy (d/o Jacob Akers); 2 Dec 1833 (MB)
GRAY, James H. & Wilson, Rhoda (d/o Peter Wilson); 6 Nov 1830 (MB)
GRAY, Japhanis & Deaton, Eliza P. (d/o Levi Deaton); 7 Oct 1839 (MB)
GRAY, John & Muncy, Cynthia; May 1842 (MM)
GRAY, Osburn (s/o James H. & Rhoda Gray) (b.p. Floyd Co., Va.) & Otey, Rebecca (d/o Samuel & Jane Otey); 6 Sep 1855 (MM)
GRAY, William & Thrash, Elizabeth; 6 Dec 1825 (MB)
GRAY, William N. (s/o John & Susan M. Gray) (b.p. Botetout Co., Va.) & Gray, Matilda (d/o Adam & Elizabeth Gray); 17 Mar 1859 (MM)
GRAYBILL, John & Compton, Susan (d/o Joseph Compton); 9 Oct 1832 (MB)
GRAYBILL, John & Duncan, Rachel; 6 Aug 1805 (MB)
GRAYSON, Ambrose (s/o William & Rachel Grayson) & Wysor, Betsy; 28 Mar 1807 (MB)
GRAYSON, John & Carter, Sarah; 1792 (MM)
GREEN, Charles & Rakes, Nancy; 8 Sep 1834 (FM)
GREEN, William & Alley, Margaret (d/o Thomas Alley); 28 Apr 1828 (MB)
GREENWAY, Joseph & Lakeland, Polly; 7 Mar 1822 (MB)
GREER, James & Underwood, Catey; 24 Sep 1822 (MB)
GREER, John & Vier, Elizabeth; 1 May 1845 (FM)
GREER, Richard & Wheeler, Nancy; 6 Jan 1850 (FM)
GRIFFIN, Jonas (b.p. Bottetourt Co., Va.)(fpc) & Legans, Sarah (fpc); 28 Jul 1839(MM)
GRIFFITH, Joseph & Hudson, Phebe; 6 Sep 1792 (MB)
GRIFFITH, Merchaeb (s/o Shedrack & Sarah Griffith)(b.p. Franklin Co., Va.) & Blankenship, Louisa (d/o Alonzo & Polly Blankenship)(b.p.Franklin CO., Va.); 11 Jul 1860 (MM)(ML)
GRIGGS, John R. & Dowdy, Nancy (d/o Jabey Dowdy); 20 Sep 1848 (GB)
GRILLS, James E.R. & Grills, Elizabeth; 7 May 1845 (PM)
GRILLS, John & English, Mary; 11 Aug 1803 (MM)
GRILLS, John & Ingles, Mary (d/o Mary Ingles); 18 Aug 1785 (MB)
GRILLS, John & Ingles, Philadelphia (d/o Maury Ingles); 18 Aug 1785 (MB)

GRILLS, John & Robinson, Harriet; 21 Mar 1820 (MB)
GRILLS, John & Robinson, Peggy (d/o John Robinson); 8 Aug 1791 (MB)
GRIMES, Andrew & Webb, Nancy; 1 Feb 1826 (MB)
GRIMES, Archibald & Hall, Lucinda; 19 Oct 1816 (MB)
GRIMES, James & Holliday, Polly; 12 May 1821 (MB)(MM)
GRIMES, Jonathan & Shelor, Mary; 17 May 1796 (MB)
GRIMES, Luke & Dunkan, Mary; 25 Mar 1833 (FM)
GRIMES, Samuel & Reed, Polly; 6 Jun 1820 (MB)
GRIMES, William & Elkins, Polly; 17 May 1796 (MB)
GRISOM, Charles & Martin, Nancy; 6 Jul 1810 (MB)
GRISOM, William & Robertson, Polly; 22 Jul 1820 (MB)
GROGG, Decatur & Farmer, Martha Jane; 17 Jan 1851 (PM)
GROGG, Decatur, & Farmer, Martha Jane; 26 Dec 1850 (PB)
GROS, Jacob & Taylor, Catey; 20 Sep 1802 (MB)
GROSE, Allen & Fry, Elizabeth (d/o George Fry); 28 Sep 1837 (GB)
GROSE, Jonathan & Lambert, Betsy; 30 Nov 1831 (GB)
GROSS, Allen & Lambert, Martha; 30 Dec 1835 (GB)
GUARDNER, Francis & Hall, Jerush; Aug 1834 (FM)
GUERRANT, John R. & Gibson, Octavia; 15 Apr 1828 (MB)
GUILLION, Barnabas & Keath, Kittering; 3 Jun 1788 (MB)
GUINN, Isham & Canterberry, Mary (d/o Samuel Canterberry); 30 Aug 1787 (MB)
GUNNO, Archibald & Lawhorn, Phebe (stepdaughter of James St. Clair); 15 Sep 1834 (GB)
GUNNO, Daniel & Hicks, Eliza; 6 Feb 1833 (GB)
GUNOE, Robert & Christian, Nancy; 31 Jan 1825 (GB)
GUNTER, John & Godbey, Sarah (d/o William Godbey); 7 Jan 1804 (MB)
GUSSLOR, James & Runyon, Elizabeth (d/o Stephen Runyon); 6 Mar 1852 (GB)
GUTHERY, William & Williams, Isabela; 20 Jan 1834 (FB)
GUTHRIE, John & Vanlear, Elizabeth (d/o John Vanlear); 22 Feb 1817 (MB)(MM)
GUTHRIE, John & Wysor, Margaret; 30 May 1821 (MB)
GUTHRIE, William & Reyburn, Jane (d/o William W. Reyburn); 27 Sep 1830 (MB)

GUY, George H. (s/o John & Nancy Guy) (b.p. Buckingham Co., Va.) & Bishop, Lydia E.; (d/o Abel & Mary Bishop); 24 Dec 1857 (MM)
HAGERMAN, William G. & Wygall, Sallie W.; 15 Aug 1852 (PL)
HAIL, Thomas & Hedge, Paulina; 7 May 1840 (PM)
HAINES, William L. & Kelly, Nancy; 2 Apr 1841 (PM)
HAIRS, Joseph & Clay, Neomi; 9 Apr 1789 (MB)(MM)
HAIRS, Joseph & Perdue, Phebe (d/o William Perdue);7 Jun 1791
HALE, Daniel & Right, Mary; 3 Jun 1845 (GB)
HALE, Daniel & Watts, Betsy; 9 Apr 1827 (GB)
HALE, Daniel P. & Shumate, Martha Ann; 27 Jul 1846 (GB)
HALE, Edward & Bolton, Beatrice Amelia; 17 Apr 1850 (GB)
HALE, Edward (of Lunenburg Co., Va.) & Perdue, Martha (d/o William Perdue); 26 Sep 1786 (MB)
HALE, Isaac & Lucas, Nancy; 21 Jan 1820 (GB)
HALE, Isaiah & Lucas, Margarett; 26 Feb 1811 (GB)
HALE, Isaiah & Lybrook, alley R.; 28 May 1832 (GB)
HALE, Jabez & Clemmons, Catharine (d/o Joshua Clemmons); 25 Nov 1831 (MB)
HALE, Jacob & Helton, Elizabeth (Mrs.); 16 May 1844 (MM)
HALE, Jesse & Watts, Peggy; 2 Sep 1828 (GB)
HALE, Jobe & Love, Fanny; 28 Aug 1824 (MB)
HALE, John C. (s/o Jane Hale) & Davis, Louisa (d/o Joshua Davis); 5 Sep 1846 (GB)
HALE, Peter (of Franklin Co., Va.) & Ingles, Lockey; 4 Oct 1821 (MB)
HALE, Ralph (s/o Thomas & Agnes Hale)(b.d.13 Dec 1812)(Ralph is the sheriff of Mercer Co.) & Toney, Rhoda (d/o Jonathan & Elizabeth Toney)(b.p. Montreal)(b.d. 17 Sep 1814); 21 Feb 1854 (GM)
HALE, Thomas & Lucas, Mary Agnes; 10 Aug 1811 (GB)
HALE, Thomas & Price, Agnes; 1780 (MM)
HALE, William & Snidow, Catherine; 18 Mar 1811 (MB)
HALE, William & Williams, Elizabeth; 19 Jun 1830 (GB)
HALE, William & Williams, Elizabeth; 24 Jun 1830 (GM)
HALEY, Henry V.(s/o Pleasant & Mary Haley)(b.p. Pittsylvania Co.,Va.)(w/o?) & Bingham, Martha Ann

(d/o George Bingham)(b.p. Campbell, Va.); 15 Nov 1860 (MM)(ML)
HALEY, James A. (s/o James & Hannah Haley) & Showalter, Eliza Jane (d/o Daniel & S. Showalter); 23 Nov 1854 (PL)(PM)
HALEY, John & Milton, Elizabeth (d/o Jesse Milton); 27 Apr 1833 (MB)
HALEY, Jon. J. (s/o Henry & Casandria Haley)(b.p. "Surrenburg" ... could be Lunenburg Co., Va.) & Farmer, Martha (d/o George & Mary Farmer)(b.p. Montgomery Co., Va.); 18 Dec 1856 (PM)
HALEY,(aka Healey) Pleasant (s/o P. & M. Haley)(b.p. Pennsylvania) & Haley,(aka Healey) Elvira (d/o H. & C. Haley)(b.p. Charlotte, Va.); 5 Oct 1859 (PM)
HALFPENNY, John & Prewett, Eliza; 5 Mar 1799 (MB)
HALL, Allen J. & Charlton, Mary Ann; 26 Oct 1843 (MM)
HALL, Andrew & Covey, Tabitha (d/o Samuel Covey); 23 Feb 1828 (MB)
HALL, Andrew J. & Winfree, Tinsey (d/o Marvel Winfree); 17 Apr 1841 (MB)
HALL, Asa Jr. & Crandall, Matey; 23 Feb 1813 (MM)
HALL, Asa Jr. & Croner, Mary C.; 8 Oct 1851 (MM)
HALL, Asa Sr. & VanOver, Mary; 31 Jul 1802 (MB)
HALL, Benjamin (s/o David Hall Sr.) & McKenzie, Margaret (d/o Murdock McKenzie); 16 Jul 1799 (MB)
HALL, Benjamin (s/o James Hall) & DeCamp, Sarah Ann (d/o David DeCamp); 8 Jan 1850 (GB)
HALL, Charles & Bones, Martha W.; 6 Oct 1856 (MB)
HALL, Charles & Iddings, Elizabeth; 3 Jul 1820 (MB)
HALL, David & Iddings, Abigail (d/o Henry Iddings); 21 Jul 1831 (FB)
HALL, David & Idiings, Abigail; 28 Jul 1831 (FM)
HALL, David (s/o Asa Hall Sr.) & Pate, Elizabeth (d/o Jeremiah Pate Jr.); 5 Apr 1803 (MB)
HALL, David (s/o James & Mary Hall) & Farley, Lotitia J. (d/o John C. & Mary Farley); 25 May 1856 (GM)
HALL, David C. (s/o Andrew & Tabitha Hall) & Humphries, Sarah Jane (d/o William Carnel & Elezel Humphries); 1 Jul 1858 (PM)
HALL, David Jr. & Adams, Henrieta; 21 Sep 1847 (MM)
HALL, David Jr. & Rutter, Mary E. (d/o John H.

Rutter); 11 Oct 1837 (GB)

HALL, Fleming & Tice, Sarah; 22 Oct 1818 (MB)

HALL, Freeborn (s/o Jesse Hall) & Pate, Catherine; 27 Apr 1807 (MB)

HALL, Gordon & Conner, Bethania; 22 Apr 1845 (FM)

HALL, Gordon F. & Peterman, Theodotis; 16 Apr 1838 (MB)

HALL, Ira D. & King, Elizabeth (d/o Charles King); 16 Nov 1844 (GB)

HALL, James & Harless, Polley; 13 Aug 1819 (GB)

HALL, James & Wiley, Margaret; 1782 (MM)

HALL, James J. & Huff, Nancy; 14 Dec 1848 (FM)

HALL, James M. (s/o James & Polly Hall)(b.p. Giles Co., Va.) & White, Nancy B. (d/o Acles & Elizabeth White)(b.p. Giles Co., Va.); 19 Sep 1855 (PM)

HALL, Jeremiah & Jewell, Margaret (d/o John Jewell); 9 Mar 1840 (MB)

HALL, Jesse & Huff, Catherine (w/o Samuel Huff); 15 Dec 1828 (MB)

HALL, Jesse & Thrash, Lydia; 25 Jun 1836 (MB)

HALL, Jesse & Watterson, Ann (d/o Thomas Watterson); 12 Jan 1798 (MB)

HALL, Jesse Jr. & Covey, Keziah; 14 Nov 1835 (MB)

HALL, Jesse R. (s/o Charles & Elizabeth Hall) & Myers, Nancy (d/o John & Spice Myers); 23 Aug 1859 (MM)

HALL, John & McKeney, Sarah; 10 Dec 1846 (MM)

HALL, John & Pate, Sally; 10 Sep 1811 (MM)

HALL, John (s/o Charles Hall) & Comer, Nelly (d/o John Comer); 11 Oct 1839 (MB)

HALL, John (s/o James & Mary Hall) & Ford, Mahala J. (d/o Benjamin & Margaret Ford)(b.p. Monroe Co., Va.); 4 Sep 1854 (GM)

HALL, Jonathan & Bell, Margaret; 15 Dec 1798 (MB)

HALL, Langferd (s/o Thomas & Anna Hall)(b.p. Halifax Co., Va.)(w/o ?) & King, Rhoda (d/o Evan & Sally King)(b.p. Wythe Co., Va.); 24 Apr 1860 (PM)

HALL, Millard H. (s/o James & Sarah Hall) & Lee, Elizabeth (d/o William & Temperance Lee)(Scott Co., Va.); 25 Aug 1859 (MM)

HALL, Robert & Dobbins, Mary; Nov 1848 (MM)

HALL, Thomas & Lucas, Agnes; 10 Aug 1811 (GB)

HALL, Thomas J. & Lucas, Catharine; 15 Apr 1843 (MM)
HALL, William & Craig, Mary (d/o Thomas B. Craig); 21 Jul 1830 (MB)
HALL, William & Ledgerwood, Nancy (d/o James Ledgerwood); 12 Jan 1820 (MB)
HALL, William & Morton, Elizabeth (d/o Benjamin W. Morton); 7 May 1835 (MB)
HALL, William (s/o Asa Hall Sr.) & VanOver, Sarah (d/o Henry VanOver); 2 Aug 1803 (MB)
HALL, William R. & Lucas, Charlotte; 2 Nov 1846 (GB)
HAM, William (s/o Berry & Elizabeth Ham) (w/o?)(b.p. Franklin, N.C.) & Conway, Frances (d/o John & Nancy Conway) (b.p. Charlott Co., Va.); 14 Sep 1855 (MM)
HAMBLEMAN, George & Howell, Ruth; 3 Nov 1800 (MB)
HAMBLIN, David Y. & Hetherington, Nancy J.; 15 Feb 1845 (GB)
HAMBLIN, Sparrel K. & Carbaugh, Mary (d/o Catherine Carbough); 27 Nov 1849 (GB)
HAMBLIN, Stephen & Fag, Sarah (d/o Daniel Fag); 9 Sep 1840 (MB)
HAMBLIN, Stephen Jr. (s/o Stephen Hamblin) & Oliver, Lucinda (d/o Thomas Oliver); 4 Oct 1841 (MB)
HAMBLUN, Stephen & Oliver, Lucinda; Sep or Oct 1842 (MM)
HAMBRICK, John & McDonald, Elizabeth (d/o Frederick McDonald); 25 Dec 1838 (MB)
HAMBRICK, Riley & Broce, Margaret (d/o John & Elizabeth Broce); 15 Oct 1832 (MB)
HAMILTON, Abner & Clendenin, Mary; Oct 1785 (MM)
HAMILTON, Ferdinand & Clendenin, Alice (d/o Adam Clendenin); 11 Jan 1791 (MB)
HAMILTON, John & Newberry, Bettina (w/o ?); 7 Sep 1789 (MB)(MM)
HAMILTON, Timothy & Moore, Margaret (d/o Enos Moore); 14 Jan 1838 or 1839 (GB)
HAMMET, Edward & Craig, Clemetina V (d/o James Craig); 16 Apr 1831 (MB)
HAMMONS, Gorden (s/o James & Susan Hammon of North Carolina) & Fletcher, Sarah (d/o Rowland & Jane Fletcher); 10 Jun 1856 (GM)
HAMPTON, Thornton P. & Hill, Martha; 4 Aug 1853 (PB)(PM)
HANCE, James & Cecil, Juliet; 6 Dec 1814 (MB)
HANCE, John & Hewitt, Catherine; 5 Jan 1829 (MB)

HANCE, Peter & Harper, Elizabeth; 2 Aug 1796 (MB)
HANCOCK, William & Hylton, Nancy; 25 Jun 1825 (MB)
HANDY, Nathaniel N. & Hall, Clara (d/o Charles Hall); 29 Jul 1851 (GB)(marriage bond incorrectly listed in 1827)
HANES, Christopher & Patterson, Polly; 29 Jun 1819 (MB)
HANES, Jacob & Martin, Hannah; 27 Sep 1827 (MM)
HANES, Joseph & Borden, Sally J. (d/o John Borden); 3 Feb 1834 (MB)
HANEY, Hiram & Crandall, Angelina (d/o Samuel Crandall); 5 Mar 1828 (MB)(MM)
HANEY, John W. & Caddall, Cornelia; 17 Jan 1835 (MB)
HANK, Jehu & Bratton, Malinda; 13 May 1830 (MB)
HANK, Perry & Meadows, Owney (d/o George Meadows); 12 Sep 1853 (MB)
HANKS, William & Meadows, Cassy (d/o George Meadows); 27 Nov 1852 (MB)
HARBER, Abner & Hylton, Betsy Ann; 3 Jan 1842 (FB)
HARBERTON, James & Mavis, Jane; 13 Jan 1797 (MB)
HARBOUR, David & Spurlock, Mary (d/o John Spurlock); 21 Aug 1787 (MB)
HARDING, George W. (s/o Thomas & Elizabeth Harding)(b.p. Nashville, Tenn.) & Colhoun, Margaret (d/o Robert Colhoun)(b.p.Franklin Co., Va.); 21 Nov 1860 (MM)(ML)
HARDINGS, George W. & Colhoun, Margaret; 19 Nov 1860 (MM)
HARDMAN, John & Lockhart, Jane; 5 Nov 1791 (MM)
HARDWICK, Alonzo C.(s/o Younger & Susan Hardwick) & Wilson, Susan E. (d/o Zedekiah & Eliza J. Wilson)(b.p. Craig,Va.); 31 Jul 1860 (MM)(ML)
HARDWICK, Younger & Kinser, Susannah; 3 Jul 1828 (MB)
HARDY, Thomas & Collins, Nancy (d/o Daniel Collins); 15 Feb 1794 (MB)
HARE, James F. & Hale, Eliza M.; 19 Feb 1845 (GB)
HARE, Joseph Jr. & Duncan, July Ann (d/o Landon Duncan); 28 Feb 1842 (GB)
HARE, William & French, Sally; 22 Dec 1818 (GB)
HARLESS, Aaron (s/o Machael Harless) & Harless, Margaret; 18 Oct 1832 (GB)
HARLESS, Abraham & Keister, Mary; 11 Jul 1842 (MM)
HARLESS, Abram & Link, Catherine; 24 Apr 1810 (GB)
HARLESS, Alexander & Link, Elizabeth

(d/o Mary Link); 13 Aug 1824 (GB)
HARLESS, Alexander (s/o Michael & June Harless)(w/o?)(age 57 years) & Turpin, Juda (d/o Daniel & Elizabeth Turpin)(b.p.Bedford Co., Va.); 24 Jul 1854 (GM)
HARLESS, Allen (s/o Samuel Harless) & Roberts, Elizabeth (d/o Joseph Roberts); 4 Jan 1841 (MB)
HARLESS, Andrew (s/o Isreal Harless & Lucinda Daugherty) & Shell, MargaretE (d/o John & Hannah Shell); 31 May 1855 (MM)
HARLESS, Anthony & Williams, Rosanna; 21 Mar 1814 (GB)
HARLESS, Anthony (s/o Anthony Harless) & Scott, Judy (d/o George Scott); 24 Feb 1842 (GB)
HARLESS, Ballard & Snider, Mary Jane (d/o Michael Snider); 25 Mar 1854 (MB)
HARLESS, Ballard & Snider, Mary Jane; 30 Mar 1854 (MM)
HARLESS, Daniel & Harless, Loviny (?); 30 Jun 1827 (GB)
HARLESS, Daniel (s/o Philip Harless) & Nash, Elizabeth; 3 Dec 1787 (MM)
HARLESS, David & Hill, Polly; 7 Jan 1800 (MB)
HARLESS, David & Paine, Betsy; 15 Apr 1807 (MB)
HARLESS, David J. (s/o Isaac Harless) & Wise, Mary Jane (d/o Hugh Wise); 27 Dec 1839 (GB)
HARLESS, Elias & LaFon, Naoma; 11 Aug 1818 (GB)
HARLESS, Gasper & Snidow, Mary Ann; 19 Aug 1833 (GB)
HARLESS, Hiram & Dowdy, Jane (d/o Jaberes (?)Dowdy); 18 Aug 1826 (GB)
HARLESS, Isreal (s/o Samuel Harless) & Brose, Mary; 1 Mar 1830 (MB)
HARLESS, Jacob & Emmons, Eley; 14 Apr 1830 (GB)
HARLESS, Jacob & Hornbarger, Elizabeth; 3 Mar 1814 (MB)
HARLESS, John & Burton, Polley; 23 May 1820 (GB)
HARLESS, John & Willson, Polly (d/o Thomas Willson); 8 Feb 1798 (MB)
HARLESS, John (s/o Daniel Harless) & Harless, Elizabeth (d/o Isaac Harless); 29 Sep 1828 (MB)
HARLESS, Joseph & Adkins, Agness; 24 Apr 1810 (GB)
HARLESS, Leroy & Dugless, Sally (d/o Jacob D. Dugless); 21 Feb 1820 (GB)
HARLESS, Lorenzo & Kelly, Elizabeth (d/o Jesse Kelly); 8 Sep 1841 (GB)
HARLESS, Martin & Kirk, Selah; 13 Oct 1818 (GB)

HARLESS, Michael (s/o Martin Harless) & Adkins, Jenny(aka Irene Adkins); 3 Apr 1797 (MM)
HARLESS, Peter & Harless, Mary (d/o David Harless); 12 Sep 1797 (MB)
HARLESS, Philip & Price, Polly; 4 Feb 1806 (MB)
HARLESS, Philip & Stanley, Milly; 18 Jun 1790 (MB)(MM)
HARLESS, Philip (s/o David Harless) & Ott, Susannah; 14 Jan 1812 (MB)
HARLESS, Philip (s/o Emmanuel Harless) & Johnson, Sally; 26 May 1800 (MM)
HARLESS, Samuel (s/o Philip Harless) & Price, Elizabeth (d/o Henry Price); 17 Jun 1798 (MB)
HARLESS, William & Adams, Milley; 24 Apr 1831 (GB)
HARLESS, William & Epling, Harriet (d/o Polly Epling); 27 Nov 1849 (GB)
HARLOW, Isaiah & Karr, Peggy; 5 Sep 1818 (GB)
HARMAN, Addison & Ellis, Sarah E.; 4 Aug 1853 (PM)
HARMAN, Addison & Ellis, Sarah E.; 11 Jul 1853 (PB)
HARMAN, Benjamin & Huff, Susanna (d/o Marget Huff); 25 Jun 1838 (FB)
HARMAN, Benjamin & Huff, Susanna; 10 Jul 1838 (FM)
HARMAN, Henry & Pauley, Mary (d/o Thomas & Abbigail Pauley); 24 Oct 1815 (GB)
HARMAN, Henry & Poppecoffer, Charity (d/o Joseph Poppecoffer); 15 Aug 1787 (MB)
HARMAN, Henry W. (s/o Daniel Harman) & Fielder, Phebe (d/o Abraham Fielder); 13 Apr 1835 (GB)
HARMAN, John & Hylton, Celia (d/o Archelaus & Catherine Hylton); 26 Feb 1834 (FB)
HARMAN, John (s/o Elias Harman) & Byrnes, Hesteran (d/o David Byrnes); 26 Jan 1835 (GB)
HARMAN, John W. (s/o Elias & Polly Harman)(w/o?) & Mustard, Ann (d/o John & Lovica Mustard); 14 Feb 1856 (GM)
HARMAN, Peter & Grady, Sarah Jane; 4 Nov 1847 (FM)
HARMAN, Quin A. & Eaton, Susannah (d/o David Eaton); 15 Jan 1844 (GB)
HARMON, ____ & Meyers, Catey; Jul 1814 (MB)
HARMON, Adam (s/o Henry Harmon) & Gardiner, Anne (d/o Susanna Gardner); 24 Dec 1787 (MB)
HARMON, Adam (s/o Henry Harmon) & Gardner, Anne; 24 Dec 1787 (MB)
HARMON, Benjamin & Hylton, Martha; 22 Apr 1828 (MB)
HARMON, Daniel & Harmon, Phebe; 6 Feb 1792 (MM)

HARMON, David & Hance, Priscilla; 11 Feb 1812 (MB)
HARMON, David (s/o Solomon & Elizabeth Harmon)(b.p. Floyd Co., Va.) & Southern, Orlena J. (d/o U. & V. Southern); 24 Nov 1858 (PM)
HARMON, Henry & Hornbarger, Polly; 6 Apr 1819 (MB)
HARMON, John & Bird, Elizabeth (d/o William & Sarah Burch); 16 Dec 1787 (MM)
HARMON, John & Bishop, Mary (d/o John Bishop); 16 Jan 1843 (FB)
HARMON, John & Byrd, Elizabeth (d/o William & Sarah Burch); 16 Dec 1787 (MB)
HARMON, John & Hall, Catherine (d/o David Hall); 16 Dec 1826 (MB)
HARMON, John & Wilton, Sely; Apr 1834 (FM)
HARMON, John Jr. & Low, Sarah; 8 Aug 1805 (MB)
HARMON, Joseph & Vickers, Hannah; 7 Mar 1826 (MB)
HARMON, Paul & Miller, Sarah; 1791 (MB)
HARMON, Peter & Mann, Betsy (w/o Goerge Mann); 13 Nov 1797 (MB)
HARMON, Revel & Lawrence, Mary; 20 Jul 1797 (MB)
HARMON, Robert (s/o Daniel Harmon) & Davis, Peggy; 23 Jun 1835 (GB)

HARMON, Solomon & Slusher, Elizabeth; 6 Mar 1810 (MB)
HARMON, William & Hance, Ann; 12 Jan 1809 (MB)
HAROLD, William & Rutherford, Nancy; 9 Sep 1773 (MB)
HARREL, James & Haymore, Elizabeth; 17 Jan 1850 (PM)
HARRESS, Thomas & McPherson, Catherine; 18 May 1831 (GB)
HARRIS, Erasmus & Mullin, Virginia; 6 Jan 1855 (PL)
HARRIS, Francis & Helms, Hannah; 16 Jul 1819 (MM)
HARRIS, Henry & Cox, Mary; 5 Aug 1850 (FL)
HARRIS, Jacob & Stewart, Mariah; 12 May 1841 (PM)
HARRIS, James & Keeth, Sarah; 3 Jan 1833 (FM)
HARRIS, James & Reith, Sarah; 1 Jan 1833 (FB)
HARRIS, James & Helms, _____; 29 Sep 1818 (MM)
HARRIS, John & Pepper, Mary; 22 Oct 1785 (MB)
HARRIS, John & Willson, Mary; 8 Feb 1796 (MM)
HARRIS, Joseph & Lambert, Priscilla; 30 Jan 1797 (MB)
HARRIS, Lewis & Gray, Elizabeth; 23 Sep 1832 (FM)
HARRIS, Lewis & Sowers, Delila; 7 Jul 1835 (FB)

HARRIS, Reuben & Gray, Betsey; 17 Sep 1832 (FB)
HARRIS, Robert P.(Eli William & Sarah Harris)(b.p. Bedford Co., Va.) & Lloyd, Eleanor M. (Moses B. & Matilda Lloyd); 27 Nov 1854 (PL)(PM)
HARRIS, Samuel & Booth, Mary (an orphan); 24 Mar 1828 (MB)
HARRIS, Samuel & Richards, Mary (d/o William Richards); 14 Nov 1831 ((FB)
HARRIS, Samuel & Richards, Mary; 17 Nov 1831 (FM)
HARRIS, Samuel & Vaughn, Sarah (d/o Joseph Vaughn); 5 Dec 1831 (FM)
HARRIS, Thomas & Harris, Elizabeth; 9 Mar 1826 (MB)(MM)
HARRIS, Thomas M. & Croy, Christina (d/o Adam Croy); 3 Feb 1840 (MB)
HARRIS, William & Rigney, Jane; 29 Sep 1835 (FB)
HARRISON, David & Chase, Anna; 11 Jan 1791 (MB)
HARRISON, John & Carter, Sarah (d/o Henry Carter); 15 Dec 1795 (MB)
HARRISON, John & Crockett, Mary; 13 Feb 1816 (MB)
HARRISON, John & Leslie, Eleanor; 1818 (MB)
HARRISON, Thomas & Childress, Jean (d/o Stephen Childress); 15 Aug 1812 (MB)

HARRISS, Jacob & Stewart, Mary; 12 May 1841 (PM)
HART, Meridith & Beckett, Ruth; 8 Dec 1810 (MB)
HART, Nathaniel & Preston, Susannah; 26 Aug 1797 (MB)
HARTER, Adam & Stickleman, Peggy; 14 Apr 1817 (MB)
HARTER, Christian & White, Jane (d/o Richard White); 24 Jul 1816 (MB)
HARTER, Christian & Wilson, Orpha; 8 Apr 1822 (MB)
HARTER, David & Boen, Sally; 7 Apr 1812 (MB)
HARTER, Joseph & Dodd, Susannah; 24 Oct 1833 (FM)
HARTMAN, John & Lockhart, Jane; 5 Nov 1791 (MB)(MM)
HARTSOOK, John & Simpson, Peggy; 27 Mar 1812 (MB)
HARVEY, Erasmus (s/o John & Mary Harvey)(b.p. Rockingham, Va.) & Mullin, Virginia (d/o William & Nancy Mullin)(b.p. Montgomery Co., Va.); 8 Jan 1855 (PM)
HARVEY, James & Snidow, Nancy; 28 Dec 1813 (GB)
HARVEY, John M. (s/o Michael & Mary Harvey)(b.p.Roanoke Co., Va.) & Robison, Mary (d/o Matthew & Peggy Robison); 24 Nov 1859 (ML)

HATCH, Nathaniel & Harmon, Barbary; 28 Sep 1816 (MB)
HATCHER, Edmond Jr. & Walker, Nancy; 13 Aug 1833 (GB)
HATFIELD, Adam & Williams, Mary; 3 Dec 1799 (MB)
HATFIELD, Andrew & Mann, Mary; 13 Oct 1798 (MB)
HATFIELD, Isaac & French, Mary; 13 May 1788 (MB)
HATFIELD, John & McComas, Mary; 26 Feb 1788 (MB)
HATFIELD, Jonas & Williams, Ann; 8 Aug 1801 (MB)
HATFIELD, William & Brumfield, Anny (d/o James Brumfield); 2 Apr 1793 (MB)(MM)
HATTEN, Jonathan & Rutledge, Lucy (s/o George Rutledge); 21 May 1806 (MB)
HATTON, George & Kirby, Rhoda; 15 Oct 1829 (MM)
HATTON, George R. (s/o Lucinda Gibson who is wife of William Gibson) & Kirby, Rhoda (d/o James Kirby); 3 Jun 1803 (MB)
HAVENS, John & Harman, Joanna R.: 12 Aug 1844 (GB)
HAVIN, William & Shell, Barbara (d/o Jacob Shell); 4 Mar 1786 (MB)
HAVINS, John & Pepper, Mary; 22 Oct 1785 (MB)
HAWKINS, John & Cloyd, Margaret (d/o Joseph Cloyd); 31 Dec 1789 (MB)(MM)

HAWKINS, William B. & Boothe, Nancy; 4 May 1831 (FM)
HAWLEY Crockett (aka Crockett Holley) & Hornbarger, Elizabeth; 30 Dec 1847 (MM)
HAWLEY, Anderson M. & Curtis, Ann B.; 14 Sep 1844 (MM)
HAWLEY, Andrew & Pearsons, Sapphira; 1796 (MM)
HAWLEY, Benjamin F. (s/o Joseph & Mary Hawley) & Hall, Mary E. (d/o Jonathan C. & Paulina Hall); 8 Mar 1860 (ML)
HAWLEY, Boyd & Cooper, Susan; Nov 1848 (MM)
HAWLEY, Francis M. (s/o Joseph & C. Hawley)(b.p. Roanoke, Va.) & Nester, Anasitas (d/o J. & M. Nester)(14 years old); 3 Oct 1860 (PM)
HAWLEY, John & Pate, Christina; 12 Nov 1835 (MB)
HAWLEY, John H. & Burton, Charlotte (d/o Isaac Burton); 12 Feb 1840 (GB)
HAWLEY, William & Gun, Sally; 22 Feb 1813 (MM)
HAWLEY, William & Huffman, Mary Ann; 15 Jun 1853 (PM)
HAWLEY, William & Huffman, Mary Ann; 28 May 1853 (PB)
HAYMAKER, James & Morton, Evelina W. (d/o Benjamin W. Morton); 29 Feb 1840 (MB)

HAYMAKER, John & Thompson, Elizabeth (d/o Larkin Thompson); 2 Jan 1834 (MB)
HAYMAKER, Michael & Douthat, Mary; 25 Dec 1825 (MB)
HAYMAKER, Philip Jr. & Peterson, Martha; 7 Oct 1835 (MB)
HAYMAKER, Samuel & Surface, Susan; 3 Apr 1829 (MB)
HAYSE, Charles & Atkins, Elizabeth(d/o Joseph Atkins); 5 Aug 1788 (MB)
HAYSE, William & Showalter, Sarah; 27 Oct 1842 (PM)
HAZELWOOD, Greenville (s/o Nancy Hazlewood) & Clare, Mary; 27 Jun 1832 (MB)
HEADEN, James B. & Helms, Malinda C.; 18 May 1837 (FB)
HEADEN, John W. & Helms, Ellen (d/o J. Helms); 8 Oct 1833 (FB)(FM)
HEADRICK, Jacob & Bane, Mary; 7 Nov 1823 (GB)
HEALEY, John T. & Farmer, Martha J.; 15 Dec 1856 (PL)
HEARIN, Levi & White, Aury (d/o William White); 22 Aug 1836 (GB)
HEARY, Calvin C. & Wallace, Mary E.; 27 Oct 1856 (PL)
HEAVEN, Jacob & Trollinger, Polly (d/o John Trollinger); 5 Feb 1814 (MB)

HEAVEN, John & Wall, Sarah; 9 Apr 1819 (MB)
HEAVEN, Joseph & McGee, Molly; 13 Oct 1800 (MB)
HEAVEN, Philip & Couch, Patsy; Feb 1799 (MM)
HEAVEN, Richard & Burk, Sarah (d/o Margaret Burk); 17 Dec 1789 (MB)
HEAVEN, William & Shell, Barbara (d/o Jacob Shell); 4 Mar 1786 (MB)
HEAVENER, Strother & Price, Fanny (d/o David B. Price); 31 Jul 1834 (MM)
HEAVNER, Jacob & Collins, Elizabeth; 6 Feb 1838 (MB)
HEDGE, George & Meredith, Priscilla; 14 Jan 1832 (MB)
HEDGE, James & Loomas, Polly; 25 Mar 1824 (MM)
HEDGE, John & Lasley, Mary Jane; 16 Oct 1851 (PM)
HEDGE, William & Godby, Lucy; 4 Mar 1804 (MB)
HEDGE, William (s/o James & Mary Hedge) (b.p. Pulaski Co., Va.) (w/o ?) & Smith, Hannah (d/o James & Matilda Smith); 10 Sep 1857 (MM)
HEDRICK, Abram & Tawney, Salley; 27 Sep 1814 (GB)
HEDRICK, John & Work, Hannah; 20 Dec 1825 (GB)
HEFF, Guy & Stigleman, Catherine Martha; 4 Jun 1833 (FB)

HEFF, Guy & Stigleman, Martha; 5 Jun 1833 (FM)
HEIVNER, Strawther & Price, Frances (d/o David Price Sr.); 15 Jul 1834 (MB)
HELLENBERG, Daniel & Shrider, Barbara (d/o John Shrider); 24 or 25 Mar 1787 (MB)
HELM, George & Patton, Polly; 23 Feb 1797 (MM)
HELM, Jacob & Smith, Elizabeth (d/o Humphrey Smith); 24 Sep 1812 (MB)
HELM, John B. & Peterman, Christina; 19 Dec 1829 (MB)
HELM, John D. & Barringer, Catherine; 13 Oct 1798 (MB)
HELM, John W. & Cox, Susannah (d/o Carter Cox); 6 Jun 1826 (MB)
HELM, Skelton T. & Younger, Mary A.; 15 Oct 1846 (GB)
HELM, Thomas & Smith, Olivia (d/o Humphrey Smith); 10 Mar 1812 (MB)
HELM, Thomas & Weddle, Mary; 26 Mar 1818 (MB)
HELMAN, William & Burton, Peggy; 1793 (MM)
HELMS, Benjamin & Booth, Nancy; 7 Dec 1844 (MM)
HELMS, Madison S. & Howard, Sarah A. (d/o Major Howard); 12 Nov 1842 (FB)
HELMS, Samuel & Litrell, Mary; 21 Oct 1839 (FB)

HELMS, William & Peu, Ann; 16 Mar 1847 (FM)
HELTON, Archibald & Weddle, Catherine; 19 Nov 1803 (MB)
HELTON, George & Green, Tabitha; 7 Apr 1793 (MB)(MM)
HELTON, John & Howell, Nancy; 11 Sep 1820 (MB)
HELTON, John & Howell, Nancy; 4 Oct 1798 (MB)
HELVEY, Frederick & Cane, Nancy; 22 Oct 1798 (MB)
HELVEY, John & Mitchell, Rebecca; 3 Jan 1805 (MB)
HELVEY, John K. & Munsey, Sarah D. (d/o Samuel Munsey); 21 Jan 1850 (GB)
HELVEY, Peter & Price, Peggy; 31 Dec 1804 (MB)
HENDERLITER, Isaac & Keister, Susan (d/o Keister, Philip); 25 Aug 1825 (MB)
HENDERLITER, Michael & Shopshire, Sarah; 16 Oct 1826 (MB)
HENDERSON, Abraham & Whitt, Rachel; 1780 (MM)
HENDERSON, Charles & Bateman, Sarah (d/o Rebecca Bateman); 17 Apr 1834 (MB)
HENDERSON, Christopher & Hetherington, Jane; 16 Jan 1833 (GB)
HENDERSON, Francis & Brown, Nancy A. (d/o Thomas Brown); 13 Nov 1838 (MB)
HENDERSON, Giles J. & Kyle, Margaret; 1 Nov 1843 (MM)

HENDERSON, James & Maxwell, Jane; 30 Dec 1833 (GB)
HENDERSON, James & Neel, Elizabeth (d/o William Neel); 16 Dec 1826 (GB)
HENDERSON, John & Bean, Polly; 2 Jun 1801 (MB)
HENDERSON, John & Harman, Betsy (d/o Elias Harman); 16 Jul 1834 (GB)
HENDERSON, John & Nell, Polly; 29 Aug 1813 (GB)
HENDERSON, Jonas & Thomas, Betsy (d/o Giles Thomas); 16 Apr 1806 (MB)
HENDERSON, Joseph & Buchanan, Martha C. (d/o Robert Buchanan); 23 Aug 1851 (GB)
HENDERSON, Joseph & McGee, Jane (d/o Robert McGee); 4 Mar 1794 (MB)
HENDERSON, Nehemiah & Davis, Amie (d/o Hiram H. Davis); 28 Jan 1839 (GB)
HENDERSON, Neheniah & Harman, Nancy (d/o Elias Harman); 11 Nov 1826 (GB)
HENDERSON, Samuel & McDonald, Mary; 3 Oct 1831 (MB)
HENDERSON, William & Deyerle, Nancy; 7 Jan 1800 (MB)
HENDERSON, William & Lester, Elizabeth; 18 Aug 1833 (MB)
HENDERSON, William & Sesler, Elizabeth; 18 Aug 1833 (MB)
HENDERSON, William E. & Stafford, Nancy; 22 Aug 1842 (GB)
HENDERSON, Zachariah & Owens, Mary; 25 Sep 1795 (MM)
HENDERSON, Zachariah & Owen, Mary (d/o Elias Owen); 19 Sep 1795 (MB)
HENDRICK, Francis & Stewart, Peggy; 29 Mar 1820 (GB)
HENDRICKSON, Jonathan & Champ, Susan; 6 Oct 1831 (GB)
HENRY, William & Stafford, Jane; 24 Oct 1800 (MB)
HENRY, William (of Washington Co., N.C.) & Davies, Margaret (d/o Samuel Davies); 2 Jul 1780 (MB)
HERNDON, Martin & Lalley, Mary (d/o Robert Lally); 7 May 1838 (MB)
HESLEP, Alexander & Ross, Mary E.; 13 Jan 1851 (MM)
HESLEP, James & Rayburn, Nancy (d/o William W. Rayburn); 25 Oct 1833 (MB)
HESLET, John (s/o Joseph & Rebecca Heslet) (b.p. Botetout Co., Va.) (w/o?) & Heslet, Mary E. (d/o George & Martha A. Heslet); 2 Dec 1858 (MM)
HESS, Henry & Ridpath, Matilda (d/o James Ridpath); 16 Nov 1832 (MB)
HESS, John & Bane, Mary; 18 Feb 1835 (MB)
HETHERINGTON, Christopher & Henderson, Catherine; 5 May 1827 (GB)

HETHERINGTON, George & Johnston, Elizabeth (d/o William Johnston); 10 Oct 1840 (GB)

HETHERINGTON, John & Bratton, Rhoda; 27 Oct 1842 (PM)

HETHERINGTON, Joseph & Johnston, Catherine; 4 Sep 1815 (GB)

HETHERINGTON, Samuel & Hetherington, Catherine; 8 Apr 1816 (GB)

HIAKOK, James W. (s/o Noris & Sarah Hiakok) (b.p Botetourt Co.,Va.) & Gardener, Mary E. (d/o Hamilton & Julia Gardiner); 25 Oct 1855 (MM)

HICKERSON, Festus (s/o John M. & Mary Ann Hickerson)(b.p. Rappahanock Co., Va.)(age 28 years, 10 months, 14 days) & Epling, Elvira J. (d/o Paul & Margaret Epling)(foster daughter of Annas Epling)(age 21 years, 8 months, 26 days); 5 Sep 1854 (GM)

HICKMAN, William P. Rev. & Hoge, Margaret R.; 18 Jul 1844 (PM)

HICKOK, Samuel Morris (b.p. Fincastle, Va.) & Gardner, Emeline Augusta (d/o John & Betsy Lucas)(b.p. Christiansburg, Va.); 15 Feb 1854 (MM)

HICKS, William T. & Maxwell, Mariah (w/o Whitely Maxwell); 3 Apr 1848 (GB)

HICKSON, Christopher & Little, Sarah; 26 Jun 1852 (PL)

HICOCK, Samuel M. & Gardner, Emeline (d/o John Gardner); 13 Feb 1854 (MB)

HIFFER, George & Caldwell, Ruthy; 2 Jul 1818 (MM)

HIGGINBOTHAM, John & Allen, Mary E. (d/o Madison Allen); 29 Aug 1846 (GB)

HIGGINBOTHAM, Thomas J. & Bane, Nancy; 15 Mar 1845 (GB)

HILDRUTH, John & Shaw, Dorcus (d/o William Shaw); 9 Feb 1775 (MB)

HILL, Elijah & Duncan, Sarah; 19 Dec 1840 (FB)

HILL, Harvey & Odel, Lucinda; 18 Aug 1844 (PM)

HILL, James A. & Deyerle, Anna Rebecca; 7 Dec 1830 (MB)

HILL, James A. & Wade, Alley (d/o Anderson Wade); 20 Nov 1843 (FB)

HILL, Stephen & Jones, Mary; 23 Mar 1847 (FM)

HILL, Thomas & Cox, Nancy; 14 Oct 1839 (FB)

HILL, Thomas & Cox, Nancy; 17 Oct 1839 (FM)

HILL, William & Radford, Margaret; 6 Nov 1845 (FM)

HILTON, ____ & Hilton, Elizabeth (d/o Elijah Hilton); 3 Jan 1792 (MB)

HILTON, Elijah & Massas, Emmela; 13 Jul 1832 (FM)

HILTON, James (s/o William & Elizabeth Hilton) (b.p. Brunswick Co., Va.) & Loving, Amanda (d/o William & Harriet Loving) (b.p. Halifax Co., Va.); 25 Aug 1858 (MM)

HILTON, Robert & Trent, Janetta (d/o Nancy Trent); 4 Feb 1846 (GB)

HINE, Thomas S. & Fizer, Margaret (d/o John Fizer); 2 Apr 1842 (GB)

HINKLEY, Elkany & Rose, Rhoda; 31 Mar 1840 (FB)

HINTON, George W. & Smith, Elizabeth; 6 Nov 1804 (MB)

HIPES, Abraham & Davis, Mary Ann; 15 May 1837 (GB)

HIPES, Joseph & Hipes, Susannah; 24 Jun 1836 (GB)

HIVELY, John & Hykes, Margaret; 25 Sep 1827 (GB)

HIX, John & Brown, Elizabeth; 6 Aug 1789 (MB)

HIX, Joseph & Lester, Sarah; 3 Sep 1797 (MB)

HIX, Joseph & Surter, Sarah; 2 Dec 1786 (MB)

HIX, Richard & Thompson, Susan; Nov 1793 (MM)

HIX, Robert & Thompson, Susannah; 22 Nov 1793 (MB)

HOBACK, Charles & Harmon, Rhoda J. (d/o Wilson Harmon); 23 Mar 1854 (GM)

HOBACK, David & Conner, Sophia (d/o Andrew Conner); 24 Jan 1829 (MB)

HOBACK, David & Moore, Anne; 10 Dec 1829 (MB)

HOBACK, Joseph (Father of Jacob Hoback who writes..."Sirs, Agreeable to the statement of our parents Joseph Hoback must have past the age of twenty one years") & Gray, Mary; 24 Jan 1834 (FB)

HOBACK, Levi (s/o Peter Hoback of Wythe Co., Va.) & Harman, Ann Eliza (d/o Daniel Harman); 12 Jul 1843 (GB)

HOBACK, William & McNeil, Millie; 29 Mar 1847 (GB)

HOBACK, William B. & Bowman, Magdaline (d/o Christian Bowman); 12 Nov 1842 (FB)

HOBBS, Thomas & Duncan, Julina (d/o Landon Duncan); 25 Jan 1830 (GB)

HOBBS, Thomas & Duncan, Julina; 28 Jan 1830 (GM)

HOBSON, Augusta & Snider, Ellen T.G. (d/o John Snider); 11 Jan 1854 (MB)

HODGES, Moses & Garrell, Elizabeth; 29 Apr 1816 (GB)

HODGES, Robert S. & Bell, Harriet; 28 Sep 1854 (PL)

HOFE, Joseph & Dilnman, Nancy (d/o

William Robert Dilnman); 1 Nov 1796 (MB)
HOGAN, David & Barringer, Polly; 6 Oct 1813 (MB)
HOGAN, Francis & Phlegar, Leah; 24 Apr 1834 (FM)
HOGAN, Francis & Phlegar, Leah; 16 Apr 1834 (FB)
HOGAN, Harmon & Elliot, Peggy; 19 Oct 1813 (MB)
HOGAN, Philip & Payte, Elizabeth (d/o Jeremiah & Christina Pate Sr.); 31 Mar 1787 (MB)
HOGAN, Phillip & Payte, Elizabeth (d/o Jeremiah Payte); 31 Mar 1787 (MB)
HOGE, Daniel (s/o James Hoge) & Stafford, Nancy (d/o James Stafford); 25 Mar 1806 (MB)
HOGE, George & Flowers, Elizabeth; 25 Aug 1808 (GB)
HOGE, George D. & Pearis, Rebecca C. (d/o George N. Pearis); 24 Dec 1836 (GB)
HOGE, James & Howe, Elinor; 5 Jun 1810 (MB)
HOGE, James F. & Johnston, Eliza Jane (d/o Andrew Johnston); 13 May 1840 (GB)
HOGE, John & Rutledge, Jenny; 12 Jun 1802 (MB)
HOGE, John H. & Trolinger, Charlotte; 14 Mar 1856 (PL)
HOGE, John H. (s/o Daniel & Ann Hoge)(b.p. Ohio)(w/o?) & Trolinger, Charlotte (d/o John & Charlotte Trolinger); 18 Mar 1856 (PM)
HOGE, John H. (s/o Daniel & Nancy Hoge)(b.p. Ohio)(w/o?) & Trinkle, Sarah (d/o Stephen & Sarah Trinkle); 21 Jul 1859 (PM)
HOGE, John Jr. & Kerr, Julia (d/o James Kerr); 16 Mar 1835 (GB)
HOGE, Joseph (s/o James Hoge) & Brawley, Barbara (d/o John Brawley); 9 Nov 1790 (MB)
HOGE, Moses (s/o John Hoge) & Evans, Harriet Jane; 22 Oct 1839 (MB)
HOILMAN, Andrew J. (s/o John & Nancy Hoilman)(b.p. Wythe Co., Va.)(b.d. 5 Mar 1832) & Douthat, Luemma H. (d/o Jacob & Moria Douthat)(b.p. Floyd Co., Va.)(b.d. 23 Jun 1835); 25 Dec 1855 (GM)
HOLDREN, Henry & Thompson, Mahaly (d/o Elizabeth Thompson); 22 Dec 1835 (GB)
HOLIDAY, Ransom & Baker, Mary; 22 Aug 1844 (FM)
HOLLANS, James & Underwood, Artary; 2 Dec 1835 (FB)

HOLLANS, John & auer, Polly (d/o John Mauer); 4 Oct 1814 (MB)
HOLLANS, John & Mower, Polly; 18 Oct 1816 (MB)
HOLLEY, Joseph & Harmon, Mary (d/o Catherine Harmon); 8 Feb 1812 (MB)
HOLLIDAY, ____ & Elkins, Jane; 11 Jul 1845 (PM)
HOLLIDAY, Charles & Watkins, Sarah; 2 May 1793 (MB)
HOLLIDAY, Henry (s/o William Holliday); Holliday, Letty; 27 Oct 1827 (MB)
HOLLIDAY, Jackson & Akers, Octavia; 25 Dec 1853 (PM)
HOLLIDAY, William & Bowden, Henrietta; 8 May 1851 (PB)(PM)
HOLLY, James & Copher, Catherine; 19 Mar 1818 (MB)
HOLLY, Thomas & Burton, Sophia Ann; 4 Jun 1838 (MB)
HOLMES, James & Miller, Virginia (d/o Alexander Miller); 16 Jul 1833 (MB)
HOLMES, James & Rose, Ellen; 12 Jul 1849 (PM)
HOLMES, James & Warden, Nancy; 10 Dec 1824 (MM)
HOLMES, John & Miller, Betsy; 5 Mar 1822 (MB)
HOLSTEN, Henry & Webb, Mary; 5 Apr 1802 (MB)
HOLSTINE, Henry W. & Mills, Mary H. (d/o Joseph W. Mills); 18 Sep 1848 (GB)
HOLSTONE, Joseph & Mooney, Elizabeth; 29 Sep 1834 (GB)
HOLT, James & Huff, Polly (d/o James Huff); 20 Jul 1835 (FB)
HOLT, Simpson & Richards, Octavia; 29 Mar 1840 (FB)
HOLT, Spratley & Walters, Nancy; 2 Jan 1829 (MB)
HONAKER, Abraham (s/o Abraham Honaker) & French, Eliza Jane; 29 Jan 1846 (GB)
HONAKER, Henry & Carbough, Elizabeth; 15 Feb 1840 (PM)
HONAKER, Isaac & Penner, Susannah; 29 Mar 1796 (MB)
HONAKER, Jacob & Bradshaw, Jane (d/o Martha Bradshaw); 25 May 1833 (MB)
HONAKER, James & Kirk, Minerva A.; 12 Oct 1845 (PM)
HONAKER, Oscar F. & Reese, Mary A.; 15 Dec 1852 (PL)
HOOVER, Jacob (s/o Frederick & Margaret Hoover)(b.p.Shenandoah)(w/o?) & Smith, Elizabeth (d/o Jacob & Eva Rupp Wheelwright)(b.p. Botetourt, Co., Va.)(w/o); 1 Dec 1854 (MM)(MB)
HORNBARGER, Daniel & Walters, Nancy; 28 Apr 1824 (MB)
HORNBARGER, Jacob & Stapleton, Elizabeth; 1792 (MM)
HORNBARGER, Peter & Smith, Elizabeth

(d/o Jacob Smith); 26 Oct 1788 (MB)
HORNTZ, Jacob & John, Leah (d/o John John); 14 Dec 1829 (MB)
HOSIER, Joseph & Coffin, Elizabeth; 23 Feb 1797 (MB)
HOUCHINGS, James & Mann, Sally (d/o Rachel Mann); 3 Oct 1836 (GB)
HOUCHINS, William & Lee, Eliza; 27 Sep 1853 (MM)
HOUNSHELL, Adam & Ott, Anna; 30 Aug 1815 (MB)
HOUNSHELL, Andrew & Lombard, Lovace; 17 Sep 1786 (MB)
HOUSEWRIGHT, William & Bicknell, Sally (d/o Jesse Bicknell); 11 Aug 1834 (MB)
HOVER, Philip & Boardman, Sarah; 10 Feb 1825 (MM)
HOWARD, Andrew & Jewell, Harriet; 9 Dec 1842 (MM)
HOWARD, Asa L. & Headen, Ellen M.; 28 Dec 1843 (FB)
HOWARD, Cyrus (s/o James Howard) & Booth, Milley (d/o George Booth); 12 Apr 1787 (MB)
HOWARD, Edward & Burchett, Mary; 29 Aug 1787 (MM)
HOWARD, Elias H. & Welbourne, Elvira Ann (d/o Reuben Welbourne); 6 Apr 1840 (GB)
HOWARD, Ira & Lester, Permelia (d/o John Lester); 3 Dec 1816 (MB)

HOWARD, Ira & O'Bryan, Dicey Evaline; 7 Jul 1835 (FB)
HOWARD, Isaiah & Howard, Ann; 14 Mar 1791 (MB)
HOWARD, Jobe & Howard, Abigail (d/o Peter Howard); 22 Feb 1817 (MB)
HOWARD, John C. & Howerton, Parthena (d/o James Howrton); 29 Nov 1852 (MB)
HOWARD, John C. & Howerton, Parthena; 23 Dec 1852 (MM)
HOWARD, Joseph & Hylton, Mary; 2 Mar 1833 (FB)
HOWARD, Joseph & Shelor, Jane; 5 Jan 1836 (FB)
HOWARD, Joseph & Hylton, Mary; 5 Mar 1833 (FM)
HOWARD, Major & Shelor, Sarah (d/o William Shelor); 5 Nov 1821 (MB)
HOWARD, Reuben & Gunter, Rhoda (d/o John & Sary Gunter); 26 Mar 1841 (MB)
HOWARD, Stephen & Musgrove, Ally; 10 Apr 1798 (MB)
HOWARD, William & Adams, Catharine Miranda; 3 Sep 1845 (MM)
HOWARD, William & Belcher, Martha; 15 Sep 1818 (MB)
HOWARD, William & Collingsworth, Elizabeth; 9 May 1826 (MB)
HOWE, Daniel & Heavin, Nancy (d/o Ruth Heavin); 28 Aug 1790 (MB)

HOWE, William & Fisher, Mary M.(d/o Mary Fisher); 14 Jun 1836 (MB)
HOWEL, Lorenzo D. & McDaniel, Mary; 16 Feb 1849 (MM)
HOWELL, Alexander & Dobyns, Timandra; 9 May 1831 (FB)
HOWELL, Alexander & Dobyns, Timandra; 13 May 1831 (FM)
HOWELL, Andrew J. & Carter, Frances; 9 Oct 1838 (FM)
HOWELL, Andrew J. & Carter, Frances; 8 Oct 1838 (FB)
HOWELL, Benjamin & Kendall, Elizabeth; 1 Dec 1801 (MB)
HOWELL, Beuford & Sink, Susanna; 18 Feb 1839 (FB)
HOWELL, David & Allen, Jean; 17 Oct 1785 (MM)
HOWELL, David & Carter, Nancy; 25 May 1820 (MB)
HOWELL, David & Hilton, Susannah; 1789 (MM)
HOWELL, David Jr. & Pratt, Charlotte; 6 Aug 1822 (MB)
HOWELL, Henry B. & Epperley, Luanna; Dec 1850 (FL)
HOWELL, James & Russell, Catherine; 15 Nov 1829 (MM)
HOWELL, John & Harter, Oilett; 23 Jan 1822 (MB)
HOWELL, John & Parkerson, Elizabeth; 1805 (MB)
HOWELL, John & Rakes, Sarah (d/o Henry Rakes); 2 Mar 1823 (MB)
HOWELL, Joseph & Dunlop, Jane; 22 Jan 1805 (MB)
HOWELL, Joshua & Mickabell, Christina; 3 Nov 1800 (MB)
HOWELL, Mark & Helton, Susannah; 22 Dec 1814 (MB)
HOWELL, Thomas & Stapleton, Sally; 6 Nov 1802 (MB)
HOWELL, Thomas & Wilson, Delila; 5 Jan 1820 (MB)
HOWERTON, James & Dobbins, Elizabeth; 23 Aug 1837 (MB)
HOWERTON, James & Vickers, Malinda; 25 Aug 1830 (MB)
HOWERTON, John & Grimes, Miriam (d/o Robin Grimes); 1 Mar 1825 (MB)
HOWERTON, John & Pate, Christina; 4 Sep 1810 (MB)
HOWERTON, Obediah & Hogan, Christina; 13 Feb 1808 (MB)
HOWERTON, Thomas & Williams, Margaret; 5 Jul 1803 (MB)
HOWERTON, William & Whitt, Susannah; 27 May 1823 (MM)
HOWERY, George & Martin, Peggy; 17 Feb 1810 (MB)
HOWERY, Jacob & Hess, Catey (d/o Henry Hess); 27 Jul 1814 (MB)
HOWERY, Philip & Hest, Betsy (d/o Henry Hest); 5 Feb 1812 (MB)
HOWRY, Lewis & Pate, Sarah 16 Dec 1834 (MB)

HOWRY, Peter & Pate, Frances; 20 Mar 1837 (MB)
HOY, Calvin C. (s/o Elizabeth Hoy) & Wallace, Mary (d/o Christopher & Nancy Wallace)(b.p. Notoway, Va.); 30 Oct 1856 (PM)
HUBBARD, Edward & Whitaker, Polly; 16 Oct 1855 (PL)
HUBBERT (aka Hawbert), George Jr. & Rayburn, Martha (d/o William W. Rayburn);21 Sep 1835 (MB)
HUBBORD, Edward (s/o Solomon & Elizabeth Hubbord)(b.p.North Carolina)(w/o ? age 58 years) & Whitaker, Polly (d/o James & Sarah Whitaker); 18 Oct 1855 (PM)
HUDSON, Allen (b.d.9 Sep 1795) & Ballard, Rocksey (d/o Louis & Martha Ballard); 23 Sep 1816 (MB)
HUDSON, Calvin & Collins, Ann; 12 Jun 1827 (MM)
HUDSON, George & Shannon Hannah; 2 Nov 1812 (GB)
HUDSON, John & West, Ruth; 5 Mar 1834 (FM)
HUDSON, John & West, Ruth; 28 Feb 1834 (FB)
HUDSON, Reuben & Pannel, Martha; 27 Jul 1826 (MB)
HUEL, John & Lore, Jane; 3 Jun 1803 (MB)
HUESTON, John & Dean, _____ (d/o Adam Dean); 27 Sep 1785 (MB)
HUFF, Esom & Barnett, Margaret; 25 Oct 1837 (MB)
HUFF, Francis Jr. & Charlton, Betsy; 2 Sep 1816 (MB)
HUFF, Frederick S. (s/o Francis & Elizabeth Huff) & Dooly, Isabella (d/o Stephen & Nancy Dooly);
HUFF, George W. & Banks, Mary A.; 18 May 1848 (FM)
HUFF, Henry (s/o Philip Huff) & Jackson, Rachel (d/o Robert Jackson); 5 Jun 1811 (MB)
HUFF, Hiram & Vancil, Susannah; 2 Jan 1840 (FM)
HUFF, Hiram (s/o William Huff) & Vancil, Susannah; 30 Dec 1839 (FB)
HUFF, Jacob & Millikin, Eleanor (d/o Jesse Millikin); 11 Jun 1822 (MB)
HUFF, James & Litterall, Stacey; 8 May 1814 (MB)
HUFF, James (s/o Francis & Elizabeth Huff) & Adkinson, Mary A. (d/o Austin & Margaret Adkinson)(b.p. Bedford Co., Va.); 27 Sep 1860 (ML)
HUFF, John & Corder, Elinor; 6 Oct 1782 (MM)
HUFF, John & Cox, Nancy; 13 Jul 1818 (MB)(MM)

HUFF, John & Graham, Pamelia; 18 Dec 1850 (FL)
HUFF, John & Guilliams, Elizabeth; 1 Feb 1837 (FB)
HUFF, Samuel & Aldridge, Nancy (d/o William & Amy Aldridge); 4 Sep 1813 (MM)
HUFF, Samuel & Weddle, Peggy; 1 Feb 1816 (MB)
HUFF, Samuel & Wiley, Anne (d/o Alexander Wiley); 2 May 1804 (MB)
HUFF, Sparul & Huff, Sarah; 31 Dec 1846 (FM)
HUFF, Wilson & McPeak, Jane; 9 Feb 1838 (FB)
HUFF, Wilson & McPeek, Jane; 11 Feb 1838 (FM)
HUFF, Wilson (s/o Henry Huff) & Lawrence, Mary (d/o John Lawrence); 26 Dec 1839 (MB)
HUFFMAN, Alexander & Keffer, Elizabeth (d/o John Keffer); 4 Aug 1843 (GB)
HUFFMAN, Andrew (s/o Solomon & Eliner Huffman)(b.p. Botetout Co., Va.) & Sartine, Dicey E. (d/o David & Nancy Sartain); 29 Sep 1856 (GM)
HUFFMAN, Daniel & Webb, Jane (d/o William Webb); 8 Jun 1835 (GB)
HUFFMAN, James Anderson & Atkins, Elizabeth (d/o Mary Atkins); 9 Sep 1945 (GB)

HUFFMAN, John & Bell, Chiren Happerch; 24 Nov 1818 (MB)
HUFFMAN, William & Myers, Lucinda (d/o Peter Myers); 27 Sep 1830 (MB)
HUFFMAN, William G. & Longer, Elizabeth; 23 Mar 1854 (PL)
HUGHES, Ellis (s/o Edward & Ann Hughes)(b.p. Hanmouthshire, Wales) & Gilmore, Harriet (d/o Samuel & Catherine Gilmore); 18 Oct 1860 (MM)(ML)
HUGHES, George W. & Jones, Susannah (d/o Jeremiah Jones); 28 Mar 1842 (GB)
HUGHES, James & Bowing, Polly; 24 Feb 1826 (MM)
HUGHES, James & Brookman, Mahala; 2 Mar 1839 (MB)
HUGHES, James H. (s/o James & Mahala Hughes)(b.p.Giles Co., Va.) & Dodd, Sarah A. (d/o James & Agnes Dodd)(b.p. Botetourt Co., Va.); 20 Nov 1859 (ML)
HUGHES, John & Lorton, Rachel (d/o Thomas Lorton); 13 May 1824 (MB)
HUGHES, Reuben & Thompson, Peggy; 25 Mar 1823 (GB)
HUGHES, William & Hurt, Delila (d/o Rowland Hurt); 16 Oct 1854 (MB)
HUGHETT, David & Branscomb, Sinthe; 7 Jun 1836 (FM)

117

HUGHETT, David (s/o John Hughett) & Branscomb,Cynthia; 28 May 1836 (FB)

HUGHETT, Robert & Wilson,Lucina; 17 Dec 1843 (FM)

HUGHETT, Washington & Manger,Sarah; 19 Dec 1846 (FM)

HUGHLETT, Stephen & Duncan,Rhoda; 5 May 1842 (FB)

HUGHLETT, Stephen & Duncan, Rhoda; 12 May 1842 (FM)

HUGHS, John & Hacket, Delilah (d/o John Hacket); 15 May 1833 (GB)

HUGHS, Stephen & Fannon, Betsy (d/o Briant Fannon); 19 May 1814 (GB)

HUGHS, William & Jordan, Louisa A. (d/o Hugh Jordan); 13 Oct 1838 (GB)

HUMPHREYS, Charles & Caldwell, Susan; 23 Jul 1838 (MB)

HUMPHRIES, James M. & Lore, Eliza Jane (d/o John Lore); 19 May 1854 (MM)(MB)

HUMPHRIES, Joseph & Lock, Mary; 3 Nov 1805 (MB)

HUMPHRIES, William & Gerrel, Polly; 14 Jan 1816 (GB)

HUNDLEY, Albert G. & Moses, Jane (d/o William Moses); 14 Jul 1854 (MB)

HUNGATE, Richard & Howell,Nancy; 27 Sep 1838 (FB)(FM)

HUNGATE, Richard & Hylton,Delila; 7 Mar 1833 (FB)(FM)

HUNSGATE, William & Hood,Margaret; 5 Dec 1797 (MB)

HUNT, Anderson & Tutle, Delitha (d/o Gatsey Tutle); 23 Feb 1842 (GB)

HUNT, William (aka James Hunt) & Dempsey, Jane (d/o Tandy Dempsey); 15 Feb 1823 (GB)

HUNTER, Hiram & Dowdy, Susanna (aka Susanna Nida); (d/o Jacob Nida); 16 May 1835 (GB)

HUNTER, Moses (b.d. 14 May 1810)(s/o Mary Emons) & Hoge, Elizabeth (d/o William Hoge); 29 Dec 1832 (MB)

HUNTER, Robert & Taylor, Betsy; 24 Jul 1810 (GB)

HUNTER, Samuel & Reyburn, Agnes (d/o Joseph Reyburn); 21 Oct 1816 (MB)

HUNTER, Thomas & Smith, Elizabeth; 1782 (MM)

HUNTER, William & Lugar, Barbary; 5 May 1823 (GB)

HUNTER, William & Smith, Maria B.; 9 Jul 1829 (MM)

HURFORD, David & Tabor, Martha (d/o John Tabor); 20 Feb 1829 (MB)

HURST, Allan W. & Ashworth, Rebecca; 5 Sep 1846 (PM)

HURST, Calvin & Nunn, Virginia; 27 Feb 1851 (PM)

HURST, Calvin & Nunn, Virginia; 25 Feb 1851 (PB)

HURST, Jesse & Fugate, Mary; 1 Oct 1840 (PM)

HURST, John & Menifee, Patty; 5 Apr 1791 (MB)
HURST, Samuel & Breeding, Virginia; 17 Nov 1840 (PM)
HURST, William & Odell, Phoebe; 4 Jul 1839 (PM)
HURT, John & West, Lawsey; 30 Nov 1824 (MB)
HURT, Patrick H. & Duckwiler, Nancy Ann; 3 Oct 1844 (MM)
HURT, William & Goad, Elizabeth (d/o Abram Goad); 17 Feb 1787 (MB)
HUSE, Andrew & Barton, Lydia (d/o Edith Day); 24 Jun 1851 (GB)
HUTCHER, Burwell & Epperly, Ruth; 19 Oct 1849 (FB)
HUTCHESON, Augustus & Fisher, Nancy; 30 May 1830 (MM)
HUTCHESON, Charles & Allicorn, Jean; 1 Oct 1788 (MB)
HUTCHESON, James & Cannaday, Martha; 16 Jan 1787 (MB)
HUTCHESON, Redmond E. & Sarver, Susannah (d/o Isaac Sarver); 30 Jun 1834 (GB)
HUTCHESON, Samuel & Anderson, Isabella (d/o Joseph Anderson); 6 Jul 1804 (MB)
HUTCHESON, Samuel & Price, Sally; 13 May 1839 (GB)
HUTCHESON, William & Elmore, Nancy (d/o William Elmore); 22 Nov 1841 (GB)
HUTCHINSON, Bennett & McDaniel, Emily; 8 Feb 1849 (MM)
HUTCHINSON, Madison & Taylor, Betsy Polly (d/o Alexander Taylor); 24 Apr 1844 (GB)
HUTCHINSON, William B. & Miners, Elleanor; 8 Apr 1844 (GB)
HUTCHISON, Hamilton W. & Lugar, Ann (d/o John Lugar); 8 Sep 1849 (GB)
HUTCHISON, Madison & Huffman, Caroline; 28 Oct 1839 (GB)
HUTCHISON, Robert M. & Tawney, Elizabeth; 12 Mar 1819 (GB)
HUTSELL, Andrew & Earhart, Polly (d/o John Earhart); 16 May 1832 (MB)
HUTSELL, Lewis (s/o Lewis Hutsell of Wythe Co., Va.) & Bruce, Susannah (d/o William Bruce); 8 Apr 1812 (GB)
HUTSELL, William G. & Stafford, Syntha; 28 Mar 1842 (GB)
HUYLETT, Clark & ____; 14 Dec 1834 (FB)
HYDE, Cyrus & Ingles, Margaret (d/o John Ingles); 14 Aug 1829 (MB)
HYDEN, Bailey & Lloyd, Hannah; 1 Nov 1831 (MB)
HYLTON, Archelius Jr. & Stegall, Levina; 27 Feb 1827 (MB)
HYLTON, Briant & Wade, Nancy (d/o Hamilton Wade); 12 May 1827 (MB)
HYLTON, Burwell & Slusher, Mary (d/o

Christopher Slusher); 4 Mar 1823 (MB)
HYLTON, Elijah & Gill, Martha Jane; 10 Oct 1844 (FM)
HYLTON, George & Delong, Sarah; 21 Feb 1839 (FM)
HYLTON, George & Earles, Matilda; 16 Oct 1845 (FM)
HYLTON, George & Harman, Mary; 15 Oct 1832 (FB)
HYLTON, George & Delong, Sarah; 4 Feb 1839 (FB)
HYLTON, George & Harman, Mary; 23 Oct 1833 (FM)
HYLTON, Henry & Hylton, Catherine; 14 Oct 1847 (FM)
HYLTON, Henry (b.d. 6 Dec 1808)(s/o Archelius & Catherine Hylton) & Hylton, Margaret; 7 May 1830 (MB)
HYLTON, Ira & Cox, Eunice; 27 Dec 1849 (FM)
HYLTON, Isaac & Bowman, Mary; 12 Aug 1847 (FM)
HYLTON, James & Stegall, Susanna; 9 Aug 1834 (FB)
HYLTON, James & Stegall, Susanna; 14 Aug 1834 (FM)
HYLTON, John Briant & Harter, Margaret; 16 Apr 1839 (FM)
HYLTON, John Bryant & Harter, Margaret; 30 Mar 1839 (FB)
HYLTON, John L. & Howell, Eliza A.; 9 Jul 1849 (FM)
HYLTON, Joshua & Delong, Tabitha; 26 Oct 1839 (FB)
HYLTON, Joshua & Delong, Tabitha; 27 Oct 1839 (FM)
HYLTON, Newman & Houtchins, Elizabeth; 17 Jul 1845 (FM)
HYLTON, Newman & Moles, Nancy; 21 Aug 1837 (FB)
HYLTON, Newman & Moles, Nancy; 7 Sep 1837 (FM)
HYLTON, Riley H. & Wade, Hannah; 7 Dec 1848 (FM)
HYLTON, Simon & Harborn, Sally; 9 Feb 1841 (FB)
HYLTON, Solomon & Edery, Celia; 24 Dec 1835 (FB)
HYLTON, Zachariah & Manning, Martha; 15 Jun 1847 (FM)
HYMES, Isaac & Fowler, Rhoda; 19 Mar 1824 (MM)
HYPES, Peter & Caldwell, Susannah; 5 Jan 1830 (GB)
IDDINGS, Anderson (s/o Lydia Iddings) & Smith, Elizabeth; 20 Dec 1841 (FB)
IDDINGS, Henry Jr. & Wilson, Lydia (d/o Peter Wilson); 25 Sep 1812 (MB)
IDDINGS, Jonathan & Pharis, Hannah; 8 May 1845 (FM)
IDDINGS, Lafayette & Heslep, Nancy E. (d/o William Heslep); 31 Aug 1853 (MB)
IDDINGS, Sirus & Conner, Elizabeth; 15 Sep 1833 (FM)
IDDINGS, William & Conner, Sally (d/o Jonathan Conner); 18 Oct 1818 (MB)

IDINGS, Jonathan & Howry, Sarah; 15 Nov 1832 (FM)
IDINGS, Jonathan & Howry, Sarah; 5 Nov 1832 (FB)
IDLE, Henry & Trump, Catey; 26 Jun 1816 (MB)
IGO, Harvey & Lewis, Nancy (d/o Charles & Eda Lewis); 8 Mar 1852 (GB)
IN____, Isaac (s/o Benjamin & Elizabeth)(of Patrick Co., Va.) & Thompson, Rhoda (d/o Joseph & Sarah)(w/o?)(of Wythe Co., Va.); 6 Mar 1855 (GM)
INGRAM, Aaron & Litner, Mary; 4 Nov 1795 (MB)
INGRAM, Ebenezor & Johnston, Hannah; 18 May 1787 (MB)
INGRAM, James & Manifee, Rhoda; 22 Dec 1785 (MB)
INGRAM, John & Davis, Rachel; 12 Dec 1789 (MB)(MM)
INGRAM, Nimrod & Patton, Margaret; 20 Dec 1819 (MB)
INGRAM, Nimrod Jr. & Cecil, Nancy (d/o Samuel Cecil); 4 Feb 1820 (MB)
INGRAM, Robert C. & Hale, Locky; 17 Oct 1837 (MB)
INGRAM, Samuel & Glasgow, Margaret; 27 Oct 1846 (PM)
INGRAM, Samuel & McDonald, Elizabeth; 9 Dec 1785 (MB)(MM)
INGRAM, William (s/o James Ingram) & Currin, Mary; 18 Feb 1799 (MB)
IRICK, John & Holmes, Mary; 25 Dec 1806 (MB)
IRVIN, David & Miller, Rachel (d/o John Miller); 13 Sep 1837 (MB)
IRVING, Alexander & Taylor, Jane (d/o Thomas Taylor); 23 Sep 1799 (MB)
IRVING, James & Oglesby, Mary (d/o David Oglesby); 28 Sep 1785 (MB)
IRVING, James & Roberts, Betsy; 16 Feb 1802 (MB)
JACKSON, Christopher C. & Leary, Henrietta; 24 Jul 1857 (PL)
JACKSON, Christopher C. (s/o John & Basheba Jackson)(b.p. North Carolina) & Teny, Henrietta (d/o William & Nancy Teny)(b.p. Montgomery Co., Va.); 26 Jul 1857 (PM)
JACKSON, Joseph & Burk, Rebecca; 11 Jun 1814 (GB)
JACKSON, Robert & Burk, Clary; 24 Dec 1816 (GB)
JACKSON, Thomas L. & Howe, Luemma P. (d/o Daniel Howe); 6 Feb 1837 (MB)
JAMES, Anderson (s/o O. & Mary James)(b.p. North Carolina) & Stephens, Maria B. (d/o S. & E. Stephens)(b.p. Giles Co., Va.); 7 Apr 1859 (PM)

JAMES, George W. & Stewart, Eliza; 16 Aug 1853 (PL)
JAMES, John & Lockett, Nancy; 2 Jan 1817 (MB)(MM)
JAMES, Robert J. & Haden, Mary; Dec 1849 (MM)
JAMES, Thomas E. & Bailey, Mary Jane (d/o Nelson Bailey); 13 Jun 1848 (GB)
JAMES, William & Wells, Elizabeth (d/o Samuel Wells); 8 Apr 1786 (MB)
JAMES, William P. & Poff, Elizabeth Jane; 10 Dec 1851 (MM)
JAMES, William P. & Poll, Elizabeth Jane; 10 Dec 1851 (MM)
JAMESON, Alexander & Rose, Elizabeth; 25 Dec 1792 (MB)
JANNEY, Sloame J. & Williams, Elizabeth; 12 Oct 1846 (FM)
JANNEY, Sparrel R. & Radford, Rosanah; 22 Dec 1831 (FB)
JANNY, John & Moore, Elizabeth (d/o Polly Moore); 27 Mar 1841 (FB)
JANNY, John & Moore, Elizabeth; 30 Mar 1841 (FM)
JARELL, Isaac A. (s/o John & Chisteen Jarell)(w/o?) & Davis, Mary (d/o Thomas & Martha Davis); 3 Apr 1856 (MM)
JARREL, Garland & Pearis, Jules; 14 Jan 1813 (GB)

JARRELL, John T. & Martin, Anny; 16 May 1848 (FM)
JENKINS, James & Marrs, Leotetia (d/o Archibald Marrs); 22 Dec 1823 (GB)
JENKINS, John & Watkins, Christina (d/o Ebenezar Watkins); 5 Nov 1822 (MB)(MM)
JENKINS, Mason & Smith, Sarah A.; 30 Mar 1848 (FM)
JENKINS, Thomas J. (s/o James & Maria Jenkins)(b.p. Patrick Co., Va.) & Odell, Catherine (d/o Abram & Sarah Odell)(b.p. Grayson Co.); 27 May 1858 (PM)
JENNEY, Sparrel R. & Radford, Rosannah; 3 Jan 1832 (FM)
JENNINGS, Creed & Runyon, Norminda; 5 Mar 1850 (PM)
JENNINGS, John & Wimmer, Hannah; 27 Nov 1849 (FM)
JESSE, John & Napier, Elizabeth; 16 Nov 1848 (FM)
JETER, Henry & Deaton, Martha Ann (d/o Levi Deaton); 9 Sep 1834 (MB)
JETT, Edgar M. & Grigg, Ann Eliza (d/o Nancy Grigg); 17 Feb 1835 (FB)
JETT, Edgar M. & Grigg, Ann Eliza; 18 Feb 1835 (FM)
JETT, James & Robinson, Margaret (d/o William Robinson); 25 Jan 1791 (MB)(MM)

JETT, Joseph & Chrisman, Phebe (d/o Abraham Chrisman); 12 Sep 1792 (MB)

JETT, Stephen & Howerton, Fanny; 19 Feb 1784 (MB)

JEWEL, Hamilton & Walters, Elizabeth A.; Jan 1851 (MM)

JEWEL, Thomas (s/o John Jewel) & Hall, Catharine (d/o Freeburn Hall); 2 Nov 1852 (MB)(MM)

JEWELL, James & Ferrow, Priscilla (d/o Charles Ferrow); 22 Dec 1823 (MB)

JEWELL, John & Hall, Christina (d/o Asa Hall Sr.); 21 May 1823 (MB)

JEWELL, Robert & Reese, Agnes (d/o Phebe Rees); 22 Sep 1835 (MB)

JEWELL, Thomas Jefferson (s/o Robert & Aga Jewell) & Gordon, Eliza Ann (d/o Samuel & Ginsey Gordon); 6 Feb 1860 (MM)(ML)

JEWELL, William & Hall, Mary (d/o Asa Hall Sr.); 25 Jan 1825 (MB)

JINNEY, Jacob & Moore, Mary (d/o David Moore); 15 Dec 1842 (FB)

JINNEY, Jacob (of Franklin Co., Va.) & Moore, Mary; 20 Dec 1842 (FM)

JOHN, Griffith & Hambrick, Liona (d/o Joseph Hambrick); 5 Feb 1829 (MB)

JOHN, John & McDonald, Mary J. (d/o Edward McDonald); 19 Dec 1854 (MB)

JOHNSON, Abraham & Reyburn, Rebeckah (d/o James Reyburn); 7 Sep 1810 (MB)

JOHNSON, Chapman I. & Snidow, Elijann C. (d/o John Snidow); 1 Oct 1847 (GB)

JOHNSON, David & Scaggs, Joice; 3 Jun 1788 (MB)

JOHNSON, Ephriam & Daugherty, Katey; 23 Apr 1792 (MM)

JOHNSON, James & Copely, Rachel (d/o Thomas Copely Sr.); 28 Jan 1786 (MB)

JOHNSON, James & Honaker, Betsy (d/o Abraham Honaker); 12 Nov 1821 (MB)

JOHNSON, John & McNealy, Rebeckah; 28 Jun 1800 (MB)

JOHNSON, John (s/o Henry & Mary Johnson)(b.p. Goochland Co., Va.) (w/o?) & Wilson, Lucinda (d/o Reetha Wilson)(b.p. Floyd Co., Va.); 5 Feb 1859 (MM)

JOHNSON, John (s/o Hez. & Nancy Johnson)(b.p. Goochland Co., Va.)(w/o ?)& Wilson, Lucinda (d/o Ruth Wilson)(b.p. Floyd Co., Va.); 6 Feb 1857 (MM)

JOHNSON, Richard & Cox, Martha (d/o John Cox); 29 Jul 1786 (MB)

JOHNSON, Thomas & Reyburn, Mary; 27 May 1793 (MB)
JOHNSON, William & Barnett, Hannah; 8 Jul 1798 (MB)
JOHNSTON, Adam & Eahart, Nancy; 3 Feb 1817 (GB)
JOHNSTON, Adam & Williams, Susanna; 29 Nov 1825 (GB)
JOHNSTON, Adam H. & Crawford, Margaret; 5 May 1839 (GB)
JOHNSTON, Adam Jr. & Williams, Lucinda (d/o Frederick Williams); 18 Mar 1843 (GB)
JOHNSTON, Andrew & Henderson, Jane (d/o John Henderson); 7 Sep 1816 (MB)
JOHNSTON, Andrew P. & Peters, Mary Anne (d/o John Peters); 13 Oct 1848 (GB)
JOHNSTON, Benjamin & Willson, Theadocia (d/o Samuel Willson); 24 Sep 1794 (MB)
JOHNSTON, Boswell & Barnett, Patsy; 8 Jul 1798 (MB)
JOHNSTON, David & Miller, Sarah (w/o ?); 2 Mar 1803 (MB)
JOHNSTON, David & Peck, Nancy; 27 Oct 1812 (GB)
JOHNSTON, George & Perdue, Susan (d/o Urias Perdue); 23 Sep 1829 (GB)
JOHNSTON, George & Stowers, Polly; 12 Apr 1819 (GB)
JOHNSTON, Hugh & Johnston, Nancy; 20 Sep 1819 (GB)
JOHNSTON, Hugh & Stafford, Nancy; 10 Apr 1810 (GB)
JOHNSTON, Isaiah & Caldwell, Mary Ann (d/o Robert Caldwell); 20 Dec 1847 (GB)
JOHNSTON, James & Emmens, Judith; 19 Dec 1808 (GB)
JOHNSTON, James & Givens, Peggy; 2 Sep 1819 (GB)
JOHNSTON, James & Stewart, Elizabeth (d/o James Stewart); 22 Jul 1850 (GB)
JOHNSTON, James (s/o John Johnston) & Stafford, Ellen (d/o John Stafford); 7 Feb 1843 (GB)
JOHNSTON, James H. (s/o James & Judith Johnston) & Stafford, Martha E. (d/o Edward & Lucilla); 31 May 1855 (GM)
JOHNSTON, James Lewis (s/o George Johnston of Logan Co.) & Davis, Minerva Ann (Joshua Davis); 12 Feb 1849 (GB)
JOHNSTON, John & Aspey, Catharine; 24 Dec 1841 (MB)
JOHNSTON, John & Aspey, Catharine; 26 Dec 1841 (MM)
JOHNSTON, John & Beckett, Rebecca; 3 Dec 1792 (MB)(MM)
JOHNSTON, John & Blair, Sarah; 27 Oct 1810 (MB)
JOHNSTON, John & Rentfro, Elinor; 1793 (MM)

JOHNSTON, John & Southern, Susannah (d/o John Southern); 20 Dec 1831 (GB)
JOHNSTON, John & Stafford, Betsy; 20 Jun 1812 (GB)
JOHNSTON, John A. & Link, Nancy M. (d/o William Link); 13 Mar 1849 (GB)
JOHNSTON, John I. & Stafford, Jane; 1 Jan 1848 (GB)
JOHNSTON, Joseph & Williams, Ediline; 27 Nov 1843 (GB)
JOHNSTON, Lewis & Patterson, Martha (d/o Agnes Patterson); 1 Jun 1835 (GB)
JOHNSTON, Lewis T. & Welbourn, Rebecca; 7 Feb 1852 (GB)
JOHNSTON, Oscar F. & French, Elizabeth; 8 Aug 1842 (GB)
JOHNSTON, Reuben & Johnston, Sarah; 27 Jan 1802 (MB)
JOHNSTON, Reuben & Webb, Betsy; 12 Dec 1812 (GB)
JOHNSTON, Robert & Snidow, Salley; 7 Aug 1821 (GB)
JOHNSTON, Russell & Stafford, Susanna; 19 Jul 1834 (GB)
JOHNSTON, William & Beckett, Anne (d/o Richard & Susannah Beckett); 23 Jun 1793 (MB)(MM)
JOHNSTON, William & Kirk, Salley; 5 Mar 1810 (GB)
JOHNSTON, William L. & Martin, Elizabeth (d/o Andrew Martin); 25 Nov 1850 (GB)
JOHNSTON, William R. (s/o John & Elizabeth Johnston)(b.p. Abington, Washington Co., Va.) & Mahood, Julia A. (d/o Thomas & Malinda Mahood); 1 Nov 1854 (GM)
JOHNSTON, Wilson & Fillinger, Elizabeth (d/o Jacob Fillinger); 8 Aug 1840 (GB)
JOHNSTON, Wilson & Johnston, Betsy; 31 Aug 1829 (GB)
JOHNSTON, Wilson & Peters, Sarah C. (d/o John Peters); 8 Jul 1836 (GB)
JONES, Allen & Huffman, Susannah; 28 Oct 1839 (GB)
JONES, Burwell, & Taylor, Delpha; 13 Sep 1846 (FM)
JONES, Carter C. & Slusher, Eva (d/o Solomon Slusher); 20 Nov 1843 (FB)(FM)
JONES, Costillo & Slusher, Cynthia; 23 Mar 1842 (FB)
JONES, David & Fizer, Elizabeth; 3 Jan 1835 (MB)
JONES, David & Niece, Caroline (d/o Valentine Niece); 19 Dec 1854 (MB)
JONES, David (s/o John & Mary Jones)(b.p. Shepherdstown) & Rader, Margaret (d/o Joseph & Jane Rader)(b.p Augusta Co., Va.); 12 Apr 1855 (MM)
JONES, Edward (s/o John A.T. & Frances

Jones)(b.p. Bedford Co., Va.) & Birchfield, Ellen (d/o William & Elizabeth Birchfield)(b.p. Bedford Co., Va.); 17 Jul 1854 (MB)(MM)
JONES, Fleming & Gilham, Lydia; 5 Mar 1835 (FM)
JONES, Fleming & Herd, Hannah; 1 Aug 1850 (FL)
JONES, Fleming (s/o Robert Jones) & Gilham, Lydia (d/o Mary Gilham); 24 Feb 1835 (FB)
JONES, George & Christian, Martha; 17 Feb 1818 (MB)
JONES, George R. & Elmore, Mariah (d/o Andrew Elmore); 28 Jul 1848 (GB)
JONES, Henry & Commac, Elizabeth; 15 Aug 1827 (GB)
JONES, Hiram T. & Eckholes, Christinn (aka Tiny Eckholes)(d/o Joseph Eckholes); 17 Dec 1849 (GB)
JONES, Isreal & Blankenship, Martha; 25 Feb 1833 (GB)
JONES, Jacob & Woolwine, Hetty; 7 Dec 1835 (MB)
JONES, Jacob (s/o David & Elizabeth Jones) & Covey, Jane (d/o Elijah & Malinda Covey); 26 Jan 1859 (MM)
JONES, James A. & Caldwell, Mary C.(d/o John Caldwell); 25 Feb 1850 (GB)
JONES, John & Fiser, Sally; 14 Nov 1837 (MB)
JONES, John & Garr, Rachel; 7 Apr 1827 (GB)
JONES, John & Graley, Susan; 24 Oct 1844 (FM)
JONES, John W. & Oakly, Eliza (d/o Avay Oakly);29 Jan 1833 (FB)(FM)
JONES, Joshua & Canterbury, Mary; 16 Jan 1797 (MB)
JONES, Joshua & Cox, Eunice; 13 Dec 1850 (FL)
JONES, Josiah B. & Redaford, Anna (d/o Arila Carico); 21 Nov 1848 (GB)
JONES, Moses & Murphy, Betsy; 1 Jan 1805 (MB)
JONES, Oliver & Keffer, Martha (d/o Henry Keffer); 26 Mar 1842 (GB)
JONES, Pleasant & Janney, Hannah (d/o Seley Shirley); 14 Feb 1833 (FB)(FM)
JONES, Richard P. & Inglis, Catharine; 27 Sep 1853 (MM)
JONES, Richard R. & Dillinger, Margaret; 5 Nov 1835 (GB)
JONES, Robert (s/o Henry Jones) & Cox, Lucy (d/o Carter Cox); 23 Nov 1811 (MB)
JONES, Thomas & Quesenberry, Nancy; 7 Jun 1791 (MM)
JONES, William & Rhodes, Jane; 14 Mar 1815 (MB)

JONES, William & Stinson, Rachel; 13 Mar 1832 (GB)
JONES, William F. & Cooper, Ann; 7 Feb 1844 (PM)
JONES, William P. & Massey, Joanna; 22 Dec 1857 (PL)
JONES, Willis & Bogle, Sarah (d/o John Bogle); 25 Oct 1841 (GB)
JORDAN, Gordan L. & Toney, Elizabeth G. (d/o Jonathan Toney); 28 Dec 1841 (GB)
JORDAN, John (s/o Michael & Elizabeth Jordan)(married previously) & Kent, Isabella R. (d/o Robert & Sarah Kent)(b.p. Floyd Co., Va.); 14 Feb 1854 (MM)
JORDAN, John N. & Kent, Isabella R. (d/o Sarah M. Kent); 13 Feb 1854 (MB)
JORDAN, Michael & Trollinger, Elizabeth (d/o John Trollinger); 1 Sep 1818 (MB)
JORDAN, William Theodore & Cunningham, Eliza Jane (d/o John & Sally McClaugherty); 3 Jun 1829 (GB)
JORDON, John & Hoge, Hannah (d/o William Hoge); 6 May 1831 (MB)
JOURNALL, Francis & Roop, Elizabeth; 15 Feb 1844 (MM)
JOURNELL, Lewis & Turner, Melvina; 23 Jan 1826 (MB)
JOURNELL, William & Honaker, Margaret; 19 Jul 1827 (MM)
JURDON, Hugh & Chapman, Salley; 10 Apr 1811 (GB)
JUSTICE, James & Carroll, Rose; Oct 1848 (MM)
KARR, James & Brown, Ruth; 25 Sep 1812 (GB)
KARR, James & Neel, Nancy (d/o William Neel); 20 Feb 1819 (GB)
KARR, James & Taylor, Polly; 27 Jun 1827 (GB)
KARR, James & Walker, Nancy; 26 Jan 1820 (GB)
KARR, John & Bane, Sally; 21 Jan 1819 (GB)
KARR, John Jr. & Dunbar, Polly; 17 Jun 1825 (GB)
KARR, Robert & King, Sally; 19 Aug 1826 (GB)
KARR, William & Bane, Betsy; 6 Feb 1817 (GB)
KARR, William L. (s/o James & Nancy Karr)(b.p. Giles Co., Va.) & Robinson, Susanah E. (d/o John & Rosanah Robinson); 8 May 1860 (ML)
KEAN, Isreal & Robinson, Betsy; 13 Feb 1796 (MB)
KEATON, Thomas (of Monroe Co.) & Houchins, Polly (d/o James Houchins); 13 Aug 1832 (GB)
KEE, Thomas & Pauley, Rachel (d/o

Jonathan Pauley); 23 Sep 1825 (GB)
KEEFER, Abram & Woolwine, Charlotte (d/o William L. Woolwine); 19 Apr 1831 (MB)
KEEFER, Samuel & Bateman, Mary (d/o Rebecca Bateman); 12 Apr 1832 (MB)
KEEFER, William E. & Sarver, Catherine (d/o George Sarver); 18 Feb 1850 (GB)
KEEN, James & Carper, Elizabeth; 7 Sep 1802 (MB)
KEESLER, Jacob & Keesler, Phillipine (d/o George Keesler); 6 Feb 1787 (MB)
KEETH, Andrew J. & Sowers, Lucinda; 28 Dec 1843 (FB)
KEETH, Greenberry & McPeak, Tamandra N.; 28 Oct 1850 (FL)
KEETH, Guy & Goad, Rachel; 26 Jul 1848 (FM)
KEETH, Leonard & Sutfin, Elizabeth; 22 Dec 1840 (FB)
KEETH, Levi & Alderman, Hosanner; 20 Oct 1848 (FM)
KEETH, Levi & Sutfin, Elizabeth; 14 Sep 1848 (FM)
KEFAUVER, George & Huff, Nancy Ann (d/o Henry Huff); 17 Oct 1843 (FB)
KEFFER, Henry & Sumpter, Mary Ann Isabelle (d/o William Sumpter); 8 Sep 1849 (GB)
KEFFER, John & Duncan, Sally; 30 Apr 1817 (GB)
KEGLEY, Lewis & Ribble, Barbara; 17 Apr 1800 (MB)(MM)
KEISTER, David & Olinger, Elizabeth (d/o Elizabeth Olinger); 23 Apr 1833 (MB)
KEISTER, David P. & Long, Luemma (d/o Ephriam Long); 13 Apr 1852 (MB)
KEISTER, Jacob & Bolten, Margaret; 23 Feb 1824 (GB)
KEISTER, Jacob & Evans, Caroline Mary (d/o James & Margaret Evans); 28 Dec 8141 (MB)
KEISTER, Jacob & Keister, Philipine (d/o George Keister); 6 Feb 1787 (MB)
KEISTER, James H.(s/o Peter & Catharine Keister) & Harmon, Phebe Ann (d/o Joseph & Hannah Harmon); 19 Apr 1855 (MM)
KEISTER, John & Martin, Sally; 6 Nov 1814 (MB)
KEISTER, Lewis & Roberts, Margaret; Feb 1848 (MM)
KEISTER, Osker (s/o David & Elizabeth Keister) & Harless, Nancy (d/o Jacob & Elizabeth Harless); 31 May 1855 (MM)
KEISTER, Peter & Shell, Catherine; 9 Mar 1826 (MM)
KEITH, Cyrus & Goad, Emilie; 4 Dec 1840 (FB)

KEITH, James & Huff, Peggy; 17 Apr 1793 (MB)
KEITH, James Jr. & Spencer, Susannna (d/o John Spencer); 10 Jan 1843 (FB)
KEITH, John & Rodgers, Mary; 27 Dec 1825 (MB)
KEITLEY, James (s/o Francis Keitley) & Sovine, Lidia; 2 May 1809 (MB)
KELLEY, William J. or I. (s/o Plasant & Mary Kelley)(b.p. unknown) & Croy, Allanela (d/o David & Sarah Croy); 30 Sep 1856 (GM)
KELLY, Franklin G. (s/o Patsy & Rhoda Kelly)(b.p.Wythe Co., Va.) & Bird, Nancy K. (d/o John & Elizabeth Bird)(of Floyd Co., Va.); 1 Mar 1855 (GM)
KELLY, Henry & Hight, Mary (d/o Peter Hight); 31 Oct 1836 (MB)
KELLY, James L. & Lester, Sarah; Dec 1850 (FL)
KELLY, Jesse & Tillett, Lucy (d/o William & Hannah Tillett); 18 May 1812 (GB)
KELLY, John & Peck, Martha M. (d/o John Peck); 17 Oct 1843 (GB)
KELLY, John T. & Thomas, Catherine; 6 Aug 1853 (PM)
KELLY, Joseph P. & Payne, Sarah R.; 24 Dec 1849 (FM)
KELLY, Madison (s/o Jesse Kelly) & Walker, Catherine; 27 Jan 1834 (GB)
KELLY, Pleasant & Maning, Mary; 18 Jul 1821 (GB)
KELSEY, Daniel & Cole, _____; 7 Feb 1810 (MB)
KELSEY, Elipheler & Covey, Elizabeth; 24 Jul 1811 (MB)
KELSEY, John S. & Helvey, Rachel (d/o Frederick Helvey); 25 Nov 1826 (MB)
KEMPLEN, Henry & Carrol, Remnah; 26 Nov 1835 (FB)
KEMPLIN, William & Garlick, Elizabeth (d/o Gaspar Garlick); 24 Nov 1788 (MB)
KENNERLY, Joseph & Heling, Eliza; 7 Mar 1837 (FB)(FM)
KENT, David (s/o John Kent) & Barnett, Rachel; 12 Nov 1822 (MB)(MM)
KENT, David F. & Cloyd, Elizabeth (d/o Gordon Cloyd); 24 Dec 1833 (MB)
KENT, Germanicus & Amiss, Arabella (an orphan); 6 Jun 1827 (MB)
KENT, Gordon C. & Cloyd, Margaret (d/o David Cloyd); 6 Mar 1832 (MB)
KENT, Hugh M.G. & Bratton, Ann C.; 3 Jul 1822 (MB)
KENT, Jacob C. & Hutson, Mary A.A.; 17 Apr 1850 (MM)
KENT, James R. & Cloyd, Mary (d/o Gordon Cloyd); 30 Mar 1818 (MB)
KENT, John & Cooper, Jane (d/o Jacob

Cooper); 14 May 1830 (MB)
KENT, Joseph (of Botetout Co., Va.) & McGavock, Peggy (d/o James McGavock); 5 Oct 1787 (MB)
KENT, Robert & Craig, Elizabeth; 14 Apr 1819 (MB)
KENT, Robert & McDonald, Sarah (d/o William McDonald); 7 Aug 1828 (MB)
KERR, Bennet H. & Saunders, Juliann; 8 Feb 1852 (GB)
KERR, Bennet H. & Sunders, Juliane; 15 Apr 1852 (GM)
KERR, James H.(aka James H. Kerry) & French, Frances (d/o Hugh D. Ferrell)(aka Fanny Ferrell); 17 Feb 1848 (GB)
KERR, John & Snidow, Nancy (d/o Jacob Snidow); 25 Dec 1837 (GB)
KERR, John (s/o James Kerr) & Crow, Margaret (w/o?)(d/o William Crow); 11 Dec 1788 (MB)
KERR, John S. & Allen, Araminta J. (d/o Madison Allen); 23 Apr 1849 (GB)
KERSEY, James & Cook, Mary; 4 Mar 1852 (PB)
KERSEY, James & Cook, Mary; 7 Mar 1852 (PM)
KESLER, Henry & Crawley, Elvira; 27 Oct 1852 (PB)(PM)
KESLER, John & Wall, Nancy; 10 Jan 1828 (MM)

KESLER, John F. & Pollard, Sarah; 21 Jun 1856 (PL)
KESLER, John F. (s/o Jacob & Frances Kesler) & Pollard, Sarah (d/o George & Easter Pollard)(b.p. Bedford Co., Va.); 26 Jun 1856 (PM)
KESNER, John & Harless, Nancy; 4 Sep 1809 (GB)
KESSINGER, Andrew & Harless, Delilah; 4 Jul 1814 (GB)
KESSLER, Christian & Akers, Margaret; 15 Oct 1842 (MM)
KESSLER, Jacob & Caldwell, Sarah (d/o John Caldwell); 5 Feb 1842 (GB)
KESTER, George & Watters, Christene; 31 Jan 1818 (GB)
KESTER, George (of Montgomery Co., Va.) & Lybrook, Lavinia (d/o Philip Lybrook); 21 Sep 1839 (GB)
KESTER, George C. & Champ, Mary Ann (d/o Chris Champ); 15 Jul 1829 (GB)
KESTER, William & Epling, Nancy (d/o Isaac Epling); 5 Sep 1841 (GB)
KEY, Arphaxed & Snidow, Betsy; 6 Apr 1815 (GB)
KEY, George W. & Kester, Hannah (d/o John Kester); 22 Apr 1841 (GB)
KEY, Jacob S. & Fry, Agnes (d/o Daniel A. Fry); 10 Sep 1849 (GB)

KEY, Jesse W. &
  Bolton, Sally; 29
  Mar 1826 (GB)
KEY, Thomas (of
  Lunenburg Co.,
  Va.)(fpc) & Lestre,
  Martha Ann (of
  Lunenburg Co.,
  Va.)(fpc); 15 Nov
  1845 (MM)
KEY, William H. &
  Mills, Sarah Ann;
  16 Dec 1850 (FL)
KEYTON, David &
  Watterson, Mary
  (d/o Thomas
  Watterson); 14 May
  1830 (MB)
KIBLER, Henry & Early,
  Margaret; 15 Aug
  1844 (PM)
KIBLER, Philip &
  Dudley, Lucy; 20
  Oct 1842 (PM)
KIDD, William &
  Linkous, Elizabeth;
  22 Jan 1852
  (MB)(MM)
KIFFER, George &
  Caldwell, Ruthy; 7
  Oct 1818 (MM)
KILGORE, Robert &
  Hydenrich, Sarah
  (d/o Gregory
  Hydenrich); 25 Feb
  1833 (MB)
KILPATRICK, John &
  Hackett, Jane; 16
  Jan 1833 (GB)
KIMBALL, John & Lowry,
  Elizabeth; 6 Jan
  1796 (MB)
KINDER, Jacob &
  Staffy, Elizabeth
  (d/o Michael
  Staffey); 6 Jun
  1787 (MB)
KINESON, William &
  McNeel, Rebecca; 27
  Jul 1835 (GB)
KING, Babel &
  Shopshire, Nancy;
  22 Apr 1827 (MM)

KING, Bennett (s/o
  Bennett King) &
  Sublet, Mary (d/o
  Matthew Sublet); 12
  Jun 1847 (GB)
KING, Charles &
  Shannon, Jane (d/o
  Thomas Shannon); 4
  Jan 1807 (GB)
KING, Charles B. &
  Martin, Elizabeth
  (d/o John Martin);
  21 Feb 1854 (MB)
KING, Charles B. &
  Martin, Elizabeth ;
  16 Mar 1854 (MM)
KING, Charles W. &
  Napper, Ann (aka
  Nancy Napper), 6
  Feb 1798 (MB)(MM)
KING, Fleming & White,
  Elizabeth; 17 Sep
  1846 (PM)
KING, Henry &
  Bartlett, Sarah
  (d/o Reuben
  Bartlett); 4 Sep
  1827 (MB)
KING, Henry &
  Cunningham, Jane
  (d/o Thomas
  Cunningham); 15 Aug
  1836 (MB)
KING, Henry & Graham,
  Mary (d/o Archibald
  Graham); 11 May
  1840 (MB)
KING, Isaac M. &
  Williams, Delilha
  J.; 21 Aug 1860
  (MM)
KING, Isaac M. (s/o
  Zachariah &
  Elizabeth King) &
  Williams, Delisha
  J. (d/o Stephen J.
  & Frances Williams)
  (b.p. Charlott Co.,
  Va.); 21 Aug 1858
  (MM)
KING, James & Turner,
  Peggy (d/o Richard
  Turner); 23 Oct
  1817 (MB)(MM)

KING, James A. (s/o Zacharee & Elizabeth King) & Williams, Mary L. (d/o Stephen I. & Frances Williams) (b.p. Charlotte Co., Va.); 30 Dec 1856 (MM)(MB)

KING, John & Addims, Sarah; 4 Dec 1799 (MB)

KING, John & Anderson, Peggy; 6 Jan 1796 (MB)

KING, John & Brannon, Polly; 1 Jan 1818 (MB)

KING, John & Wimmer, Nancy; 11 Dec 1824 (MB)

KING, John C. & Karr, Ann H. (d/o William C. Karr); 28 Aug 1837 (GB)

KING, John H. & Williams, Frances M.; 29 Sep 1852 (MM)

KING, John Jr. & Becklehimer, Sarah; 11 Aug 1815 (MB)

KING, John S. & Vanleer, Sally S. (d/o John Vanleer Sr.); 27 Dec 1815 (MB)(MM)

KING, Jonathan & Thompson, Clary; 3 May 1855 (MM)

KING, Joseph & Mullin, Elizabeth (d/o William Mullin); 17 Jul 1838 (MB)

KING, Joseph L. & King, Catharine; 27 May 1834 (MB)

KING, Merriday & Hammond, Rebecca; 7 Jan 1796 (MB)

KING, Robert H. (s/o Zachariah & Elizabeth King) & Williams, Louisa A. (d/o Stephen J. & Frances Williams)(b.p. Charlotte,Va.); 14 Nov 1860 (MM)(ML)

KING, Solomon & Pendleton, Catherine; 23 Feb 1846 (PM)

KING, William & Becker, Frances; 15 Jul 1828 (MM)

KING, William (of Washington Co.) & Trigg, Polly; 27 May 1799 (MB)

KING, William A. & Hughes, Mary G. (d/o Rebecca Hughs); 1858 (MB)

KING, Zacheriah & Henderliter, Elizabeth (d/o Michael Henderliter); 27 Dec 1824 (MB)

KINGRIA, William & Epperley, Mary Ann; 25 Jan 1849 (FM)

KINSER, Christian & Surface, Polly; 26 Dec 1826 (MB)

KINSER, George & Bane, Margaret; 4 Sep 1827 (MB)

KINSER, George & Wampler, Catherine (d/o George Wampler); 28 Dec 1786 (MB)

KINSER, Jacob & Bane, Rebecca; 2 Feb 1829 (MB)

KINSER, James T. (s/o George & Margaret Kinser) & Linkous, Margaret E. (d/o Henry & Margaret Linkous); 27 Dec 1859 (ML)

KINSER, John & Brose, Catey (d/o John Brose); 4 Jun 1814 (MB)

KINSER, John C. & Heavin, Frances (d/o John Heavin); 6 Feb 1854 (MB)
KINSER, John C. (s/o Philip & Ann Kinser)(b.d.June 1828) & Heavin, Frances (d/o John & Sally Heavin); 15 Feb 1854 (MM)
KINSER, Michael & Brose, Ann (d/o John Brose); 13 Nov 1823 (MB)
KINSER, Philip & Robertson, Ann; 20 Nov 1816 (MB)
KINSER, Thomas H. & Barger, Mary E.; 23 Aug 1852 (PB)
KINSER, Thomas H. & Barger, Mary E.; 31 Aug 1852 (PM)
KINSEY, John M. (s/o Otey T. & Alia A. Kinsey)(b.p. Franklin Co., Va.) & Surface, Emaline C. (d/o George & Catharine Surface); 15 Oct 1857 (MM)
KINTZLEY, Jacob & Price, Hannah (d/o Alexander Price); 2 Nov 1829 (MB)
KINTZLEY, John & Hess, Hannah; 31 Aug 1829 (MB)
KINZER, Michael & Turner, Elizabeth; 10 Mar 1842 (MM)
KINZIE, Samuel & Farrier, Mary A.D. (d/o Robert Farrier); 12 Dec 1842 (GB)
KINZRIA, Hosea & Walters, Mary; 10 Jan 1850 (FM)
KIPPS, Michael & Linkous, Mary E. (d/o Henry Linkous); 7 Jan 1856 (MB)
KIPPS, Michael (s/o John & Mary Kipps) & Linkous, Elizabeth (d/o Henry & Fanny Linkous); 9 Jan 1856 (MM)
KIPS, Noah & Linkous, Landonah (d/o Hy Linkous); 7 Feb 1840 (MB)
KIPS, Noah & Linkous, Landonah; Feb 1840 (MM)
KIPS, Samuel & Linkous, Amy (d/o Jacob Linkous); 2 Mar 1840 (MB)
KIRBY, Gordon (s/o James Kirby) & Ryan, Eliza (d/o Frances Ryan); 7 Apr 1835 (MB)
KIRBY, James & Fisher, Mary Ann (d/o Adam Fisher); 16 Jul 1822 (MB)
KIRBY, James & Miller, Elizabeth B.; 9 Jul 1850 (PL)
KIRBY, James & Williams, Rhoda; 25 Mar 1799 (MB)
KIRBY, Jesse & Smith, Viney; 12 Nov 1846 (MM)
KIRBY, John & Addair, Jane; 13 Jul 1795 (MB)
KIRBY, John & Craig, Polly; 4 Jun 1799 (MB)
KIRBY, Stephen & Brown, Margaret (d/o George Brown); 16 Aug 1828 (MB)
KIRBY, Stephen & Sayers, Elizabeth M.; 10 Dec 1857 (PB)(PM)

KIRBY, William & Kimball, Lida; Jan 1797 (MB)

KIRK, Absolem & Overholser, Sally; 8 Aug 1826 (GB)

KIRK, Andrew & French, Obedience; 23 Feb 1828 (GB)

KIRK, Anthony & Claxton, Martha; 13 Feb 1793 (MB)(MM)

KIRK, Benjamin & Webb, Kezekiah (d/o Julius Webb); 17 Jan 1788 (MB)

KIRK, Christian T. (s/o Hiram & Sarah Kirk) & Strader, Catherine (d/o John & Catherine Strader)(b.p. North Carolina); 22 Aug 1854 (GM)

KIRK, David & Callwell, Sarah; 13 Aug 1796 (MB)

KIRK, David & Tillet, Sally; 3 Jun 1819 (GB)

KIRK, Hiram & Vought, Sally Wilson (d/o Nancy Vought); 10 Aug 1827 (GB)

KIRK, Isaac (s/o Isaac Kirk) & Hunter, Sarah; 25 Jun 1811 (GB)

KIRK, John Jr. & Williams, Peggy; 21 Aug 1819 (GB)

KIRK, Joseph & Harlis, Martha (d/o Martin Harlis); 18 Jan 1788 (MB)

KIRK, Joseph & Vaught, Katherine; 9 Dec 1844 (GB)

KIRK, Lewis & Overhalser, Margaret; 6 Oct 1821 (GB)

KIRK, Lorenzo D. & Eaton, Margaret; 4 May 1830 (GB)

KIRK, Lorenzo D. & Eaton, Margaret; 20 May 1830 (GM)

KIRK, Nimrod & Hackett, Mary Ann (d/o Thomas Hackett); 2 Sep 1794 (MB)

KIRK, Thomas & Caldwell, Susannah; 3 May 1798 (MM)

KIRK, Thomas & Duncan, Chloe; 15 Jan 1814 (GB)

KIRK, Thomas & Webb, Nancy; 15 Dec 1787 (MB)

KIRK, Thomas (of Giles Co., Va.) & Howe, Ruth; 30 Dec 1815 (MB)

KIRK, Thomas (Rev) & Smith, Rachel (d/o John Smith); 26 Aug 1826 (GB)

KIRK, William & Caldwell, Susannah (d/o Mary Caldwell); 23 Jul 1849 (GB)

KIRK, William & Emmons, Salley; 5 Aug 1820 (GB)

KIRK, William (s/o Thomas Kirk) & Emmons, Elizabeth; 20 Sep 1811 (GB)

KIRK, William H. (s/o Andrew & Obedience Kirk) & Meadows, Sarah Ann (d/o William & Sarah Meadows)(b.p. Monroe); 11 Jan 1855 (GM)

KIRK, William H. (s/o Andrew & Obedience Kirk)(w/o ?) & Journell, Sarah E. (d/o William & Margaret

Journall)(b.p. Montgomery Co., Va.); 21 Jun 1856 (GM)

KIRK, James & Hudson, Mary (d/o Isaac Hudson Sr.); 5 Aug 1823 (MB)

KIRKNER, Henry & Smith, Elizabeth; 9 Mar 1787 (MB)

KIRKNER, Thomas & Dean, Ann F.; 22 Mar 1855 (PL)

KISSINGER, Anthony & Snidow, Amanda; 12 Sep 1832 (GB)

KISSINGER, John & _____; 26 Apr 1834 (GB)

KISSINGER, Lewis & Kirk, Martha (d/o David Kirk); 26 Dec 1844 (GB)

KISSINGER, Matthias & Louks, Sophia (d/o George Louks); 28 Feb 1842 (GB)

KISSINGER, William R. & Rice, Caroline (aka Paulina Rice)(d/o Thomas Rice); 14 Jan 1841 (GB)

KITTERING, Randolph & Aldrich, Bethana; 31 Jul 1821 (MB)

KITTERMAN, David & Sowers, Sarah; 21 Jan 1832 (FB)

KITTERMAN, George, & Shelor, Harriet (d/o George Shelor); 21 Apr 1827 (MB)

KITTERMAN, Henry & Williams, Nancy; 26 Mar 1838 (FB)

KITTERMAN, Henry & Williams, Nancy; 29 Mar 1838 (FM)

KITTERMAN, Philip & Sowers, Sally; 31 Jan 1821 (MB)(MM)

KITTERMAN, Solomon & Slusher, Levicy; 27 Sep 1831 (FB)

KITTERMAN, Solomon & Slusher, Loiza; 2 Oct 1831 (FM)

KITTS, Peter & Wyrick, Elizabeth (d/o Nichlos Wyrick); 23 Aug 1786 (MB)

KNIGHT, Jonathan & Fisher, Elizabeth; 19 Nov 1833 (MB)

KNODE, George (s/o George & Catharine Knode) (b.p. Washington Co., Maryland) (w/o ?) & Snider, Margaret (d/o Henry & Catharine Snider)(w/o ?); 12 Mar 1857 (MM)

KNODE, Henry & Vaught, Elizabeth (d/o William Vaught); 26 Feb 1846 (GB)

KNODE, William & Epling, Margaret (d/o Philip Epling sister of Lewis Epling); 23 Apr 1849 (GB)

KNODE, William & Slusser, Sarah E. (d/o John Slusser); 31 Jul 1854 (MB)

KNODE, William (s/o George & Barbara Knode)(b.p. Botetourt Co., Va.) & Slusser, Sarah E. (d/o John & Elizabeth Slusser); 3 Aug 1854 (MM)

KOSEWRES (?), C. Thornton & Mahood, Virginia (d/o Thomas Mahood); 10 May 1848 (GB)

KRONK, Jacob & Sowers, Polly; 28 Dec 1815 (MB)

KRONK, Joseph & Bingamon, Elizabeth; 10 Jan 1822 (MM)
KROPPH, Robert & Gray, Mary; 2 Dec 1844 (FM)
KYLE, William & Craig, Celina; 2 Feb 1817 (MB)(MM)
KYLE, William & Chapman, Sally; 17 Jul 1825 (GB)
KYLE, William & Shanklin, Sarah A.M.; 25 Nov 1841 (MM)
KYLE, William E. & Shanklin, Sarah A.M. (d/o Samuel Shanklin); 15 Nov 1841 (MB)
LACY, James & Chapman, Sarah (d/o Richard Chapman); 11 Sep 1786 (MB)
LACY, William & Evans, Hannah; 18 Jun 1787 (MM)
LAFFELL, Joshua & Bacon, Hannah; 1794 (MM)
LAFON, James & Duncan, Catherine (d/o James Duncan); 22 Mar 1841 (GB)
LAFON, William H. & Kelly, Nancy (d/o Jesse Kelly); 27 Aug 1849 (GB)
LAFON, Yacheus & Sanders, Susan (d/o William Sanders); 26 Feb 1851 (GB)
LAKE, Daniel & Garmon, Elizabeth (d/o Jacob Garmon); 30 Oct 1823 (MB)
LAKE, John & Garman, Hannah (d/o Christina Garman); 31 Mar 1834 (MB)
LAMB, Gabriel & McPherson, Martha Ann (d/o Mary Robertson); 19 Jun 1848 (GB)
LAMB, Jacob & Bean, Sarah; 3 Sep 1800 (MB)
LAMB, Jacob & Hance, Catherine; 17 Jan 1792 (MM)
LAMBERT, Adam P. & Sarver, Elizabeth N. (d/o Henry Sarver); 21 Feb 1851 (GB)
LAMBERT, Andrew & Blankenship, Mahala (d/o Noah Blankenship); 8 Jul 1850 (GB)
LAMBERT, Edwin S.(s/o Susanna Lambert) & Lambert, Mary (d/o John S. Lambert); 2 Feb 1852 (GB)
LAMBERT, Jeremiah & Alsup, Sarah (d/o John Alsup); 29 Jan 1788 (MB)
LAMBERT, John Jr. & Stowers, Emila; Apr 1828 (GB)
LAMBERT, Joseph & & Fletcher, Robena (d/o Rowland Fletcher); 23 Sep 1844 (GB)
LAMBERT, William T. (s/o John P. Lambert)& Lambert, Olivay (d/o John Lambert); 24 Aug 1846 (GB)
LAMP, Jacob & Howry, Nancy; 12 Sep 1848 (FM)
LAMPEE, William & Epperley, Catherine; 19 Feb 1820 (MM)
LANAHAN, Patrick (s/o Patrick & Mary Lanahan) (b.p. Cork Co. Ireland) & Barnett, Sarah G.

(d/o James & Mary
Barnett)(b.d.17 Dec
1801);1 May 1854
(MM)
LANCASTER, Josiah B
(s/o William L. &
Margaret M.
Lancaster)(b.p.
Pulaski Co., Va.) &
Helm, Arabella E.
(d/o John B. &
Christiana Helm);
31 Oct 1856 (MM)
LANCASTER, Josiah B. &
Helm, Arabella (d/o
John B. Helm); 31
Oct 1856 (MB)
LANCASTER, Thomas &
Williams, Sarah; 18
Nov 1833 (FB)
LANCASTER, Thomas &
Williams, Sarah;
Dec 1833 (FM)
LANCASTER, Washington
& Underwood, Eliza
J.; 4 Feb 1847 (FM)
LANCASTER, William &
Wygal, Margaret
(d/o Sebastian
Wygal); 27 Aug 1823
(MB)
LANDON, Samuel &
Booth, Zella; 2 Aug
1815 (MB)
LANDON, Samuel &
Clifeall, Anne; 6
Feb 1799 (MB)
LANE, Allen & Bell,
Indiana (d/o John &
Elizabeth Bowden);
4 Sep 1839 (MB)
LANE, James E. W. (s/o
J. W. & Mary Lane)
& Fleeman, Harriet
F. (d/o Thomas &
Sarah Fleeman)(b.p.
Franklin Co., Va.);
30 Jun 1858 (PM)
LANE, John & Litten,
Mary; 23 Dec 1841
(MM)
LANE, John & Snavel,
Polly; 3 Dec 1805
(MB)

LANE, John Jr. &
Litten, Mary; 20
Dec 1841 (MB)
LANE, William &
Bowden, Marinda M.;
10 Dec 1846 (MM)
LANE, William (s/o
John & Mary Lane) &
Boop, Barbary (d/o
Miss May Boop and
Reputedly L.
Dobbins); 2 Jul
1856 (MM)
LANE, William C. &
Ashford, Elizabeth;
27 Feb 1856 (PL)
LANE, William C. (s/o
David & Amy Lane) &
Ashford, Eliza (d/o
Isaac & Margaret
Ashford); 26 Feb
1856 (PM)
LANG, Isaiah (s/o
James & Susannah
Lang) & Lucas,
Lucinda (d/o Edward
& Mary Lucas); 13
Jul 1854 (GM)
LANG, Joseph &
Snodgrass,
Elizabeth; 11 May
1799 (MB)
LANGDON, _____ &
Cifeall, Susannah;
20 Feb 1799 (MM)
LANGHORNE, Daniel A.
(of Lynchburg) &
Kent, Virginia P.;
15 Jan 1853 (MM)
LANGHORNE, John A. &
Kent, Margaret L.;
19 Apr 1839 (MB)
LANKESLY, Joseph B. &
Smith, Hannah; 11
Jul 1844 (FM)
LASLEE, Peyton &
Wonacott, Sarah
(d/o Richard
Wonacott); 1 Feb
1834 (MB)
LASLY, Philip H. &
Mitchel, Jane; 26
Aug 1849 (PM)

LATIMER, Christian & St. Clair, Mary Ann; 5 Feb 1834 (MB)
LATIMER, Robert & Glen, Catherine; 5 Dec 1795 (MB)
LATIMER, Robert & Hall, Priscilla; 15 Sep 1853 (MM)
LATIMER, Robert G. & Hall, Priscilla (d/o Jesse C. Hall); 12 Sep 1853 (MB)
LATIMORE, Christy & Glen, Martha (d/o John Glen); 20 Sep 1820 (MB)
LAW, Joshua & Duncan, Lucilla (d/o Landon Duncan); 27 Nov 1838 (GB)
LAWERY, John & Taylor, Mary; 11 Apr 1809 (GB)
LAWHORN, William & Connaford, Susanna; 14 Jan 1833 (GB)
LAWRENCE, _____ & Huff, Elizabeth (d/o Samuel Huff); 5 Sep 1820 (MB)
LAWRENCE, Benjamin P. & Gray, Catherine (d/o Joseph Gray Jr.); 6 Oct 1843 (FB)
LAWRENCE, General Briggs & Wickham, Sarah; 3 May 1838 (FM)
LAWRENCE, General Briggs (s/o John Lawrence) & Wickham, Sarah; 1 May 1838 (FB)
LAWRENCE, Jacob (s/o John Lawrence) & Rutrough, Nancy; 17 May 1841 (FB)
LAWRENCE, James P. & Epperley, Sarah (d/o Jacob Epperley); 7 Sep 1829 (MB)
LAWRENCE, John & Wilson, Chloe (d/o Peter Wilson); 14 May 1842 (FM)
LAWRENCE, John E. & Barnett, Celiada A. (d/o Thomas Barnett); 6 Mar 1854 (MB)
LAWRENCE, Nathaniel & Gardner, Nancy (d/o Robert Gardner); 2 May 1811 (MB)
LAWRENCE, Parris (fpc) & Alexander, Emeline (fpc); 25 Feb 1858 (MM)
LAWRENCE, T.L. & Grills, Gertrude; 18 Nov 1852 (MM)
LAWRENCE, Thomas & Akers, Hannah; 14 Feb 1841 (MM)
LAWRENCE, Thomas & Akers, Hannah; 2 Feb 1841 (MB)
LAWRENCE, Thomas & Kesler (Kester?), Catherine; 21 Mar 1824 (MB)
LAWRENCE, Thomas & O'Bryan, Susan F.; 3 Sep 1850 (FM)
LAWRENCE, William & Smith, Agnes; 12 Apr 1831 (MM)
LAWRENCE, William (s/o John Lawrence) & Booth, Sarah; 27 Aug 1839 (MB)
LAWSON, J.B. & French, Andelia Ann; 1850 (GR)
LAWSON, Jacob B. & French, Andelia Ann (d/o James French); 3 Dec 1849 (GB)
LAWSON, John & Ashford, Nancy; 5 Jan 1852 (PL)
LAWSON, John & Davidson,

Elizabeth; 22 Apr 1797 (MB)
LAWSON, John H. (s/o John & Martha Lawson)(b.p. Patrick Co., Va.) & Lawson, Eliza (d/o Raleigh & Elizabeth Lawson)(b.p. Carroll Co., Va.); 6 Oct 1855 (PM)
LAWSON, John Henry & Lawson, Elvira; 5 Oct 1855 (PL)
LAWSON, Robert & Goad, Anne; 1 Aug 1793 (MB)
LAWSON, Silas B. & Wilson, Elizabeth; 27 May 1845 (FM)
LAWSON, Thomas & Aul, Jane; 9 Jul 1805 (MB)
LAWSON, Travis & Simpkins, Massee; 4 Jan 1788 (MB)
LAWSON, William & Baker, Nancy; 4 Jan 1788 (MB)(MM)
LAY, Thomas & Bevers, Mary; 15 Jul 1820 (MM)
LAYTON, George P. (s/o James & Margrett Layton) & Smith, Sasy J. (d/o Robert & Marthy A. Smith)(b.p. Floyd Co., Va.); 26 Oct 1859 (MM)
LAYTON, Robert & Ritter, Susanna; 18 Jul 1836 (MB)
LEANEY, William & Fizer, Nancy (d/o Margaret Fizer); 15 Feb 1832 (MB)
LEASTLY, Robert (see Lesley) & Compton, Elizabeth; 5 Apr 1787 (MM)
LEAY, Marshall & Bushby, Rachel; 17 Apr 1843 (PM)

LECKIE, Edgar J. & Snyder, Matilda J.; Sep 1847 (MM)
LEE, Charles & Collins, Elizabeth; Dec 1848 (MM)
LEE, German & Agnew, Maria A.; 4 May 1847 (FM)
LEE, J. & Lee, Susannah; 21 Dec 1799 (MB)
LEE, James & Kelly, Sally; 15 Oct 1827 (MB)
LEE, James & Turner, Jane; 12 Sep 1843 (MM)
LEE, Matthew & Pratt, Theadocius; 23 Dec 1829 (MM)
LEE, Robert & Lowry, Polly; 25 Mar 1825 (MB)
LEE, Thomas & Beavers, Mary (d/o Moses Beavers); 12 Jul 1820 (MB)
LEE, William & Lancaster, Lucinda; 15 Nov 1841 (FB)
LEE, William & McAlexander, Polly; 21 Sep 1835 (FB)
LEE, William & Lancaster, Lucinda; 2 Dec 1841 (FM)
LEE, William (s/o Robert & Mary Lee) & Lovern, May June (d/o Asa & Tabitha Lovern); 20 Dec 1855 (MM)
LEE, Moses G. & Barnett, Hannah; 4 Nov 1852 (MM)
LEETS (aka Leitz), Leonard & Ghost, Juda (aka Judith Goss)(d/o Stephen Goss); 4 Mar 1788 (MB)

LEFAUN, John & Bowen, Polly; 18 Jul 1797 (MM)
LEFEU, Isaac (s/o Cynthia Lefeu & M. Bromney)(b.p. Franklin Co., Va.) & Sumner, Sarah (d/o Isaiah & Nancy Sumner)(b.p.. Floyd Co., Va.); 26 Sep 1857 (MM)
LEFEU, William B. & Sumner, Eliza; 28 Feb 1849 (FM)
LEFFEL, Jacob & Fisher, Mariah; 3 Jan 1834 (GB)
LEFFEU, Richard (s/o Jonah & Martha Leffue) (b.p. Franklin Co., Va.) & Sumner, Nancy (d/o Isoah & Mary Sumner) (b.p.. Floyd Co., Va.); 3 Jun 1857 (MM)
LEFKINS, James & Boswell, Mary R.; 2 Jan 1849 (FM)
LEFLER, Aaron & Dooly, Mildred; 1 Apr 1851 (MM)(MB)
LEFLER, John & Price, Catharine; 24 Dec 1856 (MB)
LEFLER, Patrick H. & Bridges, Malinda; Mar 1847 (MM)
LEFTLER, John (s/o Aaron & Mildred Leftler)(b.p. Roanoke Co., Va.) & Price, Catharine (d/o Caty Wilson, illegitimate)(w/o ?); 25 Dec 1856 (MM)
LEFTWICK, David W. & Williams, Nancy J. (d/o George S. & Mary Williams); 11 Feb 1850 (GB)

LEITZ, Leonard & Ghost, Juda (d/o Stopel Ghost); 14 May 1788 (MM)
LEMMONS, John & Morgan, Elizabeth; 7 Jul 1807 (MB)(MM)
LEMON, Isaac (s/o Isaac Lemon Sr.) & Young, Sarah (d/o Josua Young); 12 Feb 1827 (MB)
LEMON, Peter & Helms, Lucy (d/o John D. Helms); 23 Nov 1816 (MB)
LEONARD, Anthony (s/o Joseph & Ann Leonard)(b.p. Roanoke Co., Va.) & Ioumelle, Emma (d/o Lewis & Elvinia Ioumelle); 20 Oct 1859 (MM)
LEONARD, Robert & Barnett, Susannah (d/o William Barnett); 4 Oct 1830 (MB)
LESLEY, John & Cloyd, Martha; 3 Dec 1789 (MB)
LESLEY, Robert & Compton, Elizabeth; 21 May 1787 (MB)
LESLEY, William & Hogan, Elmira; 3 Sep 1830 (MM)
LESLIE, John P. & Simpkins, Melvina; 28 Dec 1852 (PB)
LESLIE, John P. & Simpkins, Melvina; 30 Dec 1852 (PM)
LESNEUR, Moseby & Goodykoontz, Catherine; 2 Feb 1819 (MB)
LESSENER, James & Goodykoontz, Rebecca; 7 Feb 1826 (MB)
LESTER, Abner (s/o Abner Lester) &

LESTER, Abner (s/o John & Rachel Lester) & West, Rachel (d/o Isaac West); 14 Oct 1806 (MB)
LESTER, Achilles W. & Thomas, Mary E.; 26 Dec 1850 (MM)
LESTER, Alexander & Eley, Margaret; 20 Dec 1798 (MM)
LESTER, Amis & Lester, Susanah; 16 Mar 1835 (FB)
LESTER, Amos & Lester, Susannah; 19 Mar 1835 (FM)
LESTER, Anderson & Fortune, Margaret (d/o John Fortune); 6 Jul 1829 (MB)
LESTER, Bird & Simmons, Matilda; 16 Dec 1835 (FB)
LESTER, Charles & Hornbarger, Sarah; 1 Aug 1833 (FM)
LESTER, Charles & Hornbarger, Sarah; 15 Jul 1833 (FB)
LESTER, Fleming W. & O'Brian, Pamelia Ann; 20 Oct 1840 (FB)
LESTER, George E. (s/o John C. & Bebe Lester)(b.p. Pike Co., Kty.) & Dobbins, Octavia (d/o Martin & Malvina Dobbins); 4 Mar 1858 (MM)
LESTER, Harry & Morgan, Mary; 1792 (MM)
LESTER, Henline & Simpson, Elinor; 31 May 1819 (MB)
LESTER, Henry & Philips, Elizabeth (d/o Thomas Philips); 12 Jan 1828 (MB)
LESTER, Hewlins & Snyder, Margaret; 20 Feb 1823 (MM)
LESTER, Jacob & Sumner, Senthy; 18 Aug 1834 (FB)
LESTER, Jacob & Sumner, Sintha; Sep 1834 (FM)
LESTER, James & Elswick, Mary (d/o John Elswick); 5 Jun 1792 (MB)
LESTER, James & Martin, Betty; Jan 1838 (FB)
LESTER, James & Willson, Cloaty (d/o Benjamin Willson); 11 May 1815 (MB)
LESTER, James Jr. & Balden, Eliza (d/o John Balden); 30 Sep 1842 (FB)
LESTER, James Jr. & Balden, Eliza; 6 Oct 1842 (FM)
LESTER, James P. & Moore, Sarah; 20 Dec 1838 (FB)(FM)
LESTER, John & Terry, Polly; 5 Oct 1802 (MB)
LESTER, John S. & Akers, Mary; 12 Mar 1850 (FM)
LESTER, Joshua & Peterman, Catherine; 19 Jan 1848 (FM)
LESTER, L. & Bishop, Christina; 13 Feb 1844 (MM)
LESTER, Linsey & Balden, Caroline (d/o John Balden); 27 Oct 1838 (FB)
LESTER, Linsey & Balden, Caroline; 1 Nov 1838 (FM)

LESTER, Lynch & Sowers, Lucy; 16 Feb 1837 (FM)
LESTER, Lynch (s/o James Lester) & Sowers, Lucy (d/o Jacob Sowers); 4 Feb 1837 (FB)
LESTER, Pleasant & Stafford, Jessie; 13 Sep 1798 (MM)
LESTER, Samuel & Cox, Nancy (d/o Ambrose Cox); 5 Dec 1818 (MB)
LESTER, Stephen & Howerton, Nancy; 12 Feb 1810 (MB)
LESTER, William & Scaggs, Rachel; 1786 (MM)
LESTER, William & Simmons, Rebecca; 10 Jan 1809 (MB)
LESTER, William (s/o Abner & Martha Lester) & Scaggs, Rachel (d/o John & Ruth Bishop); 26 Mar 1786 (MB)
LESTER, William S. & Cooper, Rebecca (d/o Jno. Cooper); 10 Mar 1856 (MB)
LESTER, William T. & Simmons, Mary; 16 Nov 1840 (FB)
LESTLEY, Robert & Compton, Elizabeth; 21 May 1787 (MB)
LESUEUR, James W. & Yearout, Nancy C.; 10 Jan 1850 (FM)
LEVERS, William & Peck, Catherine; 26 Feb 1794 (MM)
LEWIS, Charles & Trigg, Isabella (d/o Abram Trigg); 24 Jun 1800 (MB)
LEWIS, Charles & Trigg, Juliett; 1800 (MM)
LEWIS, David & Ross, Matilda; 8 Oct 1803 (MB)
LEWIS, Jacob & Chrisman, Mary (d/o Adam Chrisman); 2 Dec 1794 (MB)
LEWIS, James & Langdon, Levina; 31 Aug 1797 (MB)
LEWIS, John & Preston, Mary; 7 Nov 1793 (MB)(MM)
LEWIS, Moses & Wright, Charlotte; 9 Dec 1818 (MB)
LEWIS, Peroclus & Barnett, Lucinda; 17 Mar 1823 (MB)
LEWIS, Peter Francis & Toler, Sarah; 7 Nov 1817 (MB)(MM)
LEWIS, Samuel & Montague, Frances Anderson; 6 Dec 1827 (MB)
LEWIS, Thomas (s/o William & Jane Lewis)(b.p. Roanoke Co., Va.) & Ingles, Mary M. (d/o John & Agnes Ingles); 12 Jun 1860 (MM)
LIFFORD (possibly Sifford) Samuel & Longer, Barbara; 19 May 1842 (PM)
LIGHT, Elijah & Wilson, Susannah (d/o Peter Wilson); 14 Feb 1820 (MB)
LIGHT, Henry & Cole, Nancy; 20 Jan 1848 (FM)
LIGHT, Henry & Hathaway, Lydia; 6 Nov 1792 (MB)
LIGHT, Henry & Kitchen, Nancy; 6 Jun 1816 (MB)
LIGHT, James & Smith, Sally D.; 28 Sep 1825 (MB)

LIGHT, John & Conner, Polley; 19 Mar 1832 (FB)
LIGHT, John & Conner, Polley; 23 Mar 1832 (FM)
LIGHT, Lorenzo D. & Hall, Sarah; 16 Sep 1847 (FM)
LIGHT, Samuel & Smith, Peggy (d/o John Smith); 20 Feb 1842 (FB)
LIGHT, Wilson & Iddings, Olive; 13 Jun 1847 (FM)
LIKENS, John & Lankersley, Canzede; 22 Aug 1844 (FM)
LILLEY, John & Meders, Peggy; 30 Mar 1814 (GB)
LILLY, Austin & Ellison, Mary Ann (of Mercer Co.); 14 Aug 1846 (GB)
LILLY, Edmund & Houchins, Elizabeth (d/o James Houchins Sr.); 21 Jun 1827 (GB)
LILLY, Elijah & Cadle, Sally (d/o Thomas Cadle); 8 Feb 1827 (GB)
LILLY, James & Man, Nelly (aka Polly Mann); 15 Feb 1830 (GB)
LILLY, Jonathan & Walker, Margaret; 18 Feb 1834 (GB)
LILLY, Joseph & Solesberry, Polley (sister of John Solesberry); 29 Oct 1825 (GB)
LILLY, Robert C. & Cadle, Mary (d/o Thomas Cadle); 15 Feb 1822 (GB)
LILLY, Thomas & Meadows, Rosanna; 22 Aug 1798 (MB)
LILLY, Thomas (s/o Thomas Lilly Sr.) & Pain, Delia (d/o Nan... Pain); 18 Sep 1821 (GB)
LILLY, Washington (s/o Edy Lilly) & Mann, Polly (d/o Rachel Mann); 17 Nov 1835 (GB)
LILLY, William & Pack, Frances (possibly d/o Matt & Katherine Pack); 30 Nov 1833 (GB)
LILLY, William & Shumat, Peggy; 20 Dec 1822 (GB)
LILLY, William (probably s/o Robert Lilly Sr.) & Burk, Margret (probably d/o William Burk Sr.); 16 Aug 1808 (GB)
LILLY, William (s/o Thomas & Rozzanner Lilly) & Pitman, Mary Ann; 2 Aug 1822 (GB)
LINAHAN, Patrick & Barnett, Sarah G. (d/o James Barnett); 28 Apr 1854 (MB)
LINCOLN, Charles F. & Woodard, Martha J.; 17 Jan1855 (MM)
LINCOUS, Gordon & Litten, Amanda; Nov 1849 (MM)
LINDSAY, Taylor & Auldridge, Elizabeth (d/o Elizabeth Auldridge); 8 Apr 1820 (MB)
LINDSEY, John G. & Young, Nancy; 28 Jul 1845 (GB)

LINDSEY, William & Stuart, Margaret; 17 Aug 1839 (GB)

LINK, Charles & Snidow, Hannah; 30 Dec 1822 (GB)

LINK, Christian & Scibold, Catherine; 27 Apr 1818 (MB)

LINK, David & Holliday, Isabel (d/o Levi Holliday); 12 Jan 1829 (MB)

LINK, Gaspar & Nozler, Mary (d/o Boston Nozler); 22 Sep 1787 (MB)

LINK, Harvey & Lynkens, Hebara; 14 Feb 1842 (FM)

LINK, Jacob (s/o William Link) & Weddle, Jane (d/o Martin Weddle); 6 Jun 1826 (MB)

LINK, John A. (s/o Christian Link) & Rock, Phebe Ann (d/o Thomas Rock); 24 Oct 1850 (GB)

LINK, Paulus & Plott, Mary A.; 31 Oct 1834 (FB)

LINK, Paulus & Plott, Mary Ann; Nov 1834 (FM)

LINKOUS, Abraham & Simpson, Emeline (d/o William Simpson); 10 Sep 1838 (MB)

LINKOUS, Adam & Long, Nancy; 15 Sep 1825 (MM)

LINKOUS, Adam & Rader, Peggy; 1816 (MB)

LINKOUS, Alexander (s/o Henry Linkous) & Allen, Polly; 11 Mar 1817 (MB)

LINKOUS, Ballard (s/o Jacob & Mary Linkous) & Keister, Eliza (d/o John P. & Margaret Keister); 19 Jan 1855 (MM)

LINKOUS, Henry & Shell, Peggy; 4 Mar 1823 (MM)

LINKOUS, John & Whitt, Hannah (d/o Archibald Whitt); 22 Oct 1827 (MB)

LINKOUS, Larkin & Shepherd, Ardelia (stepdaughter of James Hammons); 26 Sep 1839 (GB)

LINKOUS, M. Crockett (s/o Jacob & Mary Linkous) & Kipps, Catherine (d/o Jacob & Elizabeth Kipps); 18 Jul 1855 (MM)

LINKOUS, Madison & Godbey, Narcisses P.; 20 Oct 1857 (MB)

LINKOUS, Mitchell & Davis, Jane (d/o John Davis); 30 Sep 1840 (MB)

LINKOUS, Thomas & Grissom, Ellen (d/o William Grissom); 5 Sep 1853 (MB)

LINKOUS, Thomas & Simpson, Ellen; 7 Sep 1853 (MM)

LINKOWS, John & Godby, Mary M.; 18 Apr 1853 (PB)

LINKOWS, John & Godby, Mary M; 3 May 1853 (PM)

LINSEY, Samuel & Hetherington, Nancy; 19 Nov 1814 (GB)

LIONBACK, Joseph B. & Melvin, Cornelia (d/o Betsy Melvin); 8 Sep 1851 (GB)

LIRE, Jeremiah & Garlick, Sarah (d/o

Samuel Garlick); 7 Jan 1852 (MB)
LISTER, William J. (s/o William & Rebecca Lister- married as Lester) (b.p. Floyd Co.,Va.)& Cooper, Rebecca (d/o Jno. & Mary Cooper); 13 Mar 1856 (MM)
LITTEN, William & Whalen, Susannah; 7 Dec 1807 (MB)
LITTERAL, George & Logan, Elizabeth; 2 Aug 1803 (MB)
LITTERAL, Thomas & Bartlett, Betsy (d/o James Bartlett); 1 Dec 1807 (MB)
LITTERAL, William & Terry, Martha; Apr 1814 (MM)
LITTERALL, William & Terry, Mary; 12 Apr 1814 (MB)
LITTLE, Thomas Jr. & Tiller, Eleanor; 17 Dec 1836 (GB)
LITTLEPAGE, Charles & Keeney, Catherine (aka Caty Keeney); 27 Sep 1814 (GB)
LLOYD, James M. & McNutt, Frances E.; 5 Nov 1853 (PL)
LLOYD, Moses & Hoge, Matilda (d/o John Hoge); 7 Mar 1832 (MB)
LOAN, Luke & Bryant, Lydia; 8 Aug 1788 (MB)
LOCKHART, William & Waggoner, Jean; 15 Jun 1786 (MB)
LOGAN, James & Vanlear, Lucy; 28 Apr 1827 (MB)
LOGAN, Joseph A. & Edmundson, Alice A. (d/o Hy Edmundson); 7 Dec 1835 (MB)
LONG, Adam & Hoge, Eliza (d/o John Hoge); 16 Sep 1823 (MB)
LONG, Ballard P. & Fellers, Nancy; 22 Oct 1846 (MM)
LONG, George W. (s/o Isaac & Elizabeth Long)(b.p. Montgomery Co., Va.) & Loutac, Tabitha (d/o George & Mary Loutac)(b.p. Giles Co., Va.); 3 Apr 1857 (PM)(PL)
LONG, Henry & Bishop, Lydia; 1785 (MM)
LONG, Isaac & Shepherd, Elizabeth; 8 Feb 1832 (MB)
LONG, James & Sarver, Nancy; 1843 (MM)
LONG, John & Linkous, Dora (d/o Jacob Linkous); 13 Nov 1824 (MB)
LONG, John & Poff, Peggy; 3 Jun 1823 (MB)
LONG, John W. (s/o Isaac & Betsy Long)(b.p. Montgomery Co., Va.) & Whitaker, Susan (d/o James & Sarah Whitaker); 18 Nov 1858 (PM)
LONG, Montague (s/o William & Elizabeth Long)(b.p. Montgomery Co., Va.) & Sarver, Hannah (d/o George & Susannah Sarver); 6 Sep 1855 (GM)
LONG, Ormand & Reed, Sarah; 8 Nov 1808 (MB)
LONG, Philip & Wygal, Rhoda (d/o

Sebastian Wygal); 20 Dec 1820 (MB)
LONG, Tipton (s/o William & Elizabeth Long) & Gilmore, Mary (d/o Samuel & Catherine Gilmore); 14 May 1857 (MM)
LONG, William & Harliss, Elizabeth; 23 Jun 1832 (MB)
LONGER, George W. & Stone, Elizabeth; 1 Nov 1852 (PB)
LONGER, George W. & Stone, Elizabeth; 5 Nov 1852 (PM)
LONGER, Gordon T. & Stone, Martha Jane; 5 Sep 1855 (PL)
LONGER, John & Trusler, Martha; 16 Apr 1840 (PM)
LOOKADOO, George & Flanagan, Amanda; Jan 1849 (MM)
LOOMIS, Abraham & Elkins, Polly (d/o John Elkins); 15 Nov 1819 (MB)
LOONEY, John & Huffman, Pheba (d/o Jacob Huffman); 13 Aug 1836 (GB)
LORTON, David S. & Roop, Juliet (d/o Jacob Roop); 14 Sep 1841 (MB)
LOUCKS, Joshua & Row, Molley; 11 Jan 1821 (GB)
LOUKS, George & Plemale, Mary; 2 Oct 1815 (GB)
LOUTHAIN, George (s/o John & Milly) & Shell, Polly (d/o John Shell) 31 May 1808 (MB)
LOUTHAIN, John & Cecil, Elizabeth (d/o John Cecil; 13 Oct 1795 (MB)

LOVE, David & Draper, Mary (d/o John Draper); 9 Jul 1784 (MB)
LOVE, William P. & Clare, Ann E.; 19 Mar 1846 (MM)
LOVEL, David & Rogers, Nancy; 21 May 1833 (FB)(FM)
LOVELL, Ruben T. & Hall, Lucretia; 21 May 1853 (PB)
LOVELL, Ruben T. & Hall, Lucretia; 25 May 1853 (PM)
LOVELL, Washington & Doss, Mary; 9 Nov 1850 (FL)
LOVERN, Asa R. & Adkins, Mary (d/o Partheny Adkins); 11 Oct 1852 (MB)
LOVERN, Asa R. & Atkins, Mary; 30 Oct 1852 (MM)
LOVERN, Moses & Lundsay, Maria; 7 Feb 1822 (MM)
LOWER, Andrew & Pour, Eva; 10 Sep 1795 (MB)(MM)
LOWER, Henry & Writesman, Christina; 25 Nov 1785 (MB)
LOWER, John & Cecil, Elizabeth; Oct 1796 (MM)
LOWER, John & Grisom, Prudence; 5 Sep 1805 (MB)
LOWER, John (s/o Brook Watson & Ruth Lower) (b.p. Loudon Co., Va.) & Clase, Sarah (d/o George & Rebecca Clase); 26 Apr 1855 (MM)
LOWER, Peter & Artrip, Elizabeth (d/o Susannah Artrip; 5 Dec 1795 (MB)

LOWER, Peter & Rightman, Catey; 9 Feb 1790 (MB)
LOWMAN, John & Cecil, Nancy; 5 Nov 1846 (PM)
LOYD, Levi & Hall, Abby; 1785 (MM)
LOYD, William & Cummings, Malinda (d/o Joseph Cummings); 8 Jan 1825 (MB)
LUCAS, Alexander (s/o John Lucas) & Dan, Marinda; Apr 1850 (GL)
LUCAS, Anderson (s/o William Lucas) & Lucas, Jane (d/o Edward Lucas); 8 Mar 1848 (GB)
LUCAS, Andrew & Charlton, Eveline M.; 9 Dec 1839 (MB)
LUCAS, Andrew & Lucas, Sarah (d/o Edward Lucas); 21 May 1842 (GB)
LUCAS, Andrew J. & Epling, Elizabeth (d/o Philip Epling); 23 Sep 1837 (GB)
LUCAS, Calvin & Lucas, Rebecca; 18 Feb 1832 (GB)
LUCAS, Charles & Akers, Elizabeth (d/o Jacob Akers); 15 Nov 1825 (MB)
LUCAS, Charles & Baker, Nancy; Dec 1849 (MM)
LUCAS, Charles & Barnett, Esther; 9 Jul 1806 (MB)
LUCAS, Charles & Haymaker, Nancy; 2 Oct 1821 (MB)
LUCAS, Charles (s/o Thomas Lucas) & Link, Nancy (d/o Christian Link); 28 May 1850 (GB)
LUCAS, Charles D. & Dobbins, Nancy; 26 Jan 1836 (MB)
LUCAS, David & Farley, Margaret; 18 Apr 1829 (GB)
LUCAS, David & Hale, Polly; 7 Nov 1809 (MB)
LUCAS, Edward & Hale, Elizabeth; 7 Nov 1801 (MB)
LUCAS, Edward & Harless, Almeda (d/o Anthony Harless); 11 Jan 1841 (GB)
LUCAS, Esau & Maddin, Christine, (d/o Margaret & Michael Maddin); 14 Apr 1800 (MB)(MM)
LUCAS, George A. & Adkins, Harriet E. (d/o Hiram Adkins); 4 Apr 1848 (GB)
LUCAS, Isaac & Lafaun, Eliza (d/o John Lafon); 20 Dec 1839 (GB)
LUCAS, James & Davis, Catherine; 3 Sep 1799 (MB)
LUCAS, John & Brown, Agnes; 18 Dec 1837 (MB)
LUCAS, John & Dowdy, Mary Jane (d/o James Dowdy); 28 Jun 1841 (GB)
LUCAS, John & Fry, Polley; 7 Dec 1807 (GB)
LUCAS, John W. & Scaggs, Rachel (d/o William Scaggs); 31 Jan 1854 (MB)
LUCAS, John W. (s/o Wilson & Mary Lucas) & Scaggs, Rachel (d/o William

& Miram Scaggs); 2 Feb 1854 (MM)
LUCAS, Madison H. & Rock, Malinda (d/o Thomas Rock); 26 Nov 1839 (GB)
LUCAS, Manuel & Adkins, Mima (d/o William Adkins); 8 Dec 1784 (MB)
LUCAS, Meredith (s/o David & Margaret Lucas) & Williams, Catherine (d/o Barbara Williams); 22 Jun 1854 (GM)
LUCAS, Miles K. & Adkins, Rachel; 28 Oct 1839 (GB)
LUCAS, Milton (s/o David & Margaret Lucas) & Williams, Polly (d/o Amos & Martha Williams); 11 Jul 1854 (GM)
LUCAS, Parker & Webb, Martha; 6 Jun 1812 (GB)
LUCAS, Philip & Dobbins, Elizabeth; 1843 (MM)
LUCAS, Price & Roberts, Caroline; 26 Jan 1815 (GB)
LUCAS, Ralph & Marshall, Agness; 1 Mar 1810 (GB)
LUCAS, Ralph & Williams, Mary; 18 Jul 1834 (GB)
LUCAS, Randal & Williams, Patience; 25 Dec 1790 (MB)
LUCAS, Samuel Jr. & Rayburn, Margaret; 22 Oct 1825 (MB)
LUCAS, Samuel & Brown, Nancy S. (d/o Nimrod Brown); 26 Mar 1849 (GB)
LUCAS, Samuel (s/o Thomas & Mahalia Lucas)& Lucas, Nancy S. (d/o John & Elizabeth Lucas); 20 Sep 1854 (GM)
LUCAS, Samuel (s/o Wilson & Mary Lucas) & Shelor, Elmira (d/o Jacob & Ann Shelor) (b.p. Floyd Co., Va.); 25 Feb 1857 (MM)
LUCAS, Samuel Jr. & Dobbins, Margaret; 5 Mar 1845 (MM)
LUCAS, Thomas & Hale, Hannah; 28 Mar 1801 (MB)
LUCAS, Thomas & Harless, Mahala (d/o Samuel Harless); 20 Nov 1828 (MB)
LUCAS, Thomas & _____; 17 Jan 1826 (GB)
LUCAS, Thomas Jr. & Harless, Mahuldah; 3 Nov 1845 (GB)
LUCAS, William & Carson, Esther McKim; 20 Mar 1826 (MM)
LUCAS, William & Johnston, Sarah; 3 Aug 1802 (MB)
LUCAS, William (s/o John Lucas) & Price, Elizabeth (d/o Michael Price); 2 Oct 1782 (MB)
LUCAS, William Jr. & Fry, Kizie; 17 Oct 1815 (GB)
LUGAR, Adam & Shauver, Ann; 24 Jan 1845 (GB)
LUGAR, Adam & Wilson, Elizabeth; 26 Sep 1826 (GB)
LUGAR, Alexander & Duncan, Mary; 19 Jan 1842 (GB)
LUGAR, Alexander & Franklin, Lavina; 13 Mar 1820 (GB)

LUGAR, George & Echoles, Margaret; 19 Aug 1800 (MB)
LUGAR, Jacob & Ross, Mary; 25 Apr 1829 (GB)
LUGAR, John & Fisher, Elizabeth; 28 Aug 1821 (GB)
LUGAR, John (s/o Barnabas Lugar) & Duncan, Margaret (d/o John L. Duncan); 18 May 1840 (GB)
LUGAR, Joseph & Wilson, Mary; 28 Aug 1827 (GB)
LUGER, Barnabas & Fisher, Catherine; 7 Jun 1817 (GB)
LUKENS, Peter & Huff, Susannah (d/o Samuel Huff); 19 Sep 1799 (MB)
LUKENS, Samuel & Huff, Lydia (sister of John Huff); 1 Nov 1816 (MB)
LUMPKIN, Josiah (s/o Robert Lumpkin) & Lybrook, Evalina; 27 Feb 1832 (GB)
LUMPKIN, Robert & Landrum, Jane; 28 Apr 1838 (GB)
LUSTER, Achilles W. & Thomas, Mary E.; Dec 1850 (MM)
LYBROOK, George & Hale, Sally R. (aka Sally Hall); 30 Dec 1823 (GB)
LYBROOK, Henry & Hankey, Hannah; 4 Oct 1796 (MB)
LYBROOK, Isaac & Burk, Nancy; 2 Jun 1823 (GB)
LYBROOK, John & Burk, Elizabeth (d/o William Burk); 12 Dec 1820 (GB)
LYBROOK, John & Chapman, Anne (d/o George Chapman); 11 Jan 1787 (MB)
LYBROOK, John & Peary, Mary L.I.; 26 Aug 1856 (MB)
LYBROOK, John (s/o Philip & Margaret Lybrook)(b.p. Giles Co., Va.) & Peery, Mary E.J.(d/o Miles & Hariet Peery); 26 Aug 1856 (MM)
LYBROOK, Philip & Marrs, Peggy; 7 Dec 1812 (GB)
LYKINS, Jonas & Willson, Lydia (d/o John Wilson); 15 Oct 1796 (MB)
LYKINS, Mark & Smith, Nancy (d/o Jacob Smith); 4 Dec 1794 (MB)
LYKINS, Philip & Light, Rhoda (d/o Henry Light)(aka Rhoda Wilson); 9 Sep 1813 (MB)(MM)
LYKINS, Thomas & Dobbins, Tenicia; 12 Oct 1837 (MB)
LYNSEY, Moses & Breckenridge, Lettice; 27 Sep 1785 (MB)
LYON, Jacob L. & Foote, Emily; 28 Aug 1855 (PL)
LYON, Jacob T. (s/o William & Sarah Lyon)(b.p. Grayson Co.) & Foote, Emely (d/o Sylvanus & P. Foote); 28 Aug 1855 (PM)
LYONS, Francis S. & Sasseen, Jane; 13 Aug 1850 (PM)
LYONS, Francis S. & Sasseen, Jane; 9 Oct 1850 (PB)

LYONS, Joseph C. & Dudley, Mary L.; 14 Sep 1851 (PM)
LYONS, Joseph C. & Dudley, Mary L.; 4 Sep 1851 (PB)
MABARY, Henry & Berry, Rebecca; 5 Apr 1799 (MM)
MABRY, Absalom & Manning, Frances; 12 Feb 1846 (FM)
MABRY, Joseph J. & Thompson, Susanah; 17 Dec 1832 (FB)
MABRY, Joseph J. & Thompson, Susannah; 24 Jan 1832 (FM)
MADDOX, John & Watterson, Nancy (d/o Thomas Watterson); 20 Apr 1817 (MB)
MADDOX, Richard & Vanover, Sarah; 28 Jan 1823 (MB)
MADDOX, Samuel (s/o Samuel & Mary Maddox) & Sowder, Elizabeth (d/o Jacob & Sarah Jane Sowder); 22 Dec 1859 (ML)
MADISON, William & Preston, Elizabeth (d/o William Preston); 8 Jan 1779 (MB)
MAERS, James & Shannon, Ann (d/o Samuel Shannon); 22 Apr 1782 (MB)
MAHANEY, Jacob & Stewart, Margaret; 12 Sep 1833 (GB)
MAHOOD, Francis P. & Brown, Sophia Isabela (d/o Nimrod Brown); 4 Jul 1840 (GB)
MAHOOD, Thomas & Wilmore, Malinda (d/o Thomas Wilmore); 27 May 1829 (GB)
MAIRS, Abram & Oaks, Jemima; 8 Apr 1789 (MB)
MAIRS, Christopher & Fowler, Mary (stepdaughter of Samuel Mairs); 10 Mar 1787 (MB)
MAIRS, James (brother of William Maers) & Shannon, Ann (d/o Samuel Shannon); 22 Apr 1782 (MB)
MAIRS, Samuel & Baker, Mary; 1792 (MM)
MAIRS, Samuel Jr.(s/o Samuel Mairs Sr.) & Thompson, Lidia; 8 Oct 1788 (MB)
MALLET, Noah & Jones, Sarah; 1 Nov 1788 (MB)
MANGUS, David (s/o John Mangus) & Covey, Abigail (d/o Samuel Covey); 9 Aug 1831 (MB)
MANGUS, William & Fleman, Eliza; 26 Jul 1848 (PM)
MANIFEE, Jonas & Newell, Nancy; 19 Sep 1785 (MB)
MANIFEE, Nimrod & Ingram, Jemima (d/o Samuel Ingram); 12 Oct 1788 (MB)
MANN, George & Moyer, Betsy; 25 Aug 1790 (MB)
MANN, Henry & Noah, Catherine; 12 Oct 1795 (MB)
MANN, John & Williams, Barbara (d/o Michael Williams); 20 Aug 1794 (MB)
MANN, John & Williams, Fanny; 6 Apr 1791 (MB)
MANN, William & Williams, Elizabeth

(d/o Michael Williams); 20 Aug 1794 (MB)
MANNING, Andrew & Johnston, Ann Elizabeth Jane (d/o William Johnston)(possible b.p. Rockbridge Co., Va.); 25 Jun 1840 (GB)
MANNING, Claibourn & Huff, Sarah (d/o James Huff); 4 Oct 1836 (FB)
MANNING, George A. (s/o Margaret Manning)(of Lee Co., Va.) & Kelly, Ruth (d/o Pleasant & Mary)(of Lee); 15 May 1855 (GM)
MANNING, George W. & Dowdy, Elizabeth (d/o Jabys Dowdy); 4 Apr 1840 (GB)
MANNING, James M. & Booth, Sarah; 13 Feb 1845 (FM)
MANNON, John & Fleck, Margaret; 31 Jan 1831 (GB)
MANSFIELD, William L. & Charlton, Emily B. (d/o John L. Charlton); 4 Dec 1839 (MB)
MARCUM, Archibald & Kelly, Nancy; 25 Aug 1800 (MB)
MARCUM, Mager & Kelly, Rachel; 28 Sep 1800 (MB)
MARES, Archibald & McMullin, Elizabeth; 15 Aug 1816 (MB)
MARION, Francis & Pannel, Lucinda (d/o William Panel); 6 Feb 1854 (MB)

MARKEY, Leonard & Ribble, Mary; 20 Apr 1800 (MB)
MARRICLE, Jacob & Ruetrough, Hannah; 27 Dec 1804 (MB)
MARRS, Andrew & Jones, Peggy; 31 Oct 1820 (GB)
MARRS, John & Jenkins, Nancy (d/o John Jenkins); 12 Nov 1819 (GB)
MARRUCLE, William & Weaver, Peggy (d/o George Weaver); 31 Jan 1804 (MB)
MARSHALL, Daniel H. & Montgomery, Rebecca; 8 Mar 1847 (FM)
MARSHALL, David & Abbott, Susannah; 25 Aug 1795 (MB)
MARSHALL, James & Burton, Rachel; 29 Apr 1800 (MM)
MARSHALL, John & Flannory, Elizabeth (d/o Styles Flannory); 21 Mar 1793 (MB)
MARSHALL, John H. & Quesenberry, Martha; 11 Nov 1847 (FM)
MARSHALL, Simon & Montgomery, Polly Ann; 23 Dec 1847 (FM)
MARSHALL, Thomas & Abbott, Mary (d/o Matthew Abbott); 20 Sep 1794 (MB)
MARTAIN, Daniel & Jenks, Elizabeth A.; 15 Sep 1835 (GB)
MARTAIN, William C. & Hearn, Ann; 8 Aug 1835 (GB)
MARTEN, George S. (s/o Andrew & Catherine Marten)(b.p.

Montgomery Co., Va.) & Blount, Mary Jane (d/o William & Elizabeth Blount)(b.p. Roanoke Co., Va.); 23 Nov 1854 (GM)

MARTIN, Abram & Martin, Sally; 23 Dec 1795 (MB)

MARTIN, Adam & Scott, Rebecca (d/o Francis Scott); 4 Nov 1836 (GB)

MARTIN, Andrew & Surface, Catherine; 1 Dec 1818 (MB)

MARTIN, Augustine (s/o James Martin) & Peck, Elizabeth (d/o Jacob Peck); 19 Mar 1822 (MB)

MARTIN, Barth. H. & Reynolds, Mary; 22 Feb 1796 (MB)

MARTIN, Bartlett & Hall, Lydia; 8 Sep 1828 (MB)(MM)

MARTIN, Christian & Snidow, Barbra (w/o?); 17 Jul 1793 (MB)

MARTIN, David & Martin, Nancy; 19 Dec 1811 (MB)

MARTIN, David & Shumate, Hester Ann (d/o Harden Shumate); 27 Mar 1837 (GB)

MARTIN, David & Williams, Rachel (d/o Nancy Williams); 19 May 1831 (GB)

MARTIN, David T. & Trovello, Sarah; 15 Jan 1845 (PM)

MARTIN, Elijah & Murdock, Mary Ann; Jan 1849 (MM)

MARTIN, George & Miller, Rhosanna; 4 Nov 1806 (MB)

MARTIN, James & Gill, Ellen; 16 Seo 1850 (FM)

MARTIN, James & Williams, Lenny; 28 Oct 1826 (GB)

MARTIN, James W. & White, Mary Adeline (d/o Adam M. White); 8 Jan 1849 (GB)

MARTIN, John & Kessler, Elizabeth (d/o John Kessler); 3 Jun 1850 (GB)

MARTIN, John & Waggoner, Elizabeth; 31 Oct 1831 (GB)

MARTIN, John & Waggoner, Susannah; 3 Nov 1802 (MB)

MARTIN, John C. & Wilson, Margaret; 19 Nov 1846 (PM)

MARTIN, Joseph & Charlton, Matilda L. (d/o James Charlton): 8 Dec 1812 (MB)

MARTIN, Josiah & Shank, Rebecca; 31 Oct 1848 (FM)

MARTIN, Matthew & Underwood, Eleanor; 1 Jun 1848 (FM)

MARTIN, Nelson M. & Via, Matilda; 15 Nov 1850 (FL)

MARTIN, Philip Jr. & Trolinger, Phebe (d/o Henry Trolinger); 8 Sep 1807 (MB)

MARTIN, Reason (possibly s/o Charles Martin) & Martin, Milly (d/o Thomas Rock); 15 Jan 1838 (GB)

MARTIN, Robert Jr. & Dickerson, Elizabeth; 31 Mar 1812 (MB)

MARTIN, Sanford & Haden, Margaret (d/o James M. Haden); 14 Jun 1852 (MB)
MARTIN, William & Boothe, Mary; 5 Jun 1851 (PB)
MARTIN, William & Craig, Mallissa (d/o Andrew Craig); Mar 1852 (MB)
MARTIN, William & Keeplinger, Betsy; 11 Mar 1812 (MB)(MM)
MARTIN, William & Boothe, Mary; 6 Jun 1851 (PM)
MARTIN, William (s/o John & Catherine Martin)(b.p.Bedford Co., Va.)(w/o?) & Amos, Eliza (d/o William & Martha Amos)(b.p. Franklin Co., Va.); 12 Jan 1860 (MM)(ML)
MARTIN, William H. & Barger, Elmira M. (d/o Poly Fisher); 21 Dec 1848 (GB)
MARTIN, William H. & Epling, Adeline I.; 18 Dec 1856 (GM)
MARTIN, William H.(s/o James & Frances Martin) & Eplin, Adeline I. (d/o Isaac & Anna Epling); 24 Nov 1856 (GL)
MARTIN, William J. & Hall, Elizabeth; 17 Jan 1844 (MM)
MASEY, James & Goodykoontz, Rebecca; 16 Mar 1826 (MM)
MASON, William B. & French, Mary J. (d/o Guy D. French); 11 May 1848 (GB)

MASONER, John & Runeon, Miasie; 5 Jul 1789 (MM)
MATHEWS, Charles J. & Howe, Eliza Jane; 2 Jun 1857 (PL)
MATHEWS, William S.(s/o John & F. Mathews) & Barger, Arminter A.S. (d/o Elias & Nancy Barger); 4 Feb 1859 (PM)
MATTHEWS, Anderson & Heavin, Amy; 1 May 1810 (MB)
MATTOX, George & Hunter, Sarah (d/o Henry Hunter); 19 Jun 1850 (GB)
MATTOX, Samuel & Garlick, Mary; 20 Aug 1831 (MB)
MAUPIN, John & Mannon, Martha; 22 Feb 1836 (GB)
MAVIS, Samuel & Baker, Mary (d/o Joshia Baker); 8 Dec 1792 (MB)
MAXEY, John & Wilbern, Willy; 11 Nov 1822 (GB)
MAXEY, Josiah & Solesberry, Sally; 16 Apr 1827 (GM)
MAXEY, Josiah & Solesbury, Sally (d/o Thomas Solesbury); 12 Apr 1827 (GB)
MAXWELL, Joel & Brogin, Milly; 2 Apr 1811 (MB)
MAXWELL, John & Vanlear, Patsey; 4 Nov 1810 (MB)
MAXWELL, Joseph & McDowel, Martha; 14 Aug 1826 (GB)
MAXWELL, Matthews & Brown, Juliet A.; 19 Mar 1835 (GB)

MAXWELL, Samuel & Patton, Martha; 30 Jan 1802 (MB)
MAXWELL, Whilley & Henderson, Moriah; 15 Aug 1833 (GB)
MAXY, Baranabas & Deweese, Hannah (d/o Mary Deweese); 2 Aug 1833 (FB)
MAXY, Barnabas & Deweese, Hannah; 8 Aug 1833 (FM)
MAYE, Elijah & Bish, Sally; 15 Jul 1848 (GB)
MAYER, Gaspar & Mason, Nancy; 30 Oct 1798 (MB)
MAYER, George & Barrister, Elizabeth; 25 Jun 1785 (MB)
MAYES, Daniel W. & Early, Susan; 12 Sep 1835 (MB)
MAYHOOD, Alexander & Watts, Martha A. (d/o Muncy Watts); 25 Apr 1833 (GB)
MAYS, George & Peterson, Rhoda; 22 May 1824 (MM)
MAYS, Henry & Tuggles, Fanny; 4 Jul 1850 (PM)
MAYS, James & Jacobs, Rebecca; 30 Nov 1824 (GB)
MAYS, James & Webb, Sarah; 22 Apr 1800 (MM)
MAYS, Joseph & Headrick, Elizabeth; 2 Jun 1823 (GB)
MAYS, William & Atkins, Fanny; 17 Sep 1798 (MB)
MAYS, William & Row, Barbara (d/o Stephen Row); 28 Dec 1841 (GB)
MAYS, William & Rowe, Sophiah (d/o Stephen Rowe); 12 Aug 1825 (GB)
MCALEXANDER, Alexander (s/o William McAlexander) & Booth, Mary (d/o Alijah Booth); 16 Jan 1815 (MB)
MCALEXANDER, Samuel & Lester, Bier; 11 Mar 1830 (MM)
MCBATH, Robert & Dunlop, Frances (d/o Moses Dunlop); 29 Aug 1792 (MB)
MCBEATH, William & McGee, Rachel (d/o Robert McGee); 29 Jan 1794 (MB)
MCBRYANS, John & Hall, Chloe; 28 Jan 1824 (GB)
MCCALER, John & Cavendar, Mary; 19 Nov 1844 (FM)
MCCALL, Edward J. & Griffin, Martha E. (d/o B.C. Griffin); 6 Feb 1833 (MB)
MCCALL, Edward J. & McCall, Martha E.; 6 Feb 1833 (MB)
MCCALLEY, Thomas & McCoy, Nancy; 7 Jun 1803 (MB)
MCCANCE, Thomas W. & Gardner, Emaline A.; 13 Jun 1843 (MM)
MCCARTY, Michael & Mills, Sarah; 9 Mar 1852 (MB)(MM)
MCCASTON, David & Shell, Esther (d/o George Shell); 16 Mar 1789 (MB)
MCCAULEY, David R. & McDonald, Lucinda M. (d/o William McDonald); 29 Sep 1856 (MB)

MCCAULEY, John & Robinson, Cynthia; 17 Nov 1825 (MB)
MCCHROSKEY, Robert (s/o James McChroskey) & Harless, Patsy (d/o Isaac Harless); 15 May 1841 (GB)
MCCLANAHAN, David & Aul, Mary (d/o Benjamin Aul); 28 Jul 1804 (MB)
MCCLANAHAN, David & Carter, Rosanah (d/o John Carter); 21 Sep 1832 (FB)
MCCLANAHAN, David & Carter, Rozina; 30 Sep 1832 (FM)
MCCLANAHAN, Elijah & Lewis, Agatha (d/o Col. Andrew Lewis); 1 Sep 1795 (MM)
MCCLAUGHERTY, James & Cunningham, Martha A.; 30 Jan 1839 (GB)
MCCLAUGHERTY, John & Dingess, Sally; 12 Aug 1813 (GB)
MCCLAUGHERTY, John & Hale, Phebe; 29 Jun 1824 (GB)
MCCLUER, John S. & Heavin, Ruth; 14 Jan 1813 (MB)(MM)
MCCLURE, William & Cunningham, Mary (d/o Thomas Cunningham); 2 Jan 1835 (MB)
MCCOMACK, William & Brumfield, Lucinda; 7 Oct 1830 (GB)
MCCOMAS, David & Bailey, Cloe (d/o Richard Bailey); 11 Jan 1787 (MB)
MCCOMAS, William & French, Sarah M. (d/o Guy D. French); 8 Jul 1851 (GB)
MCCOMBS, Emmanuel (aka Samuel) & Ribble, (aka Rebel) Elizabeth; 17 Jul 1797 (MB)(MM)
MCCOMES, William & Drake, Polley; 9 Nov 1808 (GB)
MCCOMMACK, William & Brumfield, Lucinda; 7 Oct 1830 (GM)
MCCOMMAS, Elijah & French, Mary; 3 Jan 1792 (MM)
MCCOMMAS, Elisha & French, Anne (d/o Matthew French); 3 Jul 1792 (MB)
MCCOMMAS, Elisha Jr. & Atkins, Susan (d/o Mary Atkins); 8 Feb 1842 (GB)
MCCOMMAS, Jesse & Nappier, Judith; 17 Feb 1789 (MB)(MM)
MCCOMMAS, John & Hatfield, Catharine (d/o Andrew Hatfield); 21 Feb 1786 (MB)
MCCOMMAS, Moses & Napper, Lucy; 5 Feb 1793 (MB)(MM)
MCCOMMAS, Stephen & Certain, Sarah; 1787 (MB)
MCCOMMAS, Thomas & Aldrich, Mary; 12 Feb 1799 (MB)
MCCOMMAS, William & Chapman, Dicey; 20 May 1797 (MB)
MCCOMMAS, William & McGee, Jane (d/o Robert McGee); 29 Jan 1794 (MB)
MCCONLEY, Archibald & Slusher, Sarah; 9 Sep 1828 (MB)
MCCONNELL, Andrew J. & Webb, Miram Ann; 3 Feb 1848 (FM)

MCCORKLE, James & Cartey, Paulina; 1 Jan 1812 (MB)

MCCORMIC, Lorenzo (b.d.11 Oct 1805) & Brumfield, Emley; 28 Feb 1826 (GB)

MCCORMICK, William S. & Crow, Rebecca; 25 Jan 1838 (MB)

MCCOY, Ezekial & Davis, Nancy; 7 Apr 1798 (MB)

MCCOY, George & Harliss, Mary (d/o Samuel Harliss); 29 May 1841 (MB)

MCCOY, Henry & Lowe, Katherine (d/o George Lowe); 11 Nov 1838 (GB)

MCCOY, James N. (s/o Henry & Catherine McCoy)(b.p. Giles Co., Va.) & Burton, Margaret (d/o James H. & D. Burton); 8 Jun 1857 (PM)(PL)

MCCOY, Moses (s/o William McCoy) & Burton, Lusetta (d/o Isaac Burton); 2 Aug 1850 (GB)

MCCOY, Samuel & Long, Margaret; 12 Mar 1793 (MB)

MCCOY, William & Hunter, Susannah (d/o Robert Hunter); 6 Dec 1800 (MB)(MM)

MCCOY, William Jr. & Trollinger, Barbara; 23 Nov 1796 (MB)

MCCROSKEY, James & Price, Hannah (d/o David Price Sr. & Hannah Price); 23 Sep 1830 (GM)

MCCROSKEY, James & Price, Hannah; 23 Sep 1830 (GM)

MCCROSKEY, John A. (s/o James McCroskey) & Harless, Nancy; 14 Oct 1842 (GB)

MCCULLOCH, Benjamin & Bunk, Elizabeth (d/o Jacob Bowers); 7 Aug 1854 (MB)

MCCULLOCH, Benjamin & Eakin, Mary J. (d/o Redman Eakin); 13 Nov 1851 (MM)

MCCULLOCH, Benjamin & Eakin, Mary J.; 3 Nov 1851 (MB)

MCCULLOCH, Benjamin (s/o John & Nancy McCullock)(b.p. Rockbridge Co., Va.)(w/o?) & Bunk, Elizabeth (d/o Jacob & Barbary, who was "born in Shanindoah", Bowers)(b.p. Botetourt Co., Va.)(w/o?); 10 Aug 1854 (MM)

MCCULLOCK, Benjamin & Eakin, Mary J.; 13 Nov 1851 (MM)

MCDANIEL, Edward (aka McDonald, Edward) & Stephens, Kezia; 9 Sep 1786 (MB)

MCDANIEL, Jacob (s/o Anthony & Catherine McDaniel) & Bradberry, Nancy (d/o Mark & Minerva Bradberry); 3 Nov 1860 (ML)

MCDANIEL, James & Shortt, Sarah J.; 5 Oct 1850 (FL)

MCDANIEL, Samuel & Castle, Elmira; 6 Mar 1845 (MM)

MCDANIEL, Samuel Preston (s/o James & Susan McDaniel)(b.p. Botetout Co., Va.)

& Frazier, Mary Ellen (d/o Cree T. Frazier); 20 May 1860 (GM)
MCDANIEL, Wade & Bailey, Elizabeth (d/o Braxton Bailey); 10 Jul 1854 (MB)
MCDANIEL, Wade (s/o Edward F. & Susan McDaniel)(b.d. 4 Sep 1828) & Baley, Elizabeth (d/o Braxton & Nancy Baley)(b.d. 1 Dec 1830); 12 Jul 1854 (MM)
MCDONALD, Bryant & Hoffman, Rebecca (d/o Jacob Hoffman); 2 Aug 1813 (MB)
MCDONALD, Anthony & Yearout, Catharine; 7 Apr 1835 (MB)
MCDONALD, Bryan & McDonald, Elizabeth; 17 Aug 1824 (MB)
MCDONALD, Clemons & Ross, Elizabeth; 8 Oct 1822 (MB)
MCDONALD, Edward & Ross, Susannah; 23 Feb 1820 (MB)
MCDONALD, Edward & Sesler, Catherine (d/o John Sesler); 28 May 1832 (MB)
MCDONALD, Floyd F. & Black, Jane; Nov 1849 (MM)
MCDONALD, Frederick & Halpain, Sarah; 21 Feb 1805 (MB)
MCDONALD, Frederick & Loop, Julia Ann; 8 May 1849 (MM)
MCDONALD, Fredrack & Loop, Julia Ann; 8 May 1849 (MM)
MCDONALD, George & Owen, Ruth; 22 Jun 1803 (MB)
MCDONALD, George & Sesler, Nancy (d/o John Sesler); 1 Sep 1834 (MB)
MCDONALD, Hercules & Brown, Margaret (d/o George Brown); 1 Oct 1816 (MB)
MCDONALD, John & Ecus, Susan; 23 Dec 1841 (MM)
MCDONALD, John & Kennaday, Elizabeth (d/o John Kennaday); 25 Aug 1794 (MB)
MCDONALD, John & Vickers, Sarah Ann (d/o Phebe Vickers); 30 Jul 1830 (MB)
MCDONALD, John & Williams, Mary; Oct 1785 (MM)
MCDONALD, John S. & Ekiss, Susan (d/o Henry M. Ekiss); 21 Dec 1841 (MB)
MCDONALD, Joseph & Chapman, Nancy; 15 May 1814 (GB)
MCDONALD, Magness & Morris, Tabitha; 19 May 1788 (MB)(MM)
MCDONALD, Magnus & Morris, Tabitha; 19 May 1788 (MB)
MCDONALD, Richard & Ingram, Polly (d/o Aaron Ingram); 15 Jan 1822 (MB)
MCDONALD, Stephen & Black, Susanna (d/o John Black); 3 Sep 1823 (MB)
MCDONALD, Thomas & Saunders, Martha; 29 Jul 1824 (MM)
MCDONALD, William & Cassidy, Nancy (d/o

John Cassidy); 1
Apr 1823 (MB)
MCDONALD, William &
Hoff, Ursula (d/o
Thomas Hoff);4 Aug
1788 (MB)
MCDONALD, William &
Hoff, Ursula; 4 Aug
1788 (MB)
MCDONALD, William &
Patton, Lucinda
(d/o Henry Patton);
25 Jul 1835 (MB)
MCDONALD, William (s/o
James McDonald) &
McDonald, Nancy; 20
Sep 1823 (MB)
MCDOWELL, James &
Preston, Sarah; 22
Feb 1792 (MB)
MCDOWELL, William (of
Greenbrier Co.) &
Patton, Polly (d/o
Henry Patton); 22
Jan 1798 (MM)
MCELRATH, Jesse &
Miller, Elizabeth
(d/o Sarah Miller);
3 Apr 1851 (GB)
MCFADDEN, John &
Miller, Hannah; 9
Sep 1816 (GB)
MCFALL, Levi &
Thompson, Parmela;
31 Dec 1846 (FM)
MCGAIN, Armstry (s/o
John & Nancy
McGain)(b.p.
Franklin Co.,
Va.)(w/o?) & Sirah,
Elizabeth Ann (d/o
Solomon & Elizabeth
Sirah)(b.p.
Campbell Co., Va.);
5 Jul 1854 (MM)
MCGUIRE, John &
Thompson, Jane; 23
Dec 1853 (MM)
MCGUIRE, Neeley &
Strutton, Easter
(d/o Solomon
Strutton); 29 Dec
1787 (MB)

MCHAFFEE, Andrew &
Harless, Catherine;
22 Jun 1803 (MB)
MCHENRY, Andrew &
Goodson, Martha
(d/o Thomas
Goodson); 12 Jul
1794 (MB)
MCHENRY, William &
Staffar, Jean; 3
Oct 1800 (MM)
MCINTYRE, Dugald &
Hoge, Rebecca (d/o
John Hoge); 19 Dec
1832 (MB)
MCKANY, William &
Trout, Elizabeth;
25 Aug 1828 (GB)
MCKEE, William &
Baker, Phebe (w/o?)
11 Apr 1788 (MM)
MCKENZIE, Daniel &
Copely, Rhoda; 13
Jul 1821 (GB)
MCKENZIE, Isaac &
Johnston, Jean; 1
Feb 1789 (MB)
MCKENZIE, Isaac &
Johnston, Jean; 1
Feb 1789 (MB)
MCKENZIE, James &
Snodgrass, Polly;
24 Sep 1811 (GB)
MCKENZIE, Murdock &
Marrs, Abigail;
1781 (MM)
MCKENZIE, William &
Martain, Rebecca;
31 Aug 1812 (GB)
MCKINNEY, Francis &
Hawley, Mary (d/o
Peter Hawley); 5
Mar 1814 (MB)
MCKINNEY, Joseph &
Copley, Elizabeth
(d/o Thomas
Copely); 20 Dec
1791 (MB)
MCKINNEY, Lambkin &
Copeley, Sarah (d/o
Thomas Copeley
Sr.); 7 Aug 1787
(MB)

MCKINNEY, Patton A. & Tiller, Rhoda (d/o William Tiller); 28 May 1836 (GB)
MCKINNEY, Powhattan B. & Fellows, Susan E.; 29 Mar 1836 (GB)
MCKINZIE, Murdock & Huet, Sarah (w/o John Huet); 24 Jul 1786 (MB)
MCLAUGHLIN, James & Strobough, Rebecca; 3 May 1804 (MB)
MCLURE, John & Snidow, Polly (d/o Jacob Snidow); 2 Nov 1848 (GB)
MCMAHAN, William (s/o Washington & Anna McMahan) & Woolwine, Mary E.C. (d/o George & Nancy Woolwine); 15 Aug 1859 (ML)(MB)
MCMANAWAY, James M (s/o David & Elizabeth McManaway) (b.p. Bedford Co., Va.) & Craig, Sarah (d/o Henry & Mildred Craig) (b.p. Bedford Co,.,Va.); 8 Dec 1859 (MM)
MCMILLION, Uriah & Muirhead, Nancy; 24 Jun 1847 (PM)
MCMILLION, Uriah & Waggal, Susan M.; 10 Oct 1848; (PM)
MCMONTAGUE, William & Kyle, Henrietta McK.; 20 Aug 1846 (MM)
MCMULLIN, George & Philips, Frances (d/o Thomas Philips); 18 Mar 1825 (MB)(MM)
MCMULLIN, James & McDonald, Jane (d/o William McDonald); 12 Dec 1810 (MB)
MCMULLIN, John & Crow, Polly; 17 Jun 1824 (MM)
MCNEELEY, William & Hall, Susannah (d/o Jesse Hall); 25 Dec 1811 (MB)
MCNEIL, James J. & Smith, Lydia; 9 Nov 1848 (FM)
MCNEIL, William B. & Martin, Elizabeth; 3 Feb 1853 (MM)
MCPEEK, Ezekial & Egnew, Asena (d/o Samuel Egnew); 16 Sep 1830 (MB)
MCPHERSON, Adam & Ross, Susan (d/o James Ross Sr.); 31 Dec 1838 (GB)
MCPHERSON, Alexander & Camper, Mary Elleanor (d/o Peter Camper); 15 Mar 1843 (GB)
MCPHERSON, George & Caldwell, Elizabeth (d/o Stephen Caldwell); 3 Sep 1832 (MB)
MCPHERSON, Jacob & Sengar, Phebe; 8 Feb 1803 (MB)
MCPHERSON, Jesse & Harress, Nancy; 25 Aug 1833 (GB)
MCPHERSON, Joseph & Smith, Gavina; 15 Sep 1832 (GB)
MCTHENEY, Daniel (s/o William & Jane McTheney)(b.p. {sic} Alegana Co., Va.) & Pergram, Elizabeth (d/o George & Wiley Pergram)(b.p. Gilford Co., North Carolina); 29 Dec 1856 (GM)

MCVEY, James & Higginbothem, Pheby; 15 Jun 1832 (GB)
MEACHAM, Asa H. & Keffer, Melvina C.; 30 Jul 1846 (MM)
MEACHAM, Elijah & Miles, Frances; 8 May 1837 (MB)
MEADOR, John (s/o Josiah Meador) & Meador, Anna (d/o Rachel Meador); 17 Sep 1822 (GB)
MEADOR, William (s/o Josiah Meador) & Ellison, Celia (d/o Asa Ellison); 12 Aug 1829 (GB)
MEADOWS, Adam & Dick, Sarah; 16 Apr 1828 (GB)
MEADOWS, Alen P. (s/o Philip & Sarah Meadows)(b.p. Monroe Co., Va.) & Martin, Frances (d/o John & Elizabeth Martin); 23 Dec 1856 (GM)
MEADOWS, Allen A. (s/o Catherine Meadows)(b.p. Monroe Co. Va.) & Meadows, Amanda (d/o Philip & Sarah Meadows)(b.p. Monroe Co., Va.); 8 Apr 1856 (GM)
MEADOWS, Anthony (s/o George & Hannah Meadows)(b.p. Monroe) & Broce, Deroth C. (d/o Jacob & Sarah Broce); 12 Mar 1859 (ML)
MEADOWS, Bannister & French, Charlotte; 26 Nov 1833 (GB)
MEADOWS, Christopher P. (s/o John & Elizabeth Meadows)(b.p. Monroe Co.Va.) & Yates, Mildred F. (d/o Calin W. & Martha Yates)(b.p. Bedford, Va.); 20 Sep 1854 (GM)
MEADOWS, Cummins (s/o George & Timna Meadows)(b.p.Franklin Co., Va.) & Craig, Muidon (d/o Henry & Muidon Craig)(b.p. Bedford Co., Va.); 11 Oct 1860 (ML)(MM)
MEADOWS, Emmanuel & Darr, Phielander (d/o Joseph Darr); 31 Dec 1842 (GB)
MEADOWS, Green W. & Walker, Emily; 21 Mar 1836 (GB)
MEADOWS, Henderson W. & Bailey, Juliann (d/o Martin Bailey); 8 Feb 1852 (GB)
MEADOWS, Henry & Farley, Mary (d/o Francis Farley); 12 May 1838 (GB)
MEADOWS, Henry & Hale, Delila Jane (d/o Jane Hale); 29 Sep 1845 (GB)
MEADOWS, Hezekiah (s/o George & Tabitha Meadows)(b.p. Franklin Co., Va.) & Poff, Christina (d/o Peter & Mary Poff); 7 Nov 1857 (MM)(MB)
MEADOWS, Jacob & Gore, Elizabeth; 8 Dec 1835 (GB)
MEADOWS, James & Gardner, Elizabeth (d/o John & Amy Gardner); 11 Oct 180? (MB)
MEADOWS, James J. & Key, Sarah S. (d/o

Arphaxed Key); 26 Sep 1842 (GB)
MEADOWS, Jeremiah & Cadle, Nancy (d/o Thomas Cadle); 17 Mar 1826 (GB)
MEADOWS, Jeremiah & Steele, Jane; 16 May 1835 (GB)
MEADOWS, Jourdan & Payne, Susanna; 8 Oct 1821 (GB)
MEADOWS, Peter & Stafford, Sophona; 23 Nov 1846 (GB)
MEADOWS, Richard (s/o Jeremiah & Nancy Meadows) & Moye, Mary (d/o Elijah Moye); 24 Oct 1850 (GB)
MEADOWS, Sampson G. (s/o Jordan & Susannah Meadows)(b.p. Mercer Co.) & Skeanes, Mary (d/o Thomas Frances Skeans)(b.p. Gilford, North Carolina); 31 Jan 1856 (GM)
MEADOWS, Samuel & Stafford, Emarilla; 22 Feb 1847 (GB)
MEADOWS, William (s/o F. Meadows) & Gregory, Isabella; 16 Feb 1846 (GB)
MEANS, Robert S. & Preston, Virginia A.E. (d/o Robert I. Preston); 25 Aug 1856 (MB)
MEANS, Robert Stark (s/o John H. & Sally L. Means)(b.p.Columbia S.C.) & Preston, Virginia A.E. (d/o Robert T. & Mary H. Preston); 26 Aug 1856 (MM)
MEARS, James & Shannon, Ann; 22 Apr 1782 (MB)
MEDLIN. Isaac I. & Rose, Amanda M. (d/o Gabriel Rose); 25 Mar 1854 (MB)(MM)
MEEKS, Anderson & Cook, Rhoda; 16 Aug 1824 (MB)
MEEKS, Robert A. & Turner, Malinda A.; 25 Sep 1849 (MM)
MELTON, Jesse & Boswell, Elizabeth; 13 Jan 1834 (MB)
MELVIN, Hezekiah & Thomas, Elizabeth; 28 Jan 1833 (GB)
MENIFEE, Jones & Newell, Nancy; 19 Sep 1785 (MB)
MENIFEE, Nimrod & Ingram, Jemima (d/o Samuel Ingram); 12 Oct 1788 (MB)
MENIFEE, William & Vardeman, William (d/o John Vardeman); 19 Dec 1774 (MB)
MEREDITH, Anderson & Patton, Mary; 19 May 1853 (PM)
MEREDITH, Anderson & Patton, Mary; 7 May 1853 (PB)
MEREDITH, David C. & Cox, Mary S.; 7 Aug 1856 (PL)
MEREDITH, David C. (s/o James & Sarah Meredith) & Case, Mary S. (d/o Carter & Neoma Case)(b.p. Floyd Co., Va.); 12 Aug 1856 (PM)
MEREDITH, Hugh & Bell, Catherine; 20 May 1824 (MM)
MEREDITH, Hugh C. & Farmer, Clementine; 8 Feb 1855 (PL)

MEREDITH, Hugh C. (s/o William & Catherine Meredith)(b.p. Montgomery Co., Va.) & Farmer, Clementina (d/o George & Mary Farmer); 8 Feb 1855 (PL)

MEREDITH, John & Graham, Lustianna; 17 Jul 1856 (PL)

MEREDITH, John & Boothe, Luema; 17 Jan 1855 (PL)

MEREDITH, John (s/o James & Sarah Meredith) & Boothe, Luemma (d/o John & Mary Boothe); 8 Feb 1855 (PL)

MEREDITH, John M, & Gilpin, Phebe; 17 Feb 1855 (PL)

MEREDITH, John M. (s/o John & Mary Meredith)(b.p. Patrick Co., Va.) & Gilpin, Phebe (d/o Samuel & Anna Gilpin)(b.p. Patrick Co., Va.); 2 Feb 1855 (PM)

MEREDITH, Jon. (s/o Hugh & Catherine Meredith) & Graham, Lustiaom (d/o John & Mary Graham); 24 Jul 1856 (PM)

MEREDITH, William & Graham, Sarah Ann; 16 Apr 1855 (PL)

MEREDITH, William (s/o Hugh & Nancy Meredith)(w/o?)(56 years old) & Elswick, Lucinda (d/o Absalom & Mary Elswick); 6 Jun 1860 (MM)(ML)

MEREDITH, William (s/o Hugh & Zeziah Meredith)(b.p. Montgomery Co., Va.) & Graham, Sarah A. (d/o John & Mary Ann Graham)(b.p. Floyd Co., Va.); 25 Apr 1855 (PM)

MEREDITH, William G. & Frazier, Nancy J. (d/o Alexander Frazier); 2 Mar 1840 (GB)

MERIDITH, James & Bell, Sally; 10 Oct 1827 (MM)

MIDDLETON, Henry Hawkins & Harless, Catherine; 7 Feb 1789 (MB)

MIDDLETON, Henry Hawkins & Harlis, Catharine (d/o Martin Harlis); 7 Feb 1789 (MB)

MIERS, Samuel & Mitchell, Julianne; 29 Jun 1854 (PL)

MIERS,(aka Myers) Micajah (s/o John & Spicey Myers) & James, Elizabeth (d/o William & Ruth James); 1 Nov 1860 (MM)(ML)

MIKESELL, John & Reed, Anna; 30 Aug 1813 (MB)

MILAM, William & French, Martha; 13 Jan 1829 (GB)

MILES, ____ (s/o William & Lucy Miles)(b.p. Montgomery Co., Va.) & Boothe, Julyann R. (d/o Donill & Rachel Boothe)(b.p. Floyd Co., Va.); 11 Dec 1855 (PM)

MILES, Asa T.(s/o James & Sarah Miles) & Hall, Sarah A.M.F. (d/o William & Lucy

MILES, Francis & Ally, Lavina; 1843 (MM)
MILES, Samuel Branch & Wirt, Mary Jr.; May 1848 (MM)
MILES, Thomas R. (s/o William & Drucilla Miles)(b.p. Franklin Co., Va.) & Nunley, Sarah S. (d/o Richard & Betsy Nunley)(b.p. Franklin Co., Va.); 27 Aug 1855 (MM)
MILIKEN, Austin S. & Wainwright, Catherine; 3 Sep 1836 (FB)
MILLEN, Andrew & Godbey, Rhoda G.; 2 Dec 1845 (PM)
MILLER, Abram (s/o Jesse Miller) & Raines, Mary (d/o William Raines); 3 Aug 1808 (MB)
MILLER, Adam & Phipps, Catharine; 3 Jun 1788 (MB)
MILLER, Adam & Walters, Mary; 1 Oct 1851 (PB)
MILLER, Adam & Walters, Mary; 2 Oct 1851 (PM)
MILLER, Charles & Clevinger, Mary (d/o George & Hannah Clevinger); 25 May 1791 (MB)
MILLER, Charles & McNeil, Ann; 14 Aug 1819 (GB)
MILLER, Charles H. (s/o Grief & Mary Miller)(b.p. Campbell Co., Va.) & Earhart, Mag (d/o George & Mary Earhart); 12 Oct 1859 (MM)
MILLER, Daniel & Francis, Mary; 1 Oct 1822 (MB)
MILLER, David & Muirhead, Mary (d/o William Muirhead); 8 Oct 1827 (MB)(MM)
MILLER, David Jr. (of Wythe Co., Va.) & Campbell, Evelina; 24 Feb 1832 (MB)
MILLER, Henry & Reidinger, Susannah; 15 Feb 1820 (MM)
MILLER, Henry & Reynolds, Hannah; 1 May 1810 (MB)
MILLER, Jacob & Chapman, Sarah (d/o John Chapman); 12 Dec 1794 (MB)
MILLER, Jacob & Harman, Polley; 1 Mar 1825 (GB)
MILLER, Jacob C. & Dyerle, Mary J.; May 1842 (MM)
MILLER, James & Holmes, Jane; 5 Apr 1831 (MB)
MILLER, James & Kirby, Nancy; 1 Apr 1816 (MB)
MILLER, James & Muerhead, Rebecca (d/o Andrew Muerhead) ; 20 Aug 1810 (MB)
MILLER, James & Wygal, Hannah (d/o Sebastian Wygal); 23 Mar 1818 (MB)
MILLER, James (s/o William & Nancy Miller) & Painter, Isabella G. (d/o George & Jane Painter)(b.p. Wash.)24 Jun 1856 (PM)

MILLER, James A. & Grills, Margaret A.; 22 Feb 1844 (MM)
MILLER, James A. & Painter, Isabella G.; 22 Jun 1857 (PL)
MILLER, John & Carter, Sarah; 10 Aug 1785 (MM)
MILLER, John & Peck, Sally; 18 Apr 1826 (GB)
MILLER, John & Poor, Mary; 1 Oct 1791 (MB)
MILLER, John & Walker, Caty (d/o Charles & Marget Walker); 11 Jan 1808 (GB)
MILLER, John & Whitt, Margaret; 22 Jan 1823 (MM)
MILLER, John H. (s/o Daniel & Mary Miller) & Taylor, Sarah (d/o John & Mary Taylor); 30 Nov 1858 (MM)
MILLER, John K. (s/o William & Mary Miller)(w/o?) & Glendy, E.L. (d/o John & Polly Glendy)(b.p. Augusta Co., Va.); 11 Jan 1859 (PM)
MILLER, Joseph & Wilson, Elizabeth (d/o Asa Wilson); 23 Nov 1837 (MB)
MILLER, Joseph Dr. & Charlton, Matilda; 8 Dec 1812 (MM)
MILLER, Lorenzo J. & Bird, Martha L.; 12 Feb 1850 (FM)
MILLER, Martin & Brilhart, Catherine (Mrs.); 4 Jun 1846 (MM)

MILLER, Michael & Adkins, Tibitha; 3 Jun 1795 (MB)
MILLER, Philip & Burgess, Mary; 13 Jun 1793 (MB)
MILLER, Robert (s/o Peter Miller) & Canterberry, Essabella (d/o Giney Canterberry); 22 Mar 1821 (GB)
MILLER, Robert (s/o William & Mahalah Lewis Miller)(b.p. Powhatan Co., Va.) & Stone, Clarissa Ann (d/o William A. & Clarissa A. Stone)(b.p. Lunenburg Co., Va.); 5 May 1858 (MM)
MILLER, Samuel & Early, Mary G.; 17 Sep 1840 (PM)
MILLER, Samuel & King, Catherine; 21 Aug 1830 (MB)
MILLER, Thomas & Crawford, E.; 16 Nov 1843 (PM)
MILLER, Tobias & Bane, Betsy; 14 Jan 1826 (GB)
MILLER, William & Adkins, Jeriah; 8 Feb 1794 (MB)
MILLER, William & Kirby, Mary (d/o John Kirby); 2 Jun 1818 (MB)
MILLER, William & Thompson, Polly (d/o James Thompson); 19 Jan 1818 (GB)
MILLER, William & Campbell, Clarissa; 5 Jun 1854 (PL)
MILLER, William & Wilson, Parthenia; 3 Jan 1857 (PL)

MILLER, William (s/o Henry & Mary Miller) & Wilson, Parthenia J. (d/o Miles Francis & Catherine Wilson)(b.p. Montgomery Co., Va.); 4 Dec 1857 (PM)

MILLER, William (s/o J. & M. Miller)(w/o?) & Campbell, Clarissa (d/o J. & M. Campbell)(b.p. Grayson Co., Va.); 7 Jun 1854 (PM)

MILLER, William M. & Shannon, Mary; 9 Feb 1846 (GB)

MILLER, William P. (s/o William A. & Elizabeth H. Miller)(b.p.Buckingham, Va.)(w/o?) & Wade, Elizabeth S. (d/o John & Susannah B. Wade); 13 Nov 1860 (ML)

MILLIKIN, Jesse & Scott, Polly; 30 Oct 1827 (MB)

MILLS, Anderson & Smith, Hannah; 13 Jun 1844 (FM)

MILLS, Charles T. (s/o William & Drusilla Mills)(b.p. Franklin Co., Va.) & Fleeman, Sarah M. (d/o Elias & Patsy Fleeman)(b.p. Franklin Co., Va.); 22 Dec 1857 (MM)

MILLS, John S. & Hall, Frances (d/o Elizabeth Hall); 2 Nov 1847 (GB)

MILLS, Larken & Wimmer, Hannah (d/o Margaret Wimmer); 28 Jul 1834 (FB)

MILLS, Robert (s/o Samuel & Rachel Mills) & Rineharte, Rebecca; 29 Apr 1832 (GB)

MILLS, Samuel & Perdue, Zerviah; 3 Oct 1853 (GL)

MILLS, Samuel & Rinehart, Nancy; 20 Sep 1833 (GB)

MILLS, Samuel (s/o John & Franky White) & Prince, Rachel (d/o John & Rachel Prince); 6 May 1807 (GB)

MILLS, Samuel Jr. & Perdue, Zerusiah; 6 Oct 1833 (GB)

MILLS, William & Davis, Elizabeth; 19 May 1833 (GB)

MILLS, William & Perdue, Marala (d/o Thomas Perdue); 13 Mar 1837 (GB)

MILLS, William (s/o James & Nancy Mills)(b.p. Franklin Co., Va.) & Carter, Agnes (d/o John & Margaret Carter)(b.p. Botetout Co., Va.); 19 Jul 1857 (MM)

MINNICK, Andrew J. & Miles, Christiana A.; 30 Nov 1849 (GB)

MINNICK, Christian & Stuart, Ann (d/o James Stewart); 20 Dec 1830 (GB)

MINNICK, Daniel L. (s/o John & Sarah Minnick) & Britt, Sarah C. (d/o George & Elizabeth Britt); 14 Dec 1858 (MM)

MINNICK, Isaac & Oaks, Elizabeth A. (d/o

Rice Oaks); 27 Apr 1852 (MB)
MINNICK, Michael & McCristie, Margaret (d/o Ellin McCristie); 31 Jan 1821 (MB)
MITCHEL, William & Stafford, Catherine; 6 Feb 1808 (GB)
MITCHEL, William J. & Massey, Marian; 10 Dec 1857 (PL)
MITCHELL, Alexander & Woods, Elizabeth (d/o Joseph Woods); 9 Nov 1787 (MB)
MITCHELL, Gustavus & Eakin, Agnes; 3 Oct 1835 (MB)
MITCHELL, Gustavus A. & Galbreath, Susan K.; 1 Jun 1854 (PL)
MITCHELL, Gustavus A. (s/o A. & S. Mitchell)(b.p. Montgomery Co., Va.)(w/o?) & Gailbreth, Sarah (d/o T. & C. Gailbreth)(b.p. Wythe Co., Va.);1 Jun 1854 (PM)
MITCHELL, James & Henderson, Sally; 2 Jul 1799 (MB)
MITCHELL, John G. & Houchins, Mildred; 22 Aug 1853 (MM)
MITCHELL, Marten I. (s/o Isaac & Emily Mitchell)(b.p. Bedford Co., Va.) & Boyd, Susannah (d/o Andrew & Mary Ann Boyd)(divorced)(b.p. Franklin Co., Va.); 11 Feb 1856 (MM)
MITCHELL, Martin I. & Boyd, Mary (d/o Mary Boyd); 11 Feb 1856 (MB)
MITCHELL, Samuel E. & Karr, Elizabeth (d/o William C. Carr); 19 May 1846 (GB)
MITCHELL, Thomas & Barnett, Mary Ann (w/o?); 18 Nov 1801 (MB)
MITCHELL, William & Michael, S.; 5 Oct 1843 (PM)
MITCHELL, William J. (s/o D. & E. Mitchell)(b.p. Franklin Co., Va.)(w/o?) & Wilks, Mary L. (d/o Matilda Wilks)(b.p. Franklin Co., Va.); 2 Jul 1854 (PM)
MITCHEM, Elijah D. & Smith, Elizabeth; 9 Nov 1782 (MM)
MITCHEM, Jacob L. (of Montgomery Co., Va.) & Godby, Nancy (d/o William Godby); 7 Nov 1853 (PM)
MITCHEM, William & Wertz, Catherine; 1 Feb 1830 (MM)
MOLES, Thomas & McPeak, Lucresy T.; 19 Nov 1838 (FB)
MOLES, Thomas & McPeak, Lucretia; 4 Dec 1838 (FM)
MOLLET, Noah & Jones, Sarah (w/o?); 1 Nov 1788 (MB)
MONGOLD, William H. & Lambert, Mary D. (d/o Susannah Lambert); 7 Apr 1845 (GB)
MONROE, Alex (s/o John & Camlice Monroe)(b.p. North Carolina) & Woolwine, Etheline (d/o Jacob & Catherine

Woolwine); 22 Mar 1860 (PM)
MONROE, William J.(s/o Elisha & Kitty Monroe)(b.p. Campbell Co., Va.) & Farmer, Jemima L. (d/o George & Mary Farmer); 19 Oct 1859 (PM)
MONTAGUE, James Wade (s/o Rice D. & Mary Montague)(b.d.29 Dec 1833) & Gardner, Catherine M.C. (d/o Charles B. & Mary J.L. Gardner)(b.d.16 Jun 1836); 27 Nov 1855 (MM)
MONTAGUE, William M. & Kyle, Henrietta M.; 20 Aug 1846 (MM)
MONTGOMERY, Alexander & Nappier, Margaret; 13 May 1798 (MM)
MONTGOMERY, Joseph (s/o John Montgomery Sr.) & Draper, Mrs. Elizabeth; 30 Sep 1786 (MB)
MONTGOMERY, Robert & Love, Mary; 10 Sep 1784 (MB)
MONTGOMERY, Zacheriah & Hale, Mary C.; 4 Feb 1839 (MB)
MOODY, Alexander & Todd, Octavia; 27 Sep 1836 (MB)
MOODY, Jacob & Bow, Angelina (d/o James Bow); 8 Nov 1834 (MB)
MOODY, John & Guthrie, Elizabeth; 24 Dec 1805 (MB)
MOODY, John & Wallerman, Nancy; 8 Jan 1800 (MM)
MOODY, Martain & Reynolds, Mary; 2 Sep 1835 (GB)
MOOMAU, Robert H. (s/o John B. & Elender Moomau)(b.p. Botetout Co., Va.) & Wilson, Adeline (d/o Samuel K. & Mary Wilson); 15 Nov 1859 (MM)
MOOMAW, Jacob B. & Fisher, Anna; 29 Jul 1830 (GB)
MOOR, James & Nisewonder, Judith; 6 Jan 1826 (GB)
MOOR, Jonathan & Taylor, Elizabeth; 16 Dec 1847 (FM)
MOOR, Thomas & Delany, Frances; 18 Mar 1845 (FM)
MOORE, Crockett & Quisenberry, Margaret A.; 24 Sep 1846 (PM)
MOORE, Enos & Henderson, Susan (d/o William Henderson); 25 Dec 1838 (GB)
MOORE, James & Shumate, Nancy; 17 Sep 1822 (GB)
MOORE, James W. (s/o George H. & Susan Moore)(b.p. Lunenburg Co., Va.) & Moses, Rebecca (d/o William & Isabella Moses); 16 Dec 1858 (MM)
MOORE, John & Ramsey, Mary Elizabeth; 15 Oct 1786 (MB)
MOORE, John (s/o Joseph Moore) & Bishop, Sarah; 27 Jun 1806 (MB)
MOORE, Napolen D. (s/o Joseph & Mary Moore)(b.p. Lunenburg Co., Va.)

& Herndon, Marthy (d/o Jonas & Elizabeth Herndon)(b.p. Pittsylvania Co., Va.); 2 Oct 1859 (MM)
MOORE, Richard & Riner, Elizabeth (d/o Jacob & Sarah Riner); 5 Nov 1839 (GB)
MOORE, Thomas & Poff, Salley (d/o Fesreme Poff); 16 Jun 1835 (FB)
MOORE, Thomas A. & Smith, Elizabeth R.; 20 Jun 1842 (GB)
MOREHEAD, A. Abbott (s/o A. & M. Morehead) & Lavender, Meram Amonida (d/o C. & E. Lavender)(b.p. Franklin Co., Va.); 9 Mar 1859 (PM)
MOREHEAD, Alex (s/o James & Mary Morehead) & Arnold, Harriet (d/o Adam & Sarah Arnold)(b.p. Boutetourt Co., Va.); 19 Dec 1860 (PM)
MOREHEAD, Andrew (s/o James & Mary Morehead)(b.p. Newburn, Pulaski Co., Va.) & Miller, Elizabeth J. (d/o Daniel & Mary Miller)(b.p. Pulaski Co., Va.); 16 May 1854 (MM)
MOREHEAD, John C. (s/o W. & M. Morehead) & Tuggle, Martha (d/o James & E. Tuggle)(b.p. Wythe Co., Va.); 3 Aug 1859 (PM)

MORETON, James W. (s/o Thomas Moreton)(b.p. Tazewell Co., N.C.) & Sowder, Lucy Mary (d/o James & Julina Sowder); 11 Jun 1856 (MM)
MORGAN, Charles & Hoziem, Sarah; 20 Aug 1792 (MB)
MORGAN, Edward & Gardner, Susannah; 3 Mar 1791 (MB)
MORGAN, Edward & Martin, Sally; 4 Dec 1826 (GB)
MORGAN, Edward & Straley, Nancy; 5 Jun 1823 (GB)
MORGAN, Francis & Ingram, Nancy; 19 Jul 1825 (MB)
MORGAN, Francis N. & Walters, Elizabeth; 15 Feb 1844 (MM)
MORGAN, John & Brunk, Ann; 22 Sep 1847 (MM)
MORGAN, John & Hale, Adaline; 16 Oct 1839 (GB)
MORGAN, John & Kirby, Martha; 3 Nov 1801 (MB)
MORGAN, Wesley & Raines, Martha; 5 Dec 1820 (MB)
MORGAN, William & Cunningham, Sarah; 25 Dec 1788 (MB)
MORGAN, William & Songer, Polly; 3 Aug 1813 (MB)
MORHEAD, Andrew & Nicewonder, Esther; 12 Apr 1808 (GB)
MORICAL, Andrew & Dulaney, Polly; 23 Mar 1835 (FB)
MORICAL, Jacob & Hilton, Elizabeth; 11 May 1831 (FB)

MORICAL, John & Kitterman, Elizabeth (d/o John Kitterman); 27 Sep 1831 (FB)

MORRICLE, John & Kitterman, Elizabeth; 29 Sep 1831 (FM)

MORRIS, Clayburn & Hall, Phebe; 5 Oct 1808 (MB)

MORRIS, Henry & Bowcher, Polly (d/o James Bowcher); 23 Jan 1804 (MB)

MORRIS, Powell & Hix, Susanna (d/o Mary Bennet); 26 Oct 1788 (MB)

MORRIS, William & Evans, Nancy; 21 Sep 1796 (MB)

MORTON, Benjamin & Willson, Polly; 1810 (MB)

MORTON, John A. (s/o Obadiah & Eliza Morton)(b.p. Prince Edward Co., Va.) & Todd, Octavia (d/o Foster & Frances Todd); 7 Aug 1856 (MM)

MORTON, Robert & Brammer, ____; 1829 (MM)

MOSELEY, Robert H. & Trigg, Catherine (d/o Thomas C. Trigg); 19 Apr 1852 (MB)

MOSER, Andrew L. (s/o Mary Bradley) & Roach, Lucinda (aka Lucinda J. Meadows); 23 Oct 1848 (GB)

MOSER, Christian S. & Snodgrass, Lorieza A. (d/o Joseph Snodgrass); 2 Jun 1849 (GB)

MOSER, William & Hale, Charlotte (d/o Isaiah Hale); 18 Mar 1838 (GB)

MOSES, Archibald & Martin, Nancy (d/o John Moses); 2 Oct 1854 (MB)

MOSES, James & Wells, Rebecca (d/o Grief Wells); 15 Mar 1841 (MB)

MOSES, James & Wells, Rebecca; 18 Mar 1841 (MM)

MOSES, Peter A. (s/o Joseph M. & Paulina Jane Moses)(b.p.Cumberland Co., Va.) & Hudgins, Ann E. (d/o William & Emeline Hudgins)(b.p.Cumberland Co., Va.); 5 Apr 1855 (MM)

MOSES, Thomas & Bennett, Martha (d/o Samuel Bennett); 25 Oct 1833 (MB)

MOSES, William & Blankenship, Ardenia; 1843 (MM)

MOSS, ____ & Adkins, Fanny; 20 Sep 1798 (MM)

MOSS, Harden & Mustard, Sarah(aka Sally Mustard)(d/o John Mustard); 3 Dec 1834 (GB)

MOULS, William (s/o Thomas & Elizabeth Mouls) & Slusser, Margaret (d/o John & Elizabeth Slusser); 19 Aug 1858 (MM)

MOUNTZ, David & Clive, Margaret; 5 Apr 1809 (MB)

MOYE, Jacob R. & Anderson, Ardealey; 10 Jul 1855 (GM)
MOYER, George & Barrisher, Elizabeth; 25 Jun 1785 (MB)
MOZIE, George & Jenks, Ann; 25 Sep 1823 (GB)
MUIRHEAD, Andrew (s/o William Muirhead)(of Wythe Co., Va.) & Godbey, Nancy (d/o Francis Godbey); 12 May 1825 (MB)
MUIRHEAD, Andrew A. & Miller, Elizabeth Jane (d/o Daniel Miller); 1 May 1854 (MB)
MUIRHEAD, Andrew Jr. & Caddall, Martha; 6 Oct 1822 (MB)
MUIRHEAD, Daniel & Saunders, Isabella; 1 Feb 1844 (PM)
MUIRHEAD, George & Miller, Sarah; 1 Sep 1812 (MB)
MUIRHEAD, James (s/o Andrew Muirhead) & Miller, Mary (d/o Daniel Miller); 22 Mar 1813 (MB)
MUIRHEAD, John & Gordon, Lucinda; 16 Jan 1837 (MB)
MUIRHEAD, Joseph & Miller, Elizabeth; 20 Aug 1807 (MB)
MULLEN, Joseph & McDonald, Margaret; 6 May 1841 (MM)
MULLIN, Austin & Allison, Sarah Jane; 31 Dec 1853 (PB)
MULLIN, Austin & Allison, Sarah Jane; 5 Jan 1854 (PM)
MULLIN, Joseph & McDonald, Margaret (d/o Frederick McDonald); 27 Apr 1841 (MB)
MULLIN, William & Dillon, Elizabeth; 16 Jun 1794 (MB)
MULLIN, William & Wright, Nancy (d/o John Wright); 18 Aug 1817 (MB)
MULLINS, Eli & Sartin, Nancy B.; 27 Jan 1846 (GB)
MULLINS, James & Walker, Margaret; 7 Sep 1799 (MB)
MULLINS, James & Webb, Elizabeth; 21 Jun 1822 (GB)
MULLINS, James Jr. & Meadows, Elizabeth (d/o John Meadows); 29 Nov 1836 (GB)
MUNCEY, Jacob & Dettimore, Martha; 1 Sep 1842 (PM)
MUNCY, Jacob (s/o Jacob & Mary Muncy)& Henderson, Margaret Jane (d/o John & Elizabeth Henderson); 11 May 1854 (GM)
MUNCY, John & Trump, Susanna; 20 Mar 1838 (MB)
MUNCY, Nathaniel & Smith, Ellen; 19 Jun 1838 (FB)
MUNCY, Robert & Woolwine, Elizabeth; Sep 1843 (MM)
MUNELL, William A. (s/o James A. & Sarah Munell)(b.p. Botetourt Co., Va.) & Haymaker, Frances (d/o M. & M. Haymaker)(b.p. Montgomery Co.,

Va.); 19 Dec 1860 (PL)
MUNGOLD, Jonathan & Michiam, Mary Ann; 12 Mar 1840 (PM)
MUNSEY, David & Hill, Permilia Prior (d/o Reuben Hill); 28 Dec 1831 (GB)
MUNSEY, David & Nicewonger, Nancy (d/o Jacob Nicewonger); 12 Sep 1793 (MB)
MUNSEY, Isaiah & Guthrie, Hettie (d/o Richard Guthrie); 17 Aug 1830 (MB)
MUNSEY, Jeremiah & Sykes, Elizabeth; 2 May 1799 (MB)
MUNSEY, John & Guthrie, Eliza (d/o Richard Guthrie); 29 Sep 1830 (MB)
MUNSEY, John & Munsey, Neomi (d/o William & Elizabeth Munsey); 29 May 1787 (MB)
MUNSEY, John (s/o Luke Munsey) & Elliot, Agatha (d/o Robert Elliot) 21 Dec 1816 (MB)
MUNSEY, Luke & Wilson, Olivia (d/o Peter Wilson); 18 Jul 1826 (MB)
MUNSEY, Nathaniel & Vickers, Betsy; 23 Jun 1814 (MB)
MUNSEY, Samuel & Sumpkins, Betsey; 8 Apr 1817 (GB)
MUNSEY, Samuel & Workman, Anne; 16 Jun 1788 (MB)
MUNSEY, Skidmore & Bradley, Jane; 26 Aug 1826 (GM)

MUNSEY, Taniss & Simpkins, Rhoda; 12 Nov 1804 (MB)
MURDOCK, Elijah & Wrightsman, Rebecca; Feb 1847 (MM)
MURDOCK, Elijah Sr. & Brown, Louisa M.; 6 Mar 1852 (MB)(MM)
MURDOCK, Gilbert & Peas, Sarah; 10 Mar 1842 (MM)
MURDOCK, Jordan (s/o Elijah & Polly Murdock)(b.p. Bedford Co., Va.) & Carden, Eliza Jane (d/o Robert & Jane Carden); 14 Mar 1855 (MM)
MURDOCK, Joseph & Adams, Mahala; 6 Apr 1836 (MB)
MURDOCK, Wiley & Martin, Polly (d/o John Martin); 13 Oct 1838 (MB)
MURDOCK, William A. & Wrightman, Elizabeth; Nov 1842 (MM)
MUREHEAD, Alexander L. & Arnold, Harriet; 19 Dec 1860 (PL)
MURPHY, George & Thompson, Nancy; 25 Feb 1802 (MB)
MURPHY, James & Ellder, Hanna; 28 Nov 1786 (MB)
MURPHY, William & Prince, Nancy 14 Oct 1806 (GB)
MURRAY, George (s/o Thomas & Mary Ann Murray)(b.p. North Carolina) & Wilson, Mary (d/o Erastus & Susan Wilson)(b.p. Montgomery Co., Va.); 20 Nov 1855 (PM)

MURRAY, Lawrence & Smith, Elizabeth; 9 Nov 1782 (MM)

MURRY, George W. & Wilson, Mary; 20 Nov 1855 (PL)

MURRY, Madison M. & Craig, Finetta (d/o Andrew Craig); 13 Oct 1856 (MB)

MUSTARD, James & Moor, Polly; 17 Feb 1827 (GB)

MUSTARD, James & Munsey, Sarah; 4 Aug 1791 (MB)

MUSTARD, John C. & Parson, Nancy; 7 Jan 1855 (PL)

MUSTARD, John C. (s/o Joshua & Betsy Mustard)(b.p. Mercer) & Parsons, Nancy (d/o Vincent & Sarah Parsons)(b.p. Pittsylvania Co., Va.); 11 Dec 1855 (PM)

MUSTARD, Joshua & Davis, Elizabeth; 15 Nov 1824 (GB)

MYERS, Adam & Clyburn, Margaret; 29 Jul 1833 (GB)

MYERS, David & Oatawalt, Ann; 11 Dec 1821 (MM)

MYERS, John & Halbert, Dorcas; 18 Oct 1819 (MB)

MYERS, John & Mitchell, Spicey; 28 Feb 1835 (MB)

MYERS, John & Rebel, Magdalin; 15 Sep 1797 (MB)

MYERS, Samuel & Bones, Mary; 20 Aug 1838 (MB)

MYERS, Samuel (s/o Samuel Myers Sr.) & Robinson, Gertrude; 17 Aug 1831 (MB)

MYNATT, George & Smith, Mary; 30 Jul 1787 (MB)

NAFF, Isaac W. & Weysor, Cynthia Mary; 14 Dec 1853 (PL)

NAPIER, Booth & Bird, Catherine; 14 Feb 1832 (FB) (FM)

NAPIER, Champion & Eahart, Betsy; 19 Mar 1817 (GB)

NAPIER, Edward & Eley, Rachael (d/o Jiney Eley); 28 Dec 1786 (MB)

NAPIER, Patrick & Kirk, Margaret (d/o Thomas Kirk); 10 Feb 1807 (GB)

NAPIER, Rene & Ealey, Jane (d/o Jane Ealey); 21 Mar 1787 (MB)(MM)

NAPPIER, Donald & Gly, Rachel; 15 Jan 1787 (MM)

NAPPIER, Patrick Jr. (s/o Patrick Nappier Sr.) & Brumfield, Fanny; 9 Jun 1788 (MB)

NAUSLER, Adam & Snidow, Rebecca (d/o Jacob Snidow); 26 Sep 1822 (GB)

NEAL, Elbert F. (b.p. Giles Co., Va.) & Matthews, Lucy Ann (b.p. Campbell Co., Va.); 12 Mar 1858 (MM)

NEALL, Leander A. & Stewart, Martha J.; 2 Oct 1857 (PL)

NECE, Valentine & Fizer, Peggy (d/o Peter Fizer); 15 Nov 1823 (MB)

NEEL, Elias & Patton, Nancy (d/o Henry Patton); 16 Nov 1822 (MB)

NEEL, Henry Franklin (s/o John & Martha Neel)(b.d. Aug 1836) & Harman, Nancy Jane (d/o John & Hester Ann Harman)(b.d. 30 Jun 1837); 27 Dec 1855 (GM)

NEEL, Lewis & Dunbar, Elizabeth; 23 Apr 1828 (GB)

NEEL, William H. & Harman, Elizabeth; 5 Jan 1852 (GB)

NEELY, William (s/o John Neely) & Lilly, Elizabeth (d/o William Lilly); 24 Jan 1829 (GB)

NEIL, Charles & Dingus, Elizabeth; 14 Jan 1793 (MB)(MM)

NELSON, Samuel D. & Berry, Elizabeth (d/o James & Margaret Berry); 19 Feb 1834 (MB)

NESTER, Jacob & Goad, Catherine (d/o Abram Goad); 2 Jun 1789 (MB)

NESTER, Jonathan & Eskue, Polly; 24 Sep 1830 (MM)

NESTER, Jonathan & Hurst, Matilda; 23 Oct 1845 (PM)

NESTER, Jonathan & Hurst, Matilda; 25 Aug 1845 (PB)

NEWBERRY, John & Cochran, Elizabeth (d/o Isham & Sarah Cochran); 11 Oct 1841 (FB)

NEWBY, Joseph & Smith, Martha; 14 Apr 1842 (PM)

NEWELEE, John G. & Kyle, Elizabeth (d/o William Kyle); 6 Dec 1832 (MB)

NEWELL, Edwin S. (s/o John W. & Mary A. Newell)(b.p. Washington Co., Va.) & Baritz, Mary J.T. (d/o William & Elizabeth Barnitz); 18 Feb 1858 (MM)

NEWELL, James Jr. & Trigg, Susannah; 8 Oct 1807 (MB)

NEWELL, John & Bell, Jane (d/o George Bell);1 Oct 1777 (MB)

NEWLEE, George B. & Davis, Amanda; Jun 1847 (MM)

NEWLEE, Robert G. (s/o William & Mary Newlee) & Bennett, Martha (d/o Lewis M. & Prudence Bennett); 22 Mar 1859 (MM)

NEWLEE, William Jr. & Wilson, Amanda W.; 2 Oct 1834 (MB)

NEWMAN, James & Madlin, Jane; 3 Dec 1825 (MB)

NEWMAN, John W. & Galbreath, Susan V.; 23 Sep 1857 (PL)

NEWMAN, John W. (s/o Arthur & Catherine Newman)(b.p. Bedford Co., Va.) & Galbreath, Victoria (d/o Bartram & Cynthia Galbreath); 23 Sep 1857 (PM)

NEWMAN, Walter & Later, Elizabeth; 27 Nov 1786 (MB)

NEWMAN, William (s/o Benjamin Newman) & West, Sally (d/o William West); 28 Jun 1838 (MB)

NEWMAN, William J. &
Hall, Jerusha; 15
Sep 1839 (FB)(FM)
NEWTON, Richard &
Jinkins, Tabitha;
17 Nov 1787 (MB)
NIBERT, George W. (s/o
George Nibert Sr.of
Wythe Co., Va.) &
Scaggs, Elizabeth;
26 Oct 1831 (MB)
NICELY, John &
Rinehart, Sarah; 10
Sep 1829 (MM)
NICEWONDER, Abram &
Jones, Nancy; 26
Aug 1833 (GB)
NICHOLAS, Samuel &
Moffett, Margaret;
1 Jan 1782 (MM)
NIDA, Caleb (s/o
Margaret Nida) &
Nida, Anna (d/o
Sarah Niday); 28
Nov 1849 (GB)
NIDA, David &
Caldwell, Mary (d/o
Stephen Caldwell);
13 Nov 1824 (MB)
NIDA, Jacob &
Caldwell, Unice; 12
May 1825 (MB)
NIDA, John & Harless,
Salley; 23 Oct 1818
(GB)
NIDA, John & Wingo,
Elizabeth; 27 Nov
1843 (GB)
NIDA, Peter &
Caldwell, Delila
(d/o Stephen
Caldwell); 25 Sep
1824 (MB)
NIDA, William &
Harless, Sarah; 27
Oct 1828 (GB)
NIECE, John (s/o
Valentine & Peggy
Niece) & Williams,
Mary Jane (d/o John
M. & Sarah
Williams)(b.p.
Giles Co., Va.); 23
Oct 1856 (MM)

NIESWONGER, David &
Farley, Judith; 24
Apr 1800 (MM)
NIGHDY, Jacob &
Kessinger, Salley;
16 Mar 1812 (GB)
NISEWONDER, Harvey
(s/o Jacob
Nisewonder) &
Bogle, Milenday; 22
Mar 1839 (GB)
NOLAND, Martin &
Welch, Mary; 1782
(MM)
NORRESS, James &
Ratliff, Lucinda; 1
Jan 1838 (FM)
NORTHCROSS, Frederick
T. (s/o Thomas &
Rebecca Northcross)
(b.p. Sussex Co.,
Va.) & Davis, Ellen
L. (d/o William
Davis); 19 Oct 1857
(MM)
NORTON, Edward & Hill,
Martha; 1 Sep 1789
(MB)
NOSLER, Jacob (s/o
Adam & Rebecca
Nosler)& Fry,
Margaret J. (d/o
Daniel & Nancy
Fry); 6 Apr 1854
(GM)
NOSLER, Theophilas &
Cliborn, Dorcas
(d/o Samuel
Cliborn); 28 Jun
1849 (GB)
NOWLIN, Abram (s/o
Jacob & Katy
Nowlin) & Nolly,
R.A. (d/o Thomas &
Mary Nolly)(b.p.
Brunswick Co.,Va.);
30 Jul 1855 (MM)
NOZLER, Boston & Kirk,
Sarah (d/o John
Kirk); 4 Jan 1802
(MB)
NOZLER, Boston &
Smith, Rosanna (d/o

Jacob Smith); 5 Oct 1790 (MB)
NOZLER, Conrad & Pains, Sarah; 2 Jun 1801 (MB)
NOZLER, John & Snavell, Martha; 18 Jul 1795 (MB)
NUBY, William & Thonton, Priscilla; 10 Mar 1838 (MB)
NUINGOLD, Jonathan & Michean, Mary Ann; 12 Mar 1840 (PM)
NUNINGER, Edward F. & Barnett, Susan; 22 Oct 1853 (MB)
NUNLY, James M. & Lancaster, Virginia A.; 30 Apr 1851 (MM)
NUNLY, James M. & Lancaster, Virginia; Apr 1851 (MM)
NUTON, Richard & Jenkins, Tabitha; 17 Nov 1787 (MB)
O'DONALD, Fielding & Elswick, Phebe (d/o Jonathan Elswick); 20 May 1793 (MB)(MM)
O'DONALD, Owen & Gothrin, Darkey; 20 Feb 1796 (MB)
O'DONNELL, Patrick (b.p. Ireland) & Whitaker, Elizabeth (d/o James & Sally Whitaker); 29 Jul 1857 (PM)(PL)
O'NEAL, Charles (s/o Peggy O'Neal, illegitimate) & Harlor, Catharine (d/o William & Elizabeth Harlor); 9 Aug 1855 (MM)
OBERSHAIN, Jonathan & Eakin, Ann; 1 Mar 1852 (MB)

ODEWALT, Abram & Pratt, Mary; 26 Aug 1828 (MM)
ODEWALT, George & Aul, Joanna; 16 Aug 1813 (MB)
ODEWALT, Jacob & Hendricks, Mary; 1 May 1828 (MM)
ODLE, Stephen & Warden, Mary Ann; 16 Nov 1847 (PM)
OGLE, John William & West, Sarah (d/o Rosnock & Isaac West); 3 Oct 1791 (MB)(MM)
OLEY, James H.(s/o Armistead Oley & Sarah Gill)(b.p. Liberty, Bedford Co., Va.) & Kent, Mary Louisa (d/o James R. Kent & Mary Cloyd); 23 Jan 1855 (MM)
OLEY, Samuel & Conner, Nancy; 18 Feb 1845 (FM)
OLINGER, Christian P. & Price, Susannah E.; 3 Sep 1853 (MM)
OLINGER, George W. & Surface, Elizabeth; Aug 1848 (MM)
OLINGER, Michael & Roberts, Caroline (d/o Joseph Roberts); 16 Feb 1841 (MB)
OLINGER, Pearis (b.p. Toms Creek, Montgomery Co., Va.)(s/o Philip & Elizabeth Olinger) & Sarver, Mary C. (d/o James & Eliza M. Sarver)(b.p. "on New River", Montgomery Co., Va,); 12 May 1859 (MM)(ML)

OLINGER, Philip & Shroder, Elizabeth; 30 Jul 1806 (MB)

OLIVER, Thomas & All, Hety; 2 Jun 1841 (MB)

OLIVER, William & Carr, Nancy B.; 23 Dec 1845 (GB)

OLLIVER, Freeman Richard (s/o Thomas Oliver of Montgomery Co., Va.) & Collins, Catherine; 29 Apr 1829 (GB)

OMEY, William & Fleck, Nancy; 25 Feb 1834 (GB)

ONLEY, Beufort H. & Bird, Rhoda J.; 1 Feb 1848 (FM)

OTEY, Frazier & Newlee, Cyrena C. (d/o William Newlee); 18 Sep 1841 (MB)

OTEY, Frazier M. & Newlee, Cyrenia C.; 23 Sep 1841 (MM)

OTEY, Henry & Lovern, Nancy; 20 Jul 1848 (FM)

OTEY, Jonathan & Sowers, Nancy (d/o Henry Sowers); 7 Aug 1827 (MB)

OTEY, Samuel & Elliot, Jane (d/o Robert Elliot); 2 May 1823 (MB)

OTT, Henry & Bethel, Polly; 22 Aug 1815 (MB)

OUTHOUSE, Peter & Evans, Jeretta; 10 May 1791 (MB)(MM)

OVERSTREET, James & Caddell, Sarah (d/o Samuel Caddell); 10 Feb 1817 (MB)

OWEN, Daniel & Shoatman, Mary (d/o Michael Shoatman); 9 Oct 1793 (MB)

OWEN, John & Picklesimer, Lydia; 7 Oct 1795 (MB)(MM)

OWEN, William & Odle, Elizabeth; 14 Jan 1852 (PL)(PM)

OWENS, Anthony & Sloane, Mary Anne; 21 Aug 1860 (PL)

OWENS, Anthony (s/o V. & E. Owens)(b.p. Wythe Co., Va.) & Sloan, Mary Ann (d/o William & J. Sloan)(b.p. Wythe Co., Va.); 22 Aug 1860 (PM)

OWENS, Charles & Hill, Emarina V.; 24 Sep 1846 (PM)

OWENS, David & Agnew, Parthena; 28 Apr 1837 (FB)

OWENS, George & Deaton, Nancy (d/o Elijah Deaton); 14 Jan 1834 (MB)

OWENS, Jackson & Turner, Elizabeth (d/o Elizabeth Turner); 7 Sep 1856 (MB)

OWENS, Jackson (s/o George & Nancy Owens)(b.p. Roanoke Co., Va.) & Turner, Elizabeth (d/o James & Elizabeth Turner); 4 Aug 1856 (MM)

OWENS, Mabury (s/o George & Nancy Owens) & McDaniel, Margaret (d/o Thomas & Martha McDaniel); 22 Dec 1859 (ML)

OYLER, Lewis & Hall, Lydia M.; 14 Oct 1852 (MM)

OYLER, Lewis & Hall, Lydia M.; 4 Oct 1852 (MB)
PAGE, Andrew M. & Ribble, Leah; 14 Jun 1844 (MM)
PAGE, Archilles & Shoopman, Betsy (d/o Nicholas Shoopman); 11 Aug 1807 (MB)
PAGE, David & Keith, Catherine; 2 Dec 1812 (MB)(MM)
PAGE, John & Jones, Elizabeth; Feb 1842 (MM)
PAGE, Robert (s/o John Page) & Smith, Jenny; 16 Mar 1807 (MB)
PAGE, Samuel & Peterman, Christina (d/o Michael Peterman); 6 Jan 1816 (MB)
PAGE, Samuel & Snider, Mary M. (d/o Christian M. Snider); 5 Dec 1854 (MB)
PAGE, Samuel M. (s/o Ambrose & Mahalaeth Page)(b.p. Lynchburg, Va.) & Snidow, Mary M. (d/o Christian & Elizabeth A. Snidow); 5 Dec 1854 (MM)
PAILES, Jacob & Francis, Christine; 6 Feb 1783 (MB)
PAIN, David & Garrison, Ann (d/o John Garrison); 5 Apr 1791 (MB)(MM)
PAINE, Martin & Martin, Elizabeth; 17 Oct 1849 (PM)
PAINTER, David L.M. (s/o George & Jane B. Painter)(b.p. Wythe Co., Va.) & Darst, Elizabeth A. (d/o John C. & E.A. Darst); 15 Apr 1857 (PL)(PM)
PAINTER, J.A.T. (s/o George & Jane B. Painter)(b.p. Wythe Co., Va.) & Crockett, Louisa C. (d/o James & Eliza Crockett); 23 Aug 1854 (PL)(PM)
PAINTER, Jon.R.C. (s/o George & Jane Painter) & Grills, Cynthia M. (d/o John & Harriet Grills)(b.p. Montgomery Co., Va.); 26 Nov 1856 (PM)
PAINTER, Mathias & Harless, Catherine; 13 Jul 1830 (MM)
PAINTER, Mathias & Surface, Catharine; 16 Jul 1831 (MB)
PAINTER, William Lee (s/o George & Jane Painter)(b.p. Wythe Co., Va.) & Graham, Susan C. (d/o Joseph & Lucy Graham); 8 Aug 1855 (PM)
PALMER, Eden R. & Howell, Elizabeth; 20 Nov 1848 (FM)
PALMER, William H. & Amiss, Sarah E; 25 Nov 1856 (MB)
PALMER, William S. (s/o William & Elizabeth Palmer)(b.p.. Richmond, Va.) & Amiss, Sarah E. (d/o Edwin I. & Sallie Amiss); 26 Nov 1856 (MM)
PANNELL, William & Reece, Elizabeth (d/o George Reese); 25 Dec 1830 (MB)

PARISH, Littleton & Parish, Lucy; 24 Dec 1846 (MM)
PARKER, William & Campbell, Margaret; 8 Dec 1848 (FM)
PARKER, Wilson N. & Cook, L.; 8 Jan 1845 (PM)
PARKHAM, Ephrian & Sperry, Polly; 1810 (MB)
PARKISON, _____ (s/o Daniel Parkison) & Miller, Sally; 13 Feb 1808 (MM)
PARKS, David & Vanlier, Isabella; 4 Nov 1800 (MB)
PARMER, (possibly Farmer) James & Reed, Mary (d/o George Reed); 18 Feb 1826 (MB)
PARNEL, Charles W. & Stone, Mary L.; 20 Dec 1855 (PL)
PARSONS, Dillard (s/o David Parsons) & Harman, Sidney (d/o Daniel Harman); 5 Jul 1841 (GB)
PARSONS, Macajah & Fanning, Margaret; 24 May 1855 (GL)
PARVIN, William & Evans, Polley; 21 Sep 1807 (GB)
PATE, Adam & Collingsworth, Phebe; 29 Sep 1807 (MM)
PATE, Daniel & Bell, Jane; 26 Mar 1799 (MB)
PATE, Daniel (s/o Jacob Pate) & Jacobs, Laura; 6 Jul 1799 (MB)
PATE, George & Watterson, Sarah (d/o Agnes Watterson); 5 Sep 1810 (MB)
PATE, Henry & Pate, Nancy; 5 Mar 1805 (MB)
PATE, Jeremiah (s/o Jacob Pate) & Howerton, Polly; 6 Jan 1810 (MB)
PATE, John & Thomas, Elizabeth; 1781 (MM)
PATE, William & Compton, Nancy; 2 Sep 1797 (MB)
PATE, William & Dobbins, Susannah; 1 Mar 1808 (MB)
PATRICK, William & Binns, Mary; 25 Sep 1795 (MB)
PATTEN, Henry & Hickman, Elizabeth (d/o Lawsend Hickman); 11 Feb 1795 (MB)
PATTERSON, James & Smith, Mary; 23 Aug 1794 (MB)(MM)
PATTERSON, James H. & Davis, Nancy Jane; 17 Dec 1850 (PM)
PATTERSON, William & Davis, Amanda; 14 Jul 1828 (GB)
PATTERSON, William & Ingram, Rhoda; 16 Dec 1815 (MB)
PATTERSON, William & Patton, Agnes; 10 Jun 1789 (MB)
PATTERSON, William (s/o Robert & A. Patterson)(b.p. Tazewell, Va.) & Dehart, Hannah (d/o Isaac & Nancy Dehart)(b.p. Scott Co., Va.); 12 Sep 1859 (PL)(PM)
PATTISON, Isaac Russel (s/o Robert & Manda Pattison) & Boulton, Elian (d/o Henry & Nancy

Boulton); 30 May 1854 (GM)
PATTON, John & Raines, Barbary; 8 May 1793 (MM)
PATTON, Russell & Raines, Susan; 5 Jun 1857 (PL)
PATTON, Russell (s/o Richard & Jane Patton)(w/o?) & Rains, Susan (d/o John & Barbary Rains); 8 Jun 1857 (PM)
PATTON, Samuel & Draper, Nancy; 1792 (MM)
PATTON, Samuel & Farley, Tazy; 25 Feb 1817 (GB)
PATTON, Thomas & Cecil, Nelly; 15 May 1797 (MB)
PATTON, Thomas & Richardson, Lucretia; 3 May 1853 (PL)(PM)
PATTON, Thompson & Farley, Judy; 10 Feb 1798 (MM)
PATTON, William & Fergus, Agnes (d/o Francis Fergus); 5 Jul 1815 (MB)
PAULEY, John M. & Wise, Eleanor (d/o Hugh Wise); 20 Oct 1843 (GB)
PAULEY, Joseph & McNeel, Susanna; 6 Sep 1823 (GB)
PAULEY, Thomas (s/o Joseph Pauley) & Munsey, Abigail (d/o Skidmore Munsey); 16 Oct 1785 (MB)
PAULY, Harvey & Harman, Barbara L. (d/o Daniel Harman); 11 Feb 1839 (GB)

PAYNE, Charles G. (s/o Thomas & Frances Payne)(b.p. Franklin Co., Va.)(w/o?) & Kinser, Kizzie Jane (d/o Jacob & Rebecca Kinser); 25 Nov 1857 (MM)
PAYNE, Charles H. & Price, Rebecca (d/o Christeanna Price); 5 Sep 1839 (GB)
PAYNE, Flail P. & Price, Nancy A. (d/o Christianna Price); 23 Oct 1838 (GB)
PAYNE, Joseph & Payne, Mary; 23 Jun 1796 (MB)(MM)
PAYTE, Anthony & Shadrach, Nancy; 1 Feb 1787 (MB)(MM)
PEARCE, Jotham Jr. & Graham, Elizabeth; 24 May 1832 (MB)
PEARCE, Thomas & Thompson, Susannah (d/o John Thompson); 24 May 1819 (MM)
PEARCE, William & Smith, Jane; 29 Oct 1811 (MB)
PEARIS, Charles L. & Peck, Margaret; 6 Apr 1829 (GB)
PEARIS, Daniel H. & Johnston, Louisa (d/o David Johnston); 23 Nov 1841 (GB)
PEARIS, George & Howe, Betsy (d/o Daniel Howe); 9 Apr 1808 (MB)
PEARIS, Samuel P. & Chapman, Rebecca; 23 Jan 1821 (GB)
PEARY, James & Brown, Matty; 18 Jan 1810 (GB)

PEARY, James (s/o John & Sarah Peerie) & Martin, Margaret; 25 Apr 1786 (MB)
PEARY, John & Chrisman, Elizabeth (d/o Abraham Chrisman); 30 Jun 1788 (MB)
PEARY, Thomas & Chrisman, Elizabeth (d/o Abram Chrisman); 31 Jan 1786 (MB)
PEAS, John C. (s/o Thomas Peas) & Hall, Pheba (d/o Freeborn Hall); 16 Apr 1831 (MB)
PEAS, Thomas J. & Bailey, Mary Jane; 19 Nov 1846 (MM)
PEATRESS, John & Eller, Sally Sue; 14 Jun 1794 (MB)
PECK, Benjamin & Peck, Polly; 4 Jan 1825 (GB)
PECK, Charles D. & Thomas, Rachel H.; 25 Jun 1845 (MM)
PECK, Christian L. & Price, Susanna; 15 Feb 1834 (GB)
PECK, Erastus W. & Williams, Frances; 8 Oct 1846 (GB)
PECK, George & Sekletter, Barbary; 10 Jan 1803 (MB)
PECK, George & Wiser, Catey; 20 Feb 1792 (MB)
PECK, Harden & Delong, Maria; 20 Jan 1842 (FB)
PECK, Henry & Hanley, Ann M. (d/o Archibald Hanley); 25 Apr 1851 (GB)
PECK, Jacob & Caperton, Rhoda; 8 Oct 1828 (GB)

PECK, Jacob & Wiser, Eva (d/o Adam Wiser); 5 Jan 1796 (MB)
PECK, John & Delong, Matilda; 21 Dec 1835 (FB)
PECK, John & Snidow, Elizabeth; 23 Feb 1801 (MB)
PECK, John S. & Snidow, Polly B. 23 Dec 1844 (GB)
PECK, Joseph & Chapman, Betsy; 14 Mar 1810 (GB)
PECK, Joseph A. (s/o John & Elizabeth Peck) & Baker, Ellen L. (d/o George L. & Elizabeth T. Baker)(b.p. Rhoan Co., North Carolina); 10 Aug 1854 (GM)
PECK, Madison & Deyerle, Sarah G.; 16 Sep 1833 (MB)
PECK, William & Cooksey, Susan (d/o Mary Cooksey); 5 Sep 1835 (MB)
PECK, William H. & Amiss, Elizabeth M. (d/o Elizabeth Amiss); 23 Nov 1835 (MB)
PEDEN, Benjamin & Reed, Margaret; 6 Feb 1796 (MB)
PEDEN, Francis & Lawrence, Zilphia; 28 Apr 1803 (MB)
PEELING, John & Stott, Malenda; 10 Sep 1818 (GB)
PEERY, John & Parkerson, Catey; 17 Dec 1804 (MB)
PEERY, Miles H. (of Tazewell Co.) & Barger, Henrietta; 3 Dec 1832 (MB)

PEERY, Thomas & McDonald, Jane; 13 Mar 1818 (GB)
PEFLEY, Jacob & Myers, Mary (d/o Peter Myers); 27 Aug 1827 (MB)
PENCE, John & Waggoner, Nancy; 26 Nov 1810 (GB)
PENDLETON, Albert G. & Chapman, Elvina (d/o Henley Chapman); 20 Apr 1831 (GB)
PENDLETON, James V. & Murphy, Ann Maria (d/o Pleasant Murphy); 21 May 1842 (GB)
PENDLETON, John & Flinn, Katey; 8 Aug 1805 (MB)
PENDLETON, William F. & Huff, Sarah Ann (d/o Francis Huff); 14 Oct 1840 (MB)
PENDLETON, William G.O. & Davis, Catherine; 17 Oct 1835 (GB)
PENNY, Horace & Snavell, Nancy; 29 Oct 1810 (MB)
PEPPER, Charles T. (s/o John & Mary Pepper)(b.p. Montgomery Co., Va.) & Howe, Isabella McD. (d/o William & Mary Howe); 18 May 1858 (PM)
PEPPER, George P. & Henderson, Ellen (d/o Jonas Henderson); 29 May 1830 (MB)
PEPPER, Jesse & Askins, Frances H. (d/o Thomas Askins); 3 Dec 1838 (MB)

PEPPER, John & Robertson, Polly (d/o James & Margaret Robertson); 9 Nov 1807 (MB)
PEPPER, John Jr. & Martin, Nancy; 29 Aug 1817 (MB)
PEPPER, Joseph & Raeburn, Jenny (d/o Joseph Raeburn); 4 Nov 1800 (MB)
PEPPER, Robert R. & Shanklin, Mary (d/o Samuel Shanklin); 17 Jan 1835 (MB)
PEPPER, Samuel & Heavins, Nancy (d/o William Heavins); 31 Jul 1821 (MB)
PEPPER, William & Pepper, Sally (d/o Samuel Pepper); 5 Jan 1804 (MB)
PEPPER, William & Raeburn, Jane; 10 Oct 1791 (MB)
PEPPER, William R. & Taylor, Ann E. (d/o Creed Taylor); 21 Jan 1852 (MB)
PEPPER, William R. (Dr.) & Taylor, Ann E.; 22 Jan 1852 (MM)
PERDUE, Conley & Blankenship, Rhoda (d/o Berry Blankenship); 25 Jan 1846 (GB)
PERDUE, Isaiah & Belcher, Sarah (d/o Tom & Elizabeth Belcher); 29 Jun 1778 (MB)
PERDUE, Isaiah & Belshear, Mary Sarah (d/o Isom Belshear); 30 Jun 1788 (MM)
PERDUE, James & Cole, Caty; 30 Jun 1834 (GB)

PERDUE, Jesse & Potts, Neomi; 26 Feb 1794 (MM)
PERDUE, Thomas & Cole, Peggy; 26 Aug 1823 (GB)
PERDUE, William & Day, Lucy; 10 May 1834 (GB)
PERDUE, Zechariah & Connely, Mary; 5 Jun 1792 (MB)
PEREGUY, James E. (s/o Moses & Frances Pereguy)(b.p. Albemarle Co., Va.) & Gamond, ____ (d/o George & Elizabeth Gamond); 23 Sep 1858 (MM)
PERKINS, John & Willis, Nancy (d/o John Willis); 3 Jul 1849 (GB)
PERKINS, William R. (s/o Susan Perkins)(b.p. Henry Co., Va.) & Horn, Frances (d/o John & Nancy Conoway)(b.p. Rockingham Co.,Va.)(w/o?); 4 Sep 1860 (ML)
PERRIN, Soloman & Bott, Sally; 4 Jan 1810 (MB)
PERRY, John & Kidd, Deborah (d/o William Kidd); 15 Dec 1786 (MB)
PERSHINGER, Daniel & M____, Susanna; 1782 (MM)
PETERMAN, Daniel (s/o Michael Peterman) & Lucas, Susanna (d/o John Lucas); 7 Jan 1807 (MB)
PETERMAN, Daniel L. & Lester, Peredine (d/o John Lester); 3 Feb 1840 (MB)
PETERMAN, George A. & Lucas, Mary (d/o John Lucas); 20 Apr 1825 (MB)
PETERMAN, John & Hoge, Jane R. (d/o John Hoge); 12 Jan 1825 (MB)
PETERMAN, John (s/o Daniel & Susannah Peterman) & Chrisman, Nancy Jane (d/o Abraham & Margret Chrisman); 30 Dec 1856 (MM)
PETERMAN, John L. & Lester, Adeline; 13 Jul 1847 (MM)
PETERMAN, John W. & Chrisman, Nancy Jane (d/o Abraham Chrisman); 27 Dec 1856 (MB)
PETERMAN, Simon & Bell, Jane (d/o John Bell); 5 Dec 1832 (MB)
PETERMAN, Wilson & Whitt, Mary; 1 Dec 1834 (MB)
PETERS, Augusta C.(s/o John & Sarah Peters) & Carper, Catherine S. (d/o John & Sally Carper)(b.p. Montgomery Co., Va.); 8 Feb 1855 (GM)
PETERS, Conrad & Snidow, Clary; 20 Jul 1809 (GB)
PETERS, George & Wickham, Martha A.; 23 Jan 1845 (FM)
PETERS, Jacob & McFaddin, Betsy; 24 Mar 1836 (GB)
PETERS, John & Clay, Sarah; 4 Jul 1800 (MM)
PETERS, John & Comer, Sarah; 11 Jan 1823 (GB)
PETERS, John A. & Peck, Rebecca (d/o

Jacob Peck); 9 Jun 1841 (GB)
PETERS, Olive & Bolton, Christena; 24 Jul 1833 (GB)
PETERS, Thompson H. & Bolton, Nancy (d/o Henry Bolton); 17 Mar 1830 (GB)
PETERS, Thompson H. & Bolton, Nancy; 18 Mar 1830 (GM)
PETERS, William & Frazier, Polly; 22 Apr 1839 (GB)
PETERS, William B. & McPherson, Polly; 3 Jan 1836 (GB)
PETERSON, Eli & Lornes, Mary; 6 Jun 1785 (MB)
PETERSON, Eli Jr. (s/o Eli Peterson Sr. & Nancy Peterson) & Peterman, Christina Jane (d/o Daniel & Susannah Peterman); 27 Sep 1854 (MB)
PETERSON, Isaac & Byrn, ary Ann; 1 Jan 1779 (MB)
PETERSON, John Solomon & Burk, Honour; 17 Jul 1790 (MB)
PETERSON, Morten & Duffey, Elizabeth (d/o Mary Duffey); 3 Nov 1795 (MB)(MM)
PETERSON, William & Heavins, Ruth (d/o Ruth Heavins); 15 Aug 1791 (MB)
PETTRY, William & Christian, Polly; 25 Jul 1831 (GB)
PEYTON, Garnett & Madison, Agatha S.; 8 Jul 1802 (MB)
PEYTON, John H. & Madison, Susannah Smith; 8 Jul 1802 (MB)
PFLEGAR, David (s/o George Pflegar) & Slusher, Nancy (d/o Christopher Slusher); 2 Jun 1828 (MB)
PFLEGAR, Isaac & Kitterman, Sophiah (d/o Daniel Kitterman); 29 Dec 1821 (MB)
PFLEIGAR, Joseph & Boon, Nancy (d/o John Boon); 1 May 1817 (MB)
PFLIEGAR, John S. & Snidow, Elizabeth (d/o George Snidow); 11 Dec 1848 (GB)
PHARES, Joseph & Finch, Margaret (d/o John Finch); 7 Oct 1851 (MM)
PHARIS, John B. & Rupe, Rachel; 20 Oct 1823 (MB)
PHILIPPI, Stophel & Stiffey, Elizabeth; 6 Mar 1787 (MB)
PHILIPS, Abner (s/o James & Lizza Philips)& Ellison, Nancy (d/o James & Polly Ellison); 10 Jun 1817 (GB)
PHILIPS, Hezekiah & Laybrook, Catharine (d/o Catharine Laybrook); 11 Sep 1780 (MB)
PHILIPS, John W. & Elswick, Milly; 21 Dec 1840 (FB)
PHILIPS, Richard (s/o Tobias Philips) & Goad, Catherine (d/o James Goad); 12 Jan 1806 (MB)
PHILIPS, Robert & Philips, Nancy; 31 Oct 1833 (FM)
PHILIPS, Stephen & Alsby, Pennie; 3 Nov 1827 (MM)

PHILIPS, Thomas & Goad, Polly; 9 Jan 1798 (MB)
PHILIPS, Tobias & Hollingsworth, Martha H.; 24 Mar 1852 (PM)
PHILIPS, Tobias & Hollingsworth, Martha H.; 1 Mar 1852 (PL)
PHILIPS, Vincent & Ball, Nancy (d/o Hanah Gunnot (?)); 22 Jan 1822 (GB)
PHILLIPE, Stoppel & Hiffey, Elizabeth; 6 Mar 1777 (MB)
PHILLIPS, Hezekiah & Lubrook (aka Laybrook), Catharine (d/o Catharine Lybrook); 11 Sep 1780 (MB)
PHILLIPS, John R. & Peck, Josephine E.; 11 Aug 1847 (GB)
PHILLIPS, Robert & Phillips, Nancy; 21 Oct 1833 (FB)
PHILLIPS, William & Jennings, Susanah; 18 Aug 1834 (FB)
PHILLIPS, William & Jinnings, Susannah; 19 Aug 1834 (FM)
PHINK, Christian & Weaver, Elizabeth; 14 Jun 1850 (PM)
PHLEGAR, Benjamin & Surface, Sarah E. (d/o John Surface); 20 Apr 1853 (MB)
PHLEGAR, Benjamin & Waddle, Mary; 15 May 1837 (FB)
PHLEGAR, Benjamin & Waddle, Mary; 18 May 1837 (FM)
PHLEGAR, Eli & Trigg, Ann C.; 26 Mar 1845 (MM)
PHLEGAR, Isaac & Harman, Margaret; 6 Feb 1841 (FB)
PHLEGAR, Jacob & Fisher, Elizabeth; 6 Sep 1841 (FB)
PHLEGAR, Samuel & Lancaster, Eliza; 1 Jan 1840 (FB)
PHLEGER, Eli & Trigg, Ann C.; 26 Mar 1845 (MM)
PHLUMMER, Samuel & Peck, Elizabeth; 15 Feb 1795 (MB)
PICKERING, David Y. (s/o T.B. Pickering) & Maddox, Sarah (d/o Mary Maddox); 7 Mar 1853 (MB)
PICKLE, Frederick & Foutz, Elizabeth; 1810 (MB)
PICKLEHIMER, _____ & Rentfro, Sally (d/o Isaac Rentfro); 23 Jan 1793 (MB)
PICKLEHIMER, David & Smith, Elizabeth (d/o Ebeneazer Smith); 18 Jun 1794 (MB)
PICKLEHIMER, Isaac & Ferguson, Rosanna (d/o Robert Ferguson); 1 Apr 1812 (MB)
PIERCE, Jonathan & Solomon, Polly; 23 Mar 1805 (MB)
PIERCE, Samuel & Page, Mary (d/o John Page); 3 Feb 1801 (MB)
PIERSON, John & Cooper, Genny (d/o John Cooper); 11 Feb 1817 (MB)
PIKE, William & Keeth, Bashti; 27 Nov 1845 (FM)

PILLER, William & Turner, Margaret; 1843 (MM)
PINES, William & Walker, Catherine; 6 Nov 1792 (MB)(MM)
PINES, William & Work, Mary; 24 Apr 1814 (GB)
PINKS, Thomas & Hock, Mary; 3 Nov 1803 (MB)
PITMAN, John (s/o Rubin Pitman) & Lilley, Nancy (d/o Thoams & Rosanner Lilley); 22 May 1817 (GB)
PLASTERS, Conrad & Howell, Hannah (d/o Benjamin Howell); 17 Nov 1795 (MB)(MM)
PLASTERS, Michael & Weddle, Delila; 15 Aug 1820 (MB)
PLATT, Simon & Link, Rebecca (d/o Henry Link); 20 Nov 1830 (MB)
PLEGAR, John & Harman, Mary Ann; 29 Oct 1842 (FB)
PLEMALE, Anthony & Criner, Ann; 27 Nov 1816 (GB)
PLUMBLY, John & Kayler, Catherine; 23 Dec 1799 (MB)
PLUMMER, Anderson (s/o Samuel & Mary Plummer)(b.p. Wythe Co., Va.) & Bell, Nancy (d/o John & Mary Bell); 22 Nov 1854 (PM)
POAGE, John & Shelor, Mary Ann; 12 Nov 1839 (FM)
POAGE, John & Shelor, Mary Ann; 4 Oct 1839 (FB)
POAGE, Robert & Goodson, Mary (d/o Thomas Goodson); 22 Jan 1773 (MB)
POAGE, Thomas & Vermillion, Mary A.; 22 Apr 1851 (PL)(PM)
POFF, Anthony (s/o Peter Poff) & Wilson, Sally (d/o Joshua Wilson); 16 May 1828 (MB)
POFF, Charles & Sowder. Rebecca; 16 Dec 1826 (MB)
POFF, George & Trail, Lucy; 15 Oct 1825 (MB)
POFF, George (s/o Charles Poff) & Wilson, Peggy; 7 Feb 1810 (MB)
POFF, Henry & Sowers, Sally (d/o Jacob Sowers); 25 Mar 1812 (MB)
POFF, John & Wilson, Ruth; 23 May 1826 (MB)
POFF, Lewis W. & Epperley, Nancy; 19 Oct 1848 (FM)
POFF, Michael & Whitenick, Sally; 24 Mar 1821 (MB)
POFF, Michael S.(s/o Charles & Rebecca Poff) & Argubright, Suemma (d/o Isreal & Mary Harless)(w/o ?); 4 May 1856 (MM)
POFF, Peter & Conner, Mary; 24 Oct 1844 (FM)
POFF, Samuel & Dewease, Matilda; 12 Dec 1848 (FM)
POFF, Samuel & Huff, Sally (d/o Samuel Huff & Catherine Hall); 31 Aug 1829 (MB)
POFF, William & Lee, Anneliza; Jan 1851 (MM)

POFF, William & Underwood, Nancy (d/o Ussuly Underwood); 16 Jun 1835 (FB)
POFFE, Jacob (s/o R. & Charlotte Poffe) & Eliot, Elizabeth (d/o Martin & Mary Eliot); 21 Jun 1855 (MM)
POILES, Jacob & Francisco, Christine; 6 Jan 1789 (MB)
POLLARD, William & Stone, Mary; 18 Oct 1854 (PL)
POLLARD, William (s/o G. & E. Pollard)(b.p. Bedford Co., Va.) & Stone, Mary (d/o W. & M. Stone)(b.p. Wythe Co., Va.); 20 Oct 1854 (PM)
POLLEY, Thomas (s/o Joseph Polley) & Mundsey, Abagail (d/o Skidmore Munsey); 16 Oct 1785 (MB)
POLLEY, William & Harrison, Mary (d/o Thomas Harrison); 27 Nov 1818 (MB)
POLLEY, William (s/o Joseph Polley) & Munsey, Margaret (d/o Skidmore Munsey); 11 Apr 1787 (MB)(MM)
POLLEY, William (s/o Joseph Polley) & Munsey, Margaret (d/o Skidmore Munsey); 11 Apr 1787 (MM)
POOL, Moses & Harless, Elizabeth (d/o Elizabeth Harless Sr.); 16 Mar 1835 (GB)

POOL, Simpkins & McCroskey, Malinda; 28 Apr 1832 (GB)
POOLE, John H. & Price, Eliza; 20 May 1854 (MB)
PORTERFIELD, Alexander & Williams, Susanna; 25 Apr 1824 (GB)
PORTERFIELD, Charles L. & Webb, Margaret Ann (d/o Pleasant Webb); 20 Feb 1840 (GB)
PORTERFIELD, Charles S. & Williams, Margaret (d/o Frederick Williams); 5 Jan 1850 (GB)
PORTERFIELD, George A. & Williams, Mary B.; 19 Apr 1839 (GB)
PORTERFIELD, John H. & Eckhols, Mary A. (d/o Peter Eckhols); 22 Jan 1849 (GB)
PORTERFIELD, William & Albert, Mary; 16 Aug 1814 (GB)
POTTS, Joseph & Crockett, Nancy; 8 Feb 1799 (MB)
POWEL, William & Powel, Sarah; 14 Feb 1809 (GB)
POWELL, William (s/o James & Sarah Powell) & Woods, Sarah (d/o William P. & Susan Woods); 13 Jun 1854 (GM)
POWERS, Hickman & Nicewander, Sarah Jane (d/o Abram Nicewander); 10 Mar 1851 (GB)
POWERS, John & Bruce, Julia Ann (d/o William Bruce); 24 Oct 1843 (GB)

POWERS, John & Ervin, Freelove; 17 Aug 1834 (FM)
POWERS, John & Irvin, Freelove; 16 Aug 1834 (FB)
POWERS, Jonas & Sperry, Lucy (d/o Samuel Sperry); 11 Feb 1791 (MB)
PRATER, Hendrick M. & Reed, Tappenes; 5 Mar 1846 (FM)
PRATT, James & Lake, Leah (d/o Timothy Lake); 11 May 1833 (MB)
PRATT, Jesse & Simmons, Barbara Eleanor; 29 Dec 1838 (FB)
PRATT, Jesse & Simmons, Barbara Eleanor; 3 Jan 1839 (FM)
PRATT, Josiah & Hatton, Eve; 1780-1785 (MM)
PRATT, Madison & Fisher, Elizabeth (d/o Adam Fisher); 6 Jan 1840 (MB)
PRESTON, John & Preston, Peggy B.; 5 Oct 1802 (MB)
PRESTON, Walter & Robinson, Letitia; 3 Mar 1809 (MB)
PREWITT, Joshua & Jones, Nancy (d/o Sally Jones); 1 Dec 1849 (GB)
PRICE, Abraham & Smith, Elizabeth; 22 Jul 1833 (MB)
PRICE, Adam & Collins, Nancy (d/o Hezekiah Collins); 11 Sep 1826 (MB)
PRICE, Alexander & Price, Sarah; 4 Aug 1832 (MB)
PRICE, Alexander & Wilson, Mary C.; Nov 1853 (MM)
PRICE, Alexander Jr. & Keister, Elizabeth; 12 Jun 1809 (MB)
PRICE, Augustine & Trump, Mary (d/o Samuel Trump); 2 Aug 1825 (MB)
PRICE, Christian & Grissom, Nancy (d/o Robert Grissom); 3 May 1794 (MB)
PRICE, Christian & Kipps, Hannah; 23 Oct 1819 (MB)
PRICE, David & Shell, Polly; 2 Feb 1812 (MB)
PRICE, David Jr. & Martin, Polly; 23 Dec 1805 (MB)
PRICE, Enos & Cromer, Elizabeth; 2 Mar 1843 (MM)
PRICE, George, & Pierce, Harriet; 12 Dec 1835 (MB)
PRICE, Henry & Eckhols, Christeney (d/o John Eckhols); 21 Jul 1810 (GB)
PRICE, Henry & Lucas, Nancy; 5 Oct 1835 (GB)
PRICE, Henry & Surface, Polly (d/o George Surface) 4 Jun 1814 (MB)
PRICE, Henry Jr. & Grissom, Anne (d/o Robert Grissom); 2 Dec 1791 (MB)
PRICE, Hiram & Price, Elizabeth; 6 Aug 1836 (MB)
PRICE, Hiram & Surface, Catherine; 3 Feb 1824 (MB)
PRICE, Isaac & Cromer, Catherine; 2 Feb 1826 (MM)

PRICE, Isaac & Key, Nancy E. (d/o Arphaxed Key); 24 May 1841 (GB)
PRICE, Jacob & Harless, Hannah; 10 Sep 1794 (MB)
PRICE, John & Epling, Peggy (d/o Isaac Epling); 26 Dec 1842 (GB)
PRICE, John & Price, Pheba; 27 Nov 1833 (MB)
PRICE, John A. (s/o William & Mary Price)(b.p. Montgomery Co., Va.) & Loux, Emerrillia (d/o George & Mary Loux); 13 Dec 1855 (GM)
PRICE, Jonathan & McCroskey, Margaret (d/o James McCroskey); 30 Mar 1843 (GB)
PRICE, Joseph & Kiester, Amanda M. (d/o David Kiester); 23 Dec 1854 (MB)
PRICE, Joseph & Scott, Delilah (d/o Matthew Scott); 12 May 1821 (MB)
PRICE, Josephus (s/o Christian & Hannah Price) & Kiester, Amanda (d/o David & Elizabeth Kiester); 28 Dec 1854 (MM)
PRICE, Lewis & Hairless, Margaret; 6 Jul 1794 (MB)
PRICE, Lewis & Keister, Elizabeth (d/o John Keister); 15 Apr 1841 (MB)
PRICE, Madison & Kirkner, Emeline; 24 Apr 1855 (PL)

PRICE, Noah (s/o Henry Price) & Kips, Catharine (d/o John Kips); 4 Sep 1837 (MB)
PRICE, Paris & Robberts, Mary; 2 Feb 1843 (MM)
PRICE, Peter & Snidow, Nancy (d/o George Snidow); 19 May 1838 (GB)
PRICE, Peter L. & Snider, Cynthia (d/o Michael Snider); 27 Nov 1854 (MB)
PRICE, Ralph & Price, Catharine; 1 Mar 1841 (MB)
PRICE, Steward (s/o Alexander & Sarah Price) & Cottins, Martha (d/o M.Cager & Elizabeth Cottins)(b.p Augusta Co., Va.); 13 Dec 1855 (MM)
PRICE, Thomas F. & Keister, Edy M. (d/o John P. Keister); 23 Dec 1854 (MB)
PRICE, Thomas F. (s/o Jacob & Nancy Price) & Kiester, Edy (d/o John & Margaret Kiester); 26 Dec 1854 (MM)
PRICE, William & Hayse, Margaret (d/o Charles Hayse); 8 Feb 1787 (MB)
PRICE, William & Long, Catherine; 12 Jun 1827 (MM)
PRICE, William & McDonald, Elizabeth; 14 Mar 1814 (MB)
PRICE, William & Hayes, Margaret; 8 Jan 1787 (MM)

PRICE, William B. & Watterson, Susannah; 5 Dec 1849 (MM)
PRICE, William B. & Watterson, Susannah; 5 Dec 1849 (MM)
PRICE, Zachariah (s/o Henry D. & Mary Price) & Price, Aramenta (d/o Adam & Nancy Price); 17 Apr 1860 (ML)
PRIDDY, Burk & Zentmeyer, Catherine; 8 Jan 1822 (MB)
PRIDY, John & _____, Catherine; 1782 (MM)
PRILLAMAN, Jacob & Snidow, Lucy; 2 Mar 1803 (MB)
PRINCE, James & Blankenship, Juliet (d/o He...ry Blankenship); 21 Sep 1825 (GB)
PRINCE, William & Shrewsberry, Lucy (d/o Thomas Solesbury); 5 Dec 1829 (GB)
PROCESS, Grief & Huntsman, Margaret; 23 Oct 1821 (MB)
PROFFIT, Harvey & Barton, Sarah Jane; 2 Dec 1835 (FB)
PROUTT, James & Hall, Sarah; 25 Aug 1808 (MM)
PRUIT, Henry & Tracey, Elizabeth; 23 Nov 1835 (GB)
PUCKET, Warren W. & Helms, Nancy; 8 Dec 1847 (FM)
PUGH, Elam H. & Sowers, Lydia; 12 Oct 1847 (FM)
PUGH, George E. & Cardin, Susanna; 1842 (MM)
PUGH, William & Wingate, Susannah; 8 Mar 1821 (MM)
PURDUE, Mason & Walters, Eleonar; 6 Oct 1831 (FM)
PURVEN, Mark & Evens, Martha; 28 Mar 1807 (GB)
QUESENBERRY, Anderson & Richardson, Adeline; 7 Jan 1847 (PM)
QUESENBERRY, Crockett & Moore, Elizabeth; 12 Dec 1843 (PM)
QUESENBERRY, Elijah & Capel, Eliza Jane; 17 Jun 1847 (FM)
QUESENBERRY, Frederick & Phillips, Mary (aka Molly) (d/o Tobias Phillips); 20 Dec 1793 (MB)(MM)
QUESENBERRY, George (s/o Frederick Quesenberry) & Cox, Sally (d/o Frederick Holliday); 15 Feb 1820 (MB)
QUESENBERRY, George W. & Cassell, Susan C.; 21 Dec 1848 (FM)
QUESENBERRY, James O. (s/o James & Elizabeth Quesenberry)(b.p. Wythe Co., Va.) & Rodgers, Mary (d/o James & M. Rodgers)(b.p. Wythe Co., Va.); 17 Nov 1858 (PM)
QUESENBERRY, Jan. & Breeding, Euphenia; 24 Jan 1840 (PM)

QUESENBERRY, Joseph & Rogers, Thursey; 11 Jun 1851 (PL)(PM)
QUESENBERRY, William & Cochran, Sarah (d/o William Cochran); 26 Jun 1833 (FB)
QUESENBERRY, William & Cochran, Sarah G.; 2 Jul 1833 (FM)
QUISENBERRY, Crockett & Moore, Elizabeth; 12 Dec 1843 (PM)
QUISENBERRY, James & Breeding, Euphenia; 31 Jan 1840 (PM)
RACY, James & Russell, Polly; 1 Dec 1842 (PM)
RACY, James & Russell, Polly; 1 Dec 1842 (PM)
RADER (aka Reeder), Conrad & Ony, Elizabeth (d/o Calvin Ony); 3 Jul 1788 (MB)
RADER, Henry (s/o Joseph & Jane Rader) & Radford, Dedocia (d/o Lewis & Sarah Radford); 10 Oct 1853 (MB)
RADER, John (s/o Joseph & Mary Rader)(b.p. Augusta Co., Va.)(w/o?) & Jones, Mary E. (d/o David & Elizabeth Jones); 13 Jan 1859 (MM)
RADFORD, John B. & Taylor, Elizabeth (d/o John & E.C. Taylor); 31 May 1836 (MB)
RAEBURN, Henry & Shanklin, Sarah (d/o Robert Shanklin); 24 Jan 1794 (MB)
RAEBURN, James & Watterson, Nancy; 29 Feb 1792 (MB)

RAEBURN, James & Wysor, Catherine; 11 Oct 1811 (MB)
RAEBURN, John Jr. & Shanklin, Elizabeth; 31 Jul 1798 (MB)
RAEBURN, William W. & Barnett, Elizabeth (d/o Jane Barnett); 28 Apr 1827 (MB)
RAEBURN, William W. & Raeburn, _____; 25 Nov 1804 (MB)
RAGAN, Bartholomew & Chrisman, Sarah; 12 May 1825 (MB)
RAGAN, William H. & Price, Mary E. (d/o George Price); 22 Mar 1854 (MB)(MM)
RAINES, James & Ingram, Matilda (d/o Aaron Ingram); 6 May 1833 (MB)
RAINES, John & Holmes, Catharine; 23 Nov 1833 (MB)
RAINES, Meredith & Miller, Alice (d/o James Miller); 22 May 1833 (MB)
RAINS, John & Jones, Nancy; 11 Sep 1819 (GB)
RAKES, Leir & Cochram, Olive; 3 Feb 1826 (MB)
RAMSEY, George & Patton, Jane; 10 Aug 1801 (MB)
RANKIN, James & Godbey, Amanda M.; 12 Feb 1850 (PM)
RANKIN, James & Linkous, Hannah (d/o Alexander Linkous); 17 Jul 1854 (MB)
RANSOM, William D. (s/o Henry P. & Elizabeth Ransom)(b.p. Cumberland) &

Cofer, Octavia (d/o John & Catherine Cofer)(b.p. Montgomery Co., Va.); 24 Dec 1857 (PM)

RANSON, James T. (s/o George & Elizabeth Ranson)(b.p. North Carolina) & Shields, Susan A. (d/o Benjamin & M. Shields)(b.p. North Carolina); 7 Oct 1858 (PM)

RANSON, William B. & Cofer, Octavia; 22 Dec 1857 (PL)

RATCLIFF, Francis & Slusher, Catherine; 11 Nov 1819 (MM)

RATCLIFF, Jeremiah & Nester, Sally; 6 Sep 1803 (MB)

RATCLIFF, Nathan & Farmer, Polly; 1781 (MM)

RATCLIFF, Sumner & Arnold, Nancy; 14 Aug 1827 (MM)

RATLIFF, Anderson (s/o Moses Ratliff) & Howard, Mahala (d/o John Howard); 12 Sep 1831 (MB)

RATLIFF, Elijah (s/o Valentine Ratliff) & Furrow, Sarah (d/o Charles Furrow); 19 Sep 1835 (MB)

RATLIFF, Hezekiah & Gardner, Susan; 26 Apr 1849 (FM)

RATLIFF, Mathew & Rakes, Polley; 31 Jan 1833 (FB)

RATLIFF, Mathew & Rakes, Polly; 1 Feb 1833 (FM)

RATLIFF, Milton H. & Boafford, Jane; 26 Feb 1846 (FM)

RATLIFF, Philip & Earles, Elizabeth; 30 Oct 1845 (FM)

RATLIFF, Philip Thomas & McMullen, Catharine; 16 May 1854 (MB)

RATLIFF, Philip Thomas (s/o Sumner & Nancy Ratliff)(b.p. Tazwell Co., Va.)(b.d.28 Jul 1833) & McMullin, Catharine (d/o John & Polly McMullin)(b.p. Tom's Creek, Montgomery Co., Va.); 16 May 1854 (MM)

RATLIFF, William W. (s/o Sumner & Nancy Ratliff)(b.p. Tazwell Co., Va.) & Furrow, Mary (d/o Abram & Mary Furrow); 23 Mar 1859 (MM)

RATLIFFE, John R. & Kelly, Dorcas; 19 Aug 1846 (PM)

RAWTON, Joseph & Payne, Molly (d/o Jeremiah Payte); 24 Aug 1789 (MB)

RAY, Edward E. (s/o R.D. & N. Ray)(b.p. Henry Co., Va.) & Kelly, Margaret A. (d/o J. & R. Kelly)(b.p. Wythe Co., Va.); 11 Oct 1854 (PL)(PM)

RAY, Thomas & Gold, Priscilla; 13 Nov 1793 (MB)

READ, John & Wilson, Mary Ann; 21 Jan 1830 (GB)

READER, Andrew & Poff, Mary; 18 Jan 1844 (FM)

RECTOR, George & Atkinson, Anne; 29 Feb 1792 (MB)
REDMAN, John F. & Aldridge, Martha J.; 24 Apr 1850 (FM)
REDPATH, Alanson & Kelsey, Rebecca (d/o Thomas Kelsey); 26 Oct 1822 (MB)
REDPATH, Benjamin & Wilson, Rhoda; 22 Aug 1854 (PL)
REDPATH, Benjamin (s/o Charlotte Redpath)(w/o ?) & Wilson, Rhoda (d/o G.B. & J. Wilson); 29 Aug 1854 (PM)
REDPATH, John & Cox, Polly; 20 Mar 1814 (MM)
REED, Andrew & Irvine, Elizabeth (d/o William Irvine); 15 Dec 1827 (MB)
REED, Arthur & Irvine, Patsy; 6 Apr 1809 (MB)
REED, Benjamin & Green, Sally; 20 Nov 1823 (MM)
REED, Elijah & Altizer, Bitey (d/o Emery Altizer; 25 Nov 1829 (MM)
REED, Emry & Dulaney, Mariam (d/o William Dulaney); 27 Jan 1826 (MB)
REED, Ezra & Light, Lydia (d/o Henry Light); 22 Oct 1825 (MB)
REED, George & Grimes, Sally; 5 Feb 1811 (MB)
REED, George & McGeorge, Nancy; 18 Jul 1786 (MB)
REED, George A. & Altizer, Ann (d/o Emery Altizer); 31 Dec 1829 (MM)
REED, George Jr. & Skaggs, Nancy; 6 Nov 1821 (MB)
REED, Griffith (s/o Peter Reed) & Reed, Olive (d/o George Reed); 2 Jun 1818 (MB)
REED, Hiram & Reed, Lucy (d/o Humphrey Reed Sr.); 18 Jan 1815 (MB)
REED, Humphrey & Reed, Nancy (d/o George Reed); 25 Nov 1825 (MB)
REED, Humphrey & Reed, Sally (d/o Humphrey Reed Sr.); 18 Jan 1815 (MB)
REED, Isaac & Akers, Susannah; 8 Jan 1842 (FB)
REED, James & Price, Peggy; 15 Feb 1819 (MB)
REED, James & Smith, Susannah; 28 Nov 1803 (MB)
REED, Jesse & Booth, Delila; 1 Feb 1849 (FM)
REED, John & Conner, Rebeckah; 18 Dec 1799 (MB)
REED, John & Wilson, Dosha (d/o Joshua Wilson); 5 Mar 1832 (MB)
REED, John & Akers, Elizabeth (d/o William Akers); 24 May 1838 (FB)(FM)
REED, John & Wilson, Mary Ann; 26 Jan 1830 (GM)
REED, Mark & Reed, Lucy; 4 Dec 1836 (FM)
REED, Mark & Reed, Lucy; 7 Nov 1836 (FB)

REED, Michael & Reed, Delila; 27 Jan 1825 (MM)
REED, Peter (s/o Spencer Reed) & Duncan, Nancy (d/o Blanch Duncan); 30 Apr 1827 (MB)
REED, Robert & Patrick, Dorcas (d/o Hugh Patrick); 14 Nov 1787 (MB)(MM)
REED, Ross & Akers, Catherine (d/o William Akers); 26 Mar 1836 (MB)
REED, Samuel & Long, Hannah (d/o John Long); 2 Apr 1812 (MB)
REED, Spencer & Reed, Margaret; 1 Feb 1825 (MM)
REED, Stephen & Long, Margaret; 24 Feb 1806 (MB)
REED, William & Dickerson, Susannah; 26 Aug 1818 (MB)
REED, William & Dulaney, Sally (d/o William Dulaney); 6 Nov 1821 (MB)(MM)
REEDEN, Simon H. (s/o Reeden & Burgus)(b.p.. Washington D.C.) & Tayler, Lucy (d/o Taylor & Dempsey)(b.p.Lexington, Va.);31 Dec 1856 (MM)
REEDER, Conrad & Fry, Elizabeth; 3 Jul 1788 (MB)
REEDER, Simon H. & Tayler, Lucy; 31 Dec 1856 (MB)
REESE, George & Smithey, Phebe; 3 Nov 1808 (MB)
REESE, George G. & Taylor, Mary; Feb 1850 (MM)
REIGOR, Richard & Harper, Jean; 1794 (MM)
RENICK, John H. (s/o William & R. Renick)(b.p. Greenbrier) & Mathews, Mary C. (d/o V. & M. Mathews)(b.p. Pocahontas, Va.); 6 Jun 1860 (PM)(PL)
REYNOLDS, Alexander & Williams, Betsy; 12 Jan 1824 (GB)
REYNOLDS, Andrew L. & Lucas, Amanda M.F. (d/o Ralph Lucas); 6 Aug 1838 (GB)
REYNOLDS, Archibald A. & Damewood, Agnes; 27 Oct 1848 (GB)
REYNOLDS, Charles & Hill, Nancy; 10 Jan 1839 (FM)
REYNOLDS, Hugh & Clear, Margaret; 4 Jun 1832 (GB)
REYNOLDS, James & Hill, Nancy (d/o James Hill); 17 Dec 1838 (FB)
REYNOLDS, James M. & Ross, Martha (d/o James Ross); 5 Nov 1849 (GB)
REYNOLDS, Jesse & Sutfin, Rachel (d/o Owin Sutfin); 25 Oct 1842 (FB)
REYNOLDS, Jesse & Sutfin, Rachel; 10 Nov 1842 (FM)
REYNOLDS, John & Taylor, Susannah; 7 Jul 1801 (MB)
REYNOLDS, John & Wallace, Elizabeth (d/o James Wallace); 23 Mar 1840 (MB)

REYNOLDS, John L. (s/o James L. & Ann Reynolds)(b.p. Allegany Co., Va.) & Dillon, Amanda (d/o Gise & Neoma Furrow); 19 Jun 1858 (MM)

REYNOLDS, Joseph & Lucas, Ela Ann (d/o Ralph Lucas); 7 Dec 1840 (GB)

REYNOLDS, Joshua M. & Alterman, Catherine (d/o John Alterman); 29 Mar 1842 (FB)

REYNOLDS, Nathaniel G. & O'Neal, Rhoda; 15 Feb 1849 (FM)

REYNOLDS, Pleasant C. & Piper. Elizabeth; 3 May 1797 (MB)(MM)

REYNOLDS, William & Givens, Anne; 29 Sep 1834 (GB)

REYNOLDS, William & McPeak, Margaret (aka Peggy McPeak); 28 May 1835 (FB)

REYNOLDS, William & Zentmeyer, Mary (d/o John Zentmeyer Sr.);17 Feb 1834 (FB)

REYNOLDS, William & McPeak, Margaret; 4 Jun 1835 (FM)

REYNOLDS, William & Zintmeyer, Mary; 25 Feb 1834 (FM)

RIBBLE, Christopher & Keagley, Mary; Feb 1794 (MM)

RIBBLE, David & Surfus, Mary (d/o Martin & Catherine Surfus); 2 Jan 1811 (MB)

RIBBLE, George & Surfus, Sally (d/o Martin & Catherine Surfus); 16 Mar 1818 (MB)

RIBBLE, Jonas (s/o Christopher Ribble) & Croy, Mary; 30 Aug 1806 (MB)

RIBBLE, Philip & Surface, Susan; 8 Nov 1822 (MB)

RICE, Charles & Richards, Elizabeth; 12 Aug 1806 (GB)

RICE, John & Williams, Molly; 31 Jul 1799 (MB)

RICHARDS, Jeremiah & Childres, Athra; 14 Aug 1795 (MB)

RICHARDS, John & Harris, Martha; 23 May 1836 (FB)

RICHARDS, John & Neal, Judy (d/o John Neal); 5 Jan 1825 (GB)

RICHARDS, Simon & Erwin, Rosanna; 17 Nov 1792 (MB)(MM)

RICHARDS, Simpson & Vest, Nancy; 27 Oct 1832 (FB)

RICHARDS, Simpson & Vest, Nancy; 1 Nov 1832 (FM)

RICHARDS, Walter & Bowers, Catherine; 12 Aug 1833 (FB)

RICHARDS, Walter & Bowers, Katherine; 13 Aug 1833 (FM)

RICHARDS, William & Hale, Phoebe; 2 Mar 1816 (GB)

RICHARDS, William & Lester, Susannah; 4 Mar 1806 (MB)

RICHARDS, William & Vest, Polly; 2 Nov 1838 (MB)

RICHARDSON, Edward & Muirhead, Polly; 3 Nov 1834 (MB)

RICHARDSON, Jonathan & Nester, Mary; 24 Aug 1789 (MB)

RICHARDSON, Joseph & Hall, Eliza; 18 Feb 1844 (PM)
RICHARDSON, Noah & Jewell, Jane (d/o Thomas Jewell); 24 Jan 1839 (MB)
RICHARDSON, Noah & Jewell, Jane (d/o Thomas Jewell); 24 Jan 1829 (MM)
RICHARDSON, Risden & Jewell, Sally; 25 Nov 1818 (MB)
RICHARDSON, Thomas & Quesenberry, Nancy; 25 Jun 1790 (MB)(MM)
RICKER, Peter & McGuire, Susanna; 12 May 1788 (MB)
RIDDLE, Tobias & Robertson, Sophia (d/o John Robertson); 23 May 1836 (MB)
RIDENGER, George & Sowers, Catherine; 8 Mar 1820 (MB)(MM)
RIDER, Hiram & Wilmore, Sophrona; 2 Apr 1839 (GB)
RIDER, Thomas M. & Wilmore, Catherine; 29 Feb 1832 (GB)
RIDINGER, Ames & Graham, Margaret (d/o John Graham); 9 May 1843 (FB)
RIDINGER, Henry S. & Harvey, Jane; 23 Nov 1848 (FM)
RIDLEY, John (s/o John C.Ridley & Amelia Toole)(b.p. Oxford, N.C.) & Kent, Laura C. (d/o Robert & Sally Kent); 6 Sep 1857 (MM)
RIFE, Peter & Bingamin, Mary; 24 Apr 1787 (MB)

RIFFE, John & Clay, Elizabeth; 20 Nov 1820 (MB)
RIFFE, Peter & Bingamon, Mary; 10 Jul 1784 (MB)
RIGHBY, John H.(the 2nd) & Fusten, Hannah; 29 May 1811 (GB)
RIGHT, Caperton & Keetley, Harriet; 18 Jul 1832 (GB)
RIGHTMOUR, Joseph & Sharp, Mary; Jun 1797 (MM)
RIGNEY, Henley C. & Hundley, Elizabeth W.; 12 Feb 1846 (FM)
RING, Joseph & Lewis, Catherine (d/o Col.Andrew Lewis); 20 Feb 1807 (MB)
RITENHOUR, Henry & Webb, Susanna; 11 Dec 1788 (MB)
RITENOUR, John & Harless, Mary; 11 Aug 1791 (MB)
RITENOUR, Joseph & Sharp, Mary; 29 Jun 1797 (MB)(see Rightmour, Joseph)
RITTER, James & Blan, Nancy (d/o James Blan); 13 Aug 1850 (GB)
ROACH, James & Coalter, Fanny; 1794 (MM)
ROACH, Morris & Walters, Elizabeth (d/o George Walters); 29 Jun 1853 (MB)
ROBARTSON, John P. & Waldrand, Catharine; 21 Feb 1852 (MM)
ROBBINETT, Michael & Justice, Mary (d/o Daniel Justice); 22 Aug 1786 (MB)

ROBERSON, Thomas & Peck, Louisa; 10 Jan 1840 (PM)
ROBERSON, William & Keister, Susan; 18 Jun 1842 (MM)
ROBERTS, Alexander & Philips, Mary; 14 Oct 1828 (MB)
ROBERTS, George E. (s/o John & Catharine Roberts)(b.p. Montgomery Co., Va.) & Cofer, Julia A. (d/o John & Dolly Cofer)(b.p. Dinwiddie, Va.); 4 May 1859 (PL)(PM)
ROBERTS, Hiram & Roberts, Elizabeth (d/o Richardson Roberts); 7 Sep 1801 (MB)
ROBERTS, John & West, Jane; 1 May 1798 (MB)
ROBERTS, Joseph & Linkous, Eliz.; Sep 1842 (MM)
ROBERTS, Wright & Wright, Elizabeth (d/o John Wright); 21 Feb 1792 (MB)
ROBERTS. Philip & Silvers, Elinor (d/o Aaron Silvers); 26 Nov 1822 (MB)
ROBERTSON, Alexander (s/o Catherine Robertson) & Woods, Patsy (d/o James Woods); 18 Dec 1806 (MB)
ROBERTSON, Archibald & Vanleer, Jane K. (d/o John Vanleer);10 Aug 1814 (MB)
ROBERTSON, Charles & Simpkins, Catherine; 7 Aug 1849 (PM)

ROBERTSON, David & Mitchell, Nancy; 10 Jun 1800 (MB)
ROBERTSON, John & Stratton, Milly (d/o John Stratton); 29 Oct 1814 (MB)
ROBERTSON, John P. & Walrond, Catharine (d/o Beverly Walrand-father); 21 Feb 1852 (MB)
ROBERTSON, John R. & Wilson, Catharine; 22 Feb 1852 (MM)
ROBERTSON, Thomas & Underwood, Pernetta; 13 Sep 1849 (FM)
ROBESON, Lewis & McPherson, Polly; 30 Jan 1835 (GB)
ROBESON, Preston & Warren, Ugenia B. (d/o Uriah Warren); 22 Jan 1842 (GB)
ROBINET, Daniel & McFarland, Mary; 24 Jan 1786 (MB)
ROBINET, Michael & Justine, Mary; 22 Aug 1786 (MB)
ROBINETT, Hiram & Burton, Sally (d/o Elias Burton); 4 Feb 1840 (GB)
ROBINETTE, Samson & Toler, Jane (d/o David & Suzana Toler); 22 Mar 1821 (GB)
ROBINS, James & Jerret, Hannah; 3 Aug 1790 (MB)
ROBINSON, Cyrus V.L. & Charlton, Lucinda (d/o James Charlton); 17 Oct 1815 (MB)(MM)
ROBINSON, David (s/o James & Margaret Robinson)(b.d.9 Dec 1798) & Helton,

Elizabeth (d/o William & Elizabeth Helton)(b.p. Mecklenburg Co., Va.)(b.d.3 Sep 1831); 27 Jun 1858 (MM)
ROBINSON, George D. (s/o Campbell & Dolly Robinson)(b.p. Fluvanna Co., Va.) & Snidow, Oncy S. (d/o John P. & Matilda Snidow); 12 Jan 1860 (ML)
ROBINSON, Harrison & Duncan, Harriet (d/o Landon Duncan); 24 Mar 1834 (GB)
ROBINSON, Henry & Simpkins, Phebe; 2 Sep 1841 (PM)
ROBINSON, Isaac & Brookman, Ann; 16 Feb 1841 (PM)
ROBINSON, James & Aul, Margaret (d/o William Aul); 7 Oct 1775 (MB)(MM)
ROBINSON, John (of Botetourt Co., Va.) & Mitchell, Ellen H. (d/o John Mitchell); 31 Aug 1835 (MB)
ROBINSON, John W. & McDonald, Susanna; 2 Jan 1844 (MM)
ROBINSON, Matthew & Hess, Margaret; 6 Nov 1837 (MB)
ROBINSON, Matthew & Sipole, Mary (d/o John Sipole); 22 Oct 1831 (MB)
ROBINSON, Peter & Walker, Peggy; 13 Nov 1802 (MB)
ROBINSON, Samuel & Hall, Rosannah; 13 Dec 1839 (MB)
ROBINSON, Samuel & Surface, Betsy (d/o Martin Surface); 9 May 1814 (MB)
ROBINSON, Samuel (s/o Mathew & Mary Robison) & Harvey, Susan (d/o Michael & Mary Harvey) (b.p. Roanoke Co., Va.); 1 Oct 1858 (MM)
ROBINSON, Thomas & Peck, Louisa; 10 Jan 1840 (PM)
ROBINSON, William & Chrisman, Nancy; 1 Oct 1822 (MB)
ROBLE (aka Ribble), Christopher & Keagley, Mary; 14 Feb 1794 (MB)
ROCHE, James & Collier, Frances; 18 Jul 1793 (MB)
ROCK, Harry H. & Rupe, Octavia F.; 6 Jul 1854 (PL)
ROCK, Henry (s/o James Rock) & Webb, Nancy; 14 Mar 1847 (GB)
ROCK, Henry A. (s/o P.T. & S. Rock)(b.p. Giles Co., Va.)(w/o ?) & Rupe, Octavia (d/o J. & E. Rupe); 12 Jul 1854 (PM)
ROCK, Henry H. & Trent, Latitia (d/o Nancy Trent); 16 Jul 1849 (GB)
ROCK, James & Karr, Sally (d/o Isabel Karr); 27 May 1820 (GB)
ROCK, John & Taylor, Verlinda (d/o Adam Taylor); 18 Oct 1836 (GB)
RODGERS, Jacob (s/o Lot & Pheba Rodgers)(b.p.Guilfo

rd Co., North Carolina) & Frazune (possibly Frazure), Mandy M. (d/o Creed & Charlotte Frazune or Frazure); 1 Jan 1856 (GM)

RODGERS, Robert & Carden, Mary J.; 3 Nov 1850 (PL)(PM)

RODGERS, Thomas (s/o James & Martha Rodgers)(b.p. Wythe Co., Va.) & Arnold, Mary S. (d/o Abraham & Sarah Arnold)(b.p.Botetout Co., Va.); 13 Oct 1858 (PM)

ROGER, James & Snavely, Elizabeth; 24 May 1843 (MM)

ROGER, Lewis Bryant (s/o Lot & Phoebe Rogers)(b.p. Guilford Co., North Carolina) & Wilburn, Henrietta Virginia (d/o Lewis & Mary Bratton Wilburn); 6 Nov 1856 (GM)

ROGERS, Bowley & Burk, Neomi; 8 Feb 1798 (MB)

ROMINE, Samuel & Pate, Jude; 30 Dec 1788 (MB)

ROMINOS, Zacheriah & Stephens, Margaret; 9 Feb 1807 (MM)

RONALD, William & Crow, Mary; 19 Sep 1807 (MB)

RONK, Daniel & Biddle, Mary; 10 Aug 1841 (PM)

ROOP, Bird & Roop, Rachel; Apr 1849 (MM)

ROOP, Charles W. (s/o Jacob & Susan Roop) & Schutt, Elizabeth (d/o Lewis & Julian Schutt)(b.p. Pennsylvania); 18 Sep 1856 (PM)

ROOP, Daniel H. & Miles, Jane Frances; 27 Sep 1853 (PL)

ROOP, Daniel H. (s/o William & Esther Roop)(b.p. Montgomery Co., Va.)(b.d. 30 Mar) & Miles, Jane Frances (d/o William & Lucy Miles); 13 Dec 1853 (PM)

ROOP, George (s/o Mary Roop) & Shufflebarger, Henretta (d/o Hiram & Hannah Shufflebarger); 2 Aug 1855 (MM)

ROOP, George P. & Kitterman, Sarah; 10 Aug 1834 (FM)

ROOP, James & Roop, Nancy; 17 Feb 1852 (MM)

ROOP, Jonathan & Elswick, Martha; 10 Mar 1853 (MM)

ROOP, Joseph & Elkins, Lucretia; 15 Nov 1849 (PM)

ROOP, Martin (s/o Joseph & Mary Roop) & Akers, Mary Jane (d/o Howard & Susan Akers); 6 Sep 1857 (MM)

ROOP, William & Carrell, Catharine; 5 Nov 1846 (MM)

ROOP, William & Roop, Susan; 12 Nov 1850 (MM)

ROP, Joel & oliday, Elizabeth; 19 Feb 1844 (FM)

ROSE, Charles & Harless, Frances; 24 Aug 1819 (GB)

ROSE, David & Delong, Sally; 8 Nov 1814 (MB)
ROSE, David (s/o Gabriel Rose) & Smith, Patsy (d/o Peter Smith); 18 Jan 1812 (MB)
ROSE, Gabriel & Consoluant, Ariny; 9 Nov 1830 (MM)
ROSE, Isreal & Stephens, Elizabeth; 9 Feb 1785 (MM)
ROSE, John & Stephens, Margaret; 11 Jul 1790 (MB)
ROSE, Joseph & Bowsman, Katerene; 20 Mar 1790 (MB)
ROSE, Joseph & Terry, Kurene; 21 Dec 1813 (MM)
ROSE, Zacheriah & Stephens, Peggy; 7 Feb 1797 (MB)
ROSS, Alexander & Drake, Jane (w/o ?); 7 Sep 1803 (MB)
ROSS, George & Black, Mary; 3 Aug 1813 (MB)
ROSS, Harry H. (s/o Joel & Sally Ross)(b.p. Floyd Co., Va.) & Shepherd, Nancy A. (d/o William & N. Shepherd); 7 Jun 1860 (PL)(PM)
ROSS, James & Black, Jeany; 16 Sep 1806 (MB)
ROSS, James Jr. & Huffman, Dorcas; 21 Nov 1843 (GB)
ROSS, Joel & Sumner, Sarah; 16 Sep 1835 (FB)
ROSS, Reuben & Lawrence, Kitty (d/o Thomas Lawrence); 1 Apr 1806 (MB)
ROSS, Thomas & Evans, Catharine F. (d/o John Evans); 21 Oct 1854 (MB)
ROSS, Thomas & Murray, Sarah (d/o Archibald Murray); 3 Nov 1818 (MB)
ROSS, William & Kesler, Margaret (d/o John Kessler); 9 Oct 1837 (GB)
ROSS, William E. & Shanklin, Peggy; 9 Sep 1827 (MB)
ROUNTREE, Henry & Richardson, Wealthy (d/o Barnett Richardson); 30 Dec 1812 (MB)
ROUPE, John & Thompson, Betsy; 15 Jan 1813 (MM)
ROUPE, Thomas & Thompson, Betsy; 8 Jan 1813 (MB)
ROUTROFF, William & Sowers, Betsy (d/o George Sowers); 7 Dec 1812 (MB)
ROUTROUGH, Henry & Farris, Elizabeth; 9 Feb 1821 (MB)
ROWE, John & Fry, Agnes; 28 Mar 1831 (GB)
ROWE, Jonathan & Fry, Elizabeth (d/o Henry Fry); 24 Aug 1830 (GB)
ROWE, Reuben (s/o Stephen & Barbery Rowe) & Fry, Clary; 24 Jan 1824 (GB)
ROWE, Thomas & Plimale, Theodosha; 25 Aug 1809 (GB)
ROWLAND, James & Evans, Frances; 22 Aug 1839 (FB)
ROWLAND, James & French, Elizabeth

(d/o James French);
13 Jul 1825 (GB)
ROWLAND, Kenzie &
French, Esther
Lock; 19 Apr 1827
(GB)
ROWTON, Joseph &
Pates, Molly (d/o
Jeremiah Pates); 10
Jul 1784 (MB)
RUDDLE, John & Pepper,
Neomi; 25 Oct 1819
(MB)
RUGAR, Richard &
Harper, Jane; 2 Nov
1793 (MB)
RUMBERG, Eli & Hall,
Polly; 2 Mar 1815
(MB)
RUMBURG, Phineas &
Harless, Cynthia; 2
Sep 1829 (GB)
RUNION, Dexter S. &
Smith, Martha; 17
Dec 1860 (PL)
RUNION, John &
Hammons, Caroline
(d/o James
Hammons); 20 Jan
1849 (GB)
RUNION, William &
Blan, Orleany (d/o
James Blan); 18 Jun
1850 (GB)
RUNNION, Isaac &
Smith, Mary; 10 Oct
1797 (MB)
RUNNION, James &
Sheppard, Sally
(d/o Frederick
Sheppard); 22 May
1819 (MB)
RUNNION, James &
Smith, Lucinda; 22
Jan 1839 (PM)
RUNNION, Richard &
Canaen, Hannah; 7
Apr 1798 (MB)
RUNNION, Stephen &
Farmer, Nancy (d/o
Barnett Farmer); 6
Mar 1810 (MB)
RUNYAN, Joseph &
Jacobs, Nancy (d/o
Roley Jacobs); 24
Jul 1809 (MB)
RUNYAN, Joseph &
Redpath, Martha G.;
8 Mar 1824 (MB)
RUNYON, Richard (s/o
Sti. & Mary Runyon)
& Shufflebarger,
Sarah (d/o Elias &
Mary
Shufflebarger); 23
Nov 1854 (PL)
RUPE, Anderson &
Fugate, Elender; 4
Apr 1838 (MB)
RUPE, Elswich &
Bridgewater,
Sophiah; 10 Apr
1850 (PM)
RUPE, George P. &
Kitterman, Sarah; 9
Aug 1834 (FB)
RUPE, Henry &
Thompson, Polly; 7
Jun 1823 (MB)
RUPE, Jacob & Alley,
Susannah; 15 Apr
1815 (MB)(MM)
RUPE, James & Teany,
Amanda; 4 Jan 1844
(MM)
RUPE, James & Earl,
Elizabeth; 23 Jul
1830 (MM)
RUPE, James & Rupe,
Nancy (d/o Henry
Rupe); 7 Feb 1852
(MB)
RUPE, Lewis & Worsham,
Jane; 10 Nov 1842
(PM)
RUPE, Russell &
Huffman, Mary Jane;
18 Jan 1856 (PL)
RUPE, Russell (s/o
John & Elizabeth
Rupe) & Huffman,
Mary Jane (d/o
James & Malvina
Huffman)(b.p.
Carroll Co., Va.);
24 Jan 1856 (PM)
RUPE, William (s/o
Henry Rupe) &

Akers, Esther (d/o Blackburn Akers); 7 Jun 1823 (MB)
RUPE, William L. & Godby, Martha E.; 18 Oct 1854 (PL)
RUPE, William L. (s/o W. & E. Rupe)(b.p. Montgomery Co., Va.) & Godbey, Martha (d/o A. & M. Godbey); 19 Oct 1854 (PM)
RUTHERFORD, John & Moss, Sarah (d/o Gideon Moss); 1 Apr 1794 (MB)(MM)
RUTLEDGE, Edward P. & Ruddle, Catharine Jane (d/o John Ruddle); 30 Jan 1841 (MB)
RUTLEDGE, George & Murray, Margaret (d/o Archibald Murray);16 Jan 1821 (MB)
RUTLEDGE, Samuel T. & Sartain, Adaline C. (d/o David Sartain); 6 Aug 1851 (GB)
RUTLEDGE, Stephen & Kirk, ancy (d/o Joseph & Martha Kirk); 8 Mar 1837 (GB)
RUTLEDGE, Thomas & Hamilton, Milly (d/o Stephen & Rhody Hamblin); 20 Apr 1836 (GB)
RUTLEDGE, Travis & Wingo, Charlotte (d/o John Wingo); 27 Jul 1829 (GB)
RUTLEDGE, William & Gray, Margaret; 7 Sep 1833 (MB)
RUTROUGH, Solomon & Hoback, Eveline (d/o Jacob Hoback);7 Jan 1843 (FB)

RUTTER, G.W. & Runyan, Rebecca; 7 Jan 1845 (PM)
RUTTER, George & Carper, Peggy; 18 Jul 1818 (MB)
RUTTER, Henry & Hany, Mary A.; 18 May 1847 (PM)
RYAN, John & Fizer, Catherine (d/o John Fizer); 23 Nov 1819 (MB)
RYAN, John D. & Fisher, Susan; 5 Sep 1849 (MM)
RYAN, John H. (s/o Daniel & Bridget Ryan)(b.p. Ireland) & Gott, Mary (d/o William & Elizabeth Gott)(b.p. Ireland); 27 Jul 1856 (GM)
RYAN, White G. & Barnett, Mary J.; 24 Nov 1841 (MM)
RYAN, White G. & Barnett, Mary Jane (d/o Joseph Barnett); 22 Nov 1841 (MB)
RYAN, William & Lavern, Aphelia Vans; 1842 (MM)
RYE, John (s/o Francis & Sarah Rye)(b.p. {sic}Carral Co. North Carolina) & Sheppard, Rodah (d/o Christian & Sarah Sheperd)(b.p. Montgomery Co., Va.); 10 Jun 1856 (GM)
RYE, William Henry & Sumpter, Nancy Hannah (d/o William M. Sumpter); 24 Jun 1848 (GB)
RYLEY, John & Evans, Nancy; 25 Jan 1800 (MB)

RYNCY, Elijah & Hundley, Martha A.; 10 Sep 1844 (FM)
SABINS, Thomas & Evans, Priscilla; 5 Sep 1808 (MB)
SADLER, Henry C. & Farley, Chloe (d/o John Farley); 3 Sep 1840 (GB)
SADLER, James & Farmer, Elvira; 13 Nov 1851 (PL)(PM)
SADLER, William & Johnson, Sarah Jane; 22 May 1852 (PL)(PM)
SAFFELL, Joshua & Baker, Hannah; 6 Dec 1793 (MB)
SAFON, John & Bowen, Polly; 18 Jul 1797 (MB)
SAILOR, Phillippe & Hartless, Margaret; 10 May 1797 (MM)
SALLES, James & Shell, Margaret; 4 Nov 1786 (MB)
SALLUST, James Jr. & Heavin, Sarah (d/o William Heavin); 1 Jun 1824 (MB)
SALMON, John & Howell, Sarah; 25 Apr 1842 (FB)
SANDEFUR, Matthew & Goodson, Mary; 1 Oct 1837 (FM)
SANDEFUR, Matthew & Goodson, Mary; 30 Sep 1837 (FB)
SANDERS, Jacob & Sumpter, Mary Jane (d/o John Sumpter); 10 Feb 1844 (GB)
SANDERS, Michael S. (s/o Barnes & Susan Sanders)(b.p. Wythe Co., Va.) & Haney, Sallie S. (d/o H. & A. Haney); 1 Dec 1859 (PL)(PM)

SANDERS, William & Kelly, Salley; 25 Nov 1831 (GB)
SANDS, Stephen (s/o Jacob & Esther Sands)(b.p. Louden Co., Va.)(w/o?)(age 54 years) & Hutsel, Cyntha (d/o James & Margaret Hutsel)(w/o?); 14 Nov 1854 (GM)
SANGER, Andrew J. (s/o Christian Sanger) & Parnell, Charlotte (d/o William Parnell); 21 Oct 1852 (MB)
SANSUM, John & Davidson, Elizabeth; 24 Apr 1797 (MM)
SARLES, Jacob & Lorton, Lydia; 9 Apr 1814 (MM)
SARLES, William & Bell, Nancy; 23 Apr 1796 (MB)
SARLES, William & Pate, Lockey; 5 Nov 1832 (MB)
SARTAIN, Joel & Epling, Elizabeth (d/o Jacob & Mary Epling); 26 Feb 1851 (GB)
SARTAIN, Joel & Lafon, Betsy; 12 Sep 1820 (GB)
SARTAIN, John S. & Price, Wisti (d/o David Price); 30 Jul 1849 (GB)
SARTAIN, Thomas & Hole, Jane; 20 Jun 1849 (GB)
SARTEN, David & Canterberry, Nancy; 7 Aug 1826 (GB)
SARVER, Aaron & Harless, Delilah (d/o Anthony Harless); 7 Oct 1839 (GB)

SARVER, Andrew & Burton, Elizabeth; 25 Dec 1822 (GB)

SARVER, David (s/o Alexander & M. Elizabeth Sarver)(b.p.Craig's Creek, Roanoke Co., Va.)(w/o?) & Lucas, Margaret A. (d/o Parker & Patsy Lucas); 3 Jan 1856 (GM)

SARVER, George & Bowen, Mary (d/o James Bowen); 3 Dec 1832 (MB)

SARVER, George (s/o Gasper & Hannah Sarver)(w/o?) & Frazer, Miriam (d/o William Ratliff)(w/o?); 2 Jan 1859 (ML)

SARVER, Henry & Champ, Agnes (d/o John Champ); 8 Jun 1801 (MB)

SARVER, Henry & Tracy, Barbary (d/o William S. Tracy); 6 Apr 1843 (GB)

SARVER, Henry & Tracy, Catherine; 27 Apr 1819 (GB)

SARVER, James & Harless, Matilda (d/o Mary Harless); 9 Oct 1838 (MB)

SARVER, James & Tracy, Betsy (d/o William Tracy); 7 Apr 1815 (GB)

SARVER, Jasper & Wysong, Mary (d/o Joseph Wysong); 30 Jul 1829 (GB)(GM)

SARVER, Jeremiah & Tiller, Julet (d/o William Tiller); 29 Jan 1825 (GB)

SARVER, Jeremiah G. (s.o Henry & Catherine Sarver)(b.d. 21 Dec 1830) & Blankenship, Frances (d/o Elias & Lotitia Blankenship)(b.d. 4 Jul); 22 Aug 1854 (GM)

SARVER, John & Harless, Polly; 7 Nov 1815 (MB)

SARVER, John & Overhelzer, Frances; 31 Jul 1821 (MB)

SASSANE, Stephen & Jordan, Jane; 15 Dec between 1777 and 1831 (MM)

SAUL, William & Hydenrich, Elizabeth Ann; 18 Feb 1833 (MB)

SAUNDERS, Francis & Thompson, Elizabeth (d/o John Thompson); 20 Mar 1820 (MB)

SAUNDERS, George (s/o John & Isabel Saunders)(b.p. Giles Co., Va.) & Bruce, Lione (d/o Jacob & Sarah Bruce)(b.p. Montgomery Co., Va.); 29 Jul 1858 (PM)

SAUNDERS, John Thompson & Crockett, Susannah; 11 Aug 1784 (MB)

SAUNDERS, John (s/o M.M. Saunders) & Scott, Isabella (d/o George Scott); 28 Feb 1833 (MB)

SAUNDERS, Julius & Bratton, Lydia (d/o Thomas Bratton); 26 May 1834 (MB)

SAUNDERS, Micajah & Thompson. Rebecca (d/o John

SAUNDERS, Robert Jr. &
Lorton, Betsy (d/o
Thomas Lorton); 17
Dec 1822 (MB)
SAUNDERS, Samuel
(Major) & Ingles,
Mary (d/o John
Ingles); 14 Sep
1814 (MB)
SAUNDERS, Stephen &
Campbell, Isabella
(d/o James & Letice
Campbell); 4 Feb
1782 (MB)(MM)
SAUNDERS, William (s/o
Col. Stephen
Saunders of Wythe
Co.) & Charlton,
Juliet (d/o James
Charlton); 13 Oct
1820 (MB)
SAVELS, Jacob &
Lorton, Lida; 30
Mar 1814 (MM)
SAVEN (or Saver),
William & Reed,
Rhoda; 6 Sep 1821
(MM)
SAWYERS, James &
Grayson, Polly (d/o
Rachel Grayson); 27
Jun 1814 (MB)
SAXTON, Alidg. &
Mills, Sara; 26 Apr
1791 (MM)
SAYERS, John Thompson
& Crockett, Susanna
(d/o Jane Draper);
11 Aug 1784 (MB)
SAYERS, William &
Sloane, Sarah Jane;
21 Aug 1860 (PL)
SAYERS, William &
Smith, Sarah (d/o
Frederick Smith);
23 Sep 1796 (MB)
SAYERS, William (s/o
John & Phebe
Sayers)(b.p.
Carroll) & Cook,
Sary (d/o Isaac &
Sary Cook); 10 Jun
1858 (PM)
SAYERS, William (s/o
John & Polly
Sayers)(b.p.Wythe
Co., Va.) & Sloan,
Sarah J. (d/o
William & Joanah
Sloan)(b.p. Wythe
Co., Va.); 22 Aug
1860 (PM)
SCAGGS, Isaac &
Goodin, Nancy; 30
Oct 1787 (MB)
SCAGGS, Jeremiah &
Lester, Hannah (d/o
Abner Lester); 1
Nov 1788 (MB)
SCAGGS, Peter &
Cothon, Marthey; 24
Jun 1788 (MB)
SCAGGS, William &
Reed, Maram; 4 Feb
1825 (MB)(MM)
SCANLAND, John (s/o
Samuel & Catherine
Scanland) & Siles,
Sarah J.F. (d/o
Ephraim & Barbara
A.
Siles)(b.p.Rockingh
am Co., Va.); 19
Dec 1860 (ML)
SCANTLAND, Gideon &
Dougherty,
Elizabeth; 30 Sep
1800 (MB)
SCANTLAND, Samuel &
Worley, Catherine;
17 Jan 1827 (MB)
SCANTLING, David H. &
Hunter, Elizabeth
(d/o Thomas
Hunter); 8 Feb 1852
(GB)
SCHAEFFER, Solomon &
Sybole, Elizabeth;
30 Nov 1841 (MM)
SCHAFFER, Solomon &
Sypole, Elizabeth
(d/o John Sypole);
23 Nov 1841 (MB)
SCHREWSBERRY, Philip &
Thompson,

Charlotte; 27 Jan 1829 (GB)
SCHRIPOLE, John & Kinser, Catherine (d/o Michael Kinser); 1 Aug 1817 (MB)
SCHROYER, Christian & Price, Margaret; 29 Nov 1802 (MB)
SCHURTON, Isah & Barnett, Jane; 2 May 1797 (MB)
SCOT, Henry & Criner, Elizabeth; 29 Oct 1816 (GB)
SCOTT, George & Pool, Cynthia; 29 Jan 1816 (GB)
SCOTT, Isaac & Harless, Polly (d/o Isaac Harless); 12 Mar 1822 (GB)
SCOTT, Jesse & Taylor, Dianna (d/o Catherine Kirby); 30 Dec 1812 (MB)(MM)
SCOTT, John & Criner, Elizabeth (d/o John Criner); 24 Jun 1842 (GB)
SCOTT, John & Heavener, Catherine; 4 Mar 1820 (MB)
SCOTT, John & Jones, Sally; 2 Mar 1843 (PM)
SCOTT, John & Sykes, Mary; 23 Aug 1796 (MB)(MM)
SCOTT, John & Templeton, Patsey; 23 Oct 1815 (MB)
SCOTT, John (s/o Francis Scott) & Eaton, Jane (d/o David Eaton); 7 Nov 1836 (GB)
SCOTT, John W. & Shelton, Susan (d/o Mary Shelton); 21 Nov 1854 (MB)
SCOTT, Josephus (s/o George Washington & Cynthia Scott) & Moye, Minerva (d/o Elizah & Mary Moye)(b.p. Orange Co., North Carolina); 24 Mar 1855 (GM)
SCOTT, Kyles & Kesinger, Sarah Jane; 13 Apr 1854 (GM)
SCOTT, Mark L. & Boswell, Susan; 16 Feb 1846 (FM)
SCOTT, Matthew & Strickler, Mary Ann; 10 Oct 1844 (FM)
SCOTT, Nathaniel & Caldwell, Elizabeth; 1 Sep 1823 (GB)
SCOTT, Samuel & Eaton, Nancy; 31 Oct 1831 (GB)
SCOTT, Thomas & Shelor, Sally; 7 Mar 1809 (MB)
SCOTT, William & Peas, Ellender (d/o Thomas Peas); 27 Sep 1833 (MB)
SCOTT, William (s/o Henry & Elizabeth Scott) & Harless, Elizabeth (d/o John & Elizabeth Harless)(b.p. Montgomery Co., Va.); 8 Feb 1855 (GM)
SCRUGGS, James & Moss, Mary; 26 Feb 1794 (MM)
SEACAT, Benjamin D. & Holmes, Cornelia; 16 Feb 1833 (MB)
SEATON, Moses & Martain, Rosanna (d/o George Martain); 27 Apr 1787 (MB)

SEAY, Marshall S. &
  Busby, Rachel; 17
  Apr 1843 (PM)
SERLES, Joseph (s/o
  Jacob Serles) &
  Elswick, Virginia
  (d/o Absalom); 23
  Aug 1836 (MB)
SERVER, George &
  Overholtz,
  Susannah; 27 May
  1823 (MM)
SERVERS, William &
  Peck, Catherine; 14
  Oct 1793 (MB)
SESENER, Archibald &
  McMullin, Nancy; 22
  Aug 1826 (MM)
SESLER, Mark B. &
  Eakin, Mary; 3 Oct
  1831 (MB)
SEVINE, Henry &
  Thomas, Catherine;
  2 Mar 1826 (MM)
SHAFER, Peter (s/o
  John & Susan
  Shafer)(b.p.
  Botetourt Co., Va.)
  & Bane, Sarah S.
  (d/o George B. &
  Kenah Bane)(b.p.
  Illinois); 24 Jan
  1860 (ML)
SHAFFER, Joseph &
  Honker, Edith; 13
  Oct 1850 (PL)(PM)
SHALEY, Daniel &
  French, Polley; 30
  Aug 1814 (GB)
SHANK, Lewis & Smith,
  Sarah; 3 Sep 1843
  (FM)
SHANK, Lewis (nephew
  of Henry Shank) &
  Smith, Sarah (d/o
  John Smith); 26 Sep
  1843 (FB)
SHANKLIN, Lewis A. &
  McClaugherty, Mary
  S.; 14 Jan 1846
  (GB)
SHANKLIN, Lewis A. &
  McClaugherty, Sarah
  (d/o James & Sarah
  McClaugherty); 11
  Nov 1836 (GB)
SHANKLIN, Robert L. &
  Lybrook, Elender
  (d/o Philip
  Lybrook); 10 Nov
  1845 (GB)
SHANKLIN, Samuel &
  Reyburn, Jane L.;
  21 Dec 1807 (MB)
SHANKLIN, William F. &
  McClaugherty, Polly
  F. (d/o James
  McClaugherty); 23
  Aug 1849 (GB)
SHANKS, John &
  Doosing, Nancy (d/o
  F. Doosing); 1 Apr
  1811 (MB)
SHANNON, George H. &
  Howe, Margaret A.;
  17 Sep 1850
  (PL)(PM)
SHANNON, James &
  McDonald, Polly; 26
  Aug 1813 (GB)
SHANNON, John & Mares,
  Margaret (d/o Hugh
  Mares); 23 Sep 1779
  (MB)
SHANNON, John (s/o
  Thomas Shannon) &
  Hudson, Jane (d/o
  Isaac Hudson); 10
  May 1816 (MB)
SHANNON, Samuel &
  Brown, Elizabeth; 3
  Nov 1801 (MB)
SHANNON, Thomas &
  Allen, Juliett; 6
  Mar 1820 (GB)
SHANNON, Thomas R. &
  Allen, Salley M.
  (d/o Thomas Allen);
  31 Jul 1827 (GB)
SHANNON, William &
  Harris, Ann; 28 Aug
  1824 (GB)
SHANNON, William &
  Nisewander, Rhoda;
  27 Sep 1825 (GB)
SHANNON, William &
  Southern, Peggy
  (d/o John

Southern); 10 Dec 1822 (GB)
SHAUPE, JOHN & Kirk, Winnie; 24 Aug 1798 (MB)
SHAUPE, William & Williams, Elizabeth; 29 Nov 1798 (MB)
SHAVER, John T. (s/o Andrew H. & Nancy Shaver) & Hamlin, Nancy (d/o Stephen Hamlin)(b.p. Giles Co., Va.); 11 Nov 1860 (ML)
SHEALOR, John & Howell, Nancy 16 Feb 1818 (MB)
SHEARMAN, Jacob & Anderson, Catherine; 30 Jul 1804 (MB)
SHEFFLEBARGER, Newton & Wygal, Anne G.; 23 Jul 1853 (PL)
SHEFNER, Charles & Armbrister, Nancy; 28 Dec 1786 (MB)
SHELAR, J.B. & Southern, E.A.; 28 Sep 1849 (PM)
SHELBERN, Samuel & Snow, Mary; 3 Jul 1849 (PM)
SHELBURN, John (s/o Nathaniel & Elizabeth Shelburn)(b.p. Near the line of Lunenburg & Charlott Co., Va.) & Meredith, Octavia (d/o William & Catharine Meredith)(b.p. Pulaski Co., Va.); 12 Feb 1857 (MM)
SHELL, Christian & Havins, Sarah (d/o Howard Havins); 22 Oct 1785 (MB)

SHELL, Christian & Heavins, Sarah; 22 Oct 1785 (MB)
SHELL, Floyd C. & Mustard, Matilda; 1852 (GL)
SHELL, Henry & Sawyer, Sarah Jane; 26 Nov 1851 (MB)
SHELL, Hiram (s/o Jacob & Catherine Shell) & Hodge, Luemma R. (d/o Elijah & Malinda Hodge); 6 Dec 1860 (ML)
SHELL, Jacob Jr. & Price, Catherine; 9 Sep 1811 (MB)
SHELL, James & Lowthain, Tabitha; 16 Oct 1810 (MB)
SHELL, John & Shufflebarger, Elizabeth; 21 Oct 1811 (MB)
SHELL, John & Heavins, Margaret; 4 Jan 1786 (MB)
SHELL, John & Lincass, Hannah (d/o Henry Lincass Sr.); 24 Mar 1817 (MB)
SHELL, William & Sallust, Sally; 20 Apr 1818 (MB)
SHELL, William P. & Henderson, Jane; Jun 1843 (MM)
SHELOR, Daniel & Akers, Julian (d/o Blackburn Akers); 14 Apr 1847 (FM)
SHELOR, Daniel Jr. & Goodson, Joannah; 30 Nov 1803 (MB)
SHELOR, George & Banks, Ruth; 27 Jan 1804 (MB)
SHELOR, George & Bower, Elizabeth; 11 Sep 1838 (FM)

SHELOR, George & Bower, Elizabeth; 7 Sep 1838 (FB)

SHELOR, Thomas & Pearce, Mary (d/o Jotham Pearce); 20 Dec 1830 (MM)

SHELOR, Thomas G. (s/o William Shelor) & Pearce, Mary (d/o Jotham Pearce); 20 Sep 1834 (MB)

SHELOR, William & Goodson, Margaret; 6 Sep 1803 (MB)

SHELTON, Langston C. & Bane, Elizabeth (d/o Jesse Bane); 6 Jan 1841 (GB)

SHELTON, Richard & Kerr, Nancy W. (d/o Sarah Kerr); 30 Jun 1845 (GB)

SHELTON, Samuel C. (s/o Herbert & Sally Shelton)(b.p. Patrick Co., Va.) & Haymaker, Nancy (d/o Philip & Martha Haymaker); 3 Feb 1857 (MM)

SHEPHARD, Edwin & Harman, Rhoda (d/o Elias Harman); 17 Feb 1848 (GB)

SHEPHERD, Abraham & Mowry, Barberry; 1 Jan 1821 (MB)

SHEPHERD, Abram & Ritter, Peggy; 18 May 1801 (MB)

SHEPHERD, Adison & Collins, Margaret; Jun 1843 (MM)

SHEPHERD, Christian (s/o George Shepherd) & Slusser, Cyrena; 6 Nov 1837 (MB)

SHEPHERD, David & Linkous, Julia (stepdaughter of Jonas Cromer); 10 Feb 1835 (MB)

SHEPHERD, Harvey & Howell, Leona; 17 Jan 1845 (FM)

SHEPHERD, John (s/o Felty & Elizabeh Shepherd) & Martin, Levica (d/o William & Polly Martin)(b.p. Pittsylvania Co., Va.); 9 Mar 1856 (PM)

SHEPHERD, John T. (s/o John & Elizabeth Shepherd) & Griscoe, Catharine (d/o Hawkins & Hannah Griscoe); 17 May 1855 (MM)

SHEPHERD, Thomas & Harless, Elizabeth; 3 Oct 1797 (MB)

SHEPHERD, Thomas & Ritter, Susannah; 27 Jun 1801 (MB)

SHEPHERD, William & Anderson, Nancy (d/o Jacob Anderson); 6 Mar 1821 (MB)

SHEPHERDSON, G.C. (s/o Pruos & M.C. Shepherdson)(b.p.Dinwiddie)(w/o?) & Miller, M.A. (d/o William H. & B. Miller); 16 Oct 1856 (PM)

SHEPPHERD, James (s/o George Shepherd) & Price, Elizabeth (d/o Alexander Price); 14 Mar 1836 (MB)

SHEROY, David & Lancaster, Nancy; 28 Dec 1848 (FM)

SHIELDS, Hamilton & Wade, Elizabeth Virginia; 20 Jun 1844 (MM)

SHIELDS, Hamilton W. & Wade, Elizabeth

Virginia; 20 Jun 1844 (MM)
SHIELDS, Samuel & Wade, Elizabeth (d/o David Wade); 2 Feb 1811 (MB)
SHILLING, Beuford & Edwards, Eliza; 2 Aug 1825 (MB)
SHILLING, Jacob & King, Elizabeth (John King); 3 Jun 1817 (MB)
SHILLING, John R. & Smith, Margaret; 7 Feb 1838 (FB)
SHINALL, Calvin & Martin, Charlotte; 25 Feb 1857 (PL)
SHINALL, Calvin (s/o William Rachael Shinall)(b.p.Wythe Co., Va.) & Martin, Charlotte (d/o Jackson Bryant & Nancy Shepherd)(b.p.North Carolina); 4 Jan 1857 (PM)
SHIPMAN, John & Smith, Sarah; 7 Oct 1795 (MB)
SHIVELY, Daniel & Richards, Catherine (d/o John Richards); 13 Jan 1818 (MB)(MM)
SHOCKLEY, Henry & Wiley, Mary; 5 Mar 1816 (MB)
SHOCKY, Madison & Poff, Ann (d/o Henry Poff); 20 Mar 1843 (FB)
SHOFFLEBARGER, Abram (s/o John Shofflebarger) & Anderson, Polly; 14 Feb 1808 (MB)
SHOFFLEBARGER, David & Carper, Mary (d/o John Carper); 23 Jan 1826 (MB)
SHOFFLEBARGER, Elias & Carper, Nancy (d/o John Carper); 4 Dec 1824 (MB)
SHOFFLEBARGER, Elias & Wizer, Mary; 3 Sep 1791 (MB)(MM)
SHOFFLEBARGER, Isaac (s/o John Shofflebarger) & Burton, Elizabeth; 9 Apr 1808 (MB)
SHOFFLEBARGER, Jacob & Beanard, Christina; 19 Mar 1816 (MB)
SHOFFLEBARGER, John & White, Mary; 4 Nov 1817 (MB)
SHOMAKER, John J. (s/o Linsey & Mary J. Shomaker)(b.p. Buckingham, Va.) & Fisher, Nancy J. (d/o Joseph & Mary Fisher)(b.p.Rockbridge, Va.);25 Oct 1855 (MM)
SHOP, John & Shiflets, Dorcas (or Barcus); 28 Jul 1794; (MB)
SHOWALTER, David & Taylor, Sally; 19 Mar 1836 (MB)
SHOWALTER, David (s/o Henry & Magdalene Showalter)(w/o ?) (b.p. Botetout Co., Va.) & Simpkins, Amanda J. (d/o James & Mary Simpkins); 10 Nov 1859 (MM)
SHOWALTER, Elijah & Showalter, Catherine; 25 Feb 1841 (PM)
SHOWALTER, Elijah & Showalter, Catherine; 19 Apr 1841 (PM)
SHOWALTER, George & Grayham, Clarisa; 14 Mar 1850 (PM)

SHOWALTER, John & Showalter, Mary; 7 Oct 1852 (MM)

SHOWALTER, Noah & Bell, Elizabeth; 1 Sep 1846 (PM)

SHOWALTER, William (s/o David & Sarah Showalter) & Roberts, Elizabeth (d/o Joseph & Lucy Roberts)(b.p. Chesterfield, Va.); 5 Dec 1859 (PM)

SHOWALTER, William (s/o Nicholas & Elizabeth Showalter)(b.p. Roanoke Co., Va.) & Blackwell, Elizabeth (d/o Henry & Hannah Blackwell)(b.p. Roanoke, Va.); 25 Sep 1856 (MM)

SHOWALTER, William & Blackwell, Mary E. (d/o Henry Blackwell); 2 Sep 1856 (MB)

SHOWALTER, William & Farmer, Malvina; 21 Apr 1842 (PM)

SHOWALTER, William & Farmer, Malvina; 21 Apr 1842 (PM)

SHRADER, John H. (s/o William & Elizabeth Shrader)(b.p. Wythe Co., Va.)(w/o ?) & French, Mary J. (d/o J.L. & J. French)(b.p. Giles Co., Va.); 10 Jul 1859 (PL)(PM)

SHREWSBERRY, James & Brooks, Elizabeth (d/o James Brooks); 27 Mar 1837 (GB)

SHREWSBERRY, Jeremiah & Blankenship, Elizabeth; 3 Mar 1829 (GB)

SHROPHER, Reuben & Lowry, Ann (d/o Polly Lee); 28 Jan 1837 (MB)

SHUE, Joseph B. & Warren, Mary M. (d/o Uriah Warren); 8 Mar 1836 (GB)

SHUFFLEBARGER, Hiram & Yearout, Hannah (d/o Jacob Yearout); 3 Dec 1832 (MB)

SHUFFLEBARGER, Jacob & Trollinger, Phebe (d/o John Trollinger); 4 Dec 1824 (MB)

SHUFFLEBARGER, William (s/o J. & P. Shufflebarger)(b.p. Montgomery Co., Va.) & Wygal, Keeziah (d/o J. & K. Wygal)(b.p. Montgomery Co., Va.); 21 Sep 1854 (PM)

SHUFFLEBARGER, William J. & Wygal, Keziah; 18 Sep 1854 (PL)

SHULL, Jacob & Birk, Mary (d/o Joseph Birk); 28 Dec 1787 (MB)

SHUMATE, Anderson & Robeson, Sarah; 21 Apr 1834 (GB)

SHUMATE, Edmond & McClaugherty, Jane; 23 Feb 1829 (GB)

SHUMATE, Harrison (s/o Tolison & Nancy Shumate)(b.p. Monroe Co.) & Hull, Nancy L. (d/o Dolly Hull); 17 Nov 1853 (GM)

SHUMATE, William & Hale, Martha S. (d/o Daniel Hale); 26 Apr 1850 (GB)

SHUVELY, John R. & Jones, Charity; 8 May 1850 (FM)
SIBOLD, John (s/o John & Catharine Sibold)(b.d. 8 Sep 1829) & Linkous, Elizabeth (d/o Henry & Margaret Linkous); 29 Jun 1855 (MM)
SIFFORD, Adam & Loux, Nancy L.; 1 Nov 1846 (GB)
SIFFORD, George W.H. & Loukx, Elizabeth (d/o George Loukx); 8 Sep 1838 (GB)
SIFFORD, Henry, & McCoy, Linna (d/o William McCoy); 6 Oct 1828 (MB)
SIFFORD, John & Patton, Rachel S. (d/o Elizabeth____); 11 Jun 1834 (MB)
SIFFORD, Samuel & Songer, Barbra; 31 Jan 1842 (PM)
SILER, William A. (s/o John & Lucinda Siler)(b.p. Botetout Co., Va.) & Shoemaker, Martha S. (d/o Linsey & Mary Shoemaker)(b.p. Appomattox, Va.); 12 Sep 1858 (MM)
SILVERS, Andrew Jackson & Akers, Lucinda; 11 Sep 1851 (MM)
SILVERS, Andrew J. (s/o Abraham & Delilah Silver) & Ratliff, Matilda (d/o Elijah & Sarah Ratliff); 6 Dec 1860 (ML)
SILVERS, Andrew J. & Akers, Lucinda (d/o Jacob Akers); 1 Sep 1851 (MB)
SILVERS, Isaac & Wilson, Nancy; 18 Sep 1829 (MB)(MM)
SIMMON, Benjamin & Summerfield, Sally; 25 Jul 1829 (GB)
SIMMON, Christian & Kesler, Polly; 26 Dec 1833 (GB)
SIMMONS, Cary & Slusher, Catey; 11 Apr 1815 (MB)(MM)
SIMMONS, Charles S. & Bishop, Lucy; 27 Jun 1844 (FM)
SIMMONS, Harvey & Bishop, Nancy; 18 Feb 1847 (FM)
SIMMONS, James & Eperly, Lavinia; 5 Mar 1835 (FM)
SIMMONS, James & Epperly, Lavinia; 1 Mar 1835 (FB)
SIMMONS, Otey T. & Agnew, Rachel; 2 Jan 1850 (FM)
SIMMONS, Thomas & Booth, Delila (d/o Abijah Booth); 30 Dec 1817 (MB)
SIMMONS, Thomas A. & Booth, Tamah; 28 Nov 1834 (FB)
SIMMONS, William & Lester, Rhoda (d/o John Lester); 5 May 1812 (MB)
SIMMONS, William M. & Nida, Elizabeth; 11 Mar 1845 (GB)
SIMPKINS, Absolom, & Smith, Fanny; 21 Dec 1824 (MB)
SIMPKINS, Crocket & Trail, Ann; 30 Jan 1851 (PM)
SIMPKINS, Crocket & Trail, Ann; 1 Jan 1851 (PL)

SIMPKINS, Harrison & Howry, Eliza Ann; 24 Oct 1837 (MB)
SIMPKINS, Henry & Smith, Lavina; Dec 1842 (MM)
SIMPKINS, Henry (s/o Robert Simpkins) & Duncan, Elizabeth (d/o John Duncan Jr.); 2 Oct 1827 (MM)
SIMPKINS, Hiram & Stinson, Mary (d/o Jacob Stinson); 4 Dec 1822 (GB)
SIMPKINS, Hugh G. & Peterman, Catharine; 12 Oct 1842 (MM)
SIMPKINS, Jacob & Tabor, Amanda (d/o William Tabor); 23 Oct 1852 (MB)
SIMPKINS, James & Butterfield, Patience; 20 Jan 1823 (MB)
SIMPKINS, James & Fink, Catherine; 3 Apr 1843 (PM)
SIMPKINS, James & Wilson, Malinda; 27 Jul 1839 (PM)
SIMPKINS, James H. (s/o William & Sallie Simpkins)(b.p. Montgomery Co., Va.) & Hawley, Lucretia (d/o James Meredith & M. Hawley); 19 Oct 1859 (PL)(PM)
SIMPKINS, James L. & Covey, Grizelda T.; 18 Jun 1846 (PM)
SIMPKINS, John & Elswick, Rebecca; 3 Feb 1800 (MB)
SIMPKINS, John & Gibson, Polly; 15 Oct 1810 (MB)
SIMPKINS, John (s/o William Simpkins) & Vickers, Peggy; 31 Dec 1811 (MB)
SIMPKINS, John Jr. & Ferrel, Margaret Elizabeth (d/o Hugh D. Ferrel); 30 Nov 1850 (GB)
SIMPKINS, John Thomas & Akers, Delilah (d/o Austin Akers); 16 Jun 1815 (MB)
SIMPKINS, Lawrence & Watkins, Sally; 28 Oct 1815 (MB)
SIMPKINS, Robert & Dunkan, Elizabeth; 3 Feb 1807 (MB)
SIMPKINS, Robert & Lawrence, Catharine; 9 Jan 1837 (MB)
SIMPKINS, Robert Jr. & Simpkins, Sally (w/o Lawrence Simpkins); 17 Apr 1829 (MB)
SIMPKINS, Samuel & Linsey, Catherine; 27 Sep 1820 (GB)
SIMPKINS, Solomon & Howard, Pateince; 23 Apr 1818 (MB)(MM)
SIMPKINS, Thomas & Fink, Catherine; 6 Apr 1843 (PM)
SIMPKINS, William & Cooper, Catey; 22 Jun 1815 (MB)
SIMPKINS, William & Smith, Sarah; 30 May 1832 (MB)
SIMPSON, Allen (s/o Nancy Simpson of Montgomery Co., Va.) & Loukx, Bethiar (d/o George Loukx); 25 Feb 1843 (GB)
SIMPSON, Charles (s/o William Simpson) &

Mullins, Lucinda; 4 Jul 1828 (GB)
SIMPSON, George & Trigg, Nancy; 5 May 1806 (MB)
SIMPSON, James & Wallace, Jane (d/o William Wallace); 4 Oct 1830 (MB)
SIMPSON, John & Blair, Nancy; 15 Jan 1824 (MB)
SIMPSON, John & Jones, Elinor; 4 Mar 1800 (MB)
SIMPSON, Randolph & Peck, Margaret; 4 May 1826 (MB)
SIMPSON, William & Hornbarger, Nancy (d/o Peter Hornbarger); 12 May 1808 (MB)
SINKENBACKER, Robert H. (s/o George M. & Ann Eliza Sinkenbacker)(b.p. Botetout Co., Va.) & Gibbs, May F. (d/o Thomas & Mary H.Gibbs)(b.p. Campbell Co., Va.); 15 Feb 1859 (MM)
SIRIE, Solomon (aka Solomom Cyre) & Owens, Susan; May 1843 (MM)
SITES, William C. (s/o John & Catharine Sites)(b.p. Rockingham Co., Va.)(w/o ?) & Bowlin, Eliza S. (d/o Blair D. & Margaret Bowlin)(b.p. Bedford Co., Va.); 9 Dec 1858 (MM)
SIYER, Thomas H. & Myers, Katherine (b.d. 9 Mar 1831); 20 Jul 1853 (GB)
SIYER, Thomas H. & Myers, Catherine; 21 Jul 1853 (GM)
SKELTON, Moses & Cumpton, Mary (d/o Joseph Cumpton); 16 Jan 1832 (MB)
SKILES, Joseph & Anderson, Mary (w/o George Anderson); 27 Dec 1818 (MB)
SLAUGHTER, Martin & Bolt, Nancy; 10 Mar 1837 (FB)
SLAUGHTER, Martin & Bolt, Nancy; 16 Mar 1837 (FM)
SLAUGHTER, William & Yates, Margaret; 31 Jan 1837 (FM)
SLED, Ethelbert & Bird, Harriet B.; 29 Nov 1849 (FM)
SLOAN, David & Gibb, Sarah; 4 Apr 1787 (MB)
SLOAN, David & Gibb, Sarah; 4 Apr 1787 (MB)
SLOAN, Stephen (s/o William & J. Sloan)(now living in Missouri) & Guthrey, Nancy Mary (d/o William & June Guthrie); 25 Aug 1859 (PL)(PM)
SLUPER, Landon & Todd, Mary E. (d/o Lassiter Todd); 30 Jun 1856 (MB)
SLUPES, Joseph & Farmer, Nancy; 3 Nov 1842 (PM)
SLUSHER, Allen & Helms, Margaret; 27 Feb 1845 (FM)
SLUSHER, Ananias & Phlegar, Margaret; 18 Dec 1841 (FB)
SLUSHER, Francis M. & Turman, Lucy; 1 Nov 1849 (FM)

SLUSHER, George W. (s/o John Slusher & Jane Bell)(b.p. Pulaski Co., Va.) & Perdue, Celia A. (d/o Obediah Perdue); 12 Jan 1859 (ML)

SLUSHER, Jacob & Boster, Polly; 29 Dec 1824 (MB)

SLUSHER, Jacob & Helton, Tabitha; 3 Nov 1818 (MB)

SLUSHER, Jacob (s/o John Slusher) & Covey, Mary (d/o Samuel Covey); 27 Oct 1829 (MB)

SLUSHER, Jeremiah H. & Waddle, Sarah; 14 Feb 1842 (FB)

SLUSHER, John & Oatwalt, Polly; 11 Oct 1815 (MB)

SLUSHER, John & Smith, Elizabeth; 24 Oct 1818 (MB)(MM)

SLUSHER, John B. & Widdle, Elizabeth (d/o Jacob Widdle); 18 Dec 1843 (FB)

SLUSHER, Joseph & Wade, Nancy; 17 Nov 1838 (FB)

SLUSHER, Joseph & Wade, Nancy; 29 Nov 1838 (FM)

SLUSHER, Landon (s/o David & Nancy Slusher)(b.p Floyd Co., Va.) & Todd, Mary E. (d/o Sabasten & Frances Todd); 3 Jul 1856 (MM)

SLUSHER, Peter & White, Xelia; 2 Nov 1812 (MB)

SLUSHER, Solomon & Reed, Milly; 2 Jun 1816 (MB)

SLUSHER, Spanil J. & Bishop, Margaret; 26 Feb 1846 (FM)

SLUSHER, Stephen & Hylton, Charlotte (d/o Archelius Hylton); 21 Dec 1824 (MB)

SLUSSER, Daniel & Smith, Mary; 16 Jan 1835 (MB)

SLUSSER, James P. (s/o John B. & Elizabeth Slusser) & McDonald, Susannah M. (d/o George McDonald); 17 May 1859 (ML)

SLUSSER, John Jr. (s/o John Slusser) & Bell, Jane (d/o Robert Bell); 28 Jan 1834 (MB)

SLUSSER, Joseph & Farmer, Nancy; 3 Nov 1843 (PM)

SLUSSER, Peter (s/o John & Elizabeth Slusser) & Dwin, Elizabeth J. (d/o John & Susan Dwin) (b.p. Bottetout Co., Va.); 2 Jul 1857 (MM)

SLUTH, David W. & Lybrook, Nancy (d/o John Lybrook); 17 May 1834 (GB)

SMALLWOOD, Jeremiah & Warden, Martha (d/o Thomas Warden); 23 Oct 1810 (MB)

SMITH Peter (s/o Peter Smith) & Conner, Ruth; 3 Oct 1822 (MB)

SMITH, Abraham & Worley, Rebecca; 20 Jan 1842 (MM)

SMITH, Absolom (s/o Obediah Smith) & Lockhart, Ann; 12 Apr 1809 (MB)

SMITH, Adam & Mills, Barbary Ann; 7 Dec 1844 (GB)
SMITH, Adison & Epperley, Elizabeth; 2 Mar 1848 (FM)
SMITH, Alexander & Gulliams, Polly; 18 Nov 1815 (MB)
SMITH, Bird & Iddings, Lydia; 13 Sep 1832 (FM)
SMITH, Bird (s/o Rosannah Smith) & Iddings, Lydia (d/o Henry Iddings); 8 Sep 1832 (FB)
SMITH, Byrd & Ingles, Rhoda; 10 Nov 1781 (MB)
SMITH, Christopher & Watkins, Willmouth W. (d/o Ebeneazer Watkins); 16 Jun 1829 (MB)
SMITH, David & Pierce, Freelove (d/o Richard Pierce); 4 Jan 1804 (MB)
SMITH, David & Underwood, Ursula; 1 Dec 1849 (FM)
SMITH, Eli & Russel, Rachel Ann; 13 Jan 1848 (FM)
SMITH, Elias & Deweese, Jane; 22 Feb 1838 (FM)
SMITH, Ezekial & Dingus, Susan; 2 Feb 1821 (MB)
SMITH, Fleming & Akers, Elizabeth; Oct 1842 (MM)
SMITH, Floyd & Doyle, Susan; Dec 1850 (MM)
SMITH, Francis & Thompson, Betsy; 26 Aug 1808 (MB)
SMITH, French C. & Hector, Eliza; 30 Oct 1831 (GB)
SMITH, George & Keffer, Peggy; 10 Oct 1821 (GB)
SMITH, George & Sale, Susan; 25 Dec 1850 (MM)
SMITH, George (s/o Osborn & Margaret Smith)(b.p. Halifax Co., Va.)(w/o?)(55 years old) & Austin, Mary (d/o Gillelin & Stilla Austin)(b.p. Franklin Co., Va.); 15 Feb 1860 (MM)(ML)
SMITH, George M. (s/o Wells T. & Jane Smith)(b.d. 8 Aug 1829) & Caldwell, Mary (d/o Henry & Catharine Caldwell)(b.p. Giles Co., Va.)(b.d. 10 Mar 1833); 21 Jan 1858 (MM)
SMITH, Harry & McTaylor, Mary; 15 Aug 1804 (MB)
SMITH, Henderson (s/o James & Matilda Smith) & Thompson, Lucinda (d/o William & Nancy Thompson)(b.p. Floyd Co., Va.); 12 Sep 1855 (MM)
SMITH, Henry & Harman, Catherine (d/o Jacob Harman); 1 Apr 1817 (MB)
SMITH, Henry & Henderson, Martha B.; 1843 (MM)
SMITH, Henry & Picklesimer, ebecca; 3 Mar 1825 (MB)
SMITH, Henry & Reed, Polly; 28 Dec 1848 (FM)

SMITH, Henry & Scott, Elizabeth; 14 Feb 1789 (MB)
SMITH, Henry & Wright, Pheriby; 2 Jun 1804 (MB)
SMITH, Henry C. & Tapscott, Margaret; 23 Oct 1831 (FM)
SMITH, Henry L. (s/o Bird & Lidia Smith)(b.p. Franklin Co., Va.) & Hall, Paulina M. (d/o John & Sarah Hall); 21 Nov 1859 (MM)
SMITH, Hiram & Redpath, Polly; 7 May 1812 (MM)
SMITH, Hiram D. (s/o Hiram & Polly Smith)(b.p. Montgomery Co., Va.) & Elkins, Susan (aka Aurena)(d/o John & Elizabeth Elkins)(b.p. Montgomery Co., Va.); 10 Jan 1855 (PM)(PL)
SMITH, Hiram T. (s/o John R. & A. Smith) & Stone, Rachel E. (d/o William & Mary Stone); 10 Mar 1859 (PM)
SMITH, Isaac & Weaver, Neomy; 17 Jan 1842 (FB)
SMITH, Jacob & Givens, Betsy; 29 Aug 1826 (GB)
SMITH, Jacob & Harless, Elizabeth; 10 Aug 1802 (MB)
SMITH, Jacob & Obenchain, Eve; 19 Nov 1839 (FB)
SMITH, Jacob & Shilling, Evey; 11 Jan 1815 (MB)
SMITH, Jacob & Shokey, Mary; 15 Jul 1796 (MB)
SMITH, Jacob & Watkins, Milly; 27 Jan 1796 (MB)
SMITH, Jacob B. (s/o Bird W. Smith & Elizabeth Cuff) & Britt, Susan J. (d/o George & Elizabeth Britt); 23 Aug 1860 (ML)
SMITH, James & Aker, Matilda (d/o Jonathan Akers); 11 Mar 1817 (MB)
SMITH, James & Bosters. Rhoda; 13 Jul 1824 (MB)
SMITH, James & Craig, Asinatha; 25 Jun 1812 (MM)
SMITH, James & Hughes, Sarah (d/o Margaret Hughes); 14 Dec 1835 (GB)
SMITH, James & Lugar, Elizabeth; 29 Sep 1821 (GB)
SMITH, James & Owens, Jane (d/o Barnett Owens); 3 Oct 1836 (MB)
SMITH, James (s/o Matthew Akers) & Britt, Mary; 3 Nov 1794 (MB)
SMITH, James R. (s/o Hiram Smith) & Farmer, Asineth; 6 Feb 1837 (MB)
SMITH, James W. (s/o Henry & Mary Smith)(b.p. Lee Co., Va.) & Bradford, Hannah (d/o Enoch & Eve Bradford)(b.p. Botetout Co., Va.); 15 Apr 1858 (MM)
SMITH, Jazeb H. & Light, Elizabeth

(d/o James Light);
5 Oct 1819 (MB)
SMITH, John & Copley,
Rhoda; 19 Sep 1828
(GR)
SMITH, John & Doyle,
Margaret; 17 Jul
1851 (MM)
SMITH, John & Ekiss,
Dorotha (d/o Henry
M. Ekiss); 18 Oct
1838 (MB)
SMITH, John & Elkins,
Christina; 19 Feb
1788 (MB)
SMITH, John & Farmer,
Catherine; 13 Aug
1817 (MB)
SMITH, John & Hardin,
Willmuth; 27 Aug
1786 (MB)
SMITH, John & Harless,
Milly; 24 Jul 1843
(GB)
SMITH, John & Hughes,
Elizabeth; 16 Jan
1832 (MB)
SMITH, John & Lykins,
Nancy (d/o Jonas
Lykins); 5 Dec 1825
(MB)
SMITH, John & Mynatt,
Hannah (d/o Richard
Mynatt); 6 Jun 1785
(MB)(MM)
SMITH, John &
Shilling, Polly; 11
Jul 1824 (MM)
SMITH, John & Turner,
Sarah; 16 Apr 1850
(MM)
SMITH, John & Webb,
Jane; 30 Nov 1829
(GB)
SMITH, John & Doyle,
Margaret; 27 Jul
1851 (MM)
SMITH, John (s/o
Anthony Smith) &
Elkins, Christina;
19 Feb 1788 (MB)
SMITH, John (s/o
Benjamin Smith) &
Harding, Willmuth;
2 Aug 1786 (MB)
SMITH, John C. &
Harless, Susannah;
26 Feb 1834 (GB)
SMITH, John L. &
Anderson, Mary D.;
10 Oct 1833 (MB)
SMITH, John M. &
Jordan, Nancy D.;
26 Oct 1846 (GB)
SMITH, John P. (s/o
John & Mary
Smith)(b.p.
Rockingham Co.,
Va.) & Butt, Mariah
(d/o Abram &
Margaret Butt)(b.p.
Botetout Co., Va.);
19 Dec 1859 (MM)
SMITH, Jones & Wilson,
Rebecca (d/o Joshua
Wilson); 9 Nov 1839
(MB)
SMITH, Joseph &
Keffer, Molley; 28
Feb 1821 (GB)
SMITH, Joseph & McCoy,
Elizabeth; 1 Nov
1796 (MB)(MM)
SMITH, Joseph & Scott,
Lydia; 22 Oct 1829
(MM)
SMITH, Lewis &
Caldwell, Martha
Ann (d/o John
Caldwell); 27 Jul
1850 (GB)
SMITH, Madison V.(s/o
James & Matilda
Smith) & Crandall,
Mary M. (d/o Thomas
& Mary Crandall);
14 Sep 1853 (MB)
SMITH, Mahaton &
Graham, Mary; 14
Sep 1825 (MB)
SMITH, Michael &
Hornbayer, Beasy;
20 Mar 1797 (MM)
SMITH, Nimrod & Hodge,
Salley (d/o Moses
Hodge); 7 Apr 1807
(GB)

SMITH, Nimrod & Walker, Sally (d/o Charles Walker); 6 Jan 1795 (MB)(MM)
SMITH, Paris & Wilson, Dorcus; 30 May 1827 (GB)
SMITH, Parrot & Halfpane, Hannah; 3 Sep 1804 (MB)
SMITH, Parrot & Worley, Rebecca (d/o Thomas Worley); 23 Mar 1825 (MB)
SMITH, Peter & Manning, Elizabeth; 26 Nov 1819 (MB)
SMITH, Philip & Bones, Mary (d/o William & Mary Bones); 7 Apr 1798 (MB)
SMITH, Richard & Howry, Betsy (d/o Jacob Howry); 1 Aug 1813 (MB)
SMITH, Richard & Robinson, Jane (d/o John Robinson); 31 Oct 1842 (GB)
SMITH, Robert & Hall, Martha Ann (d/o Charles Hall); 17 Aug 1837 (MB)
SMITH, Robert S. & O'Brian, Sarah T.; 3 Feb 1831 (MM)
SMITH, Samuel & Broce, Elizabeth (d/o John Broce); 22 Jul 1824 (MB)
SMITH, Samuel & Harliss, Nancy (d/o Samuel Harliss); 13 Sep 1841 (MB)
SMITH, Savine & Scott, Sarah; Mar 1820 (MM)
SMITH, Thomas & Litteral, Lucy (d/o Thomas Litteral); 20 Feb 1815 (MB)
SMITH, Thomas & Peterson, Elizabeth; 1794 (MM)
SMITH, Thomas & Peterson, Mary (d/o Matthias Peterson); 25 Feb 1794 (MB)
SMITH, Tilman & Meadows, Martha Jane (d/o George Meadows); 10 Jan 1853 (MB)
SMITH, Tobias & Clemmons, Mary (d/o Joshua Clemmons); 24 Aug 1833 (MB)
SMITH, Wells & Brose, Jane; 16 Oct 1828 (MM)
SMITH, William & Croy, Elizabeth; 5 Sep 1820 (MB)
SMITH, William & Guilliams, Franky; 10 Nov 1815 (MB)
SMITH, William & McPherson, Peggy; 15 Mar 1823 (GB)
SMITH, William & Neil, Elizabeth (w/o Charles Neil); 18 May 1805 (MB)
SMITH, William & Shaver, Charlotte (d/o Andrew H. Shaver); 2 Jan 1854 (MB)
SMITH, William & Zoll, Melvina; 30 Oct 1838 (MB)
SMITH, William & Shaver, Charlotte E. 26 Feb 1854 (MM)
SMITH, William (s/o Henry Smith) & Gunter, Permelia (d/o John Gunter); 2 Mar 1824 (MB)(MM)
SMITH, William J. & itty, Betsy; 7 Feb 1805 (MB)
SMITHER, Jesse & Richards, Jean; 25 Sep 1790 (MB)

SMYTH, John W. & Weakline, Rebecca; 7 Jun 1823 (GB)
SNAVELY, John & Zedocker, Betsy (w/o ?); 7 Sep 1819 (MB)
SNAVELY, John Jr. & Martin, Elizabeth; 28 Dec 1816 (MB)
SNAVELY, Joseph & Carper, atey; 16 Jun 1815 (MB)
SNAVELY, William & Eahart, Peggy; 19 Oct 1818 (GB)
SNIDER, Christian & Page, Eliza; 20 Sep 1837 (MB)
SNIDER, George & Surface, Elizabeth; 9 May 1814 (MB)
SNIDER, Hamilton & Howery, Maria; 2 Mar 1843 (MM)
SNIDER, James P. (s/o Michael Snider) & Harler, Matilda; 11 Dec 1835 (MB)
SNIDER, Michael & Davis, Ann; 1 Jun 1811 (MM)
SNIDER, Robert & Harles, Selia; 6 Jul 1843 (MM)
SNIDER, Samuel & Albert, Margaret; 1843 (MM)
SNIDO, John & Colles, Elizabeth (d/o Peter Colles); 22 Aug 1786 (MB)
SNIDOW, Augustus E. & Webb, Elizabeth (d/o Pleasant Webb); 27 Mar 1843 (GB)
SNIDOW, Christian & Burk, Mary (d/o Thomas Burk); 24 Aug 1784 (MB)
SNIDOW, Christian Jr. (of Giles Co., Va.) & Goodrich, Celestine S. (d/o John B. Goodrich); 14 Feb 1828 (MB)
SNIDOW, Christian L. & Snidow, Barbary (d/o Christian Snidow); 7 Feb 1838 (GB)
SNIDOW, Christian M. (s/o Henry & Catherine Snidow)(w/o?) & Stokes, Emma I. (b.p. Campbell Co., Va.)(w/o?); 2 Nov 1859 (ML)
SNIDOW, Cornelius & Smith, Sarah (d/o John Smith); 28 May 1818 (MB)
SNIDOW, George Jr. & Walker, Martha; 25 Sep 1843 (GB)
SNIDOW, Henry & Litterall, Catey (d/o Thomas Litterall); 5 May 1807 (MB)
SNIDOW, Jacob & Burk, Clary (d/o Thomas Burk); 30 Jan 1790 (MB)
SNIDOW, Jacob & Hankey, Maria; 13 Feb 1798 (MM)
SNIDOW, Jacob & Picklehimer, Sally; 6 Mar 1793 (MB)
SNIDOW, Jacob H. & Hale, Louiza; 31 Mar 1846 (GB)
SNIDOW, Jacob Jr. & Snidow, Barbara (d/o George Snidow); 27 Aug 1841 (GB)
SNIDOW, James H. & Lucas, Elvina; 23 Nov 1846 (GB)
SNIDOW, John & Chapman, Rachel; 27 May 1805 (MB)

SNIDOW, John & Lucas, Mahaly; 12 Oct 1827 (GB)
SNIDOW, John & Lybrook, Eliza (d/o Philip Lybrook); 26 Jun 1838 (GB)
SNIDOW, John M. & Williams, Jane (d/o Christian Snidow Father of Jane Snidow Williams); 6 Jan 1845 (GB)
SNIDOW, William H. & Chapman, Adaline; 17 Mar 1836 (GB)
SNIDOW, William L. & Brown, Elizabeth C.; 20 Jun 1849 (PM)
SNIDOW, William T. & Williams, Nancy B. (d/o James F. Williams); 25 Feb 1838 (GB)
SNODGRASS, Eston & Camper, Sarah Ann (d/o Peter Camper); 26 Dec 1842 (GB)
SNODGRASS, Isaac & Thompson, Jane; 10 Jun 1807 (MB)
SNODGRASS, James & Cox, Rachel (d/o John Cox); 22 Oct 1808 (MB)
SNODGRASS, Joseph & Kirk, Rebecca; 3 Aug 1819 (GB)
SNODGRASS, Joseph & Mannon, Elizabeth (d/o William Mannon); 15 May 1837 (GB)
SNODGRASS, Ralph & McCoy, Nancy; 17 Feb 1834 (MB)
SNODGRASS, Robert & Adams, Nancy (d/o John Adams); 17 Feb 1789 (MB)
SNODGRASS, Robert & Adams, Nancy; 27 Feb 1789 (MB)

SNOW, Asiel & Douthat, Elizabeth; 5 Nov 1832 (MB)
SNOW, Samuel & Smith, Mary; 1 Jan 1828 (MB)(MM)
SNUFFER, George & Huff, Else; 3 Jul 1798 (MB)
SNUFFER, George & Margrave, Amy; 5 Jan 1793 (MB)
SNUFFER, Theodorick & Baker, Margaret; 22 Jan 1834 (MB)
SNUFFER, William & Jackson, Julian; 10 Dec 1845 (FM)
SOLESBURY, John & Baley Elizabeth (d/o Richard Baley); 2 Jun 1813 (GB)
SONGER, Christian & Huckman, Catherine; 8 Nov 1803 (MB)
SONGER, Christian (s/o Jacob Songer) & Hess, Mary Ann (d/o Benjamin Hess); 1 Jun 1829 (MB)
SONGER, George & Morgan, Jenny; 30 Aug 1815 (MB)(MM)
SONGER, Jacob & Anderson, Eve; 22 Mar 1808 (MB)
SONGER, Jacob & Wilson, Elizabeth; 5 Dec 1815 (MB)
SOUDER, Daniel & Sumpter, Martha (d/o Edmund Sumpter); 4 Apr 1823 (MB)
SOUDER, Jacob & Shoopman, Nancy; 16 Jan 1798 (MB)
SOUDER, John & Cecil, Elizabeth; 20 Oct 1795 (MM)
SOUDER, Michael & Beath, Elizabeth; 2 Jul 1802 (MB)

SOUDER, Michael & McNeely, Elizabeth; 6 Mar 1805 (MB)
SOUTHAIN, Parker & Stafford, Lucinda (d/o Ralph E. Stafford); 2 Oct 1837 (GB)
SOUTHERN, Luke & Jenks, Mary (d/o William Jenks); 24 Aug 1836 (GB)
SOUTHERN, Martin & Meadows, Malinda (d/o John Meadows); 27 Aug 1838 (GB)
SOUTHRON, Luke (s/o John & Elizabeth Southron)(b.p. Stokes Co.,North Carolina)(w/o ?) & Vass, Matilda Burman (d/o Philip & Jane Vass); 10 Mar 1856 (GM)
SOVERN, Moses & Lunday, Maria; 5 Feb 1822 (MB)
SOWDER, Jacob & Gray, Rhoda; 21 Dec 1848 (FM)
SOWDER, Jacob & Lee, Sarah Jane; 7 Oct 1839 (MB)
SOWDER, James & Lore, Cynthia Mrs.; Jan 1850 (MM)
SOWDER, James & Smith, Juliana (d/o Mary Smith); 11 Nov 1833 (FB)
SOWDER, John & Craig, Cynthia (d/o George Craig); 4 Sep 1830 (MB)
SOWDER, Joseph H. (s/o John & Lucinda Ann Sowder) & Crockett, Emma Virginia (d/o Joseph & Mary Crockett); 4 Jul 1860 (ML)
SOWDER, William R. & Huff, Lydia M.; 7 Sep 1848 (FM)
SOWER, William P. & Clore, Ann E.; 19 Mar 1846 (MM)
SOWERS, Anthony & Smiffer, Caty; 9 Apr 1816 (MB)
SOWERS, David & Spangler, Margaret; 24 Mar 1832 (FB)
SOWERS, David & Spangler, Margaret; 5 Apr 1832 (FM)
SOWERS, Frederick & Booth, Sarah; 9 Feb 1841 (FB)
SOWERS, George & Spangler, Mary; 22 Oct 1811 (MB)
SOWERS, George F. & Graham, Catherine; 31 Mar 1850 (FM)
SOWERS, Hulons & Yearout, Margaret; 22 Mar 1849 (FM)
SOWERS, Jacob & Percise, Rebecca; 2 Oct 1844 (FM)
SOWERS, Jacob & Price, Nancy; 6 Sep 1803 (MB)
SOWERS, Jacob (s/o George Sowers) & Epperley, Polly (d/o Jacob Epperley); 10 Apr 1820 (MB)(MM)
SOWERS, Joel & Simmons, Adeline; 19 Dec 1839 (FB)
SOWERS, Joel & Simmons, Adeline; 22 Dec 1839 (FM)
SOWERS, John & Lester, Catherine (d/o John Lester); 10 Apr 1824 (MM)
SOWERS, John & Lester, Rhoda; 16 Oct 1834 (FM)

SOWERS, John & Overhelze, Frances; 2 Aug 1821 (MM)
SOWERS, John & Lester, Rhoda; 29 Sep 1834 (FB)
SOWERS, John (s/o George Sowers) & Phares, Sally; 25 Oct 1811 (MB)
SOWERS, Peter & Artrup, Elizabeth; 7 Dec 1795 (MM)
SOWERS, Philip & Eperley, Margaret; 10 Dec 1832 (FB)
SOWERS, Philip & Epperley, Margaret; 13 Dec 1832 (FM)
SOWERS, Samuel & Bowman, Elizabeth; 3 Feb 1841 (FB)
SOWERS, Solomon & Muirhead, Harriet Jane; 15 Apr 1852 (PL)(PM)
SOWERS, William & Lawrence, Ann (d/o John Lawrence); 6 Dec 1831 (MB)
SOWERS, William & Reed, Rhoda; 3 Sep 1821 (MB)
SPALDING, Wilson (s/o Samuel & Emily Spalding)(b.p. Lewis Co., N.Y.) & McGruder, Elizabeth Ann (d/o Elias & Elizabeth McGruder); 12 Feb 1855 (PL)
SPANGLER, Daniel & Sowers, Betsy; 4 Jun 1805 (MB)
SPANGLER, David & Booth, Pamelia; 5 Sep 1835 (MB)
SPANGLER, David & Sowers, Margaret; 19 Jan 1825 (MB)
SPANGLER, Floyd & Shumate, Julia Ann (d/o Tolison Shumate); 8 Jul 1844 (GB)
SPANGLER, George & Epperley, Elizabeth; 1 Apr 1806 (MB)
SPANGLER, George A. (s/o George & Sarah Spangler)(of Monroe Co.) & Hale, Mary E. (d/o Isaac & Sarah R. Hale); 8 Mar 1855 (GM)
SPANGLER, Henry & Shelor, Elizabeth (w/o?)(d/o Mathias Bower); 17 Sep 1842 (FB)
SPANGLER, Jacob & Graham, Ruth; 17 Aug 1846 (FM)
SPANGLER, John Jacob & Groseclose, Margaret; 1782 (MM)
SPANGLER, Richard & Boothe, Catherine; 21 Jul 1834 (FB)
SPANGLER, Richard & Boothe, Catherine; 31 Jul 1834 (FM)
SPANGLER, Samuel (s/o Daniel Spangler) & Helton, Catherine (d/o Jesse Helton); 2 Jun 1798 (MB)(MM)
SPANGLER, Thomas & Rose, Mary (d/o Marthy Rose); 9 Jan 1838 (FB)
SPANGLER, Thomas & Rose, Mary; 23 Jan 1838 (FM)
SPANGLER, William & Irvin, Mary (d/o William Irvin); 8 Sep 1828 (MB)
SPANGLER, William & Sowers, Hannah; 25 Jul 1844 (FM)
SPARR, John & Guthry, Mary Anne; 8 Jan 1810 (GB)

SPEARS, Samuel & Skyles, Phebe; 2 Jun 1798 (MB)(MM)

SPENCE, Isaac H. & Hylton, Judith; 19 Oct 1835 (FB)

SPENCE, Jonathan U. & Homes, Mary; 28 Jul 1835 (MB)

SPENCER, John S. & Akers, Sucky; 11 Nov 1852 (MB)

SPENCER, Nathaniel & Durgan, Anne; 28 May 1804 (MB)

SPENCER, William & Vanstavern, Pamela A.J.(d/o William Vanstavern); 22 Dec 1853 (MB)(MM)

SPERRY, Abijah & Hooger, Anne (d/o Randolph Hooger); 24 Dec 1792 (MB)

SPERRY, Benjamin & Artrip, Winney (d/o Susannah Artrip); 6 Feb 1793 (MB)(MM)

SPERRY, Benjamin & Sperry, Winney (d/o Samuel & Abigail Sperry); 5 ___ 1773 (MM)

SPERRY, Samuel & Burk, Mary; 24 Sep 1793 (MB)

SPERRY, Thomas Jr. & Roberts, Sally; 23 Jul 1800 (MB)

SPICKHARD, John & Hoge, Nancy R.; 20 Nov 1851 (PM)

SPICKHARD, John & Hoge, Nancy R.; 15 Nov 1851 (PL)

SPRAULL, Heazlet & Fergus, Elizabeth; 26 Dec 1824 (MB)

SPURLOCK, Drury & Clor, Alice; 1787-1788 (MM)

SPURLOCK, George & Clore, Elizabeth; 7 Jun 1791 (MM)

ST CLAIR, George W. (s/o Isaac St. Clair)(b.p. Bedford Co., Va.) & Harris, Luella A. (d/o Nathaniel & Malinda Harris)(b.p. Patrick Co., Va.); 29 Oct 1856 (GM)

ST CLAIR, Isaac (s/o George & Elizabeth St.Clair)(b.p. Botetout Co., Va.) & Brumfield, Mary A. (w/o ?)(b.p. Botetout Co.,Va.); 20 Nov 1860 (MM)

ST.CLAIR, John (s/o John P. & Catherine StClair)(b.p. Bedford Co., Va.) & McDaniel, Catherine (d/o William & Nancy McDaniel); 15 Nov 1860 (MM)(ML)

ST.CLAIR, William Jr. (s/o William & Elizabeth St.Clair)(b.p. Appomattox, Va.) & Lee, Sarah I. (d/o Jonathan Lee)(b.p. Botetout Co., Va.); 24 Mar 1859 (MM)

STAFFEY, Michael & Snido, Crease (d/o William Snido); 22 Aug 1786 (MB)

STAFFORD, Ballard (s/o Ralph A. & Margaret Stafford)(b.d. 11 May 1835) & Henderson, Mary Jane (d/o John & Betsy Henderson)(b.d.9 Apr 1835); 20 Dec 1855 (GM)

STAFFORD, Christopher & Jenks, June; 14 Nov 1845 (GB)

STAFFORD, David & Eaton, Jane; 20 Jan 1823 (GB)

STAFFORD, Edmund & Mitchell, Keziah; 25 Jan 1811 (MB)
STAFFORD, Edward & Johnston, Lucilla; 26 Feb 1833 (GB)
STAFFORD, George & Fair, Catherine; 6 Oct 1797 (MB)
STAFFORD, George (s/o James Stafford) & Straly, Almedy; 22 Aug 1846 (GB)
STAFFORD, Granvill B. & Johnston, Margaret (d/o J. Johnston); 17 Mar 1851 (GB)
STAFFORD, Granville & Meadows, Nancy (d/o John Meadows); 27 Mar 1843 (GB)
STAFFORD, James & Cecil, Bicey; 24 May 1817 (MM)
STAFFORD, James & Hoge, Sarah; 19 Dec 1803 (MB)
STAFFORD, James & Johnston, Nancy (d/o William Johnston); 16 May 1838 (GB)
STAFFORD, James (s/o Edward Stafford) & Cecil, Betsy (d/o John Cecil); 29 Mar 1817 (MB)
STAFFORD, James Floyd (s/o James & Bicy Stafford) & Carr, Margaret (d/o William & Elizabeth Carr); 19 Jan 1854 (GM)
STAFFORD, James M. & Farley, Judith C. (d/o Thomas Farley); 25 Feb 1840 (GB)
STAFFORD, John & Mustard, Polly (d/o James Mustard); 14 Mar 1818 (GB)
STAFFORD, John & Straley, Zarilda; 26 Aug 1847 (GB)
STAFFORD, John F.(s/o Edward & Kesiah Stafford) & Johnston, Margaret Jane (d/o James & Margaret Johnston); 11 Jan 1855 (GM)
STAFFORD, Joseph & Mustard, Betsy; 11 Dec 1810 (GB)
STAFFORD, Joseph & Taylor, Polly; 26 Aug 1799 (MB)
STAFFORD, Joseph E. (s/o David & Jane Stafford) & Martin, Susan S. (d/o John & Elizabeth Martin)(b.p. Mercer Co., Va.); 19 Dec 1854 (GM)
STAFFORD, Ralph & Duncan, Alecy (d/o Charles Duncan); 15 May 1822 (GB)
STAFFORD, Ralph & Orr, Peggy (d/o Alexander Orr); 13 Oct 1815 (GB)
STAFFORD, Ralph & Stafford, Susannah; 22 Feb 1815 (GB)
STAFFORD, Ralph & Taylor, Catey; 11 Aug 1800 (MB)
STAFFORD, Ralph M. & Charlton, Sally Ann (d/o William C. Charlton); 3 Jan 1850 (GB)
STAFFORD, Thomas & Williams, Catherine; 18 Mar 1805 (MB)
STAFFORD, William & Stafford, Jane; 1812 (GB)
STAFFORD, William M. & Johnston, Jane (d/o Edward Johnston); 15 Oct 1850 (GB)

STAFFORD, Wyette P. & Burton, Cynthia (d/o John A. Burton); 14 Apr 1851 (GL)
STAFFY, Michael & Snidow, C.; 22 Aug 1789 (MB)
STANFERD, Ephram & Tredway, Mary; 11 Mar 1816 (GB)
STANGER, Henry L. & Webb, Ellen C.; Sep 1850 (MM)
STANGER, John & Croy, Eliza; 21 Oct 1839 (MB)
STANGER, John A. & Davis, Mary; 7 May 1846 (MM)
STANGER, Thomas A. (s/o Jacob & Elizabeth Stanger) & Davis, Edmonia (d/o John & Mary Davis); 30 Sep 1856 (MM)
STANGER, Thomas A. & Edmonia Davis (d/o John Davis); 29 Sep 1856 (MB)
STANLEY, Bowling F. (s/o John & Hannah Stanley)(b.p. Hanover Co., Va.) & Birchfield, Martha H. (d/o William & Elizabeth Birchfield); 27 Jun 1860 (MM)(ML)
STAPLETON, George & Newton, Nancy (d/o Richard Newton); 7 Nov 1804 (MB)
STAPLETON, Robert & Picklehimer, Anne; 21 May 1803 (MB)
STAPLETON, William & Brown, Mary; 6 Dec 1803 (MB)
STAR, Lewis & Slusher, Catey; 7 Feb 1821 (MB)

STARLING, Thomas & Wilmore, Eliza; 6 Dec 1825 (GB)
STAUGER, Jacob & Lincus, Elizabeth; 28 Mar 1808 (MB)
STEAGALL, Maisten & Dickenson, Fanny; 3 Sep 1793 (MB)
STEARNS, John L. (s/o L.P. & L. A. Stearns)(b.p. Franklin Co., Va.) & McDurman, T.A.R. (d/o D. & M. McDerman)(b.p. Bedford Co., Va.); 2 Jan 1859 (PM)
STEBAR, Alfred & Sarver, Rebecca (d/o Isaac Sarver); 24 Dec 1846 (GB)
STEELE, John (s/o Alex & Jane Steele)(b.p. Ireland)(b.d. 22 Mar 1831)(w/o ?) & Dyerle, Ann M. (d/o John & Elizabeth Dyerle)(b.d. 29 Nov 1832); 20 Dec 1853 (PM)
STEGLEMAN, John (s/o Philip Stegleman) & Wade, Franky (d/o John Wade); 14 Dec 1811 (MB)
STEP, John & Evans, Martha (d/o Robert Evans); 3 Aug 1789 (MB)
STEP, Joseph & Case, Nancy; 29 Oct 1816 (GB)
STEPE, Jacob & Martin, Rachel; 8 Sep 1804 (MB)
STEPHEN, Thomas B. & Henderliter, Mary; 11 Aug 1818 (MB)
STEPHENS, Crawford B. & Collins, Lucendy; Dec 1848 (MM)
STEPHENS, Daniel & Brookman, Cynthia

STEPHENS, Daniel (s/o S. & E. Stephens)(b.p. Giles Co., Va.) & Brookman, Cynthia M. (d/o S. & M. Brookman); 18 Oct 1860 (PM)
STEPHENS, David & Watterson, Elizabeth; 17 Jan 1793 (MM)
STEPHENS, David L. (s/o Henry & Mary Stephens)(b.p. Montgomery Co., Va.) & Caddall, Margaret A. (d/o John & Elizabeth W. Caddall); 22 Oct 1856 (PM)
STEPHENS, David L. & Waddall, Margaret A.; 22 Oct 1856 (PL)
STEPHENS, Henry & Charlton, Mary; 7 Dec 1824 (MB)
STEPHENS, Isaac & Davisson, Anne; 12 Jan 1803 (MB)
STEPHENS, Isaiah & Howard, Anne; 14 Mar 1791 (MB)
STEPHENS, J.B. & Wirt, Elizabeth; Mar 1842 (MM)
STEPHENS, James & Lawrence, Elizabeth; 11 Apr 1804 (MB)
STEPHENS, John L. & Evans, Margaret R.; 10 Mar 1847 (MM)
STEPHENS, John R. & Evans, Margaraet R.; Mar 1847 (MM)
STEPHENS, Jonathan & Thompson, Susannah; 3 Dec 1793 (MB)
STEPHENS, Robert W. (s/o Thomas C. & Jane S. Stephens) (b.p.Bedford Co., Va.) & Trinkle, A. Malvina (d/o Steven & Sally Trinkle); 17 Dec 1856 (PM)
STEPHENS, Robert W. & Trinkle, Melvina; 16 Dec 1856 (PL)
STEURD, Daniel & Foster, Jezebel 1782 (MM)
STEWART, Absolum & Smith, Susannah; 20 Jul 1793 (MM)
STEWART, Charles & Clay, Nancy; 16 Aug 1806 (GB)
STEWART, Giles & Aliff, Jane; Feb 1848 (MM)
STEWART, James & Burgess, Nancy; 7 Jun 1798 (MM)
STEWART, James & Surface, Catharine (d/o John Surface); 18 Aug 1828 (MB)
STEWART, Ralph & Clay, Mary (d/o Michael Clay); 25 Jun 1788 (MB)
STEWART, Ralph & Clay, Mary; Jun 1788 (MM)
STEWART, Robert & Clay, Mary; 25 Jun 1788 (MB)
STEWART, Sperail & Hall, Mary; 3 Feb 1853 (MM)
STEWART, William & Johnston, Margaret; 10 Sep 1842 (GB)
STEWART, William & Canterberry, Eleanor; 6 Jan 1824 (GB)
STEWART, William & Harless, Caty; 15 Oct 1804 (MB)
STEWART, William & Moyers, Margaret; 5 Jan 1843 (PM)

STIFF, Abram &
 Williams, Martha
 E.; 17 Nov 1847
 (MM)
STILPNER, Charles &
 Armbrister, Nancy;
 28 Dec 1786 (MB)
STINSON, Charles &
 Thorn, Elizabeth
 (d/o Lorain Thorn);
 8 Feb 1840 (GB)
STINSON, Hiram &
 Bogle, Ruth; 29 Jan
 1848 (GB)
STINSON, Jacob &
 Munsey, Rachel (w/o
 Thomas Munsey); 12
 Aug 1801 (MB)
STINSON, Jacob &
 Simkins, Polley; 10
 May 1814 (GB)
STINSON, Jacob & Muny,
 Rachel; 20 Sep 1801
 (MM)
STINSON, John &
 Waddle, Elizabeth
 (d/o Catherine
 Waddle); 29 Jan
 1844 (GB)
STINSON, Robert Jr. &
 Wylie, Catherine;
 25 Dec 1789 (MB)
STINSON, William &
 Boyle, Rebecca; 22
 Aug 1846 (GB)
STOBOUGH, Adam &
 Trinkle, Peggy (d/o
 Christopher
 Trinkle); 12 Mar
 1806 (MM)
STOBOUGH, Henry &
 Berry, Rebecca; 24
 Apr 1799 (MB)
STOBOUGH, Jacob &
 Emmons, Ursula; 25
 Nov 1818 (MB)
STOBOUGH, John &
 Carder, Leah; 3 Nov
 1787 (MB)(MM)
STONE, David & Gibb,
 Sarah; 1787 (MM)
STONE, Francis M. (s/o
 William & Polly
 Stone)(b.d. 3 May
 1834) & Farmer,
 Jemima (d/o James
 C. & Ann
 Farmer)(b.d. 5 Jan
 1836); 8 Dec 1853
 (PM)
STONE, Hiram & Pane,
 Margaret; 28 May
 1836 (GB)
STONE, James & Hurst,
 Rhoda; 5 Aug 1840
 (PM)
STONE, John & Grogg,
 Sarytum; 29 Oct
 1845 (PM)
STONE, Philip & Hanes,
 Catherine; 21 Jan
 1845 (PM)
STONE, Samuel A. &
 Wade, Millie S.
 (d/o John Wade); 8
 Sep 1856 (MB)
STONE, Stephen (s/o
 Daniel & Elizabeth
 Stone)(b.p.
 Carroll, Va.) &
 Bosang, Callie (d/o
 William & Margaret
 Bosang); 22 Feb
 1860 (PL)(PM)
STONE, William &
 Wilson, Cynthia; 13
 Apr 1852 (PL)(PM)
STOVER, James (s/o
 William & Christina
 Stover)(b.p.
 Roanoke, Va.) &
 Shell, Margaret
 (d/o Jacob &
 Catherine Shell);
 27 May 1860 (ML)
STOVER, John & Harper,
 Nancy; 25 Feb 1816
 (GB)
STOVER, John &
 Stratton, Jula Ann
 (d/o John H.
 Stratton); 29 Dec
 1829 (MB)
STOVER, William &
 Ward, Eliza A.P.;
 14 Dec 1835 (MB)
STOVER, William Joseph
 (s/o William B. &

Christina Stover)
(b.p. Botetout Co.,
Va.) & Wall,
Elizabeth Jane (d/o
John or Jonas &
Elizabeth Wall); 6
Oct 1859 (MM)
STOWERS, Gorden &
Pruit, Sarry (d/o
Henry Pruit); 2 Nov
1840 (GB)
STOWERS, John (s/o
Larkin Stowers) &
Fletcher, Dicey
(d/o Roland
Fletcher); 15 Dec
1842 (GB)
STOWERS, Larkin &
Lambert, Rebecca
(d/o Garret
Lambert); 23 Dec
1836 (GB)
STOWERS, Travis (s/o
William Travis) &
Blankenship,
Elizabeth (d/o
Peter Blankenship);
29 Feb 1799 (MM)
STOWERS, Warden &
Pruit, Mary (d/o
Henry Pruit); 25
Sep 1837 (GB)
STOWERS, William (s/o
Warden & Mary
Stowers)(b.p.
Tazewell Co., Va.)
& Blankenship,
Elizabeth (d/o
Elias & Latishia
Blankenship); 27
Aug (GM)
STRADER, John &
Conley, Mary (w/o ?
of Russell
Co.,Va.); 17 Mar
1851 (GB)
STRAILEY, Andrew &
Parson, Sophia (w/o
?); Jul 1796 (MB)
STRAILEY, Andrew &
Watkins, Sarah; 2
Oct 1789 (MB)
STRAILEY, Jacob &
Casey, Sally; 5 Oct
1826 (MM)
STRAILEY, Jacob &
French, Martha; 16
Jun 1785 (MB)
STRALEY, Charles &
Lucas, Susannah; 28
Nov 1835 (GB)
STRALEY, Jacob &
French, Martha (d/o
Matthew & Sarah
French); 16 Jun
1785 (MB)
STRALEY, James &
Vaught, Elizabeth;
17 Dec 1810 (GB)
STRALEY, Jefferson Lee
(s/o Joseph Straley
& Susan
Fillinger)(b.p.
Montgomery Co.,
Va.)(now lives near
Lancaster, Owen
Co., Indiana) &
Straley, Martha Ann
Virginia (d/o
Mathew F Straley &
Delila Fry); 22 May
1856 (GM)
STRALEY, John &
Wilson, Elizabeth;
16 Apr 1819 (GB)
STRALEY, Joseph C. &
Brown, Jane (d/o
Michael Brown); 4
Feb 1832 (MB)
STRALEY, William M. &
Wilbern, Charlotte;
25 NOv 1845 (GB)
STRAMLER, George &
Marrs, Catherine
(d/o Hugh Marrs); 9
Dec 1793 (MM)
STRICKLER, Samuel &
Helms, Nancy Ann; 4
Dec 1844 (FM)
STROP, Peter &
Venerick, Magdalen;
5 Mar 1788 (MB)
STROPE, Peter &
Venerick, Magdalin;
5 Mar 1788 (MB)

STUART, Absolum & Clay, Tabitha; 26 May 1798 (MM)
STUART, George & Johnston, Jane (d/o William Johnston); 18 Sep 1844 (GB)
STUART, John B. & Cecil, Ellin C.; 6 Nov 1843 (PM)
STUART, William & Blankenship, Katharine (d/o Stephen & Eleanor Blankenship); 7 Sep 1846 (GB)
STUDEVANT, Pleasant M. & Dudley, Mary S.; 25 Dec 1845 (PM)
STUKESBERRY, Robert (s/o Jacob Stukesberry) & Horton, Hannah; 23 Dec 1806 (MB)
STUMP, Green B. & Nidah, Emaline (d/o John Niday); 18 Jun 1847 (GB)
STUMP. Michael (s/o Catereen Stump) & Dials, Sarah (w/o Anderson Dyals)(d/o Abslum Stafford); 20 Aug 1788 (MB)
STURDIVANT, Mathew L. & Warsham, Margaret A.; 19 Jul 1857 (PL)
STURDIVANT, Matthew L. (s/o A. & Martha P. Sturdivant)(b.p. "Andera") & Warsham, Margaret (d/o William & Elizabeth Warsham)(b.p. Pittsylvania Co., Va.)26 Jul 1857 (PM)
STYPES, Riley N. & Hargan, Martha F.; 30 Jan 1849 (PM)
SUBLET, Samuel & Crockett, Margaret (d/o Robert Crockett); 4 Jun 1838 (MB)
SUBLET, William & Mitchell, Matilda; 18 Nov 1834 (MB)
SUBLETT, Matthew L. & Baldwin, Jane (d/o Anthony Baldwin); 11 Mar 1848 (GB)
SUIDER, Alfred & Franklin, Lucy Ann (d/o Lewis L. Franklin); 9 Aug 1856 (MB)
SUITER, William (s/o Alexander & Catherine Suiter)(b.p. Tazewell Co., Va.) & Miller, Lucinda Ann (d/o Charles & Ann Miller); 16 Mar 1854 (GM)
SULLEN, John T. & Kisley, Sarah A. (d/o Henry & Sarah Kinsey)(b.p..Augusta Co., Va.); 3 Jun 1857 (MM)
SULLINS, James & Martin, Jincy; Jan 1849 (MM)
SULLINS, James (s/o Richard Sullins) & Crow, Nancy; 9 Nov 1810 (MB)
SULLIVAN, Thomas E. & Snider, Mary; 17 Apr 1834 (MB)
SUMMERFIELD, Elijah L. & Link, Mary (d/o Gaspar Link); 18 Nov 1839 (GB)
SUMMERS, Andrew (of Monroe Co., Va.) & John, Ruth (w/o John John); 21 Mar 1831 (MB)
SUMMERS, Chrisly & Creeger, Margaret (d/o Michael Cruger); 23 May 1786 (MB)

SUMMERS, David & Hoge, Nancy; 5 Sep 1797 (MB)
SUMMERS, George & Crum, Betsy; 26 Feb 1788 (MB)
SUMMERS, John & Farmer, Elizabeth; 27 Jun 1808 (MB)
SUMMERS, Joseph & Straley, Martha (d/o James Straley); 12 Oct 1837 (GB)
SUMMERS, Owen & Newton, Sally; 23 Nov 1813 (MM)
SUMMOS, George & Crum, Betsy; 26 Feb 1788 (MB)
SUMNER, Amos & Wilson, Amanda; 15 Jan 1849 (FM)
SUMNER, Isaiah & Hungate, Nancy; 7 Jun 1821 (MM)
SUMNER, Jesse & Sumpter, Timandra; 9 Dec 1845 (FM)
SUMNER, Joel & Thompson, Lucinda (d/o Randolph Thompson); 18 Dec 1843 (FB)
SUMNER, John & Lester, Mahala; 4 Oct 1843 (FM)
SUMNER, John & Lester, Mahala (d/o James Lester);18 Sep 1843 (FB)
SUMNER, William & Walker, Philipina; 24 Aug 1848 (FM)
SUMPTER, Asa & Dickerson, Jemimah; 23 Dec 1845 (FM)
SUMPTER, Edward & Criner, Loucinda (d/o Jacob & Catherine Criner); 28 Mar 1850 (GB)
SUMPTER, John & Turman, Elizabeth (d/o Charles Turman); 4 Nov 1818 (MB)(MM)
SUMPTER, Pleasant & Niday, Nancy A. (d/o William Niday); 12 Feb 1850 (GB)
SURFACE, Adam & Price, Aggy; 27 Aug 1811 (MB)
SURFACE, Andrew & Harless, Elizabeth; 6 Dec 1803 (MB)
SURFACE, George Jr. & Haymaker, Catherine; 22 Jul 1828 (MB)
SURFACE, Henry & Hambrick, Emeline; 1 Sep 1842 (MM)
SURFACE, Henry & Robinson, Virginia; 3 Nov 1856 (MB)
SURFACE, Henry (s/o Andrew & Sarah Surface) & Robison, Virginia (d/o Preston Robison & Mary Whitico); 6 Nov 1856 (MM)
SURFACE, Jacob & Gowens, Catherine (d/o David Gowens); 21 Dec 1825 (MB)
SURFACE, Jacob & Haymaker, Rebecca; 29 Aug 1827 (MB)
SURFACE, John & Bane, Elizabeth; 21 Apr 1828 (MM)
SURFACE, John & Garlic, Mary; 2 Jul 1805 (MB)
SURFACE, John & Helms, Eve; 7 Dec 1819 (MB)
SURFACE, John (s/o Jacob & Rebecca Surface) & Waggall, Julia Ann (d/o James & Sarah Waggall); 24 Dec 1857 (MM)

SURFACE, Michael & Harless, Margaret; 17 Sep 1828 (MB)
SURFACE, Michael & Martin, Hannah; 10 Sep 1823 (MB)
SURFACE, Michael & Nozler, Catherine; 20 Jul 1792 (MB)
SURFACE, Michael H. (s/o George & Catharine Surface) & Peterman, Octavia (d/o Daniel & Peredine Peterman); 22 Aug 1858 (MM)
SURFACE, Peter (s/o George Surface) & Hambrick, Catherine (d/o Joseph Hambrick); 4 Mar 1833 (MB)
SURFACE, William (s/o Michael & Hannah Surface) & Hardwick, Catharine (d/o Younger & Susan Hardwick); 30 Jan 1856 (MM)
SUTFIN, Hendrick Jr. & Harborn, Tinsly; 28 Dec 1835 (FB)
SUTFIN, Jacob & Delong, Mary; 5 Nov 1846 (FM)
SUTFIN, Riley & Houching, Mary; 13 Feb 1842 (FB)
SUTFIN, Tazwell D. & Montgomery, Saressta;26 Oct 1848 (FM)
SUTFIN, William H. & Moles, Sarah (d/o Jeremiah Moles); 27 Mar 1840 (FB)
SUTPHIN, Christopher & Harman, Susannah; Feb 1823 or 1819 (MB)
SUTTON, John C. & Grimes, Elizabeth; 18 Sep 1860 (PL)
SUTTON, John C. (s/o John & Eliza Sutton) & Grimes, Elizabeth (d/o John C. & Elizabeth Grimes); 26 Sep 1860 (PM)
SWAN, Peter & Surface, Sally; 11 Oct 1823 (MM)
SWITZER, Lewis & Simpkins, Celinda K.; 6 Jul 1835 (MB)
SYBOLD, Jacob & Surface, Margaret E.; 3 Dec 1842 (MM)
TABOR, Archibald & Shell, Nancy; 2 Jan 1792 (MB)
TABOR, Francis & Williams, Mary Jane; 8 Sep 1853 (PL)(PM)
TABOR, Jacob & Shell, Elizabeth; 2 Apr 1816 (MB)
TABOR, Stephen & Bekelhymer, Anna (d/o Abraham & Mary Bekelhymer); 12 Aug 1811 (MB)
TABOR, Whittey T. (s/o Jacob & Elizabeth Tabor)(b.p. Montgomery Co., Va.) & Vaught, Mary (d/o Levi H. & Lucinda Vaught); 14 Jun 1856 (GM)
TABOR, William & Harless, Sarah; 23 Mar 1830 (MB)
TADE, Joseph & Wills, Peggy; 1 Feb 1839 (GB)
TANKERSLEY, Joseph F. (s/o Joseph B. & Hannah Tankersley)(b.p. Floyd Co., Va.) & Bishop, Elizabeth (d/o Abel & Polly Bishop); 22 Nov 1860 (MM)(ML)

TAPER, Amos & McPherson, Scinthy (d/o Jacob McPherson); 20 Apr 1846 (GB)
TATE, Charles C. & Draper, Jane C.; 28 May 1852 (PL)
TATE, Charles S. & Sowers, Elizabeth; 21 Dec 1835 (FB)
TATE, Charles S. & Sowers, Elizabeth; 23 Dec 1835 (FM)
TATE, Hugh & Watts, Mary P. (d/o Polly Watts); 24 Nov 1842 (GB)
TATUM, Barlett & Becknel, Susannah; 31 May 1826 (MB)
TAWNEY, George & Godbey, Elizabeth (w/o ?); 19 Dec 1806 (MB)
TAWNEY, John & Price, Polly; 7 May 1799 (MB)
TAWNEY, William & Hunter, Elizabeth (d/o Sally Hunter); 27 Mar 1843 (GB)
TAWNSKLEY, Joseph & Bartlett, Lydia (d/o Gardner & Elinor Bartlett); 5 Apr 1807 (MB)
TAYLER, John B. (s/o Judge Allen Tayler & Rhoda Tayler)(b.p. Botetourt Co., Va.) & Wall, Elizabeth (d/o George W. & Elizabeth Wall)(b.p. Frederick Co., Va.); 10 Sep 1856 (MM)
TAYLER, Richard & Poff, Rebecca (d/o Peter Poff); 11 Jan 1856 (MB)
TAYLOR, Adam & Claxton, Mary; 5 Apr 1791 (MB)(MM)
TAYLOR, Adam & Fisher, Sally; 27 Aug 1827 (GB)
TAYLOR, Alexander & Work, Phoebe; 28 Aug 1827 (GB)
TAYLOR, Allen & Beal, Rhoda; 28 Jan 1818 (MB)(MM)
TAYLOR, Charles & Fisher, Mariah (d/o John Fisher); 19 Nov 1840 (GB)
TAYLOR, Charles & Trigg, Polly; 2 Aug 1798 (MB)(MM)
TAYLOR, Creed & Craig, Mary (d/o James Craig); 16 Jun 1824 (MB)
TAYLOR, George & Chrisman, Jane; 7 Jun 1818 (MB)
TAYLOR, George & Hornbarger, Nancy; 19 Oct 1803 (MB)
TAYLOR, George & Lugar, Peggy; 27 Feb 1827 (GB)
TAYLOR, George & Sower, Polly; 19 Aug 1807 (MB)
TAYLOR, George A. (s/o Alexander & Phebe Taylor) & Lafon, Elmira (d/o Enoch & Frances Lafon); 10 Mar 1854 (GM)
TAYLOR, George P. & Wilson, Nancy (d/o John Wilson); 17 Nov 1854 (MB)
TAYLOR, George W. (s/o James & Margaret Taylor) & Smith, Hannah I. (d/o Robert & Martha Smith); 26 Oct 1859 (ML)
TAYLOR, Isaac & Watterson, Betsy

(d/o Thomas Watterson); 4 Feb 1822 (MB)
TAYLOR, Jacob & Caldwell, Susan; 8 Nov 1839 (MB)
TAYLOR, Jacob & Webb, Nancy (d/o William Webb); 20 Feb 1786 (MB)
TAYLOR, Jacob & Webb, Nancy (d/o William Webb); 20 Feb 1786 (MB)
TAYLOR, James & Hewitt, Nancy (d/o Patrick Hewitt); 8 Sep 1801 (MB)
TAYLOR, James & Raeburn, Rachel; 5 Aug 1800 (MB)
TAYLOR, James & Thomas, Ann; 25 Jan 1833 (GB)
TAYLOR, James C. & Wade, Catharine R.; 24 Dec 1851 (MM)
TAYLOR, James C. & Wade, Catharine R.; 26 Dec 1851 (MM)
TAYLOR, Jesse & Adams, Elizabeth (d/o Sean Adams); 6 May 1854 (MB)
TAYLOR, John & Chrisman, Betsy (d/o Jonathan Chrisman); 29 Jan 1818 (MB)(MM)
TAYLOR, John & Shanklin, Lucy (d/o Samuel Shanklin); 7 Feb 1825 (MB)
TAYLOR, John & Wilson, Catherina; 1791 (MM)
TAYLOR, John (s/o Jacob Taylor) & Thomas, Polly (d/o Benjamin Thomas); 24 Dec 1816 (GB)
TAYLOR, Lewis & Porterfield, Mary; 17 Apr 1815 (GB)

TAYLOR, Philip & Harless, Margaret; 9 May 1796 (MB)
TAYLOR, Raborn (s/o Lervis & Mary Taylor)(b.p. Montgomery Co., Va.) & Harless, Mary (d/o Clary Harless); 26 Mar 1856 (GM)
TAYLOR, Richard (s/o Stephen & Mary Taylor)(b.p. Mecklenburg Co., Va.) & Poff, Rebecca (d/o Peter & Mary Poff)(b.p. Floyd Co., Va.); 24 Jan 1856 (MM)
TAYLOR, Robert H. & Stone, Catherine; 15 Sep 1856 (PL)
TAYLOR, Robert H.(s/o Edmund & Sallie Taylor)(b.p.Buckingham) & Stone, Capernia (d/o Daniel & Elizabeth Stone)(b.p Carroll Co., Va.); 18 Sep 1856 (PM)
TAYLOR, Robert P. & Parker, Margaret P. (d/o Robert L. Parker); 2 Mar 1830 (MB)
TAYLOR, Solomon (s/o Levi Taylor)(b.p. Frederick) & Mitchel, Matilda (d/o Thomas Wilks & Elizabeth Taylor)(b.p. Franklin); 14 Feb 1858 (PM)
TAYLOR, William & Rock, Elizabeth; 12 Dec 1831 (GB)
TAYLOR, William & Watterson, Mary (d/o Henry & Agnes Watterson); 5 Sep 1790 (MB)

TAYLOR, William C. &
Pepper, Mary L.; 19
May 1834 (MB)
TAYLOR, William C.
(s/o Joseph & Mary
Taylor)(b.p.
Montgomery Co.,
Va.)(w/o ?) &
Cecil, Mildred Ann
(d/o John G. &
Elizabeth
Cecil)(b.d. 6 Sep);
7 Sep 1853 (PM)
TAYLOR, William H. &
Cronk, Savina; 25
Sep 1845 (FM)
TAYLOR, William R. &
Gibs, Elizabeth;
Apr 1847 (MM)
TEANEY, Samuel &
Dobbins, Joanna; 16
Apr 1823 (MB)
TEAROUT, (may be
Yearout) Charles,
Jr. & Todd, Mary
(of Henrico Co.);
18 Jul 1825 (MB)
TECI, Leban & Webb,
Frances Jane; 1 Oct
1839 (FB)
TEEL, Jon L. (s/o
Mankin Teel)(b.p
Franklin Co., Va.)
& Cicel, Henrietta
(grandaughter of
Gotlob Reeke)(b.p.
Pulaski Co., Va.);
16 May 1855 (MM)
TEMPLETON, Thomas &
Scott, Elizabeth; 5
Mar 1816 (MB)
TERRY, Aaron & Smith,
Susan; Mar 1848
(MM)
TERRY, Aaron (s/o Mary
Terry) & Winter,
Elizabeth; 21 Nov
1804 (MB)
TERRY, Elijah & Right,
Mary; 9 Oct 1795
(MB)(MM)
TERRY, Jasper &
Fuller, Sally; Aug
1797 (MB)

TERRY, John & Gray,
Clarissa (d/o
Joseph Gray, Jr.);
6 Jun 1826 (MB)
TERRY, Joseph &
Cockran, Oney (d/o
Nathan Cockran); 17
Dec 1832 (FB)
TERRY, Joseph P. &
Cockran, Amy; 30
Dec 1832 (FM)
TERRY, Josiah (s/o
Josiah & Mary
Terry) & Sowder,
Ann (d/o Jacob &
Anny Sowder); 10
Dec 1814 (MM)
TERRY, Morgan G. (s/o
Aaron & Susan
Terry) & Sanger,
Mary E. (d/o
Christian & Mary
Sanger); 23 Jun
1859 (MM)
TERRY, Samuel B. (s/o
Jonathan Terry) &
Deweese, Lucinda
(d/o Peter
Deweese); 18 Jan
1841 (FB)
TERRY, Silas &
Rutrouth, Catey; 2
Apr 1801 (MB)
TERRY, Thomas W. &
Akers, Susan (d/o
Jacob Akers); 26
Aug 1837 (MB)
TERRY, William &
Taylor, Martha; 27
Dec 1850 (GB)
TERRY, William &
Winters, Jane; 26
Nov 1804 (MB)
TESTER, William &
Jones, Ospah; 6 Apr
1848 (FM)
THOCKEY, John &
Simson, Betsy; 28
Apr 1802 (MB)
THOMAS, Andrew Baely
(s/o Charles & Mary
Thomas)(b.p.Frankli
n Co., Va.) &
Reese, Sarah (d/o

George Reese); 11 Feb 1855 (MM)
THOMAS, Charles & Barnett, Elizabeth (d/o David Barnett); 25 Jan 1813 (MB)
THOMAS, David G. & Dobbins, Thurietta; 19 Feb 1845 (PM)
THOMAS, Edward & Steel, Peggy; 18 Nov 1835 (GB)
THOMAS, Giles D. & Meek, Matilda C.; 12 Jun 1856 (PL)
THOMAS, Henley & Neely, Peggy; 20 Aug 1831 (GB)
THOMAS, James B. & Deyerle, Eliza Ann (d/o Joseph Deyerle); 20 Dec 1841 (MB)
THOMAS, James B. & Dyerle, Eliza A.; 23 Dec 1841 (MM)
THOMAS, Jesse & McKinney, Rachel; 27 Jan 1830 (GB)
THOMAS, Jesse & McKinney, Rachel; 7 Feb 1830 (GM)
THOMAS, John & Blankenship, Phebe; 7 Feb 1791 (MB)
THOMAS, John & Croy, Susan; 25 Sep 1821 (MB)
THOMAS, John B. & Hall, Elmira J.; 4 Sep 1844 (MM)
THOMAS, John M. & Horne, Susan B.; 1 Apr 1854 (PL)
THOMAS, John M. (s/o William & R.M. Thomas)(b.p. Montgomery Co.,Va.) & Howe, Susan B. (d/o John & Sarah B. Howe); 13 Apr 1854 (PM)
THOMAS, Jonathan & Bourn, Patience (d/o William Bourn); 6 Feb 1787 (MB)
THOMAS, Samuel & McKinney, Julet; 30 Nov 1829 (GB)
THOMAS, Samuel & Thomas, Mary; 12 Apr 1849 (FM)
THOMAS, Samuel & McKenny, Juliet; 17 Dec 1829 (GM)
THOMAS, William & Hoge, Rachel M. (d/o John Hoge or Hoage); 6 Jul 1819 (MB)(MM)
THOMAS, William & Howe, Lucretia; 7 Dec 1829 (MB)
THOMAS, William Strudwich & Walker, Mary (d/o William & Margaret Walker); 24 Feb 1830 (GB)
THOMPSON, Andrew & French, Elizabeth; 11 Sep 1832 (GB)
THOMPSON, Andrew & McCorkle, Rebecca (d/o Martha McCorkle); 11 May 1801 (MB)
THOMPSON, Andrew & Simpkins, Henrietta (d/o James Simpkins); 22 Nov 1824 (MB)
THOMPSON, Archibald & Langdon, Nancy; 22 Sep 1795 (MB)
THOMPSON, Archibald & Reed, Rachel; 16 Mar 1825 (MM)
THOMPSON, Archibald & Sullins, Sarah; 22 May 1835 (MB)
THOMPSON, Benjamin & Johnston, Emaline; 17 Jan 1836 (GB)
THOMPSON, Charles F. (s/o Andrew &

Harriet Thompson) & Francis, Mary E. (d/o Miles & Jane Francis); 31 Oct 1855 (MM)
THOMPSON, Clairborne (s/o Elswick Thompson) & Willson, Amy (d/o Benjamin Willson); 16 Mar 1818 (MM)
THOMPSON, David & Coadie, Nancy (d/o William Coadie); 17 Aug 1785 (MB)
THOMPSON, Elisha & Dickerson, Mary (d/o Leonard Dickerson); 12 Dec 1815 (MB)
THOMPSON, Elisha & Helton, Nancy (d/o Samuel Helton); 10 Jul 1820 (MB)
THOMPSON, Elswick & Acres, Patty (d/o Blackburn Acres); 20 Nov 1788 (MB)
THOMPSON, Elswick & Lester, Lockey; 18 Dec 1845 (FM)
THOMPSON, Ennis (s/o William & Nancy Thompson)(b.p. Floyd Co., Va.) & Howard, Elmira F. (d/o Reuben & Rhoda Howard); 20 Aug 1857 (MM)
THOMPSON, Francis & Blan, Elizabeth (d/o James Blan); 15 May 1843 (GB)
THOMPSON, George, Jr. & Willson, Elizabeth; 19 Mar 1799 (MB)
THOMPSON, Henry H. & Howell, Nancy; 6 Apr 1848 (FM)
THOMPSON, Hiram (s/o Naomi Thompson)& Akers, Mary; 6 May 1838 (FM)

THOMPSON, Israel & Vanull, Mary (d/o John Vanull); 15 Jan 1795 (MB)
THOMPSON, James & Dickerson, Nancy (d/o Elijah Dickerson); 7 Feb 1797 (MB)
THOMPSON, James & Elswick, Mary; 31 Oct 1849 (MM)
THOMPSON, James & Elswick, Mary; 31 Oct 1849 (MM)
THOMPSON, James & Low, Mary; 28 Jul 1786 (MB)
THOMPSON, James & Pierce, Phebe; 21 Dec 1810 (MB)
THOMPSON, James & Rutledge, Mary; 10 Feb 1832 (MB)
THOMPSON, Jno. & Shellady, Jane (d/o George Shellady); 19 Sep 1779 (MB)
THOMPSON, John & Farler, Rebecca (d/o Thomas Farler) 24 Sep 1786 (MB)
THOMPSON, John & Langdon, Esther; 7 Jan 1791 (MM)(MB)
THOMPSON, John & Peters, Catherine (d/o John Peters); 29 Dec 1792 (MB)
THOMPSON, John & Shellady, Jane (d/o George Shellady); 19 Nov 1779 (MB)
THOMPSON, John (s/o James Thompson) & Buchannon, Nancy (d/o Jeremiah Buchannon); 2 Jan 1804 (MB)
THOMPSON, John (s/o William & Mary Thompson)(b.p. Paterick Co., Va.) & Tipton, Emily

(d/o William &
Patsy Tipton)(b.p.
Wythe Co., Va.); 18
Dec 1860 (PM)
THOMPSON, John G. &
Fletcher, Elizabeth
(d/o Robert
Fletcher); 3 Feb
1851 (GB)
THOMPSON, John Jr. &
Howard, Narcissa;
15 Dec 1838 (MB)
THOMPSON, John W. &
Tipton, Emily; 17
Dec 1860 (PL)
THOMPSON, Joshua &
Carty, Elizabeth
(d/o H. Carty); 6
Mar 1827 (MB)
THOMPSON, Larkin &
Crow, Elizabeth; 9
Nov 1803 (MB)
THOMPSON, Lindsey C. &
Lucass, Ann (d/o
Samuel Lucass); 19
Dec 1831 (MB)
THOMPSON, Luke S. &
Tipton, Joanna; 22
Jun 1848 (PM)
THOMPSON, Meriday &
Landon, Elizabeth
(d/o Samuel
Landon); 16 Jan
1794 (MB)
THOMPSON, Patton &
Farley, Judy; 20
Feb 1797 (MM)(MB)
THOMPSON, Randolph &
Bishop, Ann; Sep
1850 (MM)
THOMPSON, Randolph &
Bishop, Mrs. Ann;
Sep 1850 (MM)
THOMPSON, Randolph &
Carty, Catherine
C.; 7 Jun 1825 (MB)
THOMPSON, Robert &
Thompson, Missouri
E.; 3 Aug 1850 (FL)
THOMPSON, Samuel &
Grayson, Susan (d/o
John Grayson); 3
Jan 1775 (MB)
THOMPSON, Samuel &
Lucas, Nancy; 27
Aug 1797 (MB)
THOMPSON, Samuel &
Thompson, Narcissa
(d/o William
Thompson); 10 Jan
1852 (MB)
THOMPSON, Samuel Jr. &
Howard, Didama; 4
May 1832 (MB)
THOMPSON, Squire &
Dunn, Polly; 4 May
1835 (GB)
THOMPSON, Thomas H.
(s/o Randolph &
Catharine
Thompson)(b.p.
Floyd Co., Va.) &
Howley, Sarah C.
(d/o Joseph & Mary
Howley); 13 Nov
1856 (MM)
THOMPSON, William &
Cunningham, Nancy
S. (d/o Jonathan
Cunningham); 5 Jan
1831 (GB)
THOMPSON, William &
Grimes, Nancy (d/o
Robert Grimes); 27
Dec 1823 (MB)(MM)
THOMPSON, William &
Milam, Martha; 27
Apr 1793 (MB)
THOMPSON, William &
Shelor, Polly; 22
May 1819 (MB)
THOMPSON, William (s/o
Samuel Thompson) &
Burk, Catharine
(d/o Jonathan
Burk); 15 Feb 1833
(MB)
THOMPSON, William B. &
Shelor, Elizabeth;
18 Nov 1834 (FB)
THOMPSON, William H.
(s/o James & Sarah
Thompson)(b.p.
Tazewell Co., Va.)
& Bland, Sarah Jane
(d/o Isaac & Ann

Bland); 18 Dec 1855 (GM)
THOMPSON, Wilson & Preston, Lucinda C.; 1847 (FM)
THOMSON, Hezekiah B. & Conaway, Sarah; 4 Mar 1853 (MM)
THOMSON, Samuel & Thomson, Narcissa; 14 Jan 1852 (MM)
THORN, Dorain (s/o Lorenzo & Jane Thorn)(b.p Giles Co., Va.) & Croy, Martha A.; 17 Feb 1859 (ML)
THORN, Jeremiah & Duncan, Nancy D. (d/o Squire Thorn of Floyd Co., Va.); 19 Jan 1854 (GM)
THORN, Loraine & Davis, Jane; 20 Aug 1821 (MB)
THORN, William B. & Patton, Eliza (d/o Henry Patton); 14 Sep 1830 (MB)
THORN, William M. (s/o Lorraine & Jane Thorn)(of Pulaski Co., Va.) & Johnston, Margaret (d/o Hugh & Sarah Johnston); 12 Apr 1855 (GM)
THORNHILL, William & Reader, Catherine; 1 Aug 1822 (MB)
THORNTON, Gordon (s/o Peter or Thomas & Susannah Thornton)(b.p. Spotsylvania Co., Va.)(w/o ?) & Boothe, Margaret (d/o Thomas or Peter & Frances Bailey)(b.p. Lunenburg Co., Va.)(w/o?); 11 Dec 1855 (PM)
THORNTON, Meredith & Bowden, Louisa (d/o John Bowden); 30 Mar 1833 (MB)
THORNTON, Peter & Cole, Mary; 23 Sep 1857 (PL)
THORNTON, Peter & Miles, Rebecca; 20 Mar 1855 (PL)
THORNTON, Peter (s/o Robert & Elizabeth Thornton) & Cole, Mary (d/o Samuel & Charlotte Cole); 24 Sep 1857 (PM)
THORNTON, Robert & Coal, Charlotte; 10 Feb 1852 (PM)
THORNTON, Robert & Newby, Elizabeth; 29 Jul 1847 (PM)
THORNTON, Thomas & Shepherd, Rebecca; 2 Sep 1841 (PM)
THORNTON, Thomas & Shepherd, Rebecca; Sep 1841 (PM)
THORNTON, William R. (s/o Robert & Elizabeth Thornton) & Bowden, Sarah (d/o John & Elizabeth Bowden); 17 Oct 1854 (PM)
THRASH, John & Cole, Liddy; 1786-1790 (MM)
THRASH, William & Barnett, Betsy; 25 Jan 1802 (MB)
THRASH, William & Lester, Catey; 21 Jan 1815 (MB)(MM)
THURMAN, George W. & Hutson, Julia A.E.; 19 Apr 1853 (MB)
TICE, Abraham & Sumpter, Polly (d/o George Sumpter); 28 Jun 1808 (MB)
TICE, John & Sowers, Betsy; 10 Oct 1808 (MB)

TICE, Manassa & Dodd, Cynthia (d/o Benjamin Dodd); 24 Nov 1828 (MB)

TICKLE, Hezekiah & Farmer, Matilda; 22 Aug 1846 (GB)

TICKLE, Isaiah (s/o John & Rebecca Tickle)(b.p.Orange Co., Va.) & Journell, Elmira (d/o William & Margaret Journell); 3 Dec 1857 (PM)

TICKLE, John & Willis, Jane (d/o Ammiel Willis); 25 Mar 1845 (GB)

TICKLE, Josiah & Jonnell, Elmira; 14 Nov 1857 (PL)

TICKLE, Solomon D. & Hunt, Frances C. (d/o Stephen Hunt); 19 Jul 1853 (GB)

TIFFANY, John & Snidow, Elizabeth C.; 11 Oct 1832 (GB)

TIFFNEY, James & Hance, Patsey (d/o Adam Hance); 28 Feb 1818 (MB)(MM)

TILLER, Anderson & Perdue, Priscilla; 26 Apr 1831 (GB)

TILLET, James & Buck, Susan; 28 Aug 1822 (MB)(MM)

TILLET, Michael & Overhalser, Catherine (d/o Christian Overhalser); 18 Oct 1827 (MB)

TINNELL, Benjamin F. & Bradford, Mahala; 20 Mar 1851 (MM)

TINSLEY, James W. (s/o Stewart & Nancy Tinsley)(b.p. Franklin Co., Va.) & Sublet, Emily (d/o Samuel & Margaret Sublet); 4 Feb 1858 (MM)

TINSLEY, John H. & Pinkard, Mary A.; 15 Nov 1850 (FL)

TINSLEY, John J. & King, Nancy; 14 Jan 1844 (FM)

TINSLEY, Reuben L. & Pinkard, Elizabeth C.; 19 Dec 1850 (FL)

TINSLEY, William A. & Whitlock, Lavinia M. (d/o Jno N. Whitlock); 22 Sep 1856 (MB)

TINSLEY, William A. (s/o John & Mahala)(b.p. Franklin Co., Va.) & Whitlock, Lavinia A. (d/o John N. & Hannah Whitlock)(b.p. Augusta Co., Va.); 23 Sep 1856 (MM)

TODD, Andrew & Pepper, ary; 29 Nov 1824 (MB)

TODD, Foster (formerly of Henrico Co., Va.) & Sasllust, Frances; 29 Mar 1831 (MB)

TOLBERT, Alexander & Shaw, Catherine; 17 Sep 1838 (FB)(FM)

TOLER, William & Duncan, Elizabeth; 28 May 1820 (GB)

TOLLY, Callohill E. & Hale, Paulina M. (d/o Daniel Hale); 18 Sep 1851 (GB)

TOMPSON, Samuel & Tompson, Narcissa; 14 Jan 1852 (MM)

TONEY, Adam & Hoge, Eliza; 29 Oct 1824 (MM)

TONEY, John & Peters, Nancy; 25 Nov 1807 (GB)

TONEY, Jonathan & Caperton, Betsey; 23 Oct 1811 (GB)
TONEY, Jonathan & Toney, Polly; 7 Apr 1836 (GB)
TONEY, Poindexter & Lilly, Jane; 1 Nov 1797 (MB)
TONEY, William & Caperton, Polley; 2 Apr 1815 (GB)
TOODLE, Lewis & Wright, Elenor (d/o David & Amelia Wright); 15 Jan 1840 (GB)
TORRY, Joseph (s/o James Torry)(b.p. S____laganian Co. Va.) & Taylor, Clementine (d/o Elviny Torry); 27 Mar 1856 (GM)
TRACEY, John W. (s/o Elizabeth Tracey of Tazewell Co.) & Lambert, Martha (d/o Susanna Lambert); 27 Oct 1845 (GB)
TRACY, Edward & Roland, Rhody; 29 Jul 1817 (GB)
TRACY, John & Peters, Elizabeth; 12 Jul 1826 (GB)
TRACY, William & French, Dicey; 15 Aug 1818 (GB)
TRAIL, Henry & Kinnet, Catherine; 2 Oct 1831 (FM)
TRAIL, James & Underwood, Hester; 14 Feb 1833 (FM)
TRAIL, William & Allen, Elizabeth; 28 May 1835 (FB)
TRALE, Henry & Kinnet, Catherine; 30 Sep 1831 (FB)
TRALE, James & Kinnet, Sarah (d/o Zachariah Kinnet); 27 Jan 1832 (FB)
TRALE, James & Underwood, Hester; 12 Feb 1833 (FB)
TRENOR, Alexander & Webb, Malinda (d/o William Webb); 3 Aug 1846 (GB)
TRENOR, Garewood (s/o George H. Trenor) & Webb, Jane; 15 May 1833 (GB)
TRENOR, James R. & La..., Ann; 30 Mar 1829 (GB)
TRENT, John M. & Finch, Nancy; 7 Jan 1846 (MM)
TRIGG, Daniel & Clarke, Lucy B.; 14 Dec 1796 (MB)
TRIGG, John T. & King, Elissa; 20 May 1805 (MB)
TRIGG, Thomas C. & Craig, Catherine (d/o Thomas Craig); 21 Jun 1825 (MB)(MM)
TRIGG, Thomas C. & Montague, Catharine L.; 11 Apr 1833 (MB)
TRINKLE, Jacob & Kirkner, Eliza; 29 Apr 1845 (PM)
TRINKLE, John & Smith, Jane; 22 Apr 1847 (MM)
TRINKLE, William H. & Thompson, Nancy H.; 22 Jun 1843 (PM)
TRINKLE, William H. & Thompson, Nancy H.; 7 Mar 1844 (PM)
TRIPP, Henry & Boothe, Sally (d/o Abijah Boothe); 5 Nov 1822 (MB)
TROLINGER, Henry C.(s/o John & Charlotte Trolinger) &

Miller, Henrietta M. (d/o William & Mary Miller); 7 Apr 1856 (PM)
TROLINGER, John & Wygal, Mary; 3 Oct 1839 (PM)
TROLINGER, William H. (s/o John & Charlotte Trolinger) & Jordan, Margaret A. (d/o John & Hannah Jordon); 8 Apr 1856 (PM)
TROLLINGER, Henry & Cecil, Attelia; 5 Jun 1826 (MB)
TROLLINGER, John & Burris, Elizabeth; 30 Dec 1792 (MB)
TROLLINGER, John & Wygal, Mary; 3 Oct 1839 (PM)
TROLLINGER, John Jr. (s/o John Trollinger) & Hoge, Charlotte W. (d/o William Hoge); 23 Aug 1830 (MB)
TROUT, Henry & Taylor, Nancy; 7 Nov 1797 (MB)
TROUT, Jacob Harmon (s/o Harmon Trout of Mercer Co.) & Davidson, Minerva Ann (d/o Daniel Davidson); 7 Mar 1854 (GM)
TROVILLO, James & Coddell, Nancy; 9 Sep 1826 (MB)
TRUMP, James & Craig, Elizabeth; 29 Feb 1836 (MB)
TRUMP, James & James, Polly; 2 Sep 1850 (FL)
TRUMP, James & Poff, Catharine; Sep 1847 (MM)

TRUMP, William & Hawkins, Malinda; 4 Aug 1825 (MM)
TRUSLER, James & King, Rebecca; 6 Nov 1833 (MB)
TUCKER, John S. (Dr.) & French, Margaret (w/o James French); 17 Sep 1842 (GB)
TURMAN, Elijah & Slusher, Barbra; 4 Aug 1812 (MB)
TURMAN, George & Sumpter, Sarah (d/o Edward Sumpter); 7 Jul 1818 (MB)(MM)
TURMAN, George H, & Sutfin, Elizabeth; 12 Apr 1841 (FB)
TURMAN, John & Jones, Rachel (d/o Robert Jones); 7 Sep 1791 (MB)
TURMAN, Matthew & Cox, Sarah; 1 Apr 1820 (MB)
TURNER, Anderson & Caldwell, Sarah; 7 Feb 1837 (MB)
TURNER, Francis & Askins, Sarah (d/o Thomas Askins); 12 Jul 1836 (MB)
TURNER, James & Bishop, Sarah (d/o Abel Bishop); 1 Mar 1852 (MB)
TURNER, James & Bishop, Sarah; 4 Mar 1852 (MM)
TURNER, John & Hammonds, Sarah; 1843 (MM)
TURNER, Peter & Brammer, Penina; 1 Apr 1847 (FM)
TURNER, Thomas & Pearce, Margaret; 12 Jan 1837 (MB)
TURNER, Thomas (s/o James Turner) & Waler, Lucinda; 11 Oct 1837 (MB)

TURNER, Thomas Jr. & Carty, Ann (d/o Henry Carty); 11 Nov 1828 (MB)
TURNER, William & Hodge, Mary Ann; 24 Apr 1853 (PM)
TURNER, Wilson & Hall, Sarah (d/o David Hall); 16 Dec 1834 (MB)
TURPIN, Henry & Harris, Rebecca; 2 Dec 1838 (FM)
TURPIN, Henry & Harris, Rebecca; 30 Nov 1838 (FB)
TURPIN, Thomas (s/o Thomas Sr. & Malvina Turpin) & Simpkins, Sarah (d/o John & Delila Simpkins) (b.p. Pulaski Co., Va); 15 Feb 1855 (MM)
TURPIN, Walter G. & Showalter, Lydia; Oct 1846 (MM)
TYLER, George & Hoge, Eliza; 1 Oct 1844 (PM)
UMBARGER, Abraham & Miller, Mariah; 13 Apr 1841 (PM)
UMBARGER, Abraham & Miller, Mariah; 13 Apr 1841 (PM)
UNDERWOOD, Isham & Rader, Charlotte; 27 Nov 1834 (FB)(FM)
UNDERWOOD, Joseph B. & Terry, Mary; 23 Jan 1845 (FM)
UNDERWOOD, Joshua & West, Delila; 3 Nov 1818 (MB)
UPTON, Joseph & Webb, Mary; 16 Jun 1828 (GB)
USTICK, William K. & Lloyd, Lydia; 31 Aug 1829 (MB)

UTLEY, Charles M. & Simpkins, Charity; 29 May 1835 (MB)
VADEN, Vincent & Martin, Sarah; 1843 (MM)
VAN OVER, Henry & McDaniel, Kezia; 15 Sep 1827 (MB)(MM)
VAN OVER, Thomas & Hall, Nancy (d/o Leonard Hall); 30 Apr 1829 (MB)
VANCELL, John Jr. & Weddle, Eva (d/o Benjamin Weddle); 5 Nov 1795 (MB)
VANCELL, Pleasant & Cantly, Mary; 16 Jul 1828 (MM)
VANHOOSER, Isaac & Huffman, Margaret; 7 Dec 1786 (MB)
VANLEAR, John & Davis, Sarah; 16 Jun 1817 (MB)(MM)
VANLEAR, William (s/o John Vanlear) & Hudson, Elsey (d/o Isaac Hudson); 3 Jan 1823 (MB)(MM)
VANOVER, Enoch (s/o Henry Vanover) & Hall, Amy (d/o Asa Hall); 20 Aug 1803 (MB)
VANSTAM, Erasmus A. (s/o William & Malinda Vanstam) & Franklin, Mary A. (d/o James & Sarah Franklin) (b.p. Bedford Co., Va.); 18 Jun 1857 (MM)
VASS, William B. & McClaugherty, Sarah M. (d/o John McClaugherty); 29 Jan 1851 (GB)
VAUGHAN, Thomas & Doss, Nancy; 27 Dec 1823 (GB)

VAUGHAN, Thomas J. & Turner, Esther; 21 Nov 1854 (MB)
VAUGHAN, Thomas J.(s/o William & Elizabeth Vaughan)(b.p. Wythe)(previously Married) & Turner, Esther J. (d/o John & Sarah Turner) (b.p. Pulaski, Va.); 22 Nov 1854 (MM)
VAUGHN, James & Hylton, Rachael; 20 Nov 1850 (FL)
VAUGHN, James (b.p. North Carolina) & McDaniel, Elizabeth (d/o J. & R. McDaniel)(b.p. Alabama); 17 Jun 1860 (PM)
VAUGHN, James H. & Porterfield, Berlinda (d/o William Porterfield); 25 Dec 1848 (GB)
VAUGHN, Jesse (s/o William & Mary Vaughn) & Byrd, Elizabeth (d/o William & Sarah Burch); 6 Dec 1787 (MB)
VAUGHN, Thomas J. & Bell, Martha; 25 Jul 1849 (PM)
VAUGHT, Christian & Rice, ucinda (d/o Thomas Rice); 28 Jun 1837 (GB)
VAUGHT, Henry J. (s/o William & Margaret Vaught)(b.p. Giles Co., Va.) & Stover, Sarah I.; 15 Nov 1860 (ML)
VAUGHT, James L. & Peery, Virginia A.; 27 Nov 1851 (MM)
VAUGHT, Levi H. & Channells, Lucinda; 22 Jan 1833 (GB)
VAUGHT, William R. & Kirk, Hannah (d/o David Kirk); 19 Dec 1848 (GB)
VAUGHT, William R. (s/o William & Margaret Vaught) (b.p. Giles Co.,Va.)(w/o?) & Hess,Elizabeth (d/o Henry & Matilda Hess); 12 Dec 1860 (ML)
VAUGHT, Wilson A. & Kirk, Frances; 15 Jan 1852 (GB)
VAUGHTER, James & Snidow, Eliza (d/o Philip Lybrook); 17 Jan 1851 (GB)
VAUN, John & Thacker, Polley; 17 Dec 1812 (GB)
VAUT, William & Kirk, Peggy; 24 May 1820 (GB)
VAWTER, John H. & Peck, Clara S.; 17 Jul 1833 (GB)
VENABLE, James & Bueford, Nancy; 10 Oct 1818 (GB)
VENABLE, Joseph & Merritt, Matilda; 19 May 1808 (MB)
VERMILLION, Charles (s/o George & L. Vermillion)(b.p. Campbell Co.,Va.) & Morehead, Martha (d/o A. & M. Morehead); 7 Dec 1859 (PM)
VERMILLION, James H. (s/o Reason & Amilia W. Vermillion)(b.p. Pulaski Co., Va.) & Taylor, Mary M. (d/o William C. &

Mary S. Taylor); 10 Mar 1857 (MM)
VERMILLION, Levi & Miller, Elizabeth; 13 Dec 1808 (MB)
VEST, Charles & Iddings, Martha (d/o Henry Iddings); 18 Jul 1831 (FB)
VEST, Charles & Iddings, Martha; 21 Jul 1831 (FM)
VEST, Isaac & Wilson, Nancy; 3 Dec 1846 (FM)
VEST, Samuel J. & Shelor, Ruth; 20 Oct 1838 (FM)
VEST, Samuel L. & Iddings, Sally (d/o Henry Iddings); 4 Sep 1833 (FB)
VEST, Samuel L. & Iddings, Sally; 12 Sep 1833 (FM)
VEST, William & Walters, Mary Jane; 1 Jul 1845 (FM)
VIA, Jesse & Chambers, Sally; Sep 1834 (FM)
VIAR, George G. (s/o Robert & Frances Viar)(b.p. Floyd Co., Va.) & Miller, Mary Jane (d/o William & Barbara Miller); 11 May 1855 (PM)
VIAR, George W. (s/o Robert & Frances Viar)(b.p. Floyd Co., Va.) & Miller, Mary Jane (d/o William & Barbara Miller); 11 May 1855 (PM)
VIAR, Samuel (s/o James & Nancy Viar) (b.p. Franklin Co., Va.) & Simpkins, Rebecca (d/o Robert & Catharine Simpkins); 12 Mar 1857 (MM)
VIAR, William S. & Clowers, Elizabeth; 7 Nov 1853 (MB)
VICKERS, Alexander & Dobbins, Rebecca; 26 Nov 1827 (MB)
VICKERS, Alexander & Dobbins, Rebecca; 26 Nov 1827 (MB)
VICKERS, Harrison & Bateman, Zerilda; 9 Jun 1843 (PM)
VICKERS, James H. (s/o Alexander & R.Vickers)(b.p.Montgomery Co., Va.) & Kirtner, P.V.(d/o J. & Polly Kirtner); 5 Apr 1858 (PM)
VICKERS, Thomas & Beck, Lucy; 16 Dec 1815 (MB)
VICKERS, William & Hornbarger, Peggy; 24 Oct 1806 (MB)
VIER, James & Guthry, Sally; 5 Jun 1841 (FB)
VIER, Jesse S. & Chambers, Sally; 18 Aug 1834 (FB)
VIER, Peter & Greer, Louisa; 1 May 1845 (FM)
VIER, Reubin & Hammond, Eliza Jane; 2 Nov 1840 (MB)
VIER, Samuel & Spencer, Nancy; 20 Nov 1848 (FM)
VIERS, Noah & Trusler, Mary Ann; 15 Sep 1841 (MM)
VIERS, Noah & Trusler, Mary Ann; 6 Sep 1841 (MB)
VIERS, Samuel (s/o M. & R. Viers)(b.p. Halifax Co., Va.) & Mitchell, Julianna

(d/o D. & E. Mitchell)(b.p. Franklin Co., Va.); 2 Jul 1854 (PM)
VINES, William & Walker, Catherine; 1792 (MM)
VINEY, Mark & Hargrow, Milley; 18 Sep 1819 (GB)
VINEYARD, Campbell & Pate, Nancy; 21 Nov 1830 (MM)
VINEYARD, John & Whitt,Malinda; 6 Feb 1827 (MM)
VOHN, Anderson & Sententaffer, Catherine; 15 Jun 1813 (GB)
WADDLE, Alby & Scott, Jane; 2 Sep 1818 (MB)
WADDLE, Alexander & Scott, Mary Ann; 3 Jan 1815 (MB)
WADDLE, Benjamin & Morgal, Margarettae;; 17 Dec 1795 (MB)
WADDLE, Benjamin & Sink, Nancy Ann; 18 Feb 1839 (FB)
WADDLE, David Jr. & Manning, Mary; 7 Apr 1840 (FB)
WADDLE, James & Haress, Catherine; 4 Sep 1815 (GB)
WADDLE, James & Robinet, Anne; 25 Jan 1786 (MB)
WADDLE, John & Scott, Polly; 13 Sep 1843 (GB)
WADDLE, Josephus & Sink, Elizabeth (d/o Henry Sink); 6 Jul 1843 (FB)
WADDLE, Levi & Harter, Catherine; 16 Nov 1840 (FB)
WADDLE, Samuel & Wade, Mary; 16 Feb 1835 (FB)
WADDLE, Samuel & Wade, Mary; 24 Feb 1835 (FM)
WADDLE, Thomas (s/o Catherine Waddle) & Jones, Lucinda (d/o Priscilla Corner); 22 Aug 1844 (GB)
WADE, Carter & Cox, Sarah; 26 Aug 1841 (FB)
WADE, Hamilton & Anderson, Mary; 13 Nov 1821 (MB)
WADE, Henry & Cox, Elizabeth; 22 Feb 1826 (MB)
WADE, James & Anderson,Eliza; 7 Oct 1824 (MB)
WADE, James M. & Ingles, Margaret C. (d/o Agnes L. Ingles); 4 Aug 1852 (MB)
WADE, John & Bishop, Sarah; 16 Sep 1833 (FB)
WADE, John & Bishop,Tabitha; 22 Apr 1841 (FM)
WADE, John & Manger, Mary; 6 Jan 1848 (FM)
WADE, John & Trigg, Susannah (d/o Daniel Trigg); 11 Jan 1819 (MB)
WADE, John & Bishop, Sarah; Nov 1833 (FM)
WADE, John & Bishop, Tabitha; 5 Ap 1841 (FB)
WADE, John C. & Edie, Jane H.; Sep 1850 (MM)
WADE, John F. & Fisher, Ellen (d/o Abraham Fisher); 1 Mar 1851 (GB)

WADE, Joseph (s/o Zephinia Wade) & Dorman, Peggy (of Rockbridge Co.,Va); 4 Nov 1817 (MB)(MM)
WADE, Joshua & Deadmone, Margaret; 3 Mar 1852 (GB)
WADE, Owen & Fluger,Levinia; 16 Aug 1832 (FM)
WADE, Owen & Phleger, Levina; 13 Aug 1832 (FB)
WADE, William & Crow, Emily; 7 Jul 1819 (MB)
WADE, William A. & Amiss, C.L.; 31 Aug 1847 (MM)
WAGGONER, Daniel & Day, Lucy (d/o Lucy Day); 5 Sep 1785 (MB)
WAGGONER, Elias (s/o George Waggoner of Tazewell Co., Va.) & Nisewonder, Amenta; 10 Aug 1821 (GB)
WAGGONER, James E. (of Wythe Co., Va.) & Munsey, Ailsy; 31 Dec 1855 (GL)
WAGGONER, James E. (of Wythe Co., Va.) & _____, Ailey; 10 Jan 1856 (GM)
WAGGONER, John & Lockhart, Polly; 30 Jun 1815 (MB)
WAGONER, Thomas & Ronnton, Mayse; 1 Jul 1789 (MM)
WAINWRIGHT, John H. & Walters, Jane; 12 Sep 1835 (MB)
WAINWRIGHT, William & West, Martha; 24 Mar 1835 (FB)
WALKER, Christian & Maryes, Mahala; 25 Mar 1845 (FM)

WALKER, Elisha T.(of Botetoute Co. Va.)(brother of George H. Walker) & Mills, Martha H. (d/o Joseph W. Mills); 11 Dec 1846 (GB)
WALKER, George & Adams, Mary (d/o John Adams); 17 Feb 1789 (MB)
WALKER, George H. & McClaugherty, Magdaline C.; 21 Oct 1835 (GB)
WALKER, Goodlow & Henderson, Rebecca; 3 Apr 1826 (GB)
WALKER, Henry & Hale, Martha; 5 Feb 1839 (GB)
WALKER, Henry & Snidow, Polly; 22 May 1819 (GB)
WALKER, Isaiah H. & Eakin,Isabella; 31 Aug 1839 (MB)
WALKER, James & Fisher, Sarah (d/o Adam Fisher); 14 Oct 1841 (MB)
WALKER, James & Kent, Nancy; 20 Jul 1815 (MM)
WALKER, John W. (s/o Joseph Walker of Rockbridge Co.,Va) & Woody, Peggy (d/o James Woody); 5 May 1800 (MB)
WALKER, Landreff & Greer,Catherine; 31 Aug 1848 (FM)
WALKER, William & Graham, Susannah; 4 Sep 1787 (MB)
WALKER, William & Scott, Anna; 2 Apr 1811 (MB)
WALKER, William & Snodgrass, Margaretta; 28 Oct 1803 (MB)

WALKER, William & Stewart, Mary (d/o Ralph Stewart); 15 Nov 1791 (MB)
WALKER, William & Stroud, Mary; Nov 1791 (MM)
WALL, Adam & Lower, Betsy (d/o Henry Lower); 28 Jun 1813 (MB)
WALL, Christian & Mars, Hannah (d/o Alexander Mars); 11 May 1812 (MB)
WALL, Elijah & Zoll, Emaline (d/o Jacob Zoll); 1 Mar 1841 (MB)
WALL, Francis (s/o William Wall Sr.) & Brooks, Frances (d/o Richard & Peggy Brooks); 8 Aug 1822 (GB)
WALL, Green & Rutledge, Elizabeth Ann (d/o Margaret Rutledge); 3 Apr 1854 (MB)
WALL, Jacob (s/o William Wall of Tazewell Co., Va.) & McKenzie, Polly (d/o Murdock McKenzie); 1 Jan 1810 (GB)
WALL, James & Dobbins, Sarah Ann; 5 Jun 1826 (MB)
WALL, James & Shelton, Catherine (d/o John Shelton); 1 May 1789 (MB)
WALL, James & Vickers, Parthenia; 17 Jan 1832 (MB)
WALL, John & Ott, Betsy (d/o Henry Ott); 8 Jun 1816 (MB)
WALL, Samuel & Ott, Polly (d/o John Ott); 21 Aug 1811 (MB)
WALL, Thomas J. & Hall, Rebecca; 28 Sep 1835 (MB)
WALL, William & Johnston, Margaret; 9 Mar 1818 (MB)
WALL, William & Surface, Elizabeth; 1 Sep 1842 (MM)
WALLACE, David & Cartmill, Mary (d/o James Cartmill); 12 Oct 1785 (MB)
WALLACE, David & Myers, Sally; 2 Dec 1821 (MB)(MM)
WALLACE, James & Myers, Elizabeth; 20 Oct 1813 (MB)
WALLACE, James J. & Sesler, Susanna; 26 Dec 1840 (MB)
WALLACE, William W. & Brunk, Susan (d/o Jacob Brunk); 27 Nov 1840 (MB)
WALLACE, William W. (s/o Anderson & Mary Wallace) & Woolwine, Celinda C. (d/o John Woolwine); 3 Dec 1833 (MB)
WALLER, George & Hank, Nancy; 8 Nov 1791 (MM)
WALLRAVIN, William & Cox, Elizabeth; 6 Jun 1821 (MB)
WALTER, William Jr. & Deweeze, Cynthia; 29 Feb 1840 (FB)
WALTERS, _____ & Kirby, Nancy (aka Mary Kirby); 9 Mar 1792 (MB)
WALTERS, George & Evans, Peggy; 3 Oct 1826 (MB)
WALTERS, George & Hankla, Ann (w/o

?); 26 Oct 1791 (MB)
WALTERS, George & Kirby, Mary; 23 Jan 1792 (MB)
WALTERS, George A. & Craig, Rebecca M. (d/o David Craig); 18 Oct 1841 (MB)
WALTERS, George A. & Craig, Rebecca M.; Oct 1841 (MM)
WALTERS, George A. & Early, Susan; 30 May 1850 (MM)
WALTERS, George A. (s/o Henry C. & Jane Walters) & Willis, Mary Ann (d/o Charles & Juliet Willis); 20 Oct 1855 (MM)
WALTERS, Henry & Craig, Jane (d/o David Craig); 19 Dec 1829 (MB)
WALTERS, Henry C. & Davis, Elizabeth; May 1850 (MM)
WALTERS, Hiram & Boothe, Drucilla; Feb 1849 (MM)
WALTERS, Hiram & Inell, Margaret A. (d/o Lewis Inell); 30 Oct 1854 (MB)
WALTERS, Jacob & Iddings, Hannah; 19 Jul 1822 (MB)
WALTERS, Jacob & Redpath, Rachel (d/o James Redpath); 23 Oct 1826 (MB)
WALTERS, Jacob (s/o Jno. & Nana Walters) & Charlton, Nancy (d/o Davidson Charlton); 3 Jan 1856 (MM)
WALTERS, James & Jones, Martha F.; 28 Jul 1856 (MB)
WALTERS, James (s/o Jacob & Rachel Walters) & Jones, Martha F. (d/o James & Lucy Jones)(b.p. Scottsville, Albemarle Co., Va.); 29 Jul 1856 (MM)
WALTERS, James C.(s/o Henry & Jane Walters) &Aldridge, Jane (d/o John & Charlotte Aldridge) (b.p. Roanoke,Va.); 7 Dec 1858 (MM)
WALTERS, John & Bishop, Nancy; 10 Apr 1823 (MB)
WALTERS, John & Pugh, Sarah; 24 Dec 1838 (MB)
WALTERS, John & Rutrough, Rhoda (d/o Mary Rutrough); 10 Apr 1842 (FB)
WALTERS, John & Rutrough, Rhoda; 12 Apr 1842 (FM)
WALTERS, John M. & Dillon, Mary E.; 5 Apr 1853 (MM)
WALTERS, Martin & Pharis, Mary; 17 Sep 1831 (FB)
WALTERS, Martin & Pharis, Mary; 20 Sep 1831 (FM)
WALTERS, Moses & Scott, Corina; 21 Jun 1844 (FM)
WALTERS, Thomas K. (s/o John & Nancy Walters) & Willis, Adeline D. (d/o Charles & Juliet Willis) ;15 Sep 1859 (MM)
WALTERS, William & Caldwell, Viney (d/o Stephen

Caldwell); 15 Jan 1816 (MB)
WALTERS, William & Martin, Polly; 5 Sep 1797 (MB)(MM)
WALTERS, William & Wright, Mary (d/o John Wright); 7 Jan 1829 (MB)
WALTERS, William (s/o John & Nancy Walters) & Wrightman, Isabel (d/o Samuel & Mary Wrightman); 22 Mar 1860 (ML)
WALTERS, William (s/o William Walters,Sr.) & Beckett, Ann (d/o John Beckett); 7 Dec 1830 (MB)
WALTERS, William H.(s/o George Walters) & Prewett, Emily M. (d/o Henry Prewett); 15 Apr 1850 (GB)
WALTHAL, Thomas Alpin (s/o Peter & Jane Walthal)(w/o?) & Craig, Emiline (d/o Joseph & Matilda Miller)(w/o?); 4 Sep 1855 (MM)
WALTINS, Samuel & Early, Virginia H.; 18 Feb 1851 (PM)
WAMPLER, George (s/o John Wampler) & Sheffy, Elizabeth (d/o Peter Sheffy); 2 Jun 1789 (MB)
WARD, Isaac & Slusher, Martha; 17 May 1838 (FM)
WARDEN, John & Bell, Nancy; 14 Feb 1822 (MB)
WARDEN, Johnson (s/o James & Jemima Warden) & Graham,Sarah (d/o James & Mary Graham)(b.p. Floyd Co., Va.); 17 May 1855 (PL)
WARDEN, Joseph & Bell, Hannah; 7 Nov 1850 (PM)
WARDEN, Joseph & Farmer, Jemima; 27 Mar 1825 (MM)
WARDEN, Thomas & McDanel, Sarah; 12 May 1842 (PM)
WARDEN, William & Haymore, Malinda; between 1847 & 1852 (PM)
WARMON, John & Boothe, Mary; 22 Feb 1827 (MM)
WARNACOT, Kennerly & Bell, Margaret; 27 Feb 1844 (PM)
WARNACOT, Kennerly & Bell,Margaret; 28 Feb 1844 (PM)
WARNER, Aaron & Haley, Delila (d/o Edward Haley); 24 Dec 1835 (MB)
WARNER, William & Millirons, Catherine; 11 Feb 1855 (PL)
WARNER, William Jr. & Emmons, Nancy (d/o John Emmons); 20 Feb 1826 (MB)
WARRICK, John & Smith, Mary; 2 Jul 1804 (MB)
WASSUM. James (s/o Henry & Barbara Wassum)(b.p. Smythe) & Howe, Eliza L. (d/o Joseph & Margaret Howe); 27 Mar 1860 (PM)
WATEMAN, John & Martin, Elizabeth; 17 Feb 1810 (MB)
WATKINS, Archabod & Simpkins, Dianna; 10 Dec 1818 (MB)

WATKINS, George & Simpkins, Levina; 9 Apr 1805 (MB)
WATKINS, Thomas Jr. & Wiseheart, Betsy (d/o John Wiseheart); 5 Jan 1807 (MB)
WATKINS, Topal & Baylor, Nancy (d/o Abram Baylor); 13 Jul 1830 (MB)
WATTERSON, Thomas & Stephens, Mary; 4 Feb 1795 (MB)(MM)
WATTS, Reuben & Cunningham, Polina S. (d/o Sally Walker Cunningham, widow who married John McClaugherty); 1 May 1833 (GB)
WAX, Peter & Surface, Sally; 16 Oct 1823 (MB)
WEAVER, Daniel & Rogers, Elizabeth; 5 Nov 1840 (FB)
WEAVER, George & Sowers, Polly (d/o Jacob Sowers); 15 Mar 1817 (MB)(MM)
WEAVER, Isaac & Abel, Elizabeth; 22 Jun 1846 (FM)
WEAVER, Jacob & Bishop, Lucy; 28 Jan 1839 (MB)
WEAVER, John & Huff, Margaret; 24 Dec 1831 (FB)
WEAVER, John & Moore, Polly; 2 May 1842 (FB)
WEAVER, Lewis & Lucas, Theodocia (d/o Capt. John Lucas); 22 Nov 1830 (MB)
WEAVER, Solomon & Dodd, Sabrina; Jan 1834 (FM)
WEAVER, Solomon & Howel, Martha; 1 Mar 1832 (FM)
WEAVER, Solomon & Dodd, Sabrina; 18 Jan 1834 (FB)
WEAVER, Solomon & Howell, Martha; 24 Feb 1832 (FB)
WEBB, David & Martin, Mary Jane (d/o Charles Martin)(sister of Reazon Martin); 27 Jul 1837 (GB)
WEBB, George & Rock, Nancy; 17 Jul 1826 (GB)
WEBB, George & Turner, Mary; 19 Jun 1845 (PM)
WEBB, George & Willson, Jane; 11 Oct 1803 (MB)
WEBB, Jacob & Williams, Nancy (d/o Frederick Williams); 18 Mar 1838 (GB)
WEBB, James M. (s/o William & Polly Webb)(b.p. Montgomery Co., Va.) & Young, Ellen H. (d/o Washington & Mahala Young)(b.p. Tazewell Co., Va.); 2 Jun 1856 (PM)
WEBB, James W. & Rock, Clary (d/o James Rock); 2 Jun 1846 (GB)
WEBB, John & Bridgewater, Susan Frances (d/o Henry Bridgewater); 24 Jul 1841 (MB)
WEBB, John & Eley, Sally (d/o of "the widow Eley"); 24 Jul 1793 (MB)(MM)
WEBB, John & Kirk, Betsy; 23 Dec 1809 (GB)
WEBB, John & Porterfield, Joan

(d/o Josiah
Porterfield); 2 Apr
1818 (MB)
WEBB, John &
Snodgrass, Ann (d/o
Robert Snodgrass);
14 Oct 1806 (GB)
WEBB, John C. Kesler,
ary Elizabeth (d/o
John T. Kesler); 15
Oct 1844 (GB)
WEBB, John S. &
Troutt, Susannah; 5
Oct 1835 (GB)
WEBB, Joseph &
Collins, Jemima; 26
Mar 1828 (GB)
WEBB, Philip & Huff,
Catherine; 11 Mar
1846 (FM)
WEBB, Pleasant &
Albert, Margaret; 9
Mar 1812 (GB)
WEBB, Samuel &
Barringer, Mary
(d/o John
Barringer); 24 Feb
1824 (MB)
WEBB, Stephen & Marrs,
Rosannah; 7 Sep
1790 (MM)
WEBB, Thomas & Bane,
Jane (aka Jane
Bean); 1 Dec 1828
(GB)
WEBB, Thomas & Bane,
Rebecca (d/o John
Bane); 8 Mar 1793
(MB)
WEBB, William & Moore,
Betty (w/o ?); 8
Dec 1819 (MB)
WEBB, William &
Treadway, Sarah; 26
Mar 1806 (MB)
WEBB, William W. &
Simmons, Rosanna C.
(d/o Benjamin
Simmons); 27 Feb
1851 (GB)
WEBSTER, Reuben (of
Franklin Co., Va.)
& Sowder,
Elizabeth; Jun 1849
(MM)
WECKIS, John &
Thompson, Margaret
(d/o Matthew
Thompson); 9 Sep
1834 (FB)
WEDDLE, Andrew &
Boon, Elizabeth; 21
Oct 1811 (MB)
WEDDLE, Archeleus &
Lester, Matilda
(d/o John Lester);
23 Sep 1825 (MB)
WEDDLE, Benjamin &
Stickleman, Nancy;
3 Nov 1827 (MB)
WEDDLE, David &
Marricle, Margie;
Nov 1796 (MM)
WEDDLE, David &
Stygleman,
Catherine; 22 Nov
1824 (MB)
WEDDLE, Dennis &
Harmon, Elizabeth
(d/o Jacob Harmon);
1 Nov 1825 (MB)
WEDDLE, Jacob &
Rutrough, Sarah
(d/o John
Rutrough); 26 Oct
1816 (MB)
WEDDLE, John & Weeks,
Jane; 23 May 1831
(FB)
WEDDLE, Jonas (s/o
John Weddle) &
Roughtrof, Polly;
25 Jan 1806 (MB)
WEDDLE, Moses & Reed,
Mary; 10 May 1832
(FB)
WEDDLE, Samuel &
Howell, Elizabeth;
23 Oct 1821 (MB)
WEDDLE, Valentine &
Webb, Sophia; 22
Jan 1823 (MB)
WEDDLE, William &
Crawford, Nancy; 30
Jul 1851 (MM)
WEEKS, Alfred &
hompson, Delilia

(d/o Matthew Thompson); 5 Oct 1842 (FB)
WEEKS, Chapman D. & Sowers, Mariah; 21 Nov 1844 (FM)
WEEKS, John & Thompson, Margaret; 18 Nov 1834 (FL)
WEEKS, Lewis & Thompson, Betsy Ann; 11 Sep 1843 (FM)
WEEKS, Lewis (s/o Elijah Weeks) & Thompson, Betey Ann; 6 Sep 1832 (FB)
WEEKS, Thompson & Strethman, Tabitha; 7 Jun 1841 (FB)
WEEKS, William & Lester, Delila; 10 Apr 1849 (FM)
WEEKS. George & Morrical, Nancy; 27 Dec 1836 (FB)
WEESE, Jacob (s/o David Weese) & Miller, Emeline; 28 May 1852 (GB)
WELBERN, John C. & Meadows, Elizabeth (d/o James Meadows); 14 Dec 1840 (GB)
WELBOURN, Thomas & Thompson, Lucilla; 7 Feb 1852 (GB)
WELCH, Henry & Grissom, Jane; 30 Dec 1851 (MM)
WELLS, Abram & Oats, Nancy (d/o Roger Oats); 4 Apr 1787 (MB)
WELLS, George & Moses, Elizabeth (d/o William Moses); 16 Feb 1831 (MB)
WELLS, Grief & Bess, Maria; 4 Jan 1844 (MM)

WELLS, James & Kimbo, Barbara; 16 Mar 1795 (MB)(MM)
WELLS, Job & Howard, Sarah; 1 Oct 1822 (MB)
WELLS, John & Strouse, Mary; 24 Sep 1829 (MM)
WELLS, Richard M. & Aldridge, Belinda; 12 Nov 1845 (F)
WELLS, Tobe & Shelor, Elizabeth; 25 Nov 1833 (FB)
WELLS, Tobe & Shelor, Elizabeth; 26 Nov 1833 (FM)
WELLS, William & Bennett, Margaret (d/o Samuel Bennett); 5 Aug 1827 (MB)
WEST, Humphrey & Watkins, Elizabeth; 20 Nov 1821 (MB)
WEST, Isaac & Lester, Mary (d/o John Lester); 4 Nov 1806 (MB)
WEST, Jacob & Radford, Rosannah; 23 Nov 1850 (FL)
WEST, John & Roberts, Frances; 20 Mar 1808 (GB)
WEST, William & Thrash, Sarah (d/o John Thrash); 17 Aug 1822 (MB)
WESTER, Crocket & Manges, Elizabeth; 20 Oct 1848 (FM)
WESTLAKE, James & Vandel, Mary (aka Polly Vandel)(d/o Abraham Vandle); 29 Sep 1818 (GB)
WEYSOR, Benjamin F. & Jordan, Harriet; 1 Nov 1846 (PM)
WHALER, Hiram (s/o Stanford & Paulina Whaler)(b.p.

Pulaski Co., Va.) & Dunlap, Mary (d/o John & Elizabeth Dunlap) (b.p. Stokes Co., North Carolina)(13 years old); 7 Sep 1854 (GM)

WHALING, Allen & Holley, Nancy; 12 Feb 1806 (MB)

WHEELER, James N. & Taylor, Catherine (d/o Adam Taylor); 21 Oct 1850 (GB)

WHIPPLE, David & Miller, Anee; 11 Oct 1805 (MB)

WHIRLEY, Charles & Moon, Phebe; 27 Jul 1848 (FM)

WHIRLEY, Harry & Lovell, Elizabeth; 10 Sep 1846 (FM)

WHIRLEY, Isaiah & Guthrey, Paulina; 4 May 1848 (FM)

WHIRLEY, James & Swiney, Elizabeth; 3 May 1849 (FM)

WHIRLEY, Samuel Jr. & Hall, Unis; 29 Jan 1846 (FM)

WHIRT, Henry (s/o Andrew & Ann Whirt) & Williams, Sarah A. (d/o John M. & Jane Williams)(b.p. Giles Co., Va.); 24 Mar 1859 (MM)

WHIT, Martin Luther. (s/o Abijah & Nancy Whit)(b.d. April or May 1835) & Chaffin, Ruth S. (d/o Omega & Emmala Chaffin) (b.p. Stokes Co., N.C.)(b.d. Nov 1843); 10 Aug 1859 (MM)(ML)(MB)

WHITAKER, Franklin & Wilburn, Juliet (d/o Stephen Wilburn); 29 Mar 1841 (GB)

WHITAKER, James & Wilbern, Huldah (d/o Richard Wilbern); 12 Nov 1849 (GB)

WHITAKER, John & Snidow, Louisa; 27 Feb 1837 (MB)

WHITAKER, Joseph & Harless, Mary; 25 Mar 1852 (MB)

WHITAKER, Madison & Wright, Josephina; 21 Apr 1853 (PM)

WHITAKER, Reuben & Long, Jane (d/o Isaac Long); 25 Mar 1852 (MB)

WHITAKER, Wesley (s/o Joseph & Catherine Whitaker)(b.p. Tennessee) & Terry, Eliza (d/o Thomas & Adaline Terry)(b.p. Tazewell Co., Va.); 3 Oct 1855 (GM)

WHITAKER, William & Curtis, Lucy Ann; 15 May 1846 (PM)

WHITAKER, William J. & Hughett, Jane; 22 Jan 1848 (FM)

WHITE, Abijah & Elswick, Elizabeth; 1792 (MM)

WHITE, Achles & Mawles, Elizabeth (d/o Thomas Mawles); 21 Jan 1836 (GB)

WHITE, Adam & Williams, Polly; 26 Apr 1825 (GB)

WHITE, Andrew & Wiley, Mary (d/o James Wiley); 24 May 1845 (GB)

WHITE, Archer C. (s/o Isam & Mary White)(b.p. Albemarle Co., Va.) & Kent, Mary S.

(d/o Jacob & Mary Kent); 7 Sep 1859 (MM)
WHITE, Burgess & Bridgewater, Mary; 22 Aug 1850 (PM)
WHITE, Cornelius & Garrason, Polly; 25 May 1816 (GB)
WHITE, David & Munsey, Rhoda; 17 Apr 1830 (GB)
WHITE, Floyd & Duncan, Rhoda (d/o Landon Duncan); 2 Jan 1843 (GB)
WHITE, Horatio & Fry, Delilah (d/o Henry Fry); 30 Sep 1830 (GB)
WHITE, Isaac & Williams, Catherine (d/o Joseph Williams); 18 Apr 1829 (GB)
WHITE, Jacob & Webb, Betsy; 2 Nov 1825 (GB)
WHITE, James & McKinney, Micky; 2 Jun 1821 (GB)
WHITE, James H. & Ferrell, Mahala (d/o Hugh D. Ferrell); 12 May 1846 (GB)
WHITE, John & Copely, Nancy (d/o Thomas Copely); 8 Jan 1793 (MB)(MM)
WHITE, John & Marcum, Susannah; 29 Jul 1796 (MB)
WHITE, John & Moss, Susannah; 1796 (MM)
WHITE, John & Plymell, Magdalene (d/o Anthony Plymell); 25 Feb 1824 (MB)
WHITE, John H. & Miller, Permelie; 11 Sep 1847 (PM)
WHITE, John Jr. & Mills, Frances; 19 Aug 1792 (MB)(MM)
WHITE, Levi H. & White, Rachel (d/o John H. White); 20 Apr 1846 (GB)
WHITE, Preston (s/o James White) & White, Julia (d/o Thomas White); 15 Feb 1842 (GB)
WHITE, Reubin & Fannon, Mary; 12 May 1827 (GB)
WHITE, Reubin & Fannon Mary; 23 May 1827 (GM)
WHITE, Richard & Baxter, Betsy; 4 Oct 1797 (MB)
WHITE, Robert & Webb, Mary; 23 May 1795 (MB)(MM)
WHITE, Thomas & Bradley, Agnes; 30 Jan 1822 (GB)
WHITE, William & Munsey, Lavinia; 28 Jan 1820 (GB)
WHITE, William & White, Edatha; 2 Sep 1816 (GB)
WHITE, William Ryland (s/o Robert & Jane White)(b.p.Georgetown, Washington D.C.) & Kent, Cecilia Leavitt (d/o Germanicus & Arabella Kent)(b.p. Rockford, Ill.); 17 May 1855 (MM)
WHITESCARNAN, Charles F. & Kyle, Elmira S. (d/o William Kyle late of Montgomery Co., Va.); 1 Dec 1849 (GB)
WHITIKER, William & Wilbern, Ruth (aka Nancy Wilbern); 18 Dec 1844 (GB)

WHITLEY, William & Strutton, Elizabeth (d/o Soloman Strutton); 29 Mar 1786 (MB)
WHITLOCK, Henry (s/o Sarah Whitlock) & Graham, Elizabeth; 18 Jun 1827 (MB)
WHITLOCK, Nathaniel F. & Burkett, Barbara Ann (d/o Nathaniel Burkett); 20 Mar 1852 (MB)
WHITLOCK, Richard & Whorly, Rebecca; 15 May 1838 (FM)
WHITLOCK, Zebadee & Graham, Celia (d/o Mary Graham); 14 Feb 1833 (FB)(FM)
WHITLOW, Robert W. & Barnett, Esther; 28 Jan 1839 (MB)
WHITMAN, Perry & Hill, Mary A.; 2 May 1844 (PM)
WHITMAN, William H. (s/o Daniel & Ely Whitman)(b.p. Wythe Co., Va.) & Sutton, Sarah J. (d/o John & Eliza Sutton); 20 Mar 1860 (PM)
WHITMORE, Michael & Epperlay, Christene (niece of Anthony Hellendoll); 27 Aug 1786 (MB)
WHITT, Abijah & Compton, Nancy; 18 Sep 1820 (MB)
WHITT, Abijah & Elswick, Elizabeth (d/o John Elswick); 22 Oct 1792 (MB)
WHITT, Abijah John & Sarles, Hannah; 11 Feb 1815 (MB)
WHITT, Archibald & Lorton, Polly (d/o Sally Lorton); 20 Sep 1813 (MB)
WHITT, Archibald & Low, Hannah; 15 Apr 1786 (MB)
WHITT, Archibald (s/o James & S. Whitt)(b.p. Montgomery Co., Va.) & Davis, Polly (d/o A. & G. Davis)(b.p. Giles Co., Va.); 8 Apr 1858 (PM)
WHITT, Hezekiah (s/o Archibald Whitt) & Howerton, Sally (d/o John Howerton); 21 Jan 1815
WHITT, James & Alley, Susannah (d/o Carey Alley); 16 May 1817 (MB)
WHITT, Jesse & Whitt, Ruth (d/o Richard Whitt); 10 Oct 1787 (MB)
WHITT, Jonas & Whitt, Susannah (d/o Archibald Whitt); 1 Oct 1816 (MB)
WHITT, Robert & White, Peggy (d/o John White); 22 Oct 1792 (MB)
WHITT, William & Meachem, Mary; 29 Dec 1825 (MM)
WHITTEKER, James (s/o James Whitteker of Pulaski Co., Va.) & Cliborn, Paumely (aka Permiley Clibern); 23 Dec 1839 (GB)
WHITTEKER, Joseph (s/o James Whitteker) & Snider, Susanna (d/o Henry Snider); 6 Apr 1835 (MB)
WHITTEN, William & Laird, Lettice (d/o Lettice Marrs); 7 Feb 1790 (MB)

WHITWORTH, Isaac & Keastore, Nancy; 1 Sep 1850 (MM)
WHITWORTH, Jeremiah (s/o John & Frances Whitworth)(b.p. Bedford Co., Va.) & Baker, Eliza Jane (d/o Thompson & Elizabeth Baker) (b.p. Halifax Co., Va.); 14 Oct 1858 (MM)
WICKHAM, Jacob & Lester,Pauline; 31 Oct 1835 (FB)
WICKHAM, Joshua B. & Young, Jane (d/o Joshua Young); 22 Dec 1824 (MB)
WICKHAM, Robert & Reed, Susannah; 27 Mar 1822 (MB)
WICKLINE, John & Bradley, Hannah; 20 Dec 1828 (GB)
WICKLINE, Jonathan (s/o Jonathan & Hannah Wickline) & White, Martha (d/o Adam & Polly White); 25 Dec 1855 (GM)
WIDDLE, Alexander & Widdle,Susannah; 26 Oct 1847 (FM)
WIDDLE, Ira & Thompson,Nancy; 13 Mar 1849 (FM)
WIDDLE, John & Simmons,Susanna; 29 Oct 1846 (FM)
WIDDLE, Joseph & Bowman,Susannah; 15 Mar 1849 (FM)
WIKEL, William & Crawford, Jane; 22 Aug 1820 (GB)
WIKEL, William & Crawford, Jane; 24 Aug 1820 (GM)
WIKLE, Henry & Rose, Elizabeth; 26 Mar 1828 (GB)

WILBERN, James Harvey & Straley, Rebeccah; 11 Oct 1845 (GB)
WILBERN, Reuben & Mullins, Nancy; 7 Oct 1822 (GB)
WILBERN, Stephen & Thompson, Nancy (d/o Rebecah Thompson); 13 Dec 1817 (GB)
WILBERN, William & Chapman, Betsy; 26 Dec 1814 (GB)
WILBOURN, Lewis & Jordan, Polly B.; 29 Oct 1830 (GB)
WILBOURN, Patterson & Eaton, Mary A. (d/o Joseph Eaton); 11 Sep 1850 (GB)
WILBOURNE, Reuben & Mullin, Nancy; 16 Dec 1822 (GB)
WILBURN, James R. (s/o John & Sarah Wilburn) & Carper, Eva E. (d/o John & Sarah Carper)(b.p. Pulaski Co., Va.); 1 Sep 1855 (GM)
WILBURN, John & Chapman, Sarah; 2 Dec 1818 (GB)
WILBURN, John (s/o William & Eliz. Wilburn) & Eaton, Mary Catherine (d/o Richard & Julet Eaton); 30 Nov 1854 (GM)
WILBURN, Lewis & Jordan, Polly B.; 4 Nov 1830 (GM)
WILEY, Absolem & Phips, Elizabeth; 23 May 1846 (GB)
WILEY, James & Smith, Sally; 25 Oct 1809 (MB)
WILEY, James & Thompson, Cynthia; 23 May 1832 (GB)

WILEY, John & Woodyard, Priscilla (d/o John Woodyard); 8 Aug 1849 (GB)
WILEY, Robert (s/o Alexander Wiley) & Long, Mary (d/o John Long); 5 Feb 1820 (MB)
WILEY, William & Phips, Eliza; 23 May 1846 (GB)
WILKINSON, Thomas & Akers, Betsy; 14 Oct 1816 (MB)
WILLARD, Henry A. & Collins, Ellen; 15 Dec 1853 (MM)
WILLCOX, Abraham F. & Vineyard, Margaret (d/o George Vineyard); 2 Apr 1827 (MB)
WILLIAMS, Abram & Brians, Polley; 28 Mar 1807 (GB)
WILLIAMS, Albert W. & Page, Matilda A. (d/o David Page); 25 Jan 1854 (MB)(MM)
WILLIAMS, Andrew & Martin, Anjaline (d/o Bailey Martin); 23 Oct 1854 (MB)
WILLIAMS, Andrew (s/o John Williams) & Lucas, Elizabeth (d/o Thomas Lucas); 11 Aug 1841 (GB)
WILLIAMS, Charles & Chapman, Mary; 30 May 1831 (GB)
WILLIAMS, Charles & Craddock, Minerva (d/o Edward A. Craddock); 10 Jan 1854 (MB)
WILLIAMS, David & Pollard,Julian; 14 Oct 1847 (FM)

WILLIAMS, David & Stapleton, Sarah; 5 Oct 1791 (MB)
WILLIAMS, Frederick (s/o George Williams) & Stafford, Jane (d/o James Stafford); 8 Feb 1806 (MB)
WILLIAMS, Frederick K. & Leftwich, Mary Elizabeth (d/o Jabey Leftwich); 7 Feb 1848 (GB)
WILLIAMS, George & Burke, Nancy; 1 May 1797 (MB)(MM)
WILLIAMS, George & Eakles, Polly (d/o Joseph Eakles); 20 Jan 1834 (GB)
WILLIAMS, George & Reynolds, Polly; 27 Dec 1825 (GB)
WILLIAMS, George L. & Simpkins, Mary Jane; 7 Mar 1844 (PM)
WILLIAMS, Hector & Morrical,Susanah; 19 Oct 1837 (FB)
WILLIAMS, Henry & Champ,Susannah; 10 Jun 1805 (MB)
WILLIAMS, Henry & Lucas, Julet; 14 May 1824 (GB)
WILLIAMS, Isaac & Snodgrass, Hasiny; 15 Sep 1815 (GB)
WILLIAMS, Isaac F.. & Snidow, Sarah J. (d/o George Snidow Sr.); 5 Mar 1849 (GB)
WILLIAMS, Jackson & Harless, Elizabeth Jane; 15 Oct 1847 (GM)
WILLIAMS, Jackson (s/o John Williams Sr.) & Harless, Elizabeth Jane (d/o

WILLIAMS, Jacob & Williams, Catey (d/o Michael Williams); 2 Feb 1805 (MB)

WILLIAMS, James & Eckhols, Anna; 26 Oct 1818 (GB)

WILLIAMS, James & Fizer, Sarah (d/o John Fizer); 28 Sep 1829 (MB)

WILLIAMS, James & Jordan, Lydia (d/o Hugh Jordan); 30 Jun 1836 (GB)

WILLIAMS, James A. & Harless, Rebecca E.; 26 Jan 1852 (GB)

WILLIAMS, James Allen & Snidow, Jane (d/o Christian Snidow); 24 Aug 1840 (GB)

WILLIAMS, James R. & Bowen, Mary Elizabeth; 25 Jan 1844 (FM)

WILLIAMS, James S. & Johnston, Bicy (d/o John Johnston); 19 Oct 1840 (GB)

WILLIAMS, James Sr. & Piles, Sally (d/o Elizabeth Piles); 5 Aug 1824 (GB)

WILLIAMS, Jeremiah (s/o Eliezer Williams)(nephew of Joseph Williams) & White, Susan (b.d. 8 Sep 1804); 31 Aug 1826 (GB)

WILLIAMS, John & Hale, Polly; 28 Dec 1824 (GB)

WILLIAMS, John & Lemons, Amanda; 9 Oct 1845 (FM)

WILLIAMS, John & Stover, Susanna (d/o Jacob Stover); 23 Jul 1821 (GB)

WILLIAMS, John & Tawney, Elizabeth (d/o George Tawney); 7 Sep 1793 (MB)(MM)

WILLIAMS, John & White, _____; 29 Jul 1833 (GB)

WILLIAMS, John F. & Williams, Sarah Jane (d/o Isaac Williams); 27 Aug 1849 (GB)

WILLIAMS, John H. & Dickerson, Keturah; Nov 1850 (FL)

WILLIAMS, John Jr. & Lumpkin, Sarah (d/o Robert Lumpkin Sr.); 12 Nov 1838 (GB)

WILLIAMS, John M. & Fry, Catharine (d/o Daniel A. Fry); 19 Jun 1850 (GB)

WILLIAMS, Joseph & Huff, Susan (d/o Isaac Huff); 18 Dec 1843 (FB)

WILLIAMS, Joseph & Nichols, Mary; 1785 (MM)

WILLIAMS, Joseph & Huff, Susan; 31 Dec 1843 (FM)

WILLIAMS, Larkin & Cooke, Rhody; 2 Mar 1818 (GB)

WILLIAMS, Lewis & Farley, Lutitia (d/o John Farley); 14 May 1850 (GB)

WILLIAMS, Michael & Stafford, Margaret (d/o James Stafford); 8 Apr 1801 (MB)

WILLIAMS, Philip & Hughet, Elerner; 28 Oct 1811 (GB)

WILLIAMS, Phillip & McPherson,

Elizabeth (d/o Jacob McPherson); 17 Feb 1834 (GB)
WILLIAMS, Powatan & Dickerson, Elizabeth; 23 Jan 1837 (FB)
WILLIAMS, Preston (s/o Catherine Williams) &Kelly,rances (d/o Clayborn & Elizabeth Kelly) (b.p. Charlotte); 2 Oct 1855 (GM)
WILLIAMS, Tobias & White, Jemimah; 9 Jul 1835 (GB)
WILLIAMS, William & Fortner, Mahala (d/o Aaron Fortner); 6 Feb 1838 (GB)
WILLIAMS, William & Harless, Harriet (d/o Alexander Harless); 27 Mar 1848 (GB)
WILLIAMS, William J. & Strickler, Elizabeth; 4 Sep 1845 (FM)
WILLIAMS. George H. & Eaton, Elizabeth; 28 Apr 1832 (GB)
WILLIAMSON, George & Dobbins, Malinda (d/o Martin Dobbins); 6 Sep 1837 (MB)
WILLIAMSON, Jonathan & Jackson, Nancy; 7 Nov 1797 (MB)
WILLIAMSON, Thomas W. & Bishop, Nancy; 7 Nov 1839 (FM)
WILLIAMSON, Thomas W. & Bishop, Nancy; 2 Nov 1839 (FB)
WILLION, Jonathan & Taylor, Rhoda (d/o William Taylor); 18 Feb 1807 (MB)
WILLIS, Amel (s/o J. & R. Willis)(b.p. Monroe, Va.) & Ashford, Drucilla (d/o I. & M. Ashford); 25 Oct 1854 (PM)
WILLIS, Arnell & Ashford, Druzella L.; 25 Oct 1854 (PL)
WILLIS, Charles & Walters, Juliett (d/o George Walters); 29 Nov 1830 (MB)
WILLIS, Christopher & Dobbins, Zilpha (d/o Thomas Dobbins); 2 Jul 1827 (MB)
WILLIS, David & Stapleton, Sarah; 7 Apr 1791 (MM)
WILLIS, Hamilton W. & Blackwell, Damaris (d/o Henry Blackwell); 25 Oct 1852 (MB)
WILLIS, Hamuton W. (s/o William & Elizabeth Willis)(w/o?) & Akers, Amanda (d/o James & Elizabeth Akers); 18 Oct 1855 (MM)
WILLIS, Isiah & Vest, Mary (d/o Hannah Shelor); 10 Feb 1830 (MB)
WILLIS, James & Hall, etsy (d/o Leonard Hall); 14 Jul 1823 (MB)
WILLIS, John & Brown, Esther (d/o Jetham Brown); 1 Jan 1793 (MB)
WILLIS, Jonathan & Phleiger, Arabella; 11 Feb 1834 (FM)
WILLIS, Jonathan & Phlegar, Arrabela; 7 Feb 1834 (FB)

WILLIS, Joseph & Beckett, Susannah; 1 Dec 1807 (MB)
WILLIS, William & Davis, Harriet; 26 Dec 1850 (FL)
WILLOCK, Richard & Whorley, Rebecca; 12 May 1838 (FB)
WILLS, Edmund & Liffany, Emmarine Virginia (d/o James Liffany); 6 Jan 1837 (MB)
WILLS, James & Kimball, Barbara; 18 Mar 1795 (MM)
WILLS, John L. (s/o William & Margarete Wills) & Graham, Lucinda (d/o Archer Graham & Lucinda Cooper); 13 Nov 1855 (MM)
WILLSON, Benjamin (s/o Joshua Wilson) & Newton, Sarah (d/o Richard Newton); 13 Nov 1787 (MB)(MM)
WILSON, Abel (s/o Alford & Rachel Taylor) & Wood, Martha; 2 Apr 1838 (FB)
WILSON, Abram & Wood, Martha; 4 Apr 1838 (FM)
WILSON, Burwell & Hall, Sarah; 7 Jul 1835 (GB)
WILSON, Daniel & Gearheart, Margaret; 6 Apr 1821 (MB)
WILSON, Daniel & Sowder, Elizabeth; 3 Jun 1842 (FB)
WILSON, Edward & Peters, Rebecca; 18 Mar 1833 (GB)
WILSON, Elijah & Light, Hannah (d/o James Light); 1 Sep 1825 (MB)
WILSON, Erastus & Trimble, Susanna; 30 Mar 1835 (MB)
WILSON, Fleming & Eliot, Sarah; Dec 1848 (MM)
WILSON, Harry P. & Lucy, Theodocia; Nov 1846 (MM)
WILSON, Harvey & Wimmer, Mary; 30 Nov 1850 (FL)
WILSON, Henry (s/o E. & S. Wilson)(b.p. Montgomery Co., Va.) & Hurst, Nancy (d/o W. & C. Hurst); 31 May 1860 (PM)
WILSON, Hiram & Morgan, Mary (d/o John Morgan); 10 Sep 1813 (MB)
WILSON, Isaac & Cole, Ailey; 16 Nov 1835 (FB)
WILSON, Isaiah (s/o John & Catherine Wilson) & McFall, Louisa (d/o Eliza M. McFall); 25 Jan 1855 (MM)
WILSON, Isiah & Taylor, Polly (d/o Woldrick Taylor); 8 Jan 1802 (MB)
WILSON, Jacob & Helm, Eve (d/o George Helm); 10 Jun 1794 (MB)
WILSON, James & Dormond, Elizabeth; 8 May 1793 (MM)
WILSON, James & Rose, Catherine (d/o Edward Rose); 29 Sep 1789 (MB)
WILSON, James & Smith, Emily; 20 Dec 1841 (FB)
WILSON, James & Taylor, Nancy; 25 Jan 1830 also on file for 22 Feb 1830 (GB)

WILSON, James D. & Cole, Lydia; 24 Apr 1845 (FM)
WILSON, John & Christian, Mary; 5 Jan 1824 (GB)
WILSON, John & Cummings, Betsy; 28 Aug 1797 (MB)
WILSON, John & Hogan, Rebecca (d/o Mary Hogan); 24 Nov 1836 (MB)
WILSON, John & Martin, Catherine (d/o Catherine Martin); 4 May 1829 (MB)
WILSON, John & Morgan, Rebecca (d/o Edward Morgan); 25 Sep 1827 (MB)
WILSON, John & Pedan, Mary Thompson (d/o John Pedan); 19 Jan 1793 (MB)
WILSON, John & Taylor, Martha; 4 Mar 1829 (GB)
WILSON, John & Wilson, Catherine; 24 Jul 1829 (MM)
WILSON, John J. & Haymaker, Caroline; 18 Feb 1847 (PM)
WILSON, Jonah & Durman, Elizabeth; 4 Oct 1791 (MB)
WILSON, Jonathan & Reed,Elizabeth (d/o Cornelius Reed); 4 May 1807 (MB)
WILSON, Joseph & Langdon, Mary; 4 Oct 1791 (MB)
WILSON, Joseph & Nickols, Mary; 9 Feb 1785 (MM)
WILSON, Joseph (s/o Asa Wilson) &Miller,Elizabeth (d/o John Miller); 5 Nov 1832 (MB)
WILSON, Joseph J.M. & Crockett, Mary J.B. (d/o Robert Crockett); 16 Dec 1854 (MB)
WILSON, Joseph J.M. (s/o Joseph & Sarah Wilson)(b.p. Rockbridge, Va.) & Crockett, Mary Jane (d/o Robert & Sarah Crockett) (b.p. South Fork Roanoke,Montgomery, Va.); 21 Dec 1854 (MM)
WILSON, Joshua & Cox, Unis; 7 Jun 1834 (FB)
WILSON, Joshua & Conner, Christinah; 5 Jan 1819 (MB)
WILSON, Joshua & Cox,Unis; 10 Jun 1834 (FM)
WILSON, Joshua & Haff, Christina; 21 Dec 1826 (MB)
WILSON, Joshua & Lykins, Sarah (d/o Mark Lykins); 2 Dec 1792 (MB)
WILSON, Joshua & Steagall, Delila (d/o Mastin Steagall); 7 Mar 1820 (MB)
WILSON, Marley & Jacobs, Wealthy; 20 Nov 1829 (GB)
WILSON, Peter & Hathaway, Rhoda (d/o Leonard & Susy Hathaway); 2 Dec 1795 (MB)(MM)
WILSON, Randolph & Gray,Ann; 11 Sep 1845 (FM)
WILSON, Samuel & Lykins, Mamala; 31 May 1819 (MB)
WILSON, Samuel B. & Elliott, Elizabeth; Mar or Apr 1842 (MM)

WILSON, Samuel K. & Peterman, Catherine (d/o Michael Peterman); 20 Aug 1813 (MB)
WILSON, Stephen & Marcum, Susannah (d/o John Marcum); 5 Oct 1793; (MB)
WILSON, Thomas & Likens, Martha (d/o William Likens); 4 Nov 1794 (MB)
WILSON, Thomas & Shields, Rebecca S.; 18 Nov 1847 (PM)
WIMMER, Burwell (s/o Hosea & Christine Wimmer)(b.p. Floyd Co.,Va.) & Wimmer,Rhoeba (d/o John & Mary Wimmer)(b.p. Franklin Co., Va.); 4 Feb 1857 (MM)
WIMMER, Hosea & Wimmer, Caroline; 4 Apr or Jul 1850 (MM)
WIMMER, James & Litterall, Nancy Agnes (d/o Thomas Litterall); 29 Jan 1821 (MB)
WIMMER, John (s/o Samuel Wimmer)(of Tazewell Co., Va.) & Walters, China Ann (d/o George Walters); 13 Mar 1850 (GB)
WIMMER, Samuel (s/o Jacob Wimmer) & King, Masa (d/o John King); 24 Jan 1827 (MB)
WIMMER, William & Templeton, Sally; 21 Sep 1815 (MB)
WIMMER, William B. & Poff,Charity; 3 Jan 1850 (FM)
WINDLE, George & Lefler, Susannah; 13 Oct 1823 (MB)
WINFREE, Stephen & Childress, Elizabeth (d/o Boling Childress); 4 Apr 1826 (MB)
WINFREY, Bowling & Lovern, Malinda (d/o Harriett Lovern); 3 Mar 1856 (MB)
WINFREY, Bowling G. (s/o Stephen & Elizabeth Winfrey)(b.p. Floyd Co., Va.) & Lovern, Melinda (d/o William & Harriet Lovern)(b.p. Halifax Co., Va.); 13 Mar 1856 (MM)
WINFRO, Joseph & Carty, Margaret (d/o Henry Carty); 1793 (MB)
WINGO, Burrel W. & Williams, Nancy (d/o Nancy Williams); 7 May 1833 (GB)
WINGO, Christopher C. & Owens, Margaret; 18 May 1846 (MM)
WINGO, Ezbon & Lucas, Harriet (d/o Parker Lucas); 24 Aug 1840 (GB)
WINGO, Francis R. & Nida, Phebe (d/o Jacob Nida); 3 Apr 1843 (GB)
WINSTON, James H. (s/o Solomon & Roman Winston)(b.p. Franklin Co., Va.) & Early, Rhoda B. (d/o Jeremiah & Nancy Early); 29 Aug 1854 (PM)
WINSTON, Joseph H. & Early, Rhoda B.; 29 Aug 1854 (PL)

WINTER, Thomas & Winter, Nancy; 5 Jan 1816 (MB)
WINTER, Trigg & Glen, Elinor (d/o John Glen); 14 Dec 1816 (MB)
WINTERS, Spragg & Lester, Permeley; 12 Dec 1816 (MM)
WINTERS, William & Stephens, Livinia; 20 Jan 1787 (MB)
WINTHER, David & Blackwell, Mary; 19 Jun 1845 (FM)
WIRT, Andrew & Consolver, Anna; 7 Feb 1829 (MB)
WIRT, Henry (s/o Andrew & Ann Wirt) & Williams, Sarah A. (d/o John M. & Jane Williams)(b.p. Giles Co., Va.); 24 Mar 1859 (ML)
WIRT, Humphrey & Watkings, Elizabeth; 22 Nov 1821 (MM)
WIRT, James & Nolly, Susan (d/o Thomas M. Nolly); 26 Nov 1853 (MB)
WIRT, John & Williams, Nancy (d/o Stephen J. Williams); 10 Jan 1852 (MB)
WIRT, William & Meacham, Mary (d/o Elijah Meacham); 29 Dec 1825 (MB)
WISE, William & Hoops, Eliza (d/o Margaret Hoops); 12 May 1838 (MB)
WISEHART, Benjamin & Lothrain, Sally; 4 Apr 1804 (MB)
WISEHEART, James & Simpkins, Sarah; 12 Jun 1820 (MB)
WISEHEART, Thomas & Addair, Mary; 27 Jul 1805 (MB)
WISELY, Jonas & Whitzel, Margaret; 1782 (MM)
WISHONG, Jacob & Vozler, Jane (d/o Boston Vozler); 12 Mar 1829 (MB)
WISHONG, Joseph & Bowen, Margaret; 16 Jul 1829 (MM)
WITHERS, J. Thornton & Alexander, Henrietta A.; 25 Dec 1857 (PL)
WITHERS, J. Thornton (s/o R.W. & D. Withers)(b.p. Campbell) & Alexander, Henrietta H. (d/o J.B. & V. Alexander); 25 Dec 1857 (PM)
WITHIRM, Perry B. (s/o Samuel & Sarah Witherm)(b.p Fayette Co. ,Va.) & Stevens, Sarah E.B. (d/o Thomas & Mary Stevens); 12 Apr 1855 (MM)
WOHLFORD, Joseph & Bane, Margaret C.; 25 Jul 1842 (GB)
WOMACK, Jesse (s/o Daniel & Nancy Womack)(b.p. Bedford Co., Va.)(w/o?) & Sullins, Jane (d/o John & Catherine Martin)(b.p. Bedford Co., Va.)(w/o?);5 Sep 1860 (MM)(ML)
WOOD, German & Wright, Nancy; 29 Oct 1838 (FB)
WOOD, German & Wright, Nancy; 1 Nov 1838 (FM)

WOOD, Henry & Bryan, Nancy; 6 Aug 1821 (MB)(MM)
WOOD, John & Bryant, Lydia (d/o Ambrose Bryant); 3 Nov 1818 (MB)
WOOD, John & Huffman, Catherine; 7 Jun 1797 (MM)
WOOD, Ransom & Hoops, Jane (d/o Margaret Hoops); 17 Sep 1838 (MB)
WOOD, Richard & Vier, Lucinda; 25 Dec 1839 (FB)
WOODRAM, Archibald & Gore, Polly; 30 Aug 1825 (GB)
WOODRAM, Hugh & Watts, Linea P. (d/o William Watts); 17 Nov 1841 (GB)
WOODRAM, John & Meador, Judah (d/o Jesiah & Juday Meador); 12 Apr 1817 (GB)
WOODROOF, Pete (s/o David & Judith Woodroof)(w/o?)(b.p. Amherst Co., Va.) & Ingles, Agnes (d/o Elijah & Agnes McClanahan)(w/o?)(b.p. Roanoke Co., Va.); 14 Oct 1858 (MM)
WOODS, Jacob & Willard, Eliza (d/o Samuel Willard); 17 Jan 1856 (MB)
WOODS, James F. & Deaton, Elizabeth; 5 Mar 1845 (GB)
WOODS, James H. & Jordan, Lucretia J. (d/o Hugh Jordan); 9 Apr 1851 (GB)
WOODS, John (s/o John & Mary Woods)(b.p.Cumberland Co., Va.) & Willard, Eliza (d/o Samuel & Delela Willard)(b.p. Prince Edward Co., Va.); 22 Jan 1856 (MM)
WOODS, John G. (s/o John N. & Jane Woods)(b.p. Floyd Co., Va.) & Finch, Malinda H. (d/o John & Nancy Finch)(b.p. Floyd Co., Va.); 17 Mar 1859 (MM)
WOODS, John H. & Jordan, Sarah E. (d/o Hugh Jordan); 13 Jan 1844 (GB)
WOODS, Samuel B. & Mahood, Elmira (d/o Thomas Mahood); 23 Feb 1850 (GB)
WOODS, William P. & Mullins, Susanna; 7 Dec 1818 (GB)
WOODYARD, Abraham & Waddle, Sarah Ann (d/o James Waddle); 18 Jun 1849 (GB)
WOODYARD, Ephraim B. & McPherson, Chanly; 25 Mar 1845 (GB)
WOODYARD, George & Waddle, Emaline (d/o James & Catherine Waddle); 30 Oct 1849 (GB)
WOODYARD, James (s/o Stephen Woodyard) & Fielder, Mary (d/o Abram Fielder); 9 Aug 1842 (GB)
WOODYARD, James Jr. & Hughs, Susannah E. (d/o Lettitia Hughs); 28 May 1850 (GB)
WOODYARD, Joseph (s/o Stephen & Jane Woodyard)(b.p. Wythe Co., Va.) & Keeling, Frances (d/o Joseph &

Elizabeth Keeling)(b.p. Charlotte Co.); 4 Oct 1854 (GM)
WOODYARD, Levi & Davis, Dianah (d/o Abraham Davis); 5 Apr 1847 (GB)
WOODYARD, William S. & Kelly, Nancy T. (d/o Claibourne W. Kelly); 7 Nov 1853 (GL)
WOOLF, Frederick & Love, Nancy; 3 Nov 1818 (MB)
WOOLFORD, Samuel & Nisewander, Elizabeth (d/o Jacob Nisewander); 21 Apr 1834 (GB)
WOOLHIGHT, Joel & Ray, Fanny; 13 Feb 1810 (GB)
WOOLRICK, Peter Jr. & Mattox, Martha (d/o Sarah Mattox); 2 Jul 1804 (MB)
WOOLWINE, Adam S. & Shanklin, Rebeca S.; 20 Feb 1839 (MB)
WOOLWINE, George & Barger, Nancy (aka Nancy Croy)(d/o Catharine Croy); 4 Aug 1835 (MB)
WOOLWINE, Jacob & Deaver, Catherine (w/o ?); 6 Mar 1837 (MB)
WOOLWINE, Jacob & Keffer, Catherine; 8 Aug 1829 (MM)
WOOLWINE, John A. & Collins, Catherine (d/o Hezekiah Collins); 29 Sep 1828 (MM)
WOOLWINE, Lorenzo D. & Picket, Mary; 6 Jan 1846 (MM)
WOOLWINE, Philip & Dobbins, Lucinda (d/o Thomas Dobbins); 4 Feb 1833 (MB)
WOOLWINE, Philip & Rogers, Rebecca; 6 Jan 1842 (MM)
WOOLWINE, Philip (s/o Betsy Woolwine) & Reyburn, Mary; 7 Aug 1827 (MB)
WOOLWINE, Robert M. & Charlton, Elizabeth; 31 Oct 1844 (PM)
WOOLWINE, William & Robertson, Polly; 27 Jan 1807 (MB)
WORDON, Johnson & Graham, Sarah; 17 Mar 1855 (PL)
WORKMAN, Abraham & Litner, Margaret (d/o Mathias Litner); 24 Sep 1785 (MB)
WORKMAN, Benjamin & French, Rebecca; 12 Nov 1832 (GB)
WORKMAN, John & Rice, Permelia; 28 Oct 1833 (GB)
WORLEY, James (s/o Nathan Worley) & Wilson, Sarah (d/o Asa Wilson); 22 Oct 1830 (MB)
WORLEY, Nathan & Fry, Keziah; 14 Feb 1842 (GB)
WORLEY, Nathan & Putol, Betsy; 31 Dec 1805 (MB)
WORLEY, Nathan Jr. & Smith, Magdalene (d/o Henry Smith); 12 Aug 1820 (MB)
WORREL, Fleming S. & Hylton, Nancy; 3 Apr 1845 (FM)
WORRELL, Amos (of Carroll Co., Va.) & Akers, Lovis; 2 Apr 1846 (MM)

WORTH, Charles D. (s/o William & Mary Worth)(b.p.Pulaski Co., Va.) & Faulkner,Mary E. (d/o Fielding J. Faulkner & Sarah Dougherty); 12 Jul 1859 (MM)

WORTH, James (s/o Mary Worth) & Woolwine, Mary (d/o Jacob Woolwine); 25 Nov 1852 (MB)

WORTH, John B. (s/o William & Mary Worth)(b.p. Pulaski Co., Va.) & Thompson, Mary A. (d/o Joseph & Mahala Thompson)(b.p. Roanoke Co., Va.); 7 Oct 1858 (MM)

WRAY, William & Hammonds, Catherine (w/o William Hammonds who died 12 Aug 1829)(b.d. 12 Mar 1805); 9 Dec 1840 (GB)

WRIGHT, Berien & Horton, Mary; 11 Jan 1805 (MB)

WRIGHT, David & Stafford, Susannah; 26 Aug 1835 (GB)

WRIGHT, Dow & Brookman, Margaret; 4 Dec 1824 (MM)

WRIGHT, Francis M. & Stafford, Alice C. (d/o William Stafford); 25 Oct 1841 (GB)

WRIGHT, Grief & Hanes, Leanna (w/o Jacob Hanes); 20 Sep 1841 (MB)

WRIGHT, James & Hall, Elizabeth (d/o Cornelius Hall); 11 Nov 1834 (MB)

WRIGHT, James & Jinney, Nancy (d/o Aaron Jinney); 16 Nov 1843 (FB)

WRIGHT, James (s/o David Wright Jr. & Amelia Wright) & Toodle, Rebecca (d/o Gatey Toodle); 6 Jan 1840 (GB)

WRIGHT, James G. & King, Ann (d/o Anthony King); 9 Jan 1827 (MB)

WRIGHT, John & Stafford, Sasitia; 30 Sep 1833 (GB)

WRIGHT, Joseph & Walker, Cynthia (d/o John Walker); 26 Dec 1836 (GB)

WRIGHT, Robert & Sensentaffy, Rachel; 12 Mar 1821 (MB)

WRIGHT, Smith & Barnett, Rebecca; 16 May 1812 (MM)

WRIGHT, William & Boothe, Jeosianah; 19 Dec 1833 (FM)

WRIGHT, William F. (s/o James A. & Elizabeth Wright)(b.p. Augusta Co., Va.) & Garrett, Sarah C. (d/o William & Elizabeth A. Garrett); 18 Dec 1860 (MM)(ML)

WRIGHTSMAN, Samuel & Redpath, Mary S.; 3 Dec 1839 (MB)

WRITTENNAN, John & Harles, Mary; 1792 (MM)

WROLUIM, Philip (s/o John & Margaret R. Wroluim)(w/o ?) & Rop, Catharine F. (d/o John & Mary Enens)(w/o?); 15 Jun 1858 (MM)

WYATT, Joseph & Zintmeyer, Rebecca (d/o John Zintmeyer); 3 May 1843 (FB)
WYGAL, Berdine & Brown, Margaret K.; 30 Jan 1837 (MB)
WYGAL, Birdine & Guthrie, Malinda (d/o Richard Guthrie); 7 Jan 1833 (MB)
WYGAL, Gordon & Simpkins, Martha; 25 Aug 1846 (PM)
WYGAL, James & Cecil, Mary; 7 Jan 1811 (MB)
WYGAL, James Jr. & Yearout, Sarah (d/o Jacob Yearout); 22 Jun 1831 (MB)
WYGAL, John Sr. & Barringer, Catherine (d/o Adam Barringer); 1 Feb 1825 (MB)
WYGAL, Sebastian & Wilson, Rachel; Oct 1843 (MM)
WYGAL, Sebastian Jr. & Guthrie, Cynthia (d/o Richard Guthrie); 27 Mar 1832 (MB)
WYGAL, William & Cecil, Lenny; 24 Apr 1826 (MB)
WYGEL, Boston & Collins, Elenor; 14 Feb 1785 (MB)
WYNNE, Josiah (s/o William Wynne) & Whitley, Mary (d/o Robert Whitley); 1 Mar 1786 (MB)
WYRICK, Ephraim & Morrisson, Isabella (sister of John & William Morrison); 12 Jun 1847 (GB)

WYSOR, Henry & Charlton, Cynthia; 31 May 1811 (MB)
WYSOR, Jacob & Miller, Margaret (d/o James Miller); 5 Jan 1819 (MB)
YEAROAT, Jacob (s/o Jacob Yearoat) & Altizer, Elizabeth; 26 Oct 1837 (FB)
YEAROUT, Joseph & Olinger, Elizabeth; 28 Oct 1837 (FM)
YINGLING, William F. (s/o John & Hannah Yingling)(b.p. York Co., Pennsylvania) (w/o ?) &Honbarger, Margaret (d/o Daniel & Nancy Hornbarger); 20 May 1857 (MM)
YOPP, Hiram & Lykins, Matilda; Oct 1847 (MM)
YOPP, James & Freeman, Mariah (d/o Sara Freeman); 1 Mar 1836 (MB)
YOST, James L. & Wygal, Nancy E.; 27 Oct 1840 (PM)
YOUNG, Frederick & Taylor, Polly (d/o George Taylor); 9 Aug 1820 (MB)(MM)
YOUNG, George & Agnew, Nancy Jane; 22 Jan 1835 (FM)
YOUNG, George & Agnew, Nancy Jane; 19 Jan 1835 (FB)
YOUNG, Henry & Kedey, Betsy (d/o Kasper Kedey); 16 May 1795 (MB)
YOUNG, Joshua J. & Fillinger, Polly (d/o Jacob Fillinger); 27 Feb 1843 (GB)

YOUNG, William & Rutledge, Jane; 7 Dec 1814 (MB)
YOUNGER, Charles & Williams, Mary A. (d/o James F. Williams); 14 Sep 1844 (GB)
ZIGLER, Michael & Litterall, Elizabeth; 7 Oct 1823 (MB)
ZIMMERMAN, William & Williams, Adeline; 27 Feb 1838 (FM)
ZIMMERMAN, William & Williams, Adeline; 24 Feb 1838 (FB)
ZINTMEYER, David & Sowers, Mary (d/o George Sowers); 21 Dec 1843 (FB)
ZOLLS, Jacob & Sallust, Elizabeth; 9 Apr 1827 (MB)

Abbott,
  Susannah 151 Mary 151
Abel,Elizabeth 250
Able,Mary 48
Acers,Susannah 44
Acres,Patty 236
Adams,
  Ruth 41 Mary 67
  Frances 67 Harriet 67
  Henrieta 98 Milley 103
  Catharine Miranda 114
  Mahala 171 Nancy 220
  Elizabeth 233 Mary 246
Addair,
  Jane 133 Mary 263
Addims,Sarah 132
Adkins,
  Charity 2 Christina 2
  Fanny 20 Nancy 22
  Christina 68 Nancy 68
  Agness 102 Jenny 103
  Mary 146 Harriet E.147
  Mima 148 Rachel 148
  Tibitha 164 Jeriah 164
  Fanny 169
Adkinson,Mary A. 116
Agnew,
  Charlotte 39
  Malinda 41 Leah 94
  Maria A. 139
  Parthena 176
  Rachel 211
  Nancy Jane 267
Akens,Peredine 2
Aker,Matilda 216
Akers,
  Ellen 3 Elmira Jane 3
  Julina 4
  Mary 5,16,141,236
  Peredine 5
  Minarca 5 Eliza 8
  Elizabeth J. 18
  Clarissa 25 Amy 34
  Betsy 37,257
  Araminta 44
  Susan 58,234 Sarah 66
  Levina 70 Susanna 70
  Elizabeth 70,147,192,
    215
  Polly 71
  Mahala 71 Anna 71
  Diamie 86 Nancy 95
  Octavia 113
  Margaret 130
  Hannah 138
  Susannah 192
  Catherine 193
  Mary Jane 198
  Esther 201 Julian 207
  Lucinda 211
  Delilah 212
  Sucky 223 Betsy 257
  Amanda 259 Lovis 265
Albert,
  Martha 37 Martha A. 58
  Mary 186
  Margaret 219,251
Albright,Sarah Jane 40
Alcorn,Elizabeth 87
Alderman,Hosanner 128
Aldrich,
  Bethana 135 Mary 155
Aldridge,
  Sophia 5 Nancy 117
  Martha J. 192 Jane 248
  Belinda 252
Alexander,
  Emeline 138
  Henrietta A. 263
Alford,
  Mary 12 Eleanor 16
Aliff,Jane 226
All,Hety 176
Allen,
  Winna 1 Eliza 14
  Barbary 89 Ruth 94
  Mary E. 110 Jean 115
  Araminta J. 130
  Polly 144 Juliett 206
  Salley M. 206
  Elizabeth 240
Alley,
  Fanny 7 Abigail 8
  Elizabeth 49
  Margaret 95
  Susannah 200,255
Allicorn,Jean 119
Allison,
  Patsy 41 Rosannna 41
  Cynthia A. 47
  Nancy 78,90 Elmira 87
  Sarah Jane 170
Ally,Lavina 163
Alsby,Pennie 183
Alsope,Fanny 62
Alsup,Sarah 136
Altack,Catherine 87
Alterman,Catherine 194

Altizer,
  Peggy 4 Catherine 5
  Nancy 5 Delila 5
  Abbeline 7
  Sophia 7 Martha 8
  Rachael 8 Susanah 20
  Melvina 22
  Susannah 34 Milly 69
  Bitey 192 Ann 192
  Elizabeth 267
Alvis,Harriet R. 47
Amiss,
  Arabella 129
  Sarah E 177
  Elizabeth M. 180
  C.L. 246
Amos,Eliza 153
Anderson,
  Nancy 8 Elizabeth 50
  Lucinda 59
  Rachel Rebecky 70
  Isabella 119 Peggy 132
  Ardealey 170
  Catherine 207
  Nancy 208 Polly 209
  Mary 213,245
  Mary D. 217
  Eve 220 Eliza 245
Argabright,
  Margaret Ann 30
  Eliza 37
Argubright,Suemma 185
Armbrister,Nancy 207,227
Arnold,
  Harriet 168,171
  Nancy 191 Mary S. 198
Artrip,
  Elizabeth 146
  Winney 223
Artrup,Elizabeth 222
Ashford,
  Eliza 137 Nancy 138
  Drucilla 259
Ashworth,
  Elizabeth 93
  Rebecca 118
Askins,
  Anna 62
  Frances H. 181
  Sarah 241
Aspey,Catharine 124
Atkins,
  Clary 9,73
  Mary Jane 19
  Nancy E. 45 Nancy 60
  Elizabeth 107,117
  Fanny 154 Susan 155
Atkinson,Anne 192
Auch,Ann 10
Aul,
  Jane 139 Mary 155
  Joanna 175
  Margaret 197
Auldridge,Elizabeth 143
Austin,Mary 215
Ayers,
  Elizabeth 43
  Elizabeth F. 78
Bachelor,Mary E. 90
Bacon,Hannah 136
Bailey,
  Sarah 11 Eliza 58
  Louisa 84
  Mary Jane 122
Bailey,
  Cloe 155 Elizabeth 157
  Juliann 160
  Mary Jane 180
Baines,Nancy 62
Baker,
  Mary 112,150,153
  Nancy 139,147
  Phebe 158 Ellen L. 180
  Hannah 202
  Margaret 220
  Eliza Jane 256
Balden,
  Eliza 141 Caroline 141
Baldwin,Jane 229
Baley,Elizabeth 220
Ball,Nancy 184
Ballard,Rocksey 116
Bane,
  Maria 7 Mary Ann 27
  Elizabeth 71,208,230
  Neomi 92 Jane 94,251
  Mary 107,109
  Nancy 110 Sally 127
  Betsy 127,164
  Margaret 132
  Rebecca 132,251
  Sarah S. 206
  Margaret C. 263
Banks,
  Sally A 39 Deborah 45
  Abigail 92 Mary A. 116
  Ruth 207
Baren,Polly 27

Barger,
  Eve 65 Cynthia S. 68
  Virginia S. 68
  Sally 74 Mary E. 133
  Elmira M. 153
  Arminter A.S. 153
  Henrietta 180
  Nancy 265
Baritz,Mary J.T. 173
Barlett,Nancy 41
Barnett,
  Rachel 15,129
  Sally 22,57
  Mary A.M. 28
  Rebecca 52,266
  Jane 61,86,205
  Mahala 63
  Mary Jane 68,201
  Mary W. 68 Nancy 83
  Sarah 92, Margaret 116
  Hannah 124,139
  Patsy 124
  Celiada A. 138
  Susannah 140
  Lucinda 142
  Sarah G. 137,143
  Esther 147,255
  Mary Ann 166 Susan 175
  Elizabeth 190,235
  Mary J. 201 Jane 205
  Betsy 238
Barrenger,Rosanne 53
Barringer,
  Catherine 6,108,267
  Sabra Ann 6 Kezia 87
  Polly 112 Mary 251
Barrisher,Elizabeth 170
Barrister,Elizabeth 154
Barrow,Mary E. 19,35
Bartlett,
  Sarah 131 Betsy 145
  Lydia 232
Barton,
  Nancy 42 Lydia 119
  Sarah Jane 189
Bastine,Ann Eliza 51
Bateman,
  Margaret 35 Nancy 61
  Virginia 83 Sarah 108
  Mary 128 Zerilda 244
Baugh,Lizzy 53
Baxter,Betsy 254
Bayenger,Susannah 58
Baylor,

Mary 59 Euphemia 61
  Eliza 67 Nancy 250
Beal,Rhoda 232
Bean,
  Rebecca 34 Polly 109
  Sarah 136
Beanard,Christina 209
Beard,Mary J. 36
Beath,Elizabeth 220
Beavers,Mary 139
Beck,Lucy 244
Becker,Frances 132
Becket,Nancy 24
Beckett,
  Mary 86 Ruth 105
  Rebecca 124
  Anne 125,249
  Susannah 260
Beckleheimer,
  Martha 4
  Elizabeth 39
Becklehimer,Sarah 132
Becknel,Susannah 232
Bekelhymer,Anna 231
Belcher,
  Martha 114 Sarah 181
Belden,Louisa 5
Bell,
  Elizabeth 18,210
  Cinthia 43 Eliza 54
  Patsy 80 Eleanor 92
  Margaret 99,249
  Harriet 111
  Chiren Happerch 117
  Indiana 137
  Catherine 161
  Sally 162 Janel 173
  Jane 178,182,214
  Nancy 185,202,249
  Martha 243 Hannah 249
Bennett,
  Margaret 15,252
  Martha 169,173
Berry,
  Elizabeth 42,173
  Rebecca 150,227
Berton,Elizabeth 27
Bess,Maria 252
Bethel,Polly 176
Beverly,Elizabeth A. 20
Bevers,Mary 139
Bicknell,Sally 114
Biddle,Mary 198
Bingamin,Mary 195

Bingamon,
  Elizabeth 136 Mary 195
Bingham,
  Elizabeth 57
  Martha Ann 97
Binns, Mary 178
Birchfield,
  Elizabeth 68
  Susanna 83 Ellen 126
  Martha H. 225
Bird,
  Malinda L. 10
  Polly B. 69 Sarah 71
  Elizabeth 104
  Nancy K. 129
  Martha L. 164
  Catherine 172
  Rhoda J. 176
  Harriet B. 213
Birk, Mary 210
Bish,
  Susan 93 Sally 154
Bishop,
  Martha 69
  Nancy
    76,81,211,248,259
  Christina 79,141
  Lydia E. 97 Mary 104
  Lydia 145
  Sarah 167,241
  Lucy 211,250
  Margaret 214
  Elizabeth 231 Ann 237
  Mrs. Ann 237
  Sarah 245 Tabitha 245
Black,
  Jane 26,157
  Catherine 31
  Susanna 157 Mary 199
  Jeany 199
Blackwell,
  Elizabeth 210
  Mary E. 210
  Damaris 259 Mary 263
Blair,
  Sarah 124 Nancy 213
Blake, Jane 22
Blan,
  Jane 83 Nancy 195
  Orleany 200
  Elizabeth 236
Bland, Sarah Jane 237
Blankenship,
  Mary 30 Lucinda 35

  Sarah 56
  Elizabeth 61,210,228,
  Nancy 65 Fannah 89
  Louisa 95 Martha 126
  Mahala 136 Ardenia 169
  Rhoda 181 Juliet 189
  Frances 203
  Katharine 229
  Phebe 235
Block, Keziah 84
Blount, Mary Jane 152
Boafford, Jane 191
Boaine, Effie 34
Board, Elizabeth 9
Boardman, Sarah 114
Boen, Sally 105
Bogle,
  Margaret 29 Jane 78
  Sarah 127
  Milenday 174 Ruth 227
Boling, Mary E. 32,34
Bolling,
  Anna 25 Nancy 45
Bolt,
  Lucy 6 Nancy 213
Bolten,
  Margaret 128 Patsy 85
  Eliza 93
  Beatrice Amelia 97
  Sally 131
  Christena 183
  Nancy 183
Bond,
  Martha 29 Emily 31
  Lavinia 81
Bonds, Bridget 94
Bones,
  Elizabeth 93
  Martha W. 98
  Mary 172,218
Bonham, Eliza 10
Boon,
  Lavinia 38 Nancy 183
  Elizabeth 251
Boop, Barbary 137
Booth,
  Virginia Ann 2
  Ada 25 Polly 25,41,69
  Elizabeth 49
  Susan J. 55 Docia 63
  Rhoda 64 Doceer 69
  Lucy 70 Jerusha 74
  Freelove 77 Edy 94
  Mary 105,154 Nancy 108

Milley 114 Zella 137
Sarah 138,151,221
Delila 192,211
Tamah 211 Pamelia 222
Boothe,
   Nancy 21,70,94,106
   Hannah 21 Mary 153,249
   Luemma 162
   Julyann R. 162
   Catherine 222
   Margaret 238 Sally 240
   Drucilla 248
   Jeosianah 266
Borden,
   Mary Jane 63
   Sally J. 101
Bosang,Callie 227
Bossick,Nancy I. 31
Boster,Polly 214
Bosters,
   Catherine 26 Rhoda 216
Boswell,
   Nancy 46
   Elizabeth M. 55
   Letitia 55 Mary R. 140
   Elizabeth 161
   Susan 205
Bott,Sally 182
Bough,Lizzie 46
Boulton,Elian 179
Bourn, Patience 235
Bow,Angelina 167
Bowcher,
   Nancy 32 Polly 169
Bowden,
   Emily 74 Henrietta 113
   Marinda M. 137
   Louisa 238 Sarah 238
Bowe,Jane 93
Bowen,
   Magdalin 10 Maria 37
   Mahala 37 Nancy 39
   Helena 84
   Polly 140,202 Mary 203
   Mary Elizabeth 258
   Margaret 263
Bower,Elizabeth 207
Bowers,Catherine 194
Bowing,Polly 117
Bowles,Julina 7
Bowlin,Eliza S. 213
Bowling,Jane 57
Bowman,
   Nancy 26 Polly 57

Juliet 57
Magdaline 111
Mary 120 Elizabeth 222
Susannah 256
Bowsman,Katerene 199
Boyd,
   Mary E. 61 Martha 89
   Susannah 166
Boyle,Rebecca 227
Bradberry,Nancy 156
Bradford,
   America 81 Hannah 216
   Mahala 239
Bradley,
   Nancy 47 Polley 48
   Jane 171 Agnes 254
   Hannah 256
Bradshaw,
   Decia 23 Martha 63
   Jane 113
Bralley,Elizabeth 36
Brammer,Penina 241
Branden,Quitina 90
Branham,Rhoda 12
Brannon,Polly 132
Branscomb,
   Frances 46 Cynthia 118
Bratton,
   Elizabeth 40
   Malinda 101 Rhoda 110
   Ann C. 129 Lydia 203
Brawley,Barbara 112
Breadwater,Hannah 40
Breckenridge,Lettice 149
Breeden,Mary 22
Breeding,
   Virginia 119
   Euphenia 189,190
Brians,Polley 257
Bridges,
   Catherine 41
   Harriet 92 Malinda 140
Bridgewater,
   Sophiah 200
   Susan Frances 250
   Mary 254
Bright,Frances Ann 26
Brilhart,Catherine 164
Brills,Mary 56
Britt,
   Eliza Ann 82
   Mildred E. 83
   Sarah C. 165
   Susan J. 216 Mary 216

Britton, Sary 9
Broadwater, Hannah 72
Broce,
   Elizabeth M.I. 81
   Margaret 100
   Deroth C. 160
   Elizabeth 218
Brogin, Milly 153
Brookman,
   Mahala 117 Ann 197
   Cynthia M. 226
   Margaret 266
Brooks,
   Elizabeth 210
   Frances 247
Brose,
   Mary 102 Catey 132
   Ann 133 Jane 218
   Agnes 147
Brown,
   Eliza 14
   Elizabeth 111,15,206,6
   Elizabeth C. 220
   Esther 259 Jane 228
   Julet H. 60
   Juliet A. 153
   Louisa M. 171
   Margaret 133,157
   Margaret C. 56
   Margaret K. 267
   Mary 225,50,86
   Matty 179 Nancy 60
   Nancy A. 108
   Nancy S. 148
   Nelly 56 Polly 7
   Priscilla 9 Ruth 127
   Salley 42
   Sophia Isabela 150
   Susannah 13
Bruce,
   Susannah 119
   Julia Ann 186
   Lione 203
Brugh, Sarah 75,76
Brumfield,
   Lavina 34 Rosannna 40
   Clary 46 Mehala J. 87
   Anny 106 Lucinda 155
   Emley 156 Fanny 172
   Mary A. 223
Brunk,
   Catharine 55
   Magdalin 88 Ann 168
   Susan 247

Bryan, Nancy 264
Bryans, Catherine 89
Bryant, Lydia 145,264
Bryants, Elizabeth 66
Buchanan, Martha C. 109
Buchannon, Nancy 236
Buck, Susan 239
Buckingham, Priscilla 42
Bueford, Nancy 243
Bueley, Mary 87
Bullard, Mary L. 33
Bullis, Polly 57
Bunk, Elizabeth 156
Burchett, Mary 114
Burdit, Mariah 85
Burgess,
   Rebecca E. 13
   Elizabeth 43
   Mary 62,164 Nancy 226
Burgis, Nancy 59
Burk,
   Betsey 61 Nancy 67,149
   Sarah 107 Rebecca 121
   Clary 121,219
   Margret 143
   Elizabeth 149
   Honour 183 Neomi 198
   Mary 219,223
   Catharine 237
Burke, Nancy 257
Burkett, Barbara Ann 255
Burnes, Rebecca 61
Burnett,
   Elizabeth J. 23
   Sarah Jane 68
   Nancy 69
Burris, Elizabeth 241
Burton,
   Balinda 17 Belinda 20
   Charlotte 106
   Chloe 83 Mary 85
   Cynthia 225
   Cynthia M. 17
   Elizabeth 203,209,56
   Elizabeth J. 82
   Frances 22 Catey 48
   Lusetta 156 Lydia 62
   M. Martha 86
   Margaret 156 Peggy 108
   Polley 102
   Priscilla Jane 6
   Rachel 151 Sally 196
   Sarah 6 Polly 8
   Sophia Ann 113

Busby,Rachel 206
Bush,
  Catherine 36
  Rebecca 60
Bushby,Rachel 139
Butt,
  Emaline 29
  Margaret Jane 62
  Margaret 67 Mariah 217
Butterfield,Patience 212
Byrd,Elizabeth 104,243
Byrn,Mary Ann 183
Byrnes,
  Jane 69 Hesteran 103
Byrum,Elizabeth D. 20
Caddale,Elizabeth 60
Caddall,
  Paulina 83
  Cornelia 101
  Martha 170
  Margaret A. 226
  Sarah 176
Cadle,
  Dicey 92 Sally 143
  Mary 143 Nancy 161
Caffee,Dorcas 83
Cain,Nancy 21
Caison,Mary 82
Caldwell,
  Mariah 6 Rosy 6
  Elizabeth 34,159,205
  Lenna 48
  Sarah Jane 76
  Nancy 80
  Ruthy 110,131
  Susan 118,233
  Susannah 120,134
  Mary Ann 124
  Mary C. 126
  Sarah 130,241
  Mary 174,215 Unice 174
  Delila 174
  Martha Ann 217
  Viney 248
Callwell,Sarah 134
Calwell,Betty 75
Camp,Nancy 59
Campbell,
  Margaret 38,178
  Evelina 163
  Clarissa 165
  Isabella 204
Camper,
  Mary Elleanor 159

Sarah Ann 220
Canada,Sarah 39
Canaen,Hannah 200
Cane,Nancy 108
Cannaday,Martha 119
Cannaham,Nelly 69
Canterberry,
  Mary 96,126
  Essabella 164
  Nancy 202
  Eleanor 226
Cantly,Mary 242
Capel,Eliza Jane 189
Caperton,
  Mary Elizabeth 31
  Rhoda 180 Betsey 240
  Polley 240
Carbaugh,
  Mary 100
  Elizabeth 113
Carden,
  Eliza Jane 171
  Mary J. 198
Carder,
  Mary 42
  Elizabeth 42 Leah 227
Cardin,Susanna 189
Carper,
  Catey 219
  Catherine S. 182
  Eliza 65 Elizabeth 128
  Eva E. 256 Hetty 9
  Mary 209 Nancy 13,209
  Peggy 201 Polly 13
Carr,
  Anna 13 Nancy 21
  Vineyvesta 37
  Margaret 54, 224
  Nancy B. 176
Carrell,
  Elizabeth 4
  Catharine 198
Carroll,
  Nancy 59 Rose 127
Carson,
  Esther McKim 148
  Agnes 165
Carter,
  Elizabeth 2
  Frances 115 Letty 84
  Mary M. 27
  Nancy 115,44,89
  Polly 53 Rosanah 155
  Sarah 105,164,95

Cartey, Paulina 156
Cartmill, Mary 247
Carty,
  Lucinda 71
  Elizabeth 237
  Catherine C. 237
  Ann 242 Margaret 262
Case,
  Mary S. 161 Nancy 225
Casey, Sally 228
Cassady, Mary 80
Cassell, Susan C. 189
Cassidy, Nancy 158
Castle, Elmira 156
Cavendar, Mary 154
Cecil,
  Attelia 241 Betsy 224
  Bicey 224
  Elizabeth 146, 220
  Ellin C. 229
  Juliet 100 Keziah 72
  Lenny 267 Mary 267, 43
  Mildred Ann 234
  Nancy 121, 147, 36, 72
  Nancy B. 42 Nelly 179
  Polly 28 Rebecca 42, 45
  Rhoda 57
Certain, Sarah 155
Chaffin,
  Sevira 4 Mary Ann 5
  Ruth S. 253
Chambers, Sally 244
Champ,
  Susan 109 Mary Ann 130
  Agnes 203 Susannah 257
Chandler,
  Dolly A. 61
  Julina C. 81
Channells, Lucinda 243
Chapman,
  Adaline 220
  Amanda M. 2
  Anne 149, 85
  Armenta D. 85
  Betsy 180, 257
  Dicey 155 Elizabeth 43
  Elvina 181 Isabella 42
  Julia Ann 31 Mary 257
  Nancy 157 Polly 13
  Priscille 84
  Rachel 219 Rebecca 179
  Salley 127 Sally 136
  Sarah 136, 163, 256
Charlton,
  Betsy 116 Cynthia 267
  Cynthia Mary 44
  Elizabeth 265, 60
  Emily B. 151
  Eveline M. 147
  Juliet 204 Lucinda 196
  Maria B. 88 Mary 226
  Mary Ann 98
  Matilda 164
  Matilda L. 152
  Nancy 248
  Pamela Ann 57
  Rhoda 59 Sally Ann 224
  Susannah 17
Chase,
  Susannah 37
  Zubey 16 Anna 105
Chester, Betsy 33
Childres, Athra 194
Childress,
  Elizabeth 74, 262
  Jean 105
Chrisman,
  Betsy 233
  Elizabeth 180 Jane 232
  Mary 142 Mary C. 6, 7
  Nancy 197, 28
  Nancy Jane 182
  Phebe 123 Rebecca 75
  Sarah 190
Christian,
  Nancy 87, 96 Martha 126
  Polly 183 Mary 261
Cicel, Henrietta 234
Cifeall, Susannah 137
Claeburne, Mary 37
Clare,
  Harriet 66
  Mary 107 Ann E. 146
Clark,
  Mary A. 16
  Elizabeth W. 45
  Eliza L. 58 Sally 72
Clarke, Lucy B. 240
Clase, Sarah 146
Claxton,
  Martha 134 Mary 232
Clay,
  Amy 45 Betty 85
  Elizabeth 195
  Mary 226 Nancy 226, 45
  Neomi 97 Patience 43
  Sarah 182 Tabitha 229
Clear,

Clements,Rachel 49
Clemmons,
　Catharine 97 Mary 218
Clendenin,
　Mary 100 Alice 100
Clevinger,Mary 163
Cliborn,
　Dorcas 174 Paumely 255
Clifeall,Anne 137
Clive,Margaret 169
Clor,Alice 223
Clore,
　Ann E. 221
　Elizabeth 223
Cloud,Mary 34
Clowder,Elizabeth 16
Clowers,Elizabeth 244
Cloyd,
　Polly 46
　Margaret 106,129
　Elizabeth 129
　Mary 129 Martha 140
Clur,Olive 68
Clybourn,
　Sophina Jane 29
　Elizabeth 30
　Polly 61 Barbary 64
Clyburn,Margaret 172
Coadie, Nancy 236
Coal,Charlotte 238
Cobun,Polley 7
Cochram,Olive 190
Cochran,
　Lucy 91 Elizabeth 173
　Sarah 190
Cockran,
　Mary 2 Leah 10
　Oney 234
Coddell,Nancy 241
Cofer,
　Minerva 15 Nancy 40
　Octavia 191
　Julia A. 196
Coffee,Margaret 17
Coffer,Margaret Jane 56
Coffin,Elizabeth 114
Coldwell,Lucinda 67
Cole,
　Ailey 260 Caty 181
　Eliza 50 Keziah 50
　Liddy 238 Lucinda 50
　Lydia 261 Mary 238
　Nancy 142 Peggy 182
　Polly 86 Margaret 193
　Polly 55 Sally 54
Coleman,
　Elvira 48 Mary A. 54
Colhoun,Margaret 101
Colles,Elizabeth 219
Collier,Frances 197
Collingsworth,
　Elizabeth 114
　Phebe 178
Collins,
　Ann 116
　Catherine 176,265
　Elenor 267
　Elizabeth 107,139
　Ellen 257 Jemima 251
　Lucendy 225 Lucinda 67
　Margaret 208
　Nancy 101,187 Sally 47
Collison,Sallie E. 90
Colman,DelilahCaroline65
Comer,
　Nelly 99 Sarah 182
Commac,Elizabeth 126
Compton,Elizabeth
　　53,139,140,142
　Sarah F. 70 Susan 95
　Nancy 255,178
Conaway,Sarah 238
Conley,
　Aramenta 71 Mary 228
Connaford,Susanna 138
Connely,
　Susannah 43 Mary 182
Conner,
　Bethania 99
　Christinah 261
　Elizabeth 120
　Julina 41 Martha 41
　Mary 185 Nancy 175
　Polley 143 Polly 25
　Rebeckah 192 Ruth 214
　Sally 120 Sarah 54
　Sophia 111
Consoluant,Ariny 199
Consolver,Anna 263
Conway,Frances 100
Cook,
　Elizabeth 36,63
　Jemima 78 Judah 11
　Mary 130 Rhoda 161
　Sarah 53 Sary 204
Cooke,
　Eleanor 30 Rhody 258
Cooksey,Susan 180

Cooper,
  Ann 127 Betty 34
  Catey 212,52
  Genny 184 Jane 130
  Mary E. 69 Nancy 88
  Patience 62 Polly 4
  Rebecca 142,145
  Sally 34,59 Sarah 69
  Susan 106
Copeley,Sarah 158
Copely,
  Rachel 123 Rhoda 158
  Nancy 254
Copher,Catherine 113
Copley,
  Elizabeth 158
  Rhoda 217
Corder,Elinor 116
Cornutt,
  Rebecca 42 Naomi 79
Cosby,Malissa 9
Cothon,Marthey 204
Cottins,Martha 188
Couch,Patsy 107
Covey,
  Rachel 16 Tabitha 98
  Keziah 99 Jane 126
  Elizabeth 129
  Abigail 150
  Grizelda T.212
  Mary 214
Cox,
  Elizabeth 245,247
  Eunice 120,126
  Evalina 70 Lucinda 47
  Lucy 126 Martha 123
  Mary 104
  Nancy
    11,110,116,142,18,7
  Polly 192 Rachel 220
  Sally 189
  Sarah 241,245
  Susannah 108
  Unis 261 Violet 71
Craddock,
  Elizabeth F. 15
  Martha A.L. 17
  Minerva 257
Craghead,
  Martha E. 50 Sarah 86
Craig,
  Anna 30 Asinatha 216
  Catherine 240,65
  Celina 136
  Clemetina V.100
  Cynthia 221
  Elizabeth 130,241
  Elmira 57 Emiline 249
  Finetta 172 Jane 248
  Mallissa 153
  Mary 100,23,232
  Muidon 160 Nancy 27
  Polly 133
  Rebecca M. 248
  Sarah 159 Susan M. 14
Crandall,
  Martha J. 33 Matey 98
  Angelina 101 Mary 217
Crawford,
  Caroline 2 Peggy 7
  Ellen M. 73
  Margaret 78,124
  Nancy 251 Jane 256
Crawley,Elvira 130
Creasy,
  Judith Ann 94
  Susy Ellen 94
Creeger,Margaret 229
Criner,
  Barbery 13 Anne 37
  Julania 75 Ann 185
  Elizabeth 205
  Loucinda 230
Crockett,
  Emma Virginia 221
  Jane 68 Jean 41
  Jenny 64 Louisa C. 177
  Margaret 229 Mary 105
  Mary Jane 261
  Nancy 186
  Rebecca 15,72
  Susanna 204
  Susannah 203
Cromer,
  Polly 27
  Elizabeth 187
  Catherine 187
Croner,Mary C. 98
Cronk,Savina 234
Crow,
  Ann 77 Elizabeth 237
  Emily 246
  Margaret 130,41
  Mary 198 Nancy 229
  Polly 159 Rebecca 156
Crowell,Elizabeth 51
Crowy,Eve 28
Croy,

Eliza 9 Lucinda 40
Barbary 46 Rosanna 62
Rebecca 80
Christina 105
Allanela 129
Mary 194 Elizabeth 218
Eliza 225 Susan 235
Martha A. 238
Cruger,Margaret 18
Crum,Betsy 230
Crusenberry,Nancy 21
Cumming,Ann 84
Cummings,
  Malinda 147 Betsy 261
Cumpter,Margaret 23
Cumpton,
  Margaret 23 Mary 213
Cunningham,
  Isabella 64
  Mary 67,155
  Eliza Jane 127
  Jane 131 Martha A. 155
  Sarah 168 Nancy S. 237
  Polina S. 250
Cup,Nancy 41
Currin,
  Catherine F. 44
  Mary 121
Curtis,
  Ann B. 106
  Lucy Ann 253
Custer,Julia H. 25
Damewood,Agnes 193
Dan,Marinda 147
Dare,Cynthia 39
Darr,Phielander 160
Darst,Elizabeth A. 177
Daugherty,Katey 123
Davidson,
  Jane 31 Margaret 34
  Sarah Ann 89
  Elizabeth 138,202
  Minerva Ann 241
Davies,
  Sarah 81 Margaret 109
Davis,
  Amanda 173,178,37
  Amie 109 Ann 219
  Barbara 78 Betsy 12
  Catherine 147,181
  Deborah 53 Dianah 265
  Dolly 29 Edmonia 225
  Elizabeth
    165,172,248,82
  Ellen L. 174
  Harriet 260
  Jane 11,144,238
  Louisa 97 Lucinda 23
  Margaret 37
  Martha Sarah 32
  Mary 122,225,93
  Mary Ann 111
  Minerva Ann 124
  Moriah 46
  Nancy 156,81,83
  Nancy Jane 178
  Peggy 104
  Polly 11,255,34
  Rachel 121
  Sally 17,22,37
  Sarah 242
Davisson,Anne 226
Dawson,
  Sarah E. 9 Eliza A. 22
  Eliza 44 Mildred 79
Day,Lucy 182,246
Deadmone,Margaret 246
Dean,
  Jene 38 Ann F. 135
Deaton,
  Sarah 57
  Elizabeth 92,264
  Eliza P. 95
  Martha Ann 122
  Nancy 176
Deaver,Catherine 265
DeCamp,Sarah Ann 98
Deck,
  Mary 13 Susannah 28
Dehart,
  Polly 31 Hannah 178
DeIuasie,Mary Ann 44
Delany,Frances 167
Delong,
  Amanda Malvina 72
  Elizabeth 7 Maria 180
  Mary 231 Matilda 180
  Sally 199 Sarah 120
  Tabitha 120
Dempsey,Jane 118
Dennis,
  Mary 7 Elizabeth 57
  Catharine 68
Depew,Nancy 80
Deskine,Ellen H. 91
Dettimore,Martha 170
Dewease,Matilda 185
Deweese,

Hannah 154 Jane 215
Lucinda 234
Deweeze,Cynthia 247
Deyerle,
  Rebecca 20
  Nancy 43,109
  Eliza 55 July 63
  Salmah 68
  Anna Rebecca 110
  Sarah G. 180
  Eliza Ann 235
Dials,Sarah 229
Diamond,
  Barbara 35 Loucinda 64
Dick,
  Frances 64 Sarah 160
Dickenson,
  Nancy 91 Fanny 225
Dickerson,
  Elizabeth 152,259
  Frances 32
  Jemima 15,35
  Jemimah 230
  Keturah 258 Levinia 27
  Mary 236,65 Nancy 236
  Susannah 193,24
  Uriah 64
Dickins,Rachel 29
Dickinson,Sarah 71
Dier,Margaret 37
Dillinger,Margaret 126
Dillon,
  Ann 23 Elizabeth 170
  Amanda 194 Mary E. 248
Dilnman,Nancy 111
Dingess,
  Polly 85 Sally 155
Dingus,
  Elizabeth 173
  Susan 215
Disch,Sarah 69
Ditty,Betsy 218
Dobber,Catherine 42
Dobbins,
  Elizabeth 115,148,44
  Joanna 234 Julina 10
  Lucinda 265,65
  Malinda 259 Malvina 29
  Margaret 148,47
  Mary 99 Melvina 29
  Nancy 147 Octavia 141
  Parthena 9 Rebecca 244
  Sarah Ann 247
  Susannah 178
  Tenicia 149
  Thurietta 235
  Zilpha 259
Dobbs,Mary M. 83
Dobyns,Timandra 115
Dodd,
  Elizabeth 21
  Mahala 64
  Susannah 105
  Sarah A. 117
  Cynthia 239
  Sabrina 250
Donneho,Elizabeth 67
Dooley,
  Mary M. 10 Jane 93
Dooly,
  Isabella 116
  Mildred 140
Doosing,Nancy 206
Dorman,Peggy 246
Dormond,Elizabeth 260
Doss,
  Mary 49,146 Nancy 242
Douett,Elizabeth 53
Dougherty,Elizabeth 204
Douglas,Caroline 8
Douthat,
  Frances A.S. 2
  Mary Jane 12
  Mary I. 15 Mary 107
  Luemma H. 112
  Elizabeth 220
Dove,Abigail 67
Dowdy,
  Julia Eveline 14
  Nancy 95 Jane 102
  Susanna 118
  Mary Jane 147
  Elizabeth 151
Dowell,Elizabeth 53
Doyle,
  Susan 215 Margaret 217
Drake,
  Polley 155 Jane 199
Draper,
  Elizabeth 36 Mary 146
  Nancy 179 Jane C. 232
  Mrs.Elizabeth 167
Duckwiler,
  Nancy Ann H. 66
  Nancy Ann 119
Duckwyler,Mary 23
Dudley,
  Ann D. 17 Luema C. 51

Lucy 131 Mary 150,229
Dudly,Elizabeth Jane 13
Duffey,Elizabeth 183
Dugless,Sally 102
Dulaney,
   Lucinda 22 Polly 168
   Mariam 192 Sally 193
Dulany,
   Rebecca 8 Polly 25
Dunbar,
   Cynthia P. 31
   Polly 127
   Elizabeth 173
Duncan,
   Alecy 224
   Catherine 136
   Chloe 134 Delia 38
   Eliza 38
   Elizabeth 212,239
   Harriet 197 Judith 30
   Julina 111 JulyAnn 101
   Lucilla 138 Lucinda 4
   Lucy 10
   Margaret 149,24
   Mary 148 Nancy 193,30
   Nancy D. 238 Rachel 95
   Rhoda 118,254
   Rosannah 41 Sally 128
   Sarah 110 Susannah 2
Dunkan,
   Mary 96 Elizabeth 212
Dunlap,Mary 253
Dunlop,
   Jane 115 Frances 154
Dunn,Polly 237
Dunnington,Julia 33
Durgan,Anne 223
Durman,
   Sarah Ann 34
   Elizabeth 261
Dwin,Elizabeth J. 214
Dyerle,
   Mary J. 163 Ann M. 225
   Eliza A. 235
Eagleston,Mary Ann 40
Eahart,
   Sally 70 Nancy 124
   Betsy 172 Peggy 219
Eakin,
   Mary J. 156 Agnes 166
   Ann 175 Mary 206
   Isabella 246
Eakles,
   Martha Susan 56

Anna 76 Polly 257
Ealey,Jane 172
Earhart,
   Margaret 61
   Polly 119 Mag 163
Earl,Elizabeth 200
Earles,
   Matilda 120
   Elizabeth 191
Earls,Arien 33
Early,
   Elizabeth 92
   Margaret 131
   Mary G. 164 Nancy 26
   Rhoda B. 262
   Susan 154,248
   Virginia H. 249
Eaton,
   Elizabeth 259
   Henrietta V. 44
   Jane 205,223
   Margaret 134
   Mary A. 256
   Mary Catherine 256
   Nancy 205 Susannah 103
Echoles,Margaret 149
Echols,Sally 30
Eckholes,Christinn 126
Eckhols,
   Mary A. 186
   Christeney 187
   Anna 258
Ecus,Susan 157
Edery,Celia 120
Edes,Jane 22
Edie,
   Matilda Mary 80
   Jane H. 245
Edmundson,
   Margaret 22
   Ellin E. 22
   Alice A. 145
Edwards,
   Nancy 2 Eliza 209
Egnew,Asena 159
Ekiss,
   Susan 157 Dorotha 217
Eley,
   Margaret 141
   Rachael 172 Sally 250
Eliot,Sarah 260
Elkins,
   Christina 217
   Elizabeth 79

Jane 113,43
Katherine 21
Lucretia 198
Margaret 40
Nancy 47,80,91,93
Polly 146,96
Susan 216
Ellder,Hanna 171
Eller,Sally Sue 180
Elliot,
  Nancy 66 Peggy 112
  Agatha 171 Jane 176
Elliott,
  Virginia 4 Harriet 5
  Mary Jane 53
  Mrs. Mary 71
  Elizabeth 261
Ellis,Sarah E. 103
Ellison,
  Mary Ann 143 Celia 160
  Nancy 183
Elmore,
  Nancy 119 Mariah 126
Elswick,
  Nancy 46,91 Mary 141
  Lucinda 162 Phebe 175
  Milly 183 Martha 198
  Virginia 206
  Rebecca 212 Mary 236
  Elizabeth 253,255
Emmens,Judith 124
Emmons,
  Polly 4 Sarah A. 67
  Peggy 71 Eley 102
  Salley 134
  Elizabeth 134
  Ursula 227 Nancy 249
English,Mary 95
Eperley,Margaret 222
Eperly,Lavinia 211
Eplin,Adeline I. 153
Epling,
  Catherine 53
  Elizabeth 147,202
  Elvira 110 Harriet 103
  Margaret 135 Nancy 130
  Peggy 188
Epperlay,Christene 255
Epperley,
  Betsy 57 Catherine 136
  Elizabeth 215,222
  Luamma 94 Luanna 115
  Mary Ann 132 Nancy 185
  Polly 221 Sarah 138

Epperly,
  Nancy 8 Margaret 46
  Elsybell 59 Ruth 119
Ervin,
  Priscilla 62
  Freelove 187
Erwin,Rosanna 194
Eskue,Polly 173
Evans,
  Caroline Mary 128
  Catharine F. 199
  Elizabeth Ann 17
  Elizabeth H. 77
  Frances 199 Hannah 136
  Harriet Jane 112
  Jeretta 176
  Margaret R. 226
  Martha 225,57
  May 28 Nancy 169,201
  Peggy 247 Polley 178
  Priscilla 202
  Totia Best 65
Evens,Martha 189
Evins,Agnes 45
Exani,Elvira 27
Fag, Sarah 100
Fair,Catherine 224
Fanning,Margaret 178
Fannon,
  Rachel 78 Ann 89
  Betsy 118 Mary 254
Faris,Mary Ann 7
Farler,Rebecca 236
Farley,
  Chloe 202 Joanna 30
  Judith 174, 224
  Judy 179,237
  Lotitia J. 98
  Lutitia 258 Mahala 61
  Margaret 147 Mary 160
  Nancy 52 Rachel 10
  Tazy 179
Farmer,
  Ann 52 Asineth 216
  Catherine 217
  Clementina 162
  Elizabeth 230,74
  Elvira 202
  Harriet F. 73
  Jemima 227,249,167
  Keriah 53
  Lucinda E. 41
  Malvina 210
  Martha 19,98

Martha J. 107
Martha Jane 96
Matilda 239
Molly 53,75
Nancy 200,214,213,53
Nancy Jane 79
Parthena 3 Polly 191
Farrier,
  Sarah Maria 91
  Mary A.D. 133
Farris,
  Joannah 41
  Elizabeth 199
Farrow,Amanda Paradem 65
Faudree,Jane M. 12
Faulkner,Mary E. 266
Feely,Mrs. Anne 60
Fellers,Nancy 145
Fellows,Susan E. 159
Fergus,
  Mary 10 Polly 30
  Jensy 65 Susan 82
  Agnes 179
  Elizabeth 223
Ferguson,
  Jane 45 Rosanna 184
Ferrel,MargaretElizabeth 212
Ferrell,Mahala 254
Ferrow,
  Polly 49 Barberry 50
  Priscilla 123
Fharis,Mary 8
Fielder,
  Elizabeth 25,34
  Catherine 74 Phebe 103
  Mary 264
Fielding,Elizabeth 84
Fillinger,
  Anna 39 Catherine 84
  Elizabeth 125,21,83
  Mary 82 Nancy 59
  Polly 267 Sally 48
  Sarah 85
Finch,
  Martha 28 Margaret 183
  Nancy 240
  Malinda H. 264
Fink,
  Mary 30
  Catherine 212
Firl,Catherine 33
Fiser,Sally 126
Fisher,
  Anna 167 Arabeal P. 82
  Catharine 47,87,149
  Elizabeth 135,149,184,187
  Ellen 245 Emeline 21
  Mariah 140,232
  Mary Ann 133
  Mary M. 115
  Nancy 119,18,20
  Nancy J. 209 Polly 63
  Sally 232 Sarah 246,65
  Susan 201 Susan E. 12
Fizer,
  Catherine 201
  E. 9 Elizabeth 125
  Margaret 111 Mary 82
  Nancy 139 Peggy 172
  Sarah 258
Flanagan,Amanda 146
Flannory,Elizabeth 151
Fleaman,
  Lucinda 81 Martha 82
Fleck,
  Margaret 151 Nancy 176
Fleeman,
  Sarah Anne 81
  Elizabeth 83
  Harriet F. 137
  Sarah M. 165
Fleman,Eliza 150
Fletcher,
  Sarah 100 Robena 136
  Dicey 228
  Elizabeth 237
Flinn,Katey 181
Flowers,Elizabeth 112
Fluger,Levinia 246
Foote,
  Aurelia 16 Emely 149
Ford,
  Sally 63 Mahala J. 99
Fortner,
  Sally 23 Elizabeth 48
  Mahala 259
Fortune,
  Milly 49 Susan 62
  Margaret 141
Foster,
  Catherine 31
  Mary 38 Jezebel 226
Foutz,Elizabeth 184
Fowler,
  Rhoda 120 Mary 150
Francis,

Mary 163,236
  Christine 177
Francisco,Christine 186
Franklin,
  Elizabeth 3
  Penelope 33
  Sarah 68 Lavina 148
  Lucy Ann 229
  Mary A. 242
Frazer,
  Elizabeth 67
  Miriam 203
Frazier,
  Jane P. 6
  Elizabeth Ann 36
  Mary Ellen 157
  Nancy J. 162 Polly 183
Frazune (possibly
    Frazure),
  Mandy M. 198
Freelove,Frances 5
Freeman,Mariah 267
French,
  Andelia Ann 138
  Ann 41 Anne 155
  Aury 60 Charlotte 160
  Dicey 240
  Eliza Jane 113
  Elizabeth
    125,199,235,83,86
  Esther Lock 200
  Frances 130
  Margaret 241
  Martha 162,228
  Mary 106,155
  Mary Ann 35
  Mary J. 153,210
  Minerva A. 27
  Obedience 134
  Phoebe 45 Polley 206
  Rachel 60 Rebecca 265
  Salley 83 Sally 101
  Sarah M. 155
Fry,
  Agnes 130,199
  Anna 32
  Catharine 258,59
  Clary 199 Delilah 254
  Eliza 37
  Elizabeth 193,199,96
  Keziah 265 Kizie 148
  Margaret J. 174
  Mary 83 Polley 147
  Sarey 69 Susan 1

Frye,Sally 58
Fugate,
  Sarah 49 Diannah 53
  Mary 118 Elender 200
Fulcher,
  Nancy 33 Lucinda 49
Fuller,Sally 234
Fuman,Ellen 66
Funk,Mary E. 55
Furrow,
  Elen 12 Ellen 17
  Ann Frances 17
  Matilda 49 Mary Ann 50
  Marthise 50 Sarah 191
  Mary 191
Fusten,Hannah 195
Gailbreth,Sarah 166
Gaines,Permelia 49
Galbreath,Victoria 173
Gallimore,Martha 54
Gardener,
  Prudence 20 Mary 110
Gardiner,Anne 103
Gardner,
  Ann 88 Anne 103
  Emeline Augusta 110
  Nancy 138
  Emaline A. 154
  Elizabeth 160
  Catherine M.C. 167
  Susannah 168 Susan 191
Garlic,Mary 230
Garlich,
  Sarah 56 Banet 56
Garlick,
  Melvina 36
  Elizabeth 49,129
  Sarah 144 Mary 153
Garman,
  Susannah 4 Hannah 136
Garmand,Catherine 88
Garmon,Elizabeth 136
Garr,Rachel 126
Garrason,Polly 254
Garrell,Elizabeth 111
Garrett,Sarah C. 266
Garrison,
  Milly 78 Ann 177
Gear,Elizabeth 27
Gearhart,Mary 22
Gearheart,
  Levina 3 Margaret 260
Geates,Maria 49
Geoby,Franky 54

George,Rebecca Jane 89
Gerald,
  Martha Louiza 59
  Rebecca J. 94
Gerrel,Polly 118
Ghost,Juda 139
Gibb,
  Rachel 65
  Sarah 213,227
Gibbs,May F. 213
Gibs,Elizabeth 234
Gibson,
  Sally 38 Susan 86
  Octavia 96 Polly 212
Gilbert,Charlotta 62
Giles,Syntha 24
Gilham,
  Neomi 54 Drusilla 54
  Leah 76 Lydia 126
Gill,
  Martha Jane 120
  Ellen 152
Gilmore,
  Harriet 117 Mary 146
Gilpin,Phebe 162
Givens,
  Patsy 6 Sally 34
  Peggy 124 Anne 194
  Betsy 216
Glasgow,Margaret 121
Glen,
  Agnes 6 Sarah 88
  Catherine 138
  Martha 138 Elinor 263
Glendy,
  Margaret R. B. 60
  E.L. 164
Goad,
  Isabella 27
  Elizabeth 119
  Rachel 128 Emilie 128
  Anne 139
  Catherine 173,183
  Polly 184
Goaings,Mary A. 72
Goanings,Elizabeth 38
Goard,Sarah Jane 21
Godbey,
  Susannah 53 Sarah 96
  Narcisses P. 144
  Rhoda G. 163 Nancy 170
  Amanda M. 190
  Martha 201
  Elizabeth 232

Godby,
  Hannah 40 Jane 20
  Lucy 107 Maria 55
  Mary M. 144
  Nancy 166 Patsy 80
  Rachel 79 Sarah 90
  Susannah 20
Goins,Margaret 30
Gold,Priscilla 191
Golden,Polly 79
Goodin,Nancy 204
Goodrich,Celestine 219
Goodson,
  Matilda A. 4
  Martha 158
  Mary 185,202
  Joannah 207
  Margaret 208
Goodwin,
  Armindminter 15
  Matilda 18
Goodykoontz,
  Nancy 11 J.A. 21
  Catherine 140
  Rebecca 140, 153
Gordon,
  Mary 3 Elizabeth I. 20
  Maria 21 Livey 86
  Eliza Ann 123
  Lucinda 170
Gore,
  Nancy 1 Polly 71,264
  Jane 93 Elizabeth 160
Gothrin,Darkey 175
Gott,Mary 201
Gowens,Catherine 230
Grady,Sarah Jane 103
Graghead,Martha E. 50
Graham,
  Polley 1 Caroline 16
  Catherine 221,64
  Celia 255
  Charlotte 25, 79
  Damarius K. 39
  Elizabeth 179,255
  Emily 16 Julian 92
  Lucinda 260
  Lustianna 162
  Lustiaom 162
  Margaret 195 Martha 56
  Mary 131,218,84
  Nancy 18,1 Pamelia 117
  Rachel 24,3 Ruth 222
  Sarah 249,265,92

Sarah A. 162
Susan C. 177
Susannah 246
Graley, Susan 126
Grant, Kezia 30
Graves, Betsy 44
Gray,
　Ann 261 Betsey 105
　Caroline 50
　Catherine 138
　Clarissa 234,51
　Elizabeth 104
　Emily Mary 63
　Margaret 201
　Mary 111,136
　Matilda 95 Rhoda 221
　Sarah C. 63
Grayham, Clarisa 209
Grayson,
　Polly 204 Susan 237
Green,
　Tabitha 108 Sally 192
Greenwood, Frances 5
Greer,
　Louisa 244
　Catherine 246
Greff, Peggy 46
Gregory, Isabella 161
Greyson, Frances 74
Griffin, Martha E. 154
Grigg, Ann Eliza 122
Griggs, Mary E. 57
Grill, Ellen 94
Grills,
　Malinda P. 12
　Eliza R. 19
　Elizabeth 95
　Margaret A. 164
　Cynthia M. 177
Grimes,
　Martha 24 Miriam 115
　Sally 192
　Elizabeth 231
　Nancy 237
Griscoe, Catharine 208
Grisom, Prudence 146
Grissem,
　Prudy 7 Catharine 38
Grisso, Frances 89
Grissom,
　Ellen 144 Nancy 187
　Anne 187 Jane 252
Grogg, Sarytum 227
Groseclose, Margaret 222

Guilliams,
　Elizabeth 117
　Franky 218
Gulliams, Polly 215
Gun, Sally 106
Gunter,
　Sarah Jane 11 Julia 11
　Nancy 27 Susannah 79
　Rhoda 114 Permelia 218
Guthrey,
　Nancy Mary 213
　Paulina 253
Guthrie,
　Cassandra 94
　Cynthia 267
　Eliza 171
　Elizabeth 167,42
　Hettie 171 Malinda 267
　Menirva 7 Nancy 80
　Polly 19,21
Guthry,
　Sally 61,244
　Mary Anne 222
Hack, Elizabeth 57
Hacket, Delilah 118
Hackett,
　Jane 131 Mary Ann 134
Hackney, Jane 8
Haden,
　Mary 122 Margaret 153
Haff, Christina 261
Haines,
　Elizabeth 66 Sarah 77
Hairless, Margaret 188
Halbert, Dorcas 172
Hale,
　Adaline 168
　Charlotte 169
　Delila Jane 160
　Eliza M. 101
　Elizabeth 147
　Hannah 148 Huldah D. 81
　Locky 121 Louiza 219
　Margaret 10
　Martha 246,8
　Martha Ann 85
　Martha S. 210
　Mary C. 167
　Mary E. 222
　Miriam Elizabeth 62
　Nancy 26
　Paulina M. 239
　Phebe 155 Phoebe 194
　Polly 147,258

Sally 32 Sally R. 149
Haley,
   Mary E. 5 Delila 249
Haley,(aka Healey)
   Elvira 98
Halfpane,Hannah 218
Hall,
   Abby 147 Amy 242
   Betsy 259
   Catharine 123,104
   Chloe 154
   Christina 123
   Clara 101 Eliza 195
   Elizabeth
      153,19,266,88
   Elmira J. 235 Emley 36
   Frances 165 Francina12
   Gerusy 87 Jane 84
   Jerush 96 Jerusha 174
   Judith 64 Lucinda 96
   Lucretia 146
   Lydia 152,50,176
   Malinda 53 Margaret 17
   Martha 36,94,218
   Mary 106,123,226,49,14
   Nancy 242 Paulina 216
   Pheba 180,169
   Polly200 Priscilla 138
   Rebecca 247,55,72
   Rosannah 197 Rozena 63
   Sarah 143,189,242,260
   Sarah A.M.F. 163
   Susannah 159,17,23
   Unis 253
Halpain,Sarah 157
Hamblin,Charlotte 37
Hambrick,
   Abigail 88 Liona 123
   Emeline 230
   Catherine 231
Hamilton,Milly 201
Hamlin,Nancy 207
Hammond,
   Rebecca 132
   Eliza Jane 244
Hammonds,
   Julian 53 Sarah 241
   Catherine 266
Hammons,
   Pauline 29 Nancy 82
   Caroline 200
Hance,
   Virginia 6 Sabina 29
   Ann 93,104

Priscilla 104
Catherine 136
Patsey 239
Hancock,Nancy 21
Hanes,
   Sarah I. 59
   Catherine 227
   Leanna 266
Haney,
   Eliza 32 Elizabeth 88
   Sallie S. 202
Hank,Nancy 247
Hankey,
   Hannah 149 Maria 219
Hankla,Ann 247
Hanks,Minerva 73
Hanley,Ann M. 180
Hannah,Margaret 65
Hany,Mary A. 201
Harbarger,Nancy 59
Harborn,
   Sally 120 Tinsly 231
Hardin,Willmuth 217
Harding,Willmuth 218
Hardwick,Catharine 231
Hare,Phoebe L. 70
Haress,Catherine 245
Hargan,Martha F. 229
Hargrow,Milley 245
Harler,Matilda 219
Harles,
   Selia 219 Mary 266
Harless,
   Agnes 76 Almeda 147
   Catherine
      158,162,177,38
   Caty 226 Cynthia 200
   Delilah 130,202
   Elizabeth
      102,186,205,208,
      216,230,75,76,91
   Elizabeth Jane 257
   Eve 82
   Frances 198,56,69
   Hannah 188,30,57
   Harriet 259 Loviny 102
   Mahala 148
   Mahuldah 148
   Malinda 75
   Margaret 101,231,233
   Mary
      103,195,233,253,81
   91 Matilda 203
   Milly 217,69

Nancy 128,130,156,26,
    6,67
Patsy 155
Polley 99,203,205
Rebecca E. 258
Salley174 Sarah174,231
Susannah 217,56
Harlis,
    Martha 134
    Catharine 162
Harliss,
    Elizabeth 146
    Mary 156 Nancy 218
Harlor,Catharine 175
Harman,
    Ann Eliza 111
    Barbara L. 179
    Betsy 109
    Catherine 215
    Elizabeth 173,44,56
    Joanna R. 106
    Malinda 78
    Margaret 184
    Mary 120 Mary Ann 185
    Nancy 109,64
    Nancy Jane 173
    Nancy Louisa 78
    Polley 163 Rhoda 208
    Sidney 178
    Susannah 231
Harmon,
    Sarah A. 61 Jane 77
    Phebe 103 Barbary 106
    Rhoda J. 111 Mary 113
    Phebe Ann 128
    Elizabeth 251
Harper,
    Elizabeth 101 Jean 193
    Jane 200 Nancy 227
Harress,
    Elizabeth 78 Nancy 159
Harris,
    Charlotte M. 59
    Martha 62,194
    Catharine 67
    Elizabeth 105
    Ann 206 Luella A. 223
    Rebecca 242
Harrison,
    Elizabeth 15
    Mary 43,46,186
    Sarah 57
Harriss,
    Rebecca 9 Sophrona 23

Fanny 34
Harter,
    Elsha 75 Elsepa 76
    Ruth 92 Oilett 115
    Margaret 120
    Catherine 245
Hartless,Margaret 202
Hartwell,Eleanor 28
Harvey,
    Martha 38 Jane 195
    Susan 197
Hatfield,Catharine 155
Hathaway,
    Lydia 142 Rhoda 261
Hatton,
    Lucinda 90 Eve 187
Havins,Sarah 207
Hawkins,
    Rachel 68 Malinda 241
Hawley,
    Mary 13,158
    Ann 21 Sarah 29
    Lucretia 212
Haymaker,
    Nancy 147,208
    Frances 171
    Catherine 230
    Rebecca 230
    Caroline 261
Haymore,
    Elizabeth 104
    Malinda 249
Hays,
    Suckey 12
    Margaret 60,61
Hayse,Margaret 188
Headen,
    Ann M. 11 Ellen M. 114
Headrick,Elizabeth 154
Hearn,Ann 151
Heatherington,Mary 63
Heavener,Catherine 205
Heavin,
    Nancy 114 Frances 133
    Amy 153 Ruth 155
    Sarah 202
Heaviner,Polly 74
Heavins,
    Nancy 181 Ruth 183
    Sarah 207 Margaret 207
Hector,Eliza 215
Hedge,
    Pauline 80 Paulina 97
Heff,Elizabeth 28

Heling,
  Eliza 129 Mary Ann 141
Helm,
  Sarah 15
  Arabella E. 137
  Eve 260
Helms,
  Catharine 9 Ellen 107
  Eve 230 Hannah 104
  Harriet 65 Lucy 140
  Malinda C. 107
  Margaret 213
  Mary Ann 6 Nancy 189
  Nancy Ann 228 Sarah 81
Helton,
  Elizabeth (Mrs.) 97
  Susannah 115
  Elizabeth 197
  Tabitha 214
  Catherine 222
  Nancy 236
Helvey,
  Rachel 1,129 Polly 31
  Margaret 37 Lovess 61
Helvie, Elizabeth 82
Henderliter,
  Elizabeth 132 Mary 225
Henderson,
  Catherine 109
  Eliza Ann 24
  Ellen 181 EllenJane 72
  Jane 124,207
  Margaret Jane 170
  Martha B. 215
  Mary Ann 42
  Mary Jane 223
  Moriah 154 Polly 13
  Rebecca 24,246
  Rhoda 85 Sally 166,75
  Susan 167
Hendricks, Mary 175
Hennings, Nancy A. 88
Herd, Hannah 126
Herndon, Marthy 168
Hesaton, Eliza J.L. 5
Heslep, Nancy E. 120
Heslet, Mary E. 109
Hess,
  Catey 115 Hannah 133
  Margaret 197
  Mary Ann 220
  Elizabeth 243
Hest, Betsy 115
Hetherington,
  Nancy J. 100 Jane 108
  Catherine 110
  Nancy 144
Hewitt,
  Catherine 100
  Nancy 233
Hickman, Elizabeth 178
Hicks, Eliza 96
Hiffey, Elizabeth 184
Higginbothem, Pheby 160
Hight, Mary 129
Hill,
  Emarina V. 176
  Martha 100,174
  Mary A. 255
  Nancy 193,39,33
  Permilia Prior 171
  Polly 102 Sarah J. 11
Hilton,
  Elizabeth 110,168
  Susannah 115
Hinchee, Mary F. 93
Hines, Delphia 24
Hipes, Susannah 111
Hite, Abby 46
Hix,
  Catherine 44
  Susanna 169
Hoback, Eveline 201
Hobbs, Amanda J. 57
Hock, Mary 185
Hodge,
  Luemma R. 207
  Salley 217 MaryAnn 242
Hodges, Wilmuth Ann S. 76
Hoe, Sarah 41
Hoff,
  Mary 66 Ursula 158
Hoffman, Rebecca 157
Hogan,
  Susannah 15 Mary 42
  Christina 115
  Elmira 140 Rebecca 261
Hoge,
  Charlotte W. 241
  Eliza 145,239,241
  Elizabeth 118,83
  Hannah 127 Jane R. 182
  Margaret R. 110
  Martha 29 Mary 12
  Matilda 145 Nancy 230
  Nancy R 223 Rachel 235
  Rebecca 158 Sarah 223
Hogg, Elinor 7

Hogge, Elizabeth H. 73
Holbert, Abigal 38
Hole, Jane 202
Holiday,
   Nancy 23 Elizabeth 198
Hollaway, Wilsmoth F. 18
Holley, Nancy 253
Holliday,
   Louisa 8 Polly 96
   Letty 113 Isabel 144
Hollingsworth, Martha 184
Hollons, Mary Ann 77
Holly,
   Jane 5 Catey 38
Holmes,
   Mary 121 Jane 163
   Catharine 190
   Cornelia 205
Holsey, Sarah 20
Holstein, Lucinda 35
Homes,
   Martha 49 Mary 223
Honaker,
   Mary 28 Edie 28
   Sarah E. 29
   Sarah Jane 77
   Betsy 123 Margaret 127
Honbarger, Margaret 267
Honker, Edith 206
Hood, Margaret 118
Hooger,
   Sally 83 Anne 223
Hoops,
   Mary 47 Eliza 263
   Jane 264
Horn, Frances 182
Hornbarger,
   Catherine 91
   Elizabeth 102,106
   Nancy 213,232,41
   Peggy 244 Polly 104
   Sarah 141
Hornbayer, Beasy 217
Horne, Susan B. 235
Horton,
   Hannah 229 Mary 266
Houching, Mary 231
Houchins,
   Polly 127
   Elizabeth 143
   Mildred 166
Houtchins, Elizabeth 120
Howard,
   Abigail 114
   Ann 114 Anne 226
   Didama 237 Elinor 3
   Elizabeth 13,38
   Emberzzita 38 Hannah 4
   Mahala 191 Nancy 86
   Narcissa 237
   Pateince 212
   Peggy 38,47
   Ruth 4 Sarah 24,252
   Sarah A. 108
   Sophia 38, 44
Howe,
   Betsy 179 Elinor 112
   Eliza Jane 153
   Eliza L. 249
   Isabella McD. 181
   Julia 42 Lucretia 235
   Luemma P. 121
   Margaret 78,206
   Nancy P. 65
   Ruth 134 Susan B. 235
Howel,
   Elizabeth S. 41
   Martha 250
Howell,
   Eliza A. 120
   Elizabeth 177,251,74
   Hannah 185 Leona 208
   Mary 26,71
   Nancy
      108,118,207,236,74
   Polly 29 Regina 1
   Ruth 100 Sarah 202,47
Howerton,
   Parthena 114
   Fanny 123 Nancy 142
   Polly 178 Sally 255
Howery, Maria 219
Howley, Sarah C. 237
Howry,
   Alley 26 Jenny 40
   Catharine 43
   Polly 76 Eleanor 79
   Sarah 121 Nancy 136
   Eliza Ann 212
   Betsy 218
Hoziem, Sarah 168
Huckman, Lettice 17
Huckman, Catherine 220
Hudgins, Ann E. 169
Hudson,
   Eliza 44 Phebe 95
   Mary 135 Jane 206
   Elsey 242

Huet, Sarah 159
Huff,
  Adelia Ann 56
  Catherine 251,99
  Elizabeth 138
  Else 220 Lydia 149,221
  Margaret 24,250
  Maria 26 Martha 39
  Mary 52,64
  Nancy 99 Nancy Ann 128
  Olive 87 Peggy 129
  Polly 113,39
  Sally 185 Sarah117,151
  Sarah Ann 181
  Susan 258 Susanna 103
  Susannah 149
Huffman,
  Caroline 119
  Catherine 264,59
  Dorcas 199
  Margaret 242
  Maria 37 Mary Ann 106
  Mary Jane 200
  Pheba 146 Susannah 125
Hufford,
  Charlotte 68 Mary 85
Hughes,
  Susannah 85 Mary 132
  Sarah 216 Elizabeth217
Hughet, Elerner 258
Hughett,
  Elizabeth 54
  Jane 253
Hughlett, Sarah 64
Hughs,
  Margaret J. 26
  Susannah E. 264
Hull, Nancy L. 210
Humphries, Sarah Jane 98
Hundley,
  Elizabeth W. 195
  Martha A. 202
Hungate, Nancy 230
Hunt, Frances C. 239
Hunter,
  Nancy 10 Mary 10
  Elizabeth 25,204,232
  Sarah 134,153
  Susannah 156
Huntsman, Margaret 189
Hurst,
  Nancy 58,260
  Matilda 173 Rhoda 227
Hurt,
  Susannah 25 Delila 117
Husk,
  Rachel 18,33
Hutcheson, Elizabeth 55
Hutsel, Cyntha 202
Hutson,
  Mary 129 Julia 238
Hydenrich,
  Sarah 131
  Elizabeth Ann 203
Hykes, Margaret 111
Hylton,
  Almira 35 Betsy A 101
  Catherine 120
  Celia 103 Charity 73
  Charlotte 214
  Delila 118
  Elizabeth 35,39,58
  Judith 223
  Margaret 120
  Martha 103 Mary 114
  Nancy 101,265
  Rachael 243 Susan 64
  Susannah 64
Iddings,
  Abigail 98 Eleanor 50
  Elizabeth 98
  Hannah 248 Lydia 215
  Martha 244 Olive 143
  Sally 244
Idings, Abigail 98
Inell, Margaret A. 248
Ingles,
  Agnes 264 Lockey 97
  Malinda 44
  Margaret 119
  Margaret C. 245
  Mary 204,95,142
  Philadelphia 95
  Rhoda 215
Inglis, Catharine 126
Ingram,
  Ann 80 Catherine 63
  Jemima 150,161,27,80
  Juliet 63 Mary 42
  Matilda 190,12
  Nancy 168 Polly 157
  Rebecca 72 Rhoda 178
Ioumelle, Emma 140
Irvin, Mary 222
Irvine,
  Elizabeth 192
  Patsy 192
Jackson,

Elizabeth 15,16
  Rachel 116 Julian 220
  Nancy 259
Jacobs,
  Milly Ann 47
  Theodocia 77
  Rebecca 154 Laura 178
  Nancy 200 Wealthy 261
James,
  Elizabeth 48,162
  Sally 56 Polly 241
Janney,Hannah 126
Jenelle,Harriet 49
Jenkins,
  Nancy 151 Tabitha 175
Jenks,
  Elizabeth A. 151
  Ann 170 Mary 221
  June 223
Jennet,Melvina 40
Jennings,
  Ursula 54 Susanah 184
Jerret,Hannah 196
Jewel,
  Elizabeth 3, 21
  Patsy 61 Mary 68
Jewell,
  Winney 3
  Elizabeth 15,21
  Martha A. 68 Mary 86
  Margaret 99
  Harriet 114
  Jane 195 Sally 195
Jinkins,
  Margaret 23
  Tabitha 174
Jinney,Nancy 266
John,
  Leah 114 Ruth 229
Johnson,
  Frances 49
  Christiena 61
  Mary Ann 86 Sally 103
  Sarah Jane 202
Johnston,
  Ann Elizabeth Jane 151
  Anne 86 Betie C. 13
  Betsy 125,48
  Bicy 258
  Catherine 110,45
  Eliza Jane 112
  Elizabeth 110,92
  Emaline 235 Hannah 121
  Jane 224,229,93

  Jean 158 Louisa 179
  Lucilla 224
  Margaret
     224,226,238,247,52
  Margaret Jane 224
  Mariah N. 73 Mary 20
  Nancy 124,224
  Oliva 90 Polly Anne 41
  Ruth31 Sarah125,148,93
Jones,
  Charity 211
  Charlotte 64
  Elinor 213 Eliza 37
  Elizabeth 177
  Hannah 94 Jane 43
  Lucinda 245 Lydia 59
  Martha F. 248
  Mary 110 Mary E. 190
  Nancy 174,187,190
  Ospah 234 Peggy 151
  Polly 23,54
  Priscilla 50
  Rachel 241,59
  Sally 205
  Sarah 150,166,36,
  Sariah 43
  Susannah 117,54
Jonnell,Elmira 239
Jordan,
  Harriet 252 Jane 203
  Louisa A. 118
  Lucretia J. 264
  Lydia 258
  Margaret A. 241
  Margaret M. 1
  Nancy 218 Polly B. 256
  Sarah E. 264
Journell,
  Sarah E. 135
  Elmira 239
Justice,
  Amy 65 Mary 195
Justine,Mary 196
Karr,
  Peggy 103 Ann H. 132
  Elizabeth 166 Sally197
Kayler,Catherine 185
Keagley,
  Mary 194,197
Keastore,Nancy 256
Keath,Kittering 96
Keaton,Frances 93
Kedey,Betsy 267
Keeling,Frances 264

Keeney, Catherine 145
Keeplinger, Betsy 153
Keesler, Phillipine 128
Keeth,
   Sarah 104 Bashti 184
Keetley,
   Polly 1 Harriet 195
Keffer,
   Catherine 265
   Elizabeth 117,32
   Martha 126 Mary 70
   Melvina C. 160
   Molley 217
   Peggy 215 Susan 9
Keister,
   Edy M. 188 Eliza 144
   Elizabeth 187,188
   Mary 101 Philipine 128
   Polly 14 Sally 13
   Sarah E. 19
   Susan 108,196
Keith, Catherine 177
Kelly,
   Dorcas 191
   Elizabeth 102,50
   Frances 259
   Margaret A. 191
   Missouri 2
   Nancy 136,151,20,97
   Nancy T. 265
   Rachel 151 Rebecca 48
   Ruth 151 Salley 202
   Sally 139 Unis 28
Kelsey,
   Susannah 7
   Sally 53 Rebecca 192
Kemper, Martha J. 58
Kendall, Elizabeth 115
Kenison, Susanna 23
Kennaday, Elizabeth 157
Kennady, Mary 36
Kent,
   Cecilia Leavitt 254
   Cynthia 20
   Isabella 127
   Laura C. 195
   Margaret L. 137
   Mary 48 Mary J. 22
   Mary Louisa 175
   Mary S. 253 Nancy 246
   Sarah J. 8
   Virginia P. 137
Kern, Ruth 9
Kerr,
   Lucy 76 Julia 112
   Nancy W. 208
Kesinger, Sarah Jane 205
Kesler,
   Mary 15 Margaret 199
   Polly 211
   Mary Elizabeth 251
Kesler (Kester?),
   Catherine 138
Kessinger,
   Almeda 75 Delilah 75
   Salley 174
Kessler, Elizabeth 152
Kester, Hannah 130
Kettering, Catharine 74
Key,
   Sarah S. 161 Nancy 188
Kidd, Deborah 182
Kiester, Amanda M. 188
Kimball,
   Lida 134 Barbara 260
Kimbo, Barbara 252
Kimmet, Beza 13
King,
   Ann 266
   Catharine 132,164
   Elissa 240
   Elizabeth 209,57,62,99
   Hannah 7, Jane 60
   Masa 262
   Nancy 239,18,35
   Olive 16 Peggy 73
   Rebecca 241
   Rhoda 52,74,99
   Sally 127,41
   Sarah 12,92
   Susan J. 74
Kingley, Sarah 58
Kinnet,
   Catherine 240
   Sarah 240
Kinser,
   Melvina 21
   Elizabeth 90
   Susannah 101
   Kizzie Jane 179
   Catherine 205
Kinzey, Mary Ann 46
Kinzley, Malinda Jane 58
Kiplinger,
   Catherine 9 Anna 41
Kipps,
   Gabriella 9 Peggy 52
   Catherine 144

  Hannah 187
Kips,Catharine 188
Kirby,
 Harriett 77 Martha 168
 Mary 164,248,72
 Nancy 163,247
 Polly 71 Rhoda 106
Kirk,
 Alice 75 Arramenta 70
 Betsy 250 Catherine 76
 Elizabeth 52,40
 Elmira 47 Frances 243
 Hannah 243
 Margaret 172
 Martha 135 Mary 65,71
 Minerva A. 113
 Nancy 201 Peggy 243
 R.M. 85 Rebecca 220
 Salley 125
 Sarah 174, 70
 Selah 102 Winnie 207
Kirkner,
 Emeline 188 Eliza 240
Kirtner,P.V. 244
Kisley,Sarah A. 229
Kissinger,Frances 37
Kitchen,Nancy 142
Kitterman,
 Elizabeth 169
 Sophiah 183 Sarah 198
Knode,Margaret 62
Kroftt,Catherine 55
Kropff,Mary 48
Kropph,Sarah 39
Kyle,
 Margaret 108
 Henrietta McK. 159
 Henrietta M. 167
 Elizabeth 173 Elmira S. 254
Lafaun,Eliza 147
Lafon,
 Magdalean 66
 Agness 70
 Minerva Ann 75 Polly 76
 Naoma 102 Betsy 202
 Elmira 232
Laird,Lettice 255
Lake,
 Mary 25 Leah 187
Lakeland,Polly 95
Lalley,Mary 109
Lambert,

 Adaline 30
 Amanda Jane 30
 Betsy 96 Charlotte 49
 Love 85 Martha 240,96
 Mary 136 Mary D. 166
 Olivay 136 Priscilla 104
 Rebecca 228 Rhoda 43
Lancaster,
 Margaret D. 14
 Balinda 28 Lucinda 139
 Virginia 175
 Eliza 184 Nancy 208
Landon,
 Lyda 32 Elizabeth 237
Landrum,Jane 149
Lane,
 Cynthia M. 3 Elizabeth 92
Langdon,
 Levina 142 Nancy 235
 Esther 236 Mary 261
Langley,Mary 52
Lankersley,
 Rebecca 57 Canzede 143
Lasley,
 Mary 63 Mary Jane 107
Later,Elizabeth 173
Lavender,
 Lucinda 66
 Meram Amonida 168
Lavern,Aphelia Vans 201
Law,Elizabeth 55
Lawhorn,
 Sarah 84 Phebe 96
Lawrence,
 Ann 222 Catharine 212
 Elizabeth 226,52,76
 Francina 59 Julian 12
 Kitty 199 Mary 104,117
 Zilphia 180
Lawson,
 Betsy Ann 39
 Eliza 139 Elvira 139
Laybrook,Catharine 183
Layne,Mary A.R. 20
Leary,Henrietta 121
Ledgerwood,Nancy 100
Lee,
 Amanda 63 Anneliza 185
 Eliza 114 Elizabeth 99
 Eveline 49
 Frances Ann 37
 Frances Jane 91

Malinda 48 Sarah I.
 223
Sarah Jane 221
Susannah 139
Leffler,
 Susannah 40
 Elizabeth 63
Lefler,Susannah 262
Leford,Mary 2
Leftwich,
 Paletiah J.W. 17
 Mary Elizabeth 257
Legans,Sarah 95
Lemmon,Mary M. 16
Lemons,
 Elizabeth 39 Amanda
  258
Leslie,Eleanor 105
Lesseur,Lucy 18
Lester,
 Adeline 182 Arminda 5
 Bier 154 Catey 238
 Catherine 221,41
 Catherine Jane 25
 Cloa Ann 66 Cynthia 54
 Delila 252 Elizabeth
  109
 Elmory 55 Emaline J.
  66
 Hannah 204 Julia A. 40
 Lockey 236 Mahala 230
 Malinda 25 Martha 1,68
 Mary 252,83
 Matilda 251
 Patsy 79 Patty 29
 Pauline 256
 Peredine 182
 Permeley 263
 Permelia 114
 Rhoda 211,221
 Sarah 111,129,56
 Susanah 141
 Susannah 194
Lestre,Martha Ann 131
Levin,Mary 10
Lewis,
 Abby 26 Polly 46
 Jane 63 Nancy 121
 Agatha 155
 Catherine 195
Liffany,Emmarine
 Virginia 260
Light,

Julia A. 46 Elizabeth
 50
Rhoda 149 Lydia 192
Elizabeth 216 Hannah
 260
Likens,Martha 262
Lilley,Nancy 185
Lilly,
 Rhoda 51 Elizabeth 173
 Jane 240
Lincass,Hannah 207
Lincus,Elizabeth 225
Lindbury,Patsy 78
Linder,Minny 22
Link,
 Catherine 101
 Elizabeth 101
 Nancy M. 125 Nancy 147
 Rebecca 185 Mary 229
Linkinhoker,Elizabeth 15
Linkous,
 Amy 133 Dora 145
 Eliz. 196 Elizabeth
  131
 Hannah 190 Julia 208
 Landonah 133 Margaret
  E. 132
 Mary E. 133 Elizabeth
  211
Linsey,
 Susannah 73 Catherine
  212
Lions,Elizabeth 71
Litner,
 Mary 121 Margaret 265
Litrell,Mary 108
Litten,
 Mary 137 Amanda 143
Litteral,Lucy 218
Litterall,
 Stacey 116 Catey 219
 Nancy Agnes 262
 Elizabeth 268
Little,Sarah 110
Lloyd,
 Elizabeth 17 Sarah H.
  86
 Eleanor M. 105
 Hannah 119 Lydia 242
Lock,Mary 118
Lockett,Nancy 122
Lockhart,
 Jane 101,105
 Ann 214 Polly 246

295

Loeman, Dolly 53
Logan, Elizabeth 145
Loman, Hannah 15
Lombard, Lovace 114
Long,
  Catherine 188 Hannah 193
  Harriet 73 Jane 253
  Luemma 128
  Margaret 156,193
  Mary 257 Nancy 144
Longer,
  Elizabeth 117 Barbara 142
Loomas, Polly 107
Loop,
  Sarah 29 Julia Ann 157
Lore,
  Jane 116 Eliza Jane 118
  Cynthia 221
Lornes, Mary 183
Lorton,
  Rebecca 24,27 Rachel 117
  Lydia 202 Betsy 204
  Lida 204 Polly 255
Lothrain, Sally 263
Loucks, Susanna 65
Louks, Sophia 135
Loukx,
  Elizabeth 211 Bethiar 212
Loutac, Tabitha 145
Loux,
  Emerrillia 188 Nancy L. 211
Love,
  Fanny 97 Mary 167
  Nancy 265
Lovel, Elizabeth 27
Lovell,
  Martha 13 Elizabeth 253
Lovern,
  Fanny 23 May June 139
  Nancy 176 Melinda 262
Loving, Amanda 111
Low,
  Betsy 46 Sarah 104
  Mary 236 Hannah 255
Lowder (possibly Sowder),
  Mary 63

Lowe, Katherine 156
Lower, Betsy 247
Lowery, Jane 15
Lowry,
  Nancy 31 Elizabeth 131
  Polly 139 Ann 210
Lowthain, Tabitha 207
Loyd, Celia 74
Lucas,
  Agnes 99 Agness 28,78
  Amanda M.F. 193
  Barberry 1
  Catharine 100,72
  Charlotte 100 Clara 11
  Clementine 91 Deborah 57
  Ela Ann 194
  Elizabeth 257,79
  Elvina 219 Harriet 262
  Jane 147 Joicy 85
  Julet 257 Lucinda 137
  Mahaly 220 Margaret A. 203
  Margaret Emameline 19
  Margarett 97
  Mary 1,182,46
  Nancy 187,237,86,97
  Nancy S. 148 Peggy 1
  Polly 78 Rachel 43
  Rebecca 11,147
  Sally 31 Sarah 10,147,2
  Sarah B. 90 Susanna 182
  Susannah 228 Theodocia 250
Lucass,
  Catharine 12
  Mary 82 Ann 237
Lucy,
  Catharine 22 Theodocia 260
Lugan, Marion 56
Lugar,
  Mary 67 Barbary 118
  Ann 119 Elizabeth 216
  Peggy 232
Lumpkin, Sarah 258
Lunday, Maria 221
Lundsay, Maria 146
Lundy, Maria 30
Lybrook,
  Catharine 34 Elender 206

Eliza 220 Elizabeth 10
Evalina 149 Lavinia
  130
Margaret Ann 43
Nancy 214 Salley R. 97
Sally 65
Lykins,Hannah 36
Lykins,
  Nancy 44,217
  Sarah 261 Mamala 261
  Matilda 267
Lynkens,Hebara 144
Lyon,Eliza J.48
Maddin,Christine, 147
Maddox,
  Nancy 14 Sarah 184
Madison,
  Agatha S. 183
  Susannah Smith 183
Madlin,Jane 173
Mahood,
  Julia A. 125 Virginia
  135
  Elmira 264
Mair,Amy 42
Maltz,Mary Jane 80
Man,Nelly 143
Manger,
  Sarah 118 Mary 245
Manges,
  Ursula 76 Elizabeth
  252
Manifee,Rhoda 121
Maning,Mary 129
Mann,
  Betsy 104 Mary 106
  Sally 114 Polly 143
Manning,
  Hanah 46 Julia Ann 84
  Martha 120 Frances 150
  Elizabeth 218 Mary 245
Mannon,
  Martha 153 Elizabeth
  220
Marcum,
  Judy 78 Susannah
  254,262
Mares,Margaret 206
Margrave,Amy 220
Marricle,Margie 251
Marris,Fanny 79
Marrs,
  Resia 2 Leotetia 122
  Peggy 149 Abigail 158

Catherine 228 Rosannah
  251
Mars,Hannah 247
Marshall,
  Nancy 3 Elizabeth 91
  Agness 148
Martain,
  Polley 78 Rebecca 158
  Rosanna 205
Martian,Jintsy 51
Martin,
  Alley 23 Anjaline 257
  Anny 122 Ardeny 59
  Betty 141
  Catharine 28,261,45
  Charlotte 209
  Elizabeth
    125,131,159,177,21
    9,249
  Elizabeth M. 64
  Frances 160,48
  Hannah 101,231 Harriet
    23
  Jincy 229 Julia Ann 52
  Levica 208 Malinda 42
  Margaret 180 Margaret
    S. 19
  Mary Jane 250,50
  Matilda 22 Milly 152
  Nancy
    152,169,181,78,96
  Nancy A. 40 Peggy 115
  Polly 171,187,23,249
  Rachel 225
  Sally 128,152,168
  Sarah 242 Susan S. 224
Maryes,Mahala 246
Mason,Nancy 154
Massas,Emmela 111
Massey,
  Joanna 127 Marian 166
Mathews,Mary C. 193
Matthews,Lucy Ann 172
Mattox,Martha 265
Mauer,Polly 113
Maun,Elizabeth 16
Mavis,
  Jane 43,101
Mawles,Elizabeth 253
Maxwell,
  Jane 109 Mariah 110
Mayher,Elizabeth 86
Mayhood,Martha 57
McAlexander,Polly 139

McBath, Jane 22
McCall, Martha E. 154
McClaugherty,
  Nancy 40 Mary S. 206
  Sarah 206 Polly F. 206
  Jane 210 Sarah M. 242
  Magdaline C. 246
McComas, Mary 106
McCorkle,
  Margaret 1 Rebecca 235
McCoy,
  Rachel 2,35 Lucinda 81
  Nancy 154,220 Linna
    211
  Elizabeth 217
McCristie, Margaret 166
McCroskey,
  Malinda 186 Margaret
    188
McDanel, Sarah 249
McDaniel,
  Angelia 29 Betsy 54
  Catherine 223
    Elizabeth 243
  Emily 119 Kezia 242
  Malvina 27 Margaret
    176
  Mary 115 Mary Ann 49
McDonald,
  Ann 2,5
  Elizabeth
    100,121,157,188,22
  Hannah 32
  Jane 159,181,55
  Lucinda M. 154
  Margaret 170
  Mary 109,63,79
  Mary J. 123
  Nancy 158,43
  Polly 206 Sally 74
  Sarah 130 Susanna 197
  Susannah M. 214
McDowel, Martha 153
McDowell, Jane 30
McDurman, T.A.R. 225
McElany, Jane 8
McFadden, Nancy 18
McFaddin, Betsy 182
McFall, Louisa 260
McFarland, Mary 196
McGavock, Peggy 130
McGee,
  Molly 107 Jane 109,155
  Rachel 154

McGeorge, Nancy 192
McGruder, Elizabeth Ann
  222
McGuire,
  Latia Ann 68 Nancy 74
  Susanna 195
McHaffee, Jane 12
McKeney, Sarah 99
McKennce, Margaret 80
McKenzie,
  Elizabeth 38 Margaret
    98
  Polly 247
McKinney,
  Polley 46 Rachel 235
  Julet 235 Micky 254
McMullen,
  Catharine 191 Mary 17
McMullin,
  Rosanna 68 Elizabeth
    151
  Nancy 206
McNeal, Naoma 77
McNealy, Rebeckah 123
McNeel,
  Malvinia 78 Rebecca
    131
  Susanna 179
McNeeley, Mary 54
McNeely,
  Dorothy 29 Elizabeth
    221
McNeil,
  Millie 111 Ann 163
McNutt, Frances E. 145
McPeak,
  Polly Ann 81 Jane 117
  Tamandra N. 128
  Lucresy T. 166
    Margaret 194
McPeek, Jane 117
McPherson,
  Amy 74 Anne 7
  Catherine 104 Chanly
    264
  Elizabeth 258
  Martha Ann 136
  Peggy 218 Polly
    183,196
  Scinthy 232
McTaylor, Mary 215
McVey, Martha 42
Meacham,
  Mary 263,255

Meador,
  Anna 160 Dosha 51
  Elizabeth 52 Judah 264
  Naomy 85 Polley 12
Meadows,
  Amanda 160 Cassy 101
  Elizabeth 170,252
  Jane 93 Malinda 221
  Martha Jane 218
  Nancy 224 Owney 101
  Rosanna 143 Sally 36
  Sarah Ann 134
Mears,Rachel 80
Meders,Peggy 143
Meek,Matilda C. 235
Melton,
  Mary 58 Patsy 80
  Elizabeth 82
Melvin,Cornelia 144
Menifee,Patty 119
Mennich,Polly 12
Mennick,Peggy 89
Meredith,
  Melvina 19 Nancy 28
  Priscilla 107 Octavia 207
Merrin,Esther 36
Merritt,Matilda 243
Meyers,Catey 103
Michean,Mary Ann 175
Michiam,Mary Ann 171
Mickabell,Christina 115
Milam,Martha 238
Miles,
  Frances 160
  Christiana A. 165
  Jane Frances 198
  Rebecca 238
Milhorn,Mary 83
Millem,Virginia A. 44
Miller,
  Alice 190 Amanda 73
  Anee 253 Barbara 75
  Betsy 113
  Elizabeth 158,170,244,261,9
  Elizabeth B. 133
  Elizabeth J. 168
  Elizabeth Jane 170
  Emeline 252 Emeline A. 55
  Hannah 158 Henrietta M. 241
  Lucinda Ann 229
  M.A. 209 Margaret 267,63,72
  Mariah 242, Martha 52
  Mary 170,21 Mary J.L. 87
  Mary Jane 244,
  Mary O. 13 Nancy Mary 91
  Permelie 254 Rachel 121
  Rhoda 91 Rhosanna 152
  Sally 178 Sarah 104,124,170
  Susan 71 Virginia 113
  Zelpah 84
Millikin,Eleanor 116
Millirons,
  Almedia 49 Eliza 49
  Catherine 249
Mills,
  Barbary Ann 215
  Elizabeth 43
  Frances 254 Franky 91
  Martha H. 246
  Mary H. 113
  Nancy Elizabeth 10
  Rachel 26 Sara 204
  Sarah 154
  Sarah Ann 131
Milton,Elizabeth 98
Miners,Elleanor 119
Minix,Christena 62
Mitchel,
  Jane 137 Matilda 233
Mitchell,
  Ellen H. 197 Julianna 244
  Julianne 162 Keziah 224
  Martha 92 Mary 25,72.77
  Mary Ann 14 Matilda 229
  Nancy 196 Obedience 17
  Polly 61 Rebecca 108
  Sarah 42 Spicey 172
Moffett,Margaret 174
Moir,Rachel 38
Moles,
  Nancy 120 Sarah 231
Montague,
  Frances Anderson 142
  Catharine L. 240
Montgomery,

Elizabeth 53,86
  Rebecca 151
  Polly Ann 151 Saressta 231
Moody,
  Sally 61 Nancy 67
Moon,Phebe 253
Mooney,Elizabeth 113
Moor,
  Rebecca 38 Jane 83
  Polly 172
Moore,
  Anne 111 Betty 251
  Cynthia 92
  Elizabeth 122,190,60
  Frances 16 Lethia 27
  Margaret 100
  Mary 123,94
  Polly 250 Sally 60
  Sarah 141
Mopin,Siny 84
Morehead,Martha 243
Morgal,Margarettae 245
Morgan,
  Amanda M. 82
  Elinor 38,86 Elizabeth 140
  Jemima E. 44 Jenny 220
  Mary 141,260
  Rebecca 261 Virginia 90
Moricle,Orleaner 34
Morreal,Nancy 64
Morrical,
  Nancy 252 Susanah 257
Morricle,
  Mary 70 Elizabeth 70
Morris,Tabitha 157
Morrisson,Isabella 267
Morrow,Esther 18
Morten,Frances 48
Morton,
  Sally 89 Elizabeth 100
  Evelina W. 106
Moser,Mary 28
Moses,
  Mariah 20 Mary 20
  Charlotte 36 Sarah R. 40
  Margaret 45 Jane 118
  Rebecca 167 Elizabeth 252
Moss,
  Phyllis 1 Nancy 84

Sarah 201 Mary 205
Susannah 254
Mower,Polly 113
Mowry,Barberry 208
Moye,
  Mary 161 Minerva 205
Moyer,Betsy 150
Moyers,Margaret 226
Muerhead,Rebecca 163
Muirhead,
  Julina 18 Eliza 72
  Nancy 159 Mary 163
  Polly 194
  Harriet Jane 222
Mullin,
  Jane 26 Rhoda 30
  Virginia 104,105
  Elizabeth 132
  Nancy 256
Mullins,
  Mary 83 Lucinda 213
  Nancy 256 Susanna 264
Muncey,Elcy 64
Muncy,
  Jemima 78 Cynthia 95
Mundsey,Abagail 186
Munsey,
  Abegale 78 Abigail 179
  Ailsy 246 Alice 50
  Lavinia 254
  Margaret 186
  Mary 22,50,78,83
  Mary Ann 78
  Neomi 171 Rachel 227,80
  Rhoda 254 Sarah 172
  Sarah D. 108
Murdock,
  Sally 31 Mary Ann 152
Murphy,
  Betsy 126 Ann Maria 181
Murray,
  Elizabeth 23 Mary Jane 82
  Sarah 199 Margaret 201
Musgrove,Ally 114
Mustard,
  Ann 103 Betsy 224
  Jerusha 59 Julia 74
  Matilda 207 Polly 224
  Sarah 169,36
Myers,
  Elizabeth 247

Katherine 213
Lucinda 117 Mary 181
Nancy 99 Naomi 63
Sally 247
Mynatt,Hannah 217
Napier,
  Clenar 32 Joecy 43
  Dicey 43 Elizabeth 122
Napper,
  Ann 131 Lucy 155
Nappier,
  Judith 155 Margaret 167
Nash,Elizabeth 102
Neal,Judy 194
Neel,
  Rhoda C. 49 Elizabeth 109
  Nancy 127
Neely,
  Polly 8 Peggy 235
Neese,Caroline 79
Neil,Elizabeth 218
Nell,Polly 109
Nester,
  Anasitas 106 Betsy Ann 10
  Frances 70 Jerriday 75
  Mary 194 Matilda 66
  Sally 191
Nestor,Mary 59
Newberry,Bettina 100
Newbey,Ann 91
Newby,Elizabeth 238
Newell,
  Nancy 150,161
Newlee,
  Sarah 90 Cyrena C. 176
Newly,Viney 14
Newman,
  Nancy Ann 18 Elizabeth 59
Newton,
  Nancy 225 Sally 230 Sarah 260
Nicewander,Sarah Jane 186
Nicewonder,
  Allis 79 Esther 168
Nicewonger,Nancy 171
Nichols,Mary 258
Nickols,Mary 261
Nida,
  Anna 174 Betsey 45
  Betty 45 Catherine 47
  Elizabeth 211,75
  Frances 1 Phebe 262
  Sarah 41
Nidah,
  Catherine Ann 56
  Emaline 229
Niday,Nancy A. 230
Nidy,Susanna Mary 45
Niece,Caroline 125
Nisewander,
  Rhoda 206 Elizabeth 265
Nisewonder,
  Judith 167 Amenta 246
Nixon,Virginia S. 7
Noah,Catherine 150
Noel,Martha Ann 14
Noell,Julia Frances 4
Nolly,
  R.A. 174 Susan 263
Norris,Sarah 52
Nozler,
  Mary 144 Catherine 231
Nunley,Sarah S. 163
Nunn,Virginia 118
O'Brian,
  Pamelia Ann 141
  Sarah T. 218
O'Bryan,
  Dicey Evaline 114
  Susan F. 138
O'Neal,
  Martha 24 Rhoda 194
Oakly,Eliza 126
Oaks,
  Jemima 150 Elizabeth A. 166
Oatawalt,Ann 172
Oats,Nancy 252
Oatwalt,Polly 214
Obenchain,Eve 216
Odel,Lucinda 110
Odell,
  Amanda 52 Phoebe 119
  Catherine 122
Odle,Elizabeth 176
Ogle,Nancy 18
Oglesby,Mary 121
Oldham,Catherine 58
Oldhance,Catharine 58
Olinger,Elizabeth 128,267
Oliver,

Mary E. 55 Nancy 84
Lucinda 100
Oney,
  Mary 50 Tabitha 81
Ony, Elizabeth 190
Orr,
  Polley 34 Peggy 224
Otey,
  Elizabeth M. 6 Cynthia 51
  Antonetti 66 Rebecca 95
Ott,
  Susannah 103 Anna 114
  Betsy 247 Polly 247
Overhalser,
  Margaret 134 Catherine 239
Overhelze, Frances 222
Overhelzer, Frances 203
Overholser, Sally 134
Overholtz, Susannah 206
Overpeck, Peggy 9
Owen,
  Joanna 10 Elizabeth 26
  Martha 94 Ruth 157
Owens,
  Nancy Jane 1 Nancy 82
  Elizabeth 89 Mary 109
  Susan 213 Jane 216
  Margaret 262
Pack, Frances 143
Page,
  Letitia 1 Betsy 88
  Mary 184 Eliza 219
  Matilda A. 257
Pain, Delia 143
Paine, Betsy 102
Pains, Sarah 175
Painter,
  Anne 43 Isabella G. 163
Palmer, Cordelia 69
Pane, Margaret 227
Pannel,
  Martha 116 Lucinda 151
Pannell, Rhoda S. 81
Parish, Lucy 178
Parker, Margaret P. 233
Parkerson,
  Elizabeth 115 Catey 180
Parnell, Charlotte 202
Parse, Sally 88

Parson,
  Lattice 76 Sophia 228
Parsons, Nancy 172
Pate,
  Catherine 99
  Christina 106, 115
  Elizabeth 98 Frances 116
  Jude 198 Lockey 202
  Lucy 19 Nancy 178, 245
  Polly 74 Rebecca 53
  Sally 99 Sarah 115
Paten, Jane 16
Paterick, Priscilla 16
Pates, Molly 200
Patrick,
  Mary 39, 50 Dorcas 193
Patterson,
  Emeline R. 80 Polly 101
  Martha 125
Patton,
  Agnes 178 Eliza 238
  Elizabeth 5 Jane 190
  Jennett 89 Lucinda 158
  Margaret 121 Maria 59
  Martha 154 Mary 161
  Matilda 60 Nancy 172
  Polly 108, 158
  Rachel S. 211
Pauley,
  Mary 103 Rachel 128
Pauly, Mary 1
Payne,
  Mary 179 Mildred E. 3
  Molly 191 Sarah 18
  Susanna 161
Payte, Elizabeth 112
Pearce,
  Mary 56, 208 Nancy 72
  Margaret 241
Pearis,
  Rebecca 31 Nancy H. 73
  Rhoda I. 89 Eleanor H. 89
  Rebecca C. 112 Jules 122
Pearsons, Sapphira 106
Peary, Mary L.I. 149
Peas,
  Sarah 171 Ellender 205
Peck,
  Catherine 142, 206
  Clara S. 243

Elizabeth 152,184
Josephine E. 184
Louisa 196,197
Margaret 179,213
Martha M. 129
Nancy 124,35
Peggy 14,35
Polly 180 Rebecca 183,30
Sally 164
Pedan,Mary Thompson 261
Peden,
  Margaret 18 Polly 58
Pedigo,Lucinda 32
Peery,Virginia A. 243
Pence,Sally 90
Pendleton,Catherine 132
Penington,Ida 89
Penner,Susannah 113
Pennington,
  Elizabeth 43 Shada 46
Penturf,Adeline 92
Pepper,
  Jenny 60 Martha W. 86
  Mary 104,106,239
  Mary I. 61 Mary L. 234
  Neomi 200 Sally 181
  Sarah 43
Peppers,Sarah H. 1
Percise,Rebecca 221
Perdue,
  Celia A. 214 Frances A. 11
  Marala 165 Martha 97
  Phebe 97 Priscilla 239
  Susan 124 Susan F. 22
  Zerusiah 165
  Zerviah 165
Pergram,Elizabeth 159
Perkins,
  Louisa 51 Nancy 66
  Eliza Ann 71
Peterman,
  Catharine 212,141,262
  Christina 108,177
  Christina Jane 183
  Elizabeth 88 Letitia 65
  Mary L. 55 Octavia 231
  Polly 86 Sarah 33
  Theodotis 99
Peters,
  Catherine 236 Clara Jane 11
  Clary 32 Elizabeth 11,240
  Juliet 11 Martha Louise 24
  Mary Anne 124 Nancy 239
  Rebecca 260 Sarah C. 125
Peterson,
  Elizabeth 218,82
  Hannah 75 July 88
  Martha 107 Mary 218
  Rhoda 154
Pettry,Ann 51
Peu,Ann 108
Pfleger,Eliza 76
Phares,
  Rachel 18 Nancy 76
  Sally 222
Pharis,
  Hannah 120 Mary 248
Philips,
  Catherine 70 Dicey 53
  Eliza 48 Elizabeth 141
  Frances 159 Lucinda 34
  Mary 196 Nancy 183,54
  Sarah 47,54
Phillippi,Katharine 48
Phillips,
  Lurana 65 Mahala 30
  Margaret 16 Mary 189,71
  Nancy 184
Phipps,Catharine 163
Phips,
  Elizabeth 256 Eliza 257
Phlegar,
  Mahala 21 Leah 112
  Margaret 213
Phleiger,Arabella 259
Pickering,Mary Ann 3
Picket,Mary 265
Picklehimer,
  Sally 219 Anne 225
Picklesimer,
  Lydia 176 Rebecca 215
Pierce,
  Harriet 187 Freelove 215
  Phebe 236
Piles,Sally 258
Pine,Polly 71
Pinkard,

Mary A. 239 Elizabeth 239
Piper,Elizabeth 194
Pitman,Mary Ann 143
Plank,Mary 47
Plemale,Mary 146
Plimale,Theodosha 199
Plott,Mary A. 144
Plymell,Magdalene 254
Poff,
  Adeline 41 Ann 209,50
  Anna 50 Betsy 50
  Catharine 241,50
  Charity 262 Christina 160
  Elizabeth Jane 122
  Esther 63 Lucinda 50
  Ludia 50 Margaret E. 7
  Mary 191 Peggy 145
  Polly 50 Rebecca 232,233
  Salley 168
Poll,Elizabeth Jane 122
Pollard,
  Catherine B.G. 44
  Sarah 130 Julian 257
Pool,
  Jane 66 Cynthia 205
Poor,Mary 164
Poppecoffer,Charity 103
Porterfield,
  Ellen N. 73 Mary 233
  Berlinda 243 Joan 250
Potts,Neomi 182
Pour,Eva 146
Powel,Sarah 186
Prater,
  Nancy 8 Celia 27
  Rhoda 52
Pratt,
  Nancy 46 Oliv 93
  Elizabeth 94 Charlotte 115
  Theadocius 139 Mary 175
Prefater,Nancy 28
Preston,
  Elizabeth 150 Lucinda 238
  Mary 14,142
  Peggy B. 187 Rachel S. 45
  Sarah 158 Susannah 105
  Virginia A.E. 161

Prewett,
  Eliza 98 Emily M. 249
Price,
  Aggy 230 Agnes 2,72,97
  Aramenta 189
  Catharine 140,188,207
  Eliza 186 Eliza Ann 82,89
  Elizabeth 103,148,187,20,208
  Fanny 107 Frances 108
  Hannah 133,156
  Harriet 45 Margaret 205
  Mary E. 190 Nancy 221
  Nancy A. 179 Patsy 16
  Peggy 108,192
  Pheba 188 Polly 103,232
  Rachel 49 Rebecca 179
  Sally 119 Sarah 187,72
  Susanna 180 Susannah 27
  Susannah E. 175 Wisti 202
Prince,
  Patsey 18 Milly 19
  Nancy 45,171
  Elizabeth 77 Rachel 165
Privett,Sarah 26
Pruet,Judith 36
Pruit,
  Elizabeth 35
  Sarry 228 Mary 228
Pruitt,Solitia 22
Pugh,
  Nancy 40 Patsy 46
  Sarah 64, 249
Purdue,
  Betsy 26 Edith 35
  Mahale 35
Purnel,Euphemy 77
Putol,Betsy 265
Quesenberry,
  Nancy 126,195 Martha 151
Quirk,Jane 33
Quisenberry,Margaret A. 167
Rader,
  Sally 3 Margaret 125
  Peggy 144 Charlotte 243

Radford,
  Margaret 110
  Rosanah 122
  Rosannah 122,252
  Dedocia 190
Raeburn,
  Peggy 27 Mary 31
  Jane 34,181 Jenny 181
  Rachel 233
Rain,Mary E. 80
Raines,
  Margaret 45 Martha G. 51
  Mary 163 Martha 168
  Barbary 179
Rains,Susan 179
Rakes,
  Nancy 95 Sarah 115
  Polley 191
Ramsey,Mary Elizabeth 167
Ransom,Mary M. 29
Ratcliff,Sally 8
Ratliff,
  Adaline M. 59 Adeline M. 39
  Charity 46 Debby 10
  Lucinda 174 Manerva 85
  Mary 21 Matilda 211
  Rachel 76
Rauson,Martha F. 29
Ray,Fanny 265
Rayburn,
  Elizabeth 63 Nancy 109
  Martha 116 Margaret 148
Reader,Catherine 238
Rebel,
  Hannah 75 Magdalin 172
Redaford,Anna 126
Redinger,Sarah 16
Redpath,
  Catherine D. 18 Betsy 79
  Martha G. 200 Polly 216
  Rachel 248 Mary S. 266
Reece,Elizabeth 177
Reed,
  Ann 70 Anna 162
  Celia 4 Charlotte 64
  Delila 193 Dicy 42
  Elizabeth 261,3
  Eunice 71 Eveline 4
  Lucinda 5
  Lucy 192,24,3
  Maram 205,69
  Margaret 1,180,193
  Martha 69 Mary 178,251,4
  Mildred 5 Milly 214
  Nancy 192,3,69,70
  Nancy Jane 25
  Olive 192,8 Permelia 64
  Polly 215,4,96
  Rachel 235 Rhoda 204,222
  Sally 192,42
  Sarah 145,34,4,53
  Susannah 256,70
  Tappenes 187 Unas 72
  Viola 70
Reedy,Nancy 53,57
Reese,
  Catharine J. 67 Mary A. 113
  Agnes 123 Sarah 234
Regney,Phebe 66
Reidinger,Susannah 163
Reith,Sarah 104
Rentfro,
  Elinor 124 Sally 184
Repass,Barbara 14
Reyburn,
  Agnes 118 Jane 96
  Jane L. 206 Margaret 57
  Mary 124,265
  Rebeckah 123
Reynolds,
  Sarah 54 Nancy 91
  Mary 152,167
  Hannah 163 Polly 257
Rhodes,Jane 126
Ribble,
  Barbara 128 Mary 151
  Leah 177
Ribble,(aka Rebel)
  Elizabeth 155
  Riarah 17
Rice,
  Sarah 20 Almeda 56
  Caroline 135 Lucinda 243
  Permelia 265
Richard,Amelia 93
Richards,

Ona 76 July Ann 76
Catherine 94,209
Mary 105 Octavia 113
Elizabeth 194 Jean 218
Richardson,
  Lucretia 179 Adeline 189
  Wealthy 199
Ridinger,Mildred 94
Ridpath,Matilda 109
Right,
  Mary 97,234
Rightman,Catey 147
Rigney,
  Mary M. 66 Jane 105
Rinehart,
  Evy 94 Nancy 165
  Sarah 174
Rineharte,Rebecca 165
Riner,Elizabeth 168
Rise,Nancy 37
Rite,Lucrety 29
Ritter,
  Susanna 139 Peggy 208
  Susannah 208
Roach,Lucinda 169
Robberts,Mary 188
Roberson,Margaret 29
Roberts,
  Betsy 121
  Caroline 148,175
  Elizabeth 102,196,210
  Frances 252 Margaret 128
  Mary 32 Nancy 17
  Polley 45 Sally 223
  Vicey 32
Robertson,
  Ann 133 Betsy 45
  Hetty 61 Naoma 41
  Peggy 77 Polly 181,265,96
  Sophia 195
Robeson,Sarah 210
Robinet,Anne 245
Robins,Mary 80
Robinson,
  Betsy 127 Cynthia 155
  Elizabeth 73 Ellener 77
  Gertrude 172 Harriet 96
  Jane 218 Letitia 187,92
  Margaret 122,30
  Mary 92 Peggy 96
  Susanah E. 127 Tames 1
Robison,
  Lucinda 32 Mary 105
  Virginia 230
Rock,
  Jane 91 Phebe Ann 144
  Malinda 148 Elizabeth 233
  Nancy 250 Clary 250
Rodgers,
  Mary 129,189
Roe,Elmira V. 85
Rogers,
  Margaret 45 Nancy 146
  Thursey 190 Elizabeth 250
  Rebecca 265
Roland,Rhody 240
Rollins,
  Elizabeth 13,19 Nancy 68
Romines,Polly 53
Ronnton,Mayse 246
Roop,
  Catherine 27 Elizabeth 127
  Juliet 146 Letitia 1
  Martha 56 Nancy 198
  Rachel 198 Susan 198,48
Rop,Catharine F. 266
Rose,
  Amanda M. 161
    Catherine 260
  Charlotte 63
  Elizabeth 122,256,61
  Ellen 113 Mary 1,222,57
  Rhoda 111
Ross,
  Catherine 30 E. 36
  Elizabeth 157,91
  Grizzay 22 Jane 25
  Margaret 53 Martha 193
  Mary 149,72 Mary E. 109
  Matilda 142 Nancy 24
  Sarah 91 Susan 159
  Susannah 157,22
Roughtrof,Polly 251
Row,
  Molley 146 Barbara 154

Rowe,
   Elizabeth 65 Sophiah 154
Ruddle,Catharine Jane 201
Rudock,Jane 54
Ruetrough,Hannah 151
Rughs,Nancy 74
Rugins,Susannah 74
Rumburg,Margaret L. 56
Runeon,Miasie 153
Runnan,Rebecca 39
Runner,Susannah 59
Runnion,
   Mary 27,79 Ann 79
Runyan,Rebecca 40, 201
Runyon,
   Elizabeth 96 Norminda 122
Rupe,
   Catey 4 Rachel 183 Octavia 197
Russel,Rachel Ann 215
Russell,
   Catherine 115 Polly 190
Rutherford,Nancy 104
Rutledge,
   Elizabeth Ann 247 Jane 268,41 Jenny 112 Lucy 106 Margaret 55 Mary 236,77
Rutlige,Sarah 65
Rutroff,
   Elizabeth 5 Hannah 18 Margaret 33 Sarah 64
Rutrough,
   Nancy 138 Rhoda 248 Sarah 251
Rutrouth,Catey 234
Rutter,Mary E. 98
Ryan,Eliza 133
Sale,Susan 215
Sallers,Catherine 25
Sallust,
   Sally 207 Elizabeth 268
Samples,Ann C.E.F. 53
Sampsey,Rhoda 76
Sanders,
   Sarah 71 Susan 136
Sanger,
   Susan 67 Mary E. 234
Sarles,Hannah 255

Sartain,Adaline C. 201
Sartin,
   Salley 22 Ruth 35 Nancy B. 170
Sartine,Dicey E. 117
Sarver,
   Adicey 33 Catherine 128
   Elizabeth N. 136
   Hannah 145 Mary C. 175
   Nancy 145 Polly 32
   Rebecca 225 Sarah 19
   Susannah 119
Sasllust,Frances 239
Sasseen,Jane 149
Saunders,
   Elizabeth 3 Claracy 3 Betsy 77 Juliann 130 Martha 157 Isabella 170
Sawyer,Sarah Jane 207
Sawyers,Jane 79
Sayers,
   Mary M. 50 Elizabeth M. 133
Scaggs,
   Elizabeth 174 Joice 123
   Polly 28 Rachel 142,147
   Rhoda 3 Ruth 52
   Sarah 8 Susanna 1
   Susannah 3
Scanland,Mary 32
Schutt,Elizabeth 198
Scibold,Catherine 144
Scott,
   Anna 246 Anny 25
   Corina 248 Delilah 188
   Dianna 92 Dorina 48
   Elizabeth 216,234
   Isabella 203 Jane 245,48
   Judy 102 Lydia 217
   Margaret 92 Mary Ann 245
   Phoeby 45 Polly 165,245
   Rebecca 152 Sarah 218
Seapall,Betsy 58
Seigler,Hannah 44
Sekletter,Barbary 180
Sengar,Phebe 159
Sensentaffy,Rachel 266

Sententaffer, Catherine 245
Sesler,
  Sarah 77 Mary 88
  Elizabeth 109
  Catherine 157 Nancy 157
  Susanna 247
Shadrach, Nancy 179
Shank,
  Nancy 3 Lucy Ann 22
  Rebecca 152
Shanklin,
  Elizabeth 190 Lucy 233
  Mary 181 Nancy 87
  Peggy 199 Rebeca S. 265
  Sarah 190 Sarah A.M. 136
Shannon
  Hannah 116 Nancy C. 13
  Jane 131 Ann 150,161
  Mary 165
Sharp, Mary 195
Shauver, Ann 148
Shaver, Charlotte 218
Shavers, Rebecca 73
Shaw,
  Sarah 19 Dorcus 110
  Catherine 239
Shealor, Mary 94
Sheffy, Elizabeth 249
Shell,
  Barbara 106,107
  Catherine 128 Elizabeth 231
  Esther 154
  Margaret 202,227,102
  Martha 36 Nancy 231
  Peggy 144 Polly 146,187
Shellady, Jane 236
Shelor,
  Elizabeth 222,237,252
  Elmira 148 Harriet 135
  Jane 114 Mary 21,27,92,96
  Mary Ann 185,39
  Maryann 39 Polly 237
  Ruth 244 Sally 205
  Sarah 114
Shelton,
  Susan 205 Catherine 247

Shepherd,
  Letty 48 Ardelia 144
  Elizabeth 145
  Nancy A. 199 Rebecca 238
Sheppard,
  Sally 200 Rodah 201
Sherman, Sarah Ann 36
Shewy, Mary 57
Shields,
  Susan A. 191 Rebecca S. 262
Shiflets, Dorcas 209
Shilling,
  Mary Ann 9 Evey 216
  Polly 217
Ship,
  Delila 39 Delilah 50
Shoatman, Mary 176
Shoemaker, Martha S. 211
Shokey, Mary 216
Shoopman,
  Betsy 177 Nancy 220
Shopshire,
  Sarah 108 Nancy 131
Short, Mary 7
Shortt,
  Emily M. 62 Sarah J. 156
Showalter,
  Catherine 209
  Eliza Jane 98
  Lydia 242 Mary 210
  Miram M. 35 Sarah 107
Shrader, Polly 14
Shrewsberry,
  Lucy 189 Polly 30
  Milly 80
Shrider, Barbara 108
Shroder, Elizabeth 176
Shufflebarger,
  Mary 68 Minerva 69
  Sarah 72,200
  Henretta 198
  Elizabeth 207
Shumat, Peggy 143
Shumate,
  Clara 38 Cynthia 71
  Eliza Jane 12 Elizabeth 33
  Hester Ann 152
  Julia Ann 222
  Martha Ann 97
  Mary Elizabeth 59

Nancy 167
Sifford, Nancy 82
Siles, Sarah J.F. 204
Silver,
  Betsy 67 Melvina 45
  Elinor 196
Simkins,
  Sarah 52 Polley 227
Simmons,
  Adeline 221
  Barbara Eleanor 187
  Mary 142,94
  Matilda 141 Rebecca 142
  Rhoda 24 Rosanna C. 251
  Sarah 80,93,69
  Susanna 256
Simpkins,
  Amanda J. 209 Betsy R. 44
  Catherine 196 Celinda 231
  Charity 242 Dianna 249
  Elizabeth 26 Fanny 21
  Harriet 2 Henrietta 235
  Levina 250
  Margaret Jane 32
  Martha 267
  Mary 81 Mary Jane 257
  Massee 139 Melvina 140,84
  Phebe 197 Polly 46
  Rebecca 244,46,55
  Rhoda 171 Sally 212
  Sarah 242,263, 8
Simpson,
  Catherine 67 Elinor 141
  Emeline 144 Katherine 43
  Mary 52 Peggy 105
  Rebecca 57
Simson, Betsy 234
Sink,
  Susanna 115 Nancy Ann 245
  Elizabeth 246
Sipol, Sarah 81
Sipole, Mary 197
Sirah, Elizabeth Ann 158
Skaggs, Nancy 192
Skeanes, Mary 161

Skyles, Phebe 223
Slaughter, Martha 23
Sloan, Mary Ann 176
Sloane,
  Mary Anne 176
  Sarah Jane 204
Slusher,
  Barbra 241 Catey 211,225
  Catherine 191 Cynthia 125
  Elizabeth 104,65
  Eva 125 Levicy 135
  Martha 249
  Mary 120,64,90
  Nancy 183,54,82
  Polly 30 Sarah 155,56
  Susan 53 Susannah 13
Slusser,
  Mary A. 58 Sarah E. 135
  Margaret 169 Cyrena 208
Smallwood,
  Rachel 7 Rebeckah 31
  Sarah 55
Smiffer, Caty 222
Smith,
  Agnes 138 Ann 17,18
  Betty 57 Catherine 25
  Cynthia 56 Diadama 79
  Diana Jane 70 Eliza 2,4
  Elizabeth 108,111,113,118,120,135166,172,184,187,214
  Elizabeth G. 58
  Elizabeth R. 168
  Ellen 170 Emily 260
  Fanny 211 Gavina 159
  Hannah 107,137,165,33
  Hannah I. 232 Harriet 20
  Isabella 94 Jane 179,240,51
  Jenny 177 Juliana 221
  Juliet 88 Lavina 212
  Lucinda 200 Lydia 159
  Magdalene 265
  Margaret 209,43
  Maria B. 118
  Martha 173,200

Mary 172,178,200,214,220,249
Mary M. 5
Nancy 149,55 Olivia 108
Patsy 199 Peggy 143
Priscilla 93 Rachel 134
Rebecca 92 Rosanna 175
Sally 256,63,142
Sarah 204,206,209,212,219,36,44,58,9
Sarah A. 122 Sarah P. 64
Sasy J. 139 Susan 234
Susannah 192,226,26
Viney 133
Smithey,Phebe 193
Snavel,Polly 137
Snavell,
 Martha 175 Nancy 181
Snavely,Elizabeth 198
Snavill,Peggy 35
Snider,
 Cynthia 188 Ellen T.G. 111
 Margaret 135 Mary 229
 Mary Jane 102 Mary M. 177
 Susanna 255 Virginia 60
Snido,Crease 223
Snidow,
 Amanda 135 Barbara 220
 Barbary 219 Barbra 152
 Betsy 130 Catherine 97
 Clary 182 Elijann C. 123
 Eliza 243
 Elizabeth 180,183
 Elizabeth C. 239
 Hannah 144 Jane 258
 Louisa 253 Lucy 189
 Mary Ann 102 Nancy 105
 Nancy 130,188 Oncy S. 197
 Polly 159,246 Polly B. 180
 Rebecca 172 Salley 125
 Sally 13 Sarah J. 257
Snodgrass,

Ann 251,41 Elizabeth 137
Hasiny 257 Juliet 81
Lorieza A. 169
Margaretta 246
Peggy 35 Polly 158
Snow,
 Harriet 19 Frances 62
 Mary 207
Snyder,
 Susannah 9 Matilda J. 139
 Margaret 141
Solesberry,
 Rhody 45 Salley 77
 Polley 92,143
 Sally 153
Solomon,Polly 184
Songer,
 Polly 168 Barbra 211
Sour,Catherine 58
Southern,
 Jane 31 Judith 75
 Alice 75 Orlena J. 104
 Susannah 125 Peggy 206
Southrene,Sally 24
Sovain,Ann 34
Sovine,Lidia 129
Sowder,
 Betsy 24
 Elizabeth 150,251,260
 Lucy Mary 168 Ann 234
 Rebecca 185
Sower,Polly 232
Sowers,
 Barbary 76
 Betsy 199,222,238
 Catherine 195 Delila 104
 Elizabeth 232,87
 Hannah 222 Lucinda 128
 Lucy 142 Lydia 189
 Margaret 222 Mariah 252
 Mary 268 Nancy 176,5
 Nioma 87 Polly 135,250
 Sally 135,185,76
 Sarah 135,54
 Susanna 25 Triphan 15
Spangler,
 Elizabeth 24 Eliza Jane 24
 Sarah Ann 27 Margaret 221

Mary 221
Spence,
  Milly 72,77
Spencer,
  Susannna 129 Nancy 244
Sperry,
  Mary 45 Polly 178
  Lucy 187 Winney 223
Spurlock,Mary 101
St. Clair,Mary Ann 138
Staffar,Jean 158
Stafford,
  Alice C. 266 Betsy 125
  Catherine 166 Ellen
    124
  Emarilla 161
  Jane 109,125,224,257
  Jessie 142 Julia 72
  Keziah 73 Lucinda 221
  Margaret 258,72
  Martha E. 124 Mary 28
  Nancy 109,112,124
  Rebecca 72 Sasitia 266
  Scynthia 28 Sophona
    161
  Susanna 125
  Susannah 225,267
  Syntha 119
Staffy,Elizabeth 131
Standley,Salley 5
Stanley,
  Agnes 86 Milly 103
Stapleton,
  Polly 15 Elizabeth 113
  Sally 115 Sarah
    257,259
StClair,Elizabeth P. 89
Steagall,Delila 261
Steber,Catharine 55
Steel,
  Rachel 68 Peggy 235
Steele,Jane 161
Stegall,
  Levina 119 Susanna 120
Stephens,
  Elizabeth 199 Kezia
    156
  Kitty 48 Livinia 263
  Margaret 198,199
  Maria B. 121 Mary 250
  Peggy 199 Polly 55
Stephey,Catherine 59
Stephy,Catharine 69
Stevens,Sarah E.B. 263

Stevenson,Mary 60
Steward,Sarah Jane 93
Stewart,
  Amey 39 Mariah 104
  Mary 105,247
  Peggy 109 Eliza 122
  Elizabeth 124
  Margaret 150 Martha J.
    172
Stickleman,
  Peggy 105 Nancy 251
Stickler,Ruth 57
Stiffey,Elizabeth 183
Stigleman,
  Matilda Jane 88
  Catherine Martha 107
  Martha 108
Stinson,
  Margaret 11 Rachel 127
  Mary 212
Stoddard,Eliza Ann 89
Stokes,Emma I. 219
Stone,
  Capernia 233 Catherine
    233
  Clarissa Ann 164
  Elizabeth 146 Lucinda
    22
  Martha Jane 146
  Mary 186 Mary L. 178
  Mary McFarland 33
  Rachel E. 216
Stoneman,Lydia 35
Stot,Selea 83
Stott,Malenda 180
Stover,
  Mary M. 7 Rachael 39
  Eliza F. 58 Sarah I.
    243
  Susanna 258
Stowers,
  Sally 23 Elizabeth 85
  Polly 124 Emila 136
Strader,
  Mary 6 Elizabeth 78
  Catherine 134
Straley,
  Tabitha 31 Sally 85
  Nancy 168 Zarilda 224
  Martha Ann Virginia
    228
  Martha 230 Rebeccah
    256
Straly,Almedy 224

Stratton,
　Amrat 16 Nancy 37,47
　Catherine 49 Milly 196
　Jula Ann 227
Strethman,Tabitha 252
Strickler,
　Mary Ann 205 Elizabeth 259
Strobough,Rebecca 159
Strotton,Lucy T. 15
Stroud,Mary 247
Strouse,Mary 253
Strutton,
　Easter 158 Elizabeth 255
Stuart,
　Rebecca 43 Caty 52
　Sally 87 Margaret 144
　Ann 165
Stump,Elizabeth 1,14
Stygleman,Catherine 251
Sublet,
　Mary 131 Emily 239
Sullins,
　Nancy 92 Sarah 235
　Jane 263
Summerfield,Sally 211
Sumner,
　Eliza 140 Nancy 140
　Rebecca Ann 75
　Sarah 140,199
　Senthy 141 Susan 42
Sumpkins,Betsey 171
Sumpter,
　Octavia 8 Fanny 34
　Mary Ann Isabelle 128
　Nancy Hannah 202
　Mary Jane 203
　Martha 221 Timandra 230
　Polly 239 Sarah 242
Surface,
　Ann 61 Betsy 197
　Catharine 177,226,152,187
　Elizabeth 13,175,20,219,247
　Emaline C. 133
　Margaret E. 231
　Polly 132,187
　Rebecca 65 Sally 231,250
　Sarah E. 184 Susan 107,194

Surfus,
　Mary 194 Sally 194
Surter,Sarah 111
Suter,Naomi 62
Sutfin,
　Elizabeth 128,241
　Rachel 193
Sutton,Sarah J. 255
Swanson,Verena 57
Swiney,Elizabeth 253
Swinney,Matilda 34
Sybole,Elizabeth 204
Sykes,
　Elizabeth 171 Mary 205
Sypole,Elizabeth 204
Tabor,
　Catey 81 Martha 118
　Amanda 212
Tankersley,
　Mary F. 24 Sally F. 24
Tapscott,Margaret 216
Tawney,
　Mary Ann 1 Agnes 72
　Salley 107
　Elizabeth 119,258
Tayler,Lucy 193
Taylor,
　Ann E. 181 Betsy 118,61,82
　Betsy Polly 119
　Caroline 62
　Catey 224,96 Catherine 253
　Clementine 240 Delpha 125
　Dianna 205
　Elizabeth 167,190,57
　Jane 121,25 Martha 234,261
　Mary 138,193,32,37,77,9 1,93
　Mary Ann 42,44
　Mary J.S. 77 Mary M. 243
　Melvina 61
　Nancy 19,241,260,72
　Polly 127,224,260,267,63
　Rhoda 259 Sally 209
　Sarah 164 Susanna M. 91
　Susannah 193 Verlinda 197

Teany,Amanda 200
Templeton,
    Patsey 205 Sally 262
Teny,Henrietta 121
Terry,
    Anna 16 Eliza 253
    Jemima 26 Keziah 94
    Kurene 199 Martha 145
    Mary 242 Polly 141
Thacker,Polley 243
Thomas,
    Ann 233 Ann E. 31
    Betsy 109
    Catherine 129,206
    Elinor 15
    Elizabeth 161,178,38
    Emalia 75 Jane 61
    Mary 235 Mary E.
      141,149
    Polly 233 Rachel H.
      180
    Rebecca 16
Thompson,
    Betsy 199,215 Betsy
      Ann 252
    Caroline 14 Catherine
      60
    Charlotte 16 Charlotte
      204
    Clary 132 Cynthia 256
    Cynthia 55 Delilah 14
    Delilia 251 Eliza 2,4
    Elizabeth
      107,14,203,3,84
    Hannah 47 Jane 158,220
    Judah 46 Judith 41
    Juliet 87 Lidia 150
    Louiza M. 79 Lucilla
      252
    Lucinda 215,230
    Mahaly 112 Malvina 51
    Margaret 251,86,252
    Mary A. 266 Mary E. 52
    Missouri E. 237
    Nancy 171,21,256,34
    Nancy H. 240 Narcissa
      237
    Parmela 158 Patsy 71
    Peggy 117 Polly
      164,200,52
    Rebecca 203 Rhoda 121
    Sally 61 Sarah 70,84
    Sarah E. 82 Susan 111
    Susanah 150,71

    Susannah 111,179,226
Thomson,
    Elizabeth 83 Narcissa
      238
Thonton,Priscilla 175
Thorn,
    Polly A. 13 Elcy 24
    Elizabeth 227
Thornton,
    Linda Jane 25
      Elizabeth 74
Thrash,
    Mahala 16,50 Catherine
      52
    Elizabeth 95 Lydia 99
    Sarah 252
Thrush,Sarah 47
Tice,
    Susan 66 Elizabeth 66
    Sarah 99
Tiller,
    Eleanor 145 Rhoda 159
    Julet 203
Tillet,
    Hannah 70 Sally 134
Tillett,Lucy 129
Tinsley,Frances T. 51
Tipton,
    Emily 236 Joanna 237
Todd,
    Octavia 167,169
    Mary E. 213,214
    Mary 234
Toler,
    Sally 84 Sarah 142
    Jane 196
Tompson,Narcissa 239
Tomson,Rhoda 3
Toney,
    Clary 38 Alice G. 75
    Rhoda 97 Elizabeth G.
      127
    Polly 240
Toodle,Rebecca 266
Towney,Jane 15
Tracey,Elizabeth 189
Tracy,
    Barbary 203 Catherine
      203
    Betsy 203
Trail,
    Lucinda 25 Lucy 185
    Ann 211
Treadway,

Rachel 6 Sarah 251
Tredway,Mary 225
Tremble,Elmira 58
Trent,
   Janetta 111 Latitia 197
Trigg,
   Ann C. 184 Catherine 169
   Isabella 142 Lucy B. 14
   Nancy 213 Polly 132,232
   Rhoda 17,38
   Susannah 173,245
Trimble,Susanna 260
Trink,Malinda 8
Trinkle,
   Mary 42 Sarah 112
Trinkle,
   A. Malvina 226 Peggy 227
Trintle,Margaret 25
Trivillo,Elizabeth 15
Trolinger,
   Charlotte 112 Phebe 152
Trollinger,
   Barbara 156 Eliza 71
   Elizabeth 127
   Margaret W. 60
   Phebe 14,210
   Polly 107
Trout,
   Nancy 36 Elizabeth 158
Troutt,
   Elizabeth 6 Barbary 36
   Mary 37 Susannah 251
Trovello,Sarah 152
Trovillo,Mary E. 20
Trump,
   Catey 121 Susanna 170
   Mary 187
Trusler,
   Mary 18 Martha 146
   Mary Ann 244
Truslow,Susan 68
Tuggle,Martha 168
Tuggles,Fanny 154
Tugle,Elizabeth F. 84
Turman,
   Julian 72 Lucy 213
   Elizabeth 230
Turner,

Elizabeth 133,176
Esther 243 Jane 139
Malinda A. 161,52
Margaret 185 Martha J. 27
Mary 250 Melvina 127
Peggy 131 Sarah 217
Turpin,Juda 102
Tutle,Delitha 118
Underwood,
   Artary 112 Catey 95
   Eleanor 152 Eliza J. 137
   Hester 240 Nancy 186
   Pernetta 196 Sarah 47
   Ursula 215
Vancil,Susannah 116
Vandel,Mary 252
Vanderpierce,Julina 10
Vanlear,
   Elizabeth 96 Lucy 145
   Patsey 153
Vanleer,
   Sally S. 132 Jane K. 196
Vanlier,Isabella 178
VanOver,
   Elizabeth 19 Mary 98
   Sarah 100,150
Vanstavern,
   Levenia H.21 Pamela A.J 223
Vanull,Mary 236
Vass,
   Delilah A.C. 31
   Margaret 86
   Matilda Burman 221
Vaughn,
   Matilda 32 Elizabeth 84
   Sarah 105
Vaught,
   Elizabeth 135,228
   Katherine 134 Mary 231
   Nancy 14,58
   Polly 37
Venerick,Magdalen 228
Vermillion,
   Margaret J. 2 Mary A. 185
Vest,
   Rachel 18 Abigail 47
   Nancy 194 Polly 194
   Mary 259

Via,
　Nancy 27 Mary Jane 39
　Rachel 46 Matilda 152
Vickers,
　Mary Ann 20 Hannah 104
　Malinda 115 Sarah Ann
　　157
　Betsy 171 Peggy 212
　Parthenia 247
Vier,
　Elizabeth 95 Lucinda
　　264
Vineyard,
　Polly 19 Sarah 19
　Nancy 19 Margaret 257
Vought,Sally Wilson 134
Vozler,Jane 263
Waddall,Margaret A. 226
Waddle,
　Mary 184 Sarah 214
　Elizabeth 227
　Sarah Ann 264
　Emaline 264
Wade,
　Alley 110 Ally 76
　Ann 54 Bianch 90
　Catharine R. 233
　Elizabeth 209,76
　Elizabeth S. 165
　Elizabeth Virginia 208
　Franky 225 Hannah 120
　Lucy B. 88 Lydia 18
　Margaret 88 Mary 245
　Mary A.M. 15 Millie S.
　　227
　Nancy 119,214 Susanna
　　23
Waggal,Susan M. 159
Waggall,Julia Ann 230
Waggoner,
　Rebecca 62 Elizabeth
　　62,152
　Christina 71 Jean 145
　Susannah 152 Nancy 181
Wainwright,
　Mary Katherine 88
　Catherine 163
Waitman,Elizabeth 64
Waldrand,Catharine 195
Waler,Lucinda 241
Walker,
　Catherine 129,185,245
　Caty 164 Cynthia 266
　Elizabeth 11,91

Emily 160 Jane 47
Margaret 143,170
Martha 219 Mary 12,235
Nancy 106,127 Peggy
　197
Philipina 230 Polly 12
Sally 218
Wall,
　Peggy 82 Sarah 107
　Nancy 130
　Elizabeth Jane 228,232
Wallace,
　Mary 84,116 Mary E.
　　107
　Elizabeth 193 Jane 213
Wallerman,Nancy 167
Walrond,Catharine 196
Walters,
　Abigail 23 China Ann
　　262
　Christina 25 Eleonar
　　189
　Elizabeth 168,195,9
　Elizabeth A. 123
　Jane 246 Juliett 259
　Mary 133,163　Mary
　　Jane 244
　Matilda 50 Mrs. Sarah
　　59
　Nancy 113,82 Nancy E.
　　12
　Rebecca 10
Wampler,Catherine 132
Ward,Eliza A.P. 227
Warden,
　Sarah Ann 22 Nancy 113
　Mary Ann 175 Martha
　　214
Warnacot,Elizabeth 18
Warren,
　Sarah Ann 17 Ugenia B.
　　196
　Mary M. 210
Warsham,Margaret 229
Warshum,Mariah D. 83
Washington,Susan 6
Wathall,Mary L. 74
Watkings,Elizabeth 263
Watkins,
　Christina 122
　　Elizabeth 252
　Mary 13 Milly 216
　Sally 212 Sarah
　　113,228

Willmouth W. 215
Watson, Martha 27
Watters, Christene 130
Watterson,
   Ann 99 Betsy 232
   Elizabeth 226,34
   Jane 44 Mary 131,233
   Nancy 150,190
   Rebecca 87 Sarah 178
   Susannah 189
Watts,
   Martha S. 48 Mary A.T. 48
   Betsy 97 Peggy 97
   Martha A. 154 Mary P. 232
   Linea P. 264
Weakline, Rebecca 219
Wear, Sarah 90
Weaver,
   Barbara 86 Peggy 151
   Elizabeth 184 Neomy 216
Webb,
   Betsy 125,254
   Elizabeth 170,219
   EllenC. 225
   Frances Jane 234
   Jane 117,217,240
   Katherine 56 Kezekiah 134
   Malinda 240
   Margaret Ann 186
   Martha 148
   Mary 113,242,254
   Melinda 1 Miram Ann 155
   Nancy 134,197,233,96
   Sarah 10,154,35,38,75
   Sophia 251 Susan 13
   Susanna 195
Webster, Cintha 25
Weddle,
   Catherine 108 Delila 185
   Elizabeth 70 Eva 242
   Jane 144 Margaret 11
   Mary 108 Parmelia 10
   Peggy 117
Weeks, Jane 251
Welbourn, Rebecca 125
Welbourne, Elvira Ann 114
Welch, Mary 174
Wells,
   Rebecca 49,169
   Elizabeth 122
Welsh, Elizabeth 87
Wertz, Catherine 166
West,
   Betsy 66 Delila 242
   Jane 196 Lawsey 119
   Martha 246 Naomi 80
   Rachel 141 Ruth 116
   Sally 173 Sarah 175
Weysor, Cynthia Mary 172
Whalen, Susannah 145
Wheeler, Nancy 95
Whitaker,
   Polly 116 Susan 145
   Elizabeth 175
White,
   Aury 107 Edatha 254
   Elizabeth 131
   Elizabeth R. 73
   Jane 105 Jemimah 259
   Julia 254 Martha 256
   Mary 209,38
   Mary Adeline 152
   Nancy 37,81 Nancy B. 99
   Peggy 255 Rachel 254
   Sally 52 Susan 258
   Xelia 214
Whitenick, Sally 185
Whitley, Mary 267
Whitlock, Lavinia A. 239
Whitt,
   Hannah 144 Malinda 245
   Margaret 164 Mary 182
   Nancy 47 Rachel 108
   Rhoda 91 Ruth 255
   Susannah 115,255
Whitworth, Elizabeth 93
Whitzel, Margaret 263
Whorley, Rebecca 260
Whorly, Rebecca 255
Wickham,
   Jane 26 Elizabeth 64
   Sarah 138 Martha A. 182
Widdle,
   Elizabeth 5,214
   Susannah 256
Wilbern,
   Charlotte 228 Eliza 79
   Huldah 253 Rhoda 73
   Ruth 254 Sophia 35
   Willy 153

Wilburn,
  Rhoda 83
  Henrietta Virginia 198
  Juliet 253
Wiley,
  Anne 117 Margaret 99
  Mary 209,253
  Rachel 40 Susan 40
  Virginia 33
Wilks,Mary L. 166
Willard,
  Elizabeth 48 Eliza 264
William,
  Ann 6 Jane 83
Williams,
  Adeline 268 Ann 106
  Barbara 150 Barbary E.
    74
  Betsy 193,6 Catey 258
  Catherine
    148,21,224,254
  Damaris 64 Delilha J.
    131
  Ediline 125 Eliza 6
  Elizabeth
    122,150,207,6,67,9
    7
  Elizabeth Ann 37 Fanny
    150
  Frances 180 Frances M.
    132
  Isabela 96 Jane 220
  Jane Elizabeth 90
  Lenny 152 Linea 34
  Louisa A. 132 Lucinda
    124
  Margaret 115,186,34,91
  Martha E. 227
  Mary 106,148,157,43,58
  Mary A. 268 Mary B.
    186
  Mary Jane 174,231
  Mary L. 132 Molly 194
  Nancy
    135,250,262,263,78
  Nancy B. 220 Nancy J.
    140
  Patience 148 Peggy 134
  Polly 148,253 Rachel
    152
  Rebecca 45 Rhoda 133
  Rosanna 102 Sarah 137
  Sarah A. 253,263
  Sarah Jane 258

  Susan 64 Susan K. 81
  Susanna 124,186 Tomzy
    66
Williamson,
  Isabell 4 Rebecca 46
  Sarah 92
Willis,
  Adeline D. 248
  Catharine 24
  Emily I. 24 Jane 239
  Lavenia 90 Mary Ann
    248
  Nancy 15,182 Paulina
    S. 90
  Polly 63 Sally 15
Wills,Peggy 231
Willson,
  Amy 236 Catherine 32
  Cloaty 141 Elizabeth
    236
  Jane 250 Lydia 149
  Mary 104 Mildred 63
  Polly 102,169
  Theadocia 124
Wilmore,
  Malinda 150 Sophrona
    195
  Catherine 195 Eliza
    225
Wilson,
  Adeline 167 Amanda
    230,5
  Amanda W. 173 Belinda
    54
  Catharine 196,233,261
  Chloe 138 Cynthia 227
  Delila 115 Dorcus 218
  Dosha 192
  Elizabeth
    139,148,164,220,22
    8,61
  Jane 40 Lucina 118
  Lucinda 123 Lydia 120
  Malinda 212 Margaret
    152
  Maria 21
  Mary 149,171,26,89
  Mary Ann 191 Mary C.
    187
  Mildred 62
  Nancy 211,232,244
  Olivia 171 Orpha 105
  Parthenia J. 165
  Peggy 185,94 Polly 66

Rachel 267 Rebecca 217
Rhoda 192,95 Ruth 185
Sally 185 Sarah 265,3
Susan E. 101 Susannah 142
Theodocia 40
Wilton,Sely 104
Wimmer,
  Caroline 262 Hannah 122,165
  Jane 9 Levinia 6
  Mary 260 Mary Ann 77
  Nancy 132 Rhoeba 262
Windle,
  Rebecca Jane 67
    Leannah 92
Wineteer,
  Henryetta 40 Katurah 66
Winfree,Tinsey 98
Winfrey,
  Synthia 47 Melvina 88
Wingate,Susannah 189
Wingo,
  Willmirth 73 Elizabeth 174
  Charlotte 201
Winter,
  Mary 19 Elizabeth 234
  Nancy 263
Winters,
  Druscilla 66 Jane 234
Wirt,
  Mary Jr. 163 Elizabeth 226
Wise,
  Mary Jane 102 Eleanor 179
Wisehart,Sarah 65
Wiseheart,Betsy 250
Wiser,
  Peggy 42 Catey 180
  Eva 180
Wizer,Mary 209
Wonacott,Sarah 137
Wood,
  Hannah 10 Isabella 47
  Martha 260 Mary 27
  Nancy 27,63
  Rachel 32
Woodard,Martha J. 143
Woodrick,Patsy 67
Woods,
  Elizabeth 166 Sarah 186
  Patsy 196
Woody,Peggy 246
Woodyard,Priscilla 257
Woolwine,Celinda C. 247
  Charlotte 128
  Elizabeth 170
  Etheline 167 Henrietta 84
  Hetty 126 Margaret 54
  Maria 67 Mary 266,90
  Mary E.C. 159
Work,Hannah 107 Mary 185
  Phoebe 232
Workman, Martha 70
  Anne 171
Worley,
  Elizabeth 26 Catherine 204
  Rebecca 214,218
Worsham,Jane 200
Wray,Mary 23 Elizabeth 56
Wright,
  Ann 66 Ann Jane 73
  Charlotte 142 Elenor 240
  Elizabeth 196,31
  Ellen T. 88 Hester 30
  Josephina 253 Juliann 18
  Margaret 31 Mary 249,86
  Nancy 170,263
  Pheriby 215 Sarah L. 72
Wrightman,
  Elizabeth 171 Isabel 249
Wrightsman,
  Rebecca 171 Christina 146
Wygal,
  Ann 14 Anna 42
  Anne G. 207 Hannah 163
  Keeziah 210 Margaret 137
  Mary 241 Nancy E. 267
  Polly 42 Rhoda 145
Wygall,Sallie W. 97
Wylie,
  Mary 19 Catherine 227
Wyrick,Elizabeth 135

Wysong,
  Margaret 76 Mary 203
Wysor,
  Nancy B. 16 Elvira Ann 60
  Polly 65 Betsy 95
  Margaret 96 Catherine 190
Yates,
  Mildred F. 160
    Margaret 213
Yearout,
  Catharine 157 Hannah 210
  Julia Ann 43
  Margaret 221,44 Mary 74
  Nancy C. 142 Sarah 267
Young,
  Luriah 23 Janah 23
  Elizabeth 39 Sarah 140
  Nancy 143 Ellen H. 250
  Jane 256
Younger,Mary A. 108
Zedeker,Rachel 66
Zedocker,Betsy 219
Zeigler,Elizabeth 88
Zentmeyer,Catherine 189
    Mary 194
Zintmeyer,Rebecca 267
Zoll,Melvina 218 Emaline 247

Other Heritage Books by Therese Fisher:

CD: Heritage Books Archives: Virginia Marriage Records

Marriage Records of the City of Fredericksburg, and of Orange, Spotsylvania, and Stafford Counties, Virginia, 1722-1850

Marriage Records of the City of Fredericksburg, and the County of Stafford, Virginia, 1851-1900

Marriages in the New River Valley, Virginia: Montgomery, Floyd, Pulaski, and Giles Counties

Marriages in Virginia: Spotsylvania County, 1851-1900 and Orange County, 1851-1867

Marriages of Caroline County, Virginia, 1777-1853

Marriages of Orange County, Virginia, 1747-1880

Marriages of Orange County, Virginia, 1757-1880

Skeletons in the Closet: 200 Years of Murders in Old Virginia

Vital Records of Three Burned Counties: Births, Marriages, and Deaths of King and Queen, King William, and New Kent Counties, Virginia, 1680-1860

www.ingramcontent.com/pod-product-compliance
Lightning Source LLC
Chambersburg PA
CBHW070719160426
43192CB00009B/1248